西方传统 经典与解释
Classici et commentarii
# HERMES

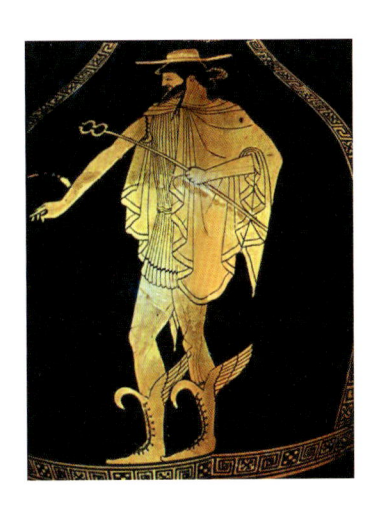

# HERMES

在古希腊神话中，赫耳墨斯是宙斯和迈亚的儿子，奥林波斯神们的信使，道路与边界之神，睡眠与梦想之神，亡灵的引导者，演说者、商人、小偷、旅者和牧人的保护神……

西方传统 经典与解释
Classici et commentarii
**HERMES**
施特劳斯讲学录
刘小枫 ◎ 主编

# 维柯讲疏

Leo Strauss's 1963 Seminar on Giambattista Vico

[美] 施特劳斯（Leo Strauss）◎ 讲疏
[美] 阿姆布勒（Wayne Ambler）◎ 整理
戴晓光 ◎ 译

华夏出版社

中国人民大学科学研究基金
"'普遍历史'观念源流研究"项目成果
(项目批准号:22XNLG10)

# "施特劳斯讲学录"出版说明

1949年,已到知天命之年的施特劳斯执教芝加哥大学政治学系。自1956年起至去世(1973),施特劳斯授课大多有录音。施特劳斯去世后,部分录音记录稿一直在施特劳斯的学生们手中私下流传,并经学生之手进一步流传,其实际影响断难估量。本世纪初,部分记录稿的影印件也流传到我国年轻学子当中。这些打印的录音记录稿文字多有舛误,还有不少明显脱漏,有些地方则油墨模糊字迹难辨。

2008年,施特劳斯遗产继承人和管理人——施特劳斯的养女珍妮教授(Professor Jenny Strauss)和芝加哥大学"施特劳斯遗产中心"(The Estate of Leo Strauss)主任塔科夫教授(Professor Nathan Tarcov)决定整理施特劳斯的全部讲课记录稿,并在"施特劳斯遗产中心"的网站上陆续刊布,共享于天下学人。

2013年,本工作坊计划将陆续刊布的整理成果译成中文,珍妮教授和塔科夫教授得知此计划后,全权委托本工作坊主持这些整理稿的中译工作,并负责管理中译版权。本工作坊按"施特劳斯中心"陆续刊布的整理本组织迻译(页码用方括号标出),翻译进度取决于整理计划的进度。原整理稿均以课程名称为题,为了使用方便,我们为每部中译稿另拟简要书名,并以副标题的形式标明课程名称。

刘小枫
2016年元月
古典文明研究工作坊

# 目　录

施特劳斯讲学录整理规划 / 1

阿姆布勒　施特劳斯1963年维柯研讨课导言 / 1
整理者说明 / 20

第 一 讲　导　论 / 21
第 二 讲　《维柯自传》/ 45
第 三 讲　《维柯自传》/ 80
第 四 讲　《新科学》（1－42 段）/ 107
第 五 讲　《新科学》（45－118 段）/ 139
第 六 讲　《新科学》（120－296 段）/ 171
第 七 讲　《新科学》（298－359 段）/ 209
第 八 讲　缺失 / 243
第 九 讲　《新科学》（430－500 段）/ 244
第 十 讲　《新科学》（502－569 段）/ 280
第十一讲　《新科学》（575－612 段）/ 320
第十二讲　《新科学》（629－663 段）/ 362
第十三讲　《新科学》（689－809 段）/ 383
第十四讲　《新科学》（816－934 段）/ 423
第十五讲　《新科学》（916－964 段）/ 458
第十六讲　缺失 / 493
第十七讲　《新科学》（1039－1110 段）及《维柯自传》/ 494

# 施特劳斯讲学录整理规划

首席编辑　塔科夫（Nathan Tarcov）

执行编辑　麦基恩（Gayle McKeen）

李向利　译

施特劳斯不仅是著名思想家和作家，还是有着巨大影响的老师。在他的这些课程讲学录中，我们能看到施特劳斯对众多文本的疏解（其中很多文本他写作时很少或根本没提到过），以及对学生提问和异议的大段回应。在数量上，这些讲学录是施特劳斯已出版著作的两倍还多。对研究和修习施特劳斯著作的学者和学生们而言，它们将极大地增添可供参阅的材料。

1950年代早期，由学生记录的施特劳斯课程笔记的油印打字稿，就已经在施特劳斯的学生们中间传阅。1954年冬，与施特劳斯关于自然权利（Natural Right）的课程相关的首份录音资料，被转录成文字稿分发给学生们。斯多灵（Herbert J. Storing）教授从瑞尔姆基金会（Relm Foundation）找到资助，以支持录音和文字稿转录，从1956年冬施特劳斯开设的历史主义与现代相对主义（Historicism and Modern Relativism）课程开始，该资助成为固定的资金基础。自1958年起至1968年离开芝加哥大学，施特劳斯在这里开设了39个课程，被录音并转录成文字稿的有34个。从芝大退休后，1968年春季、1969年秋季和接下来的春季学期，施特劳斯在克莱蒙特男子学院（Claremont Men 担 College）授课，课程亦有录音（尽管最后两次课的磁带已佚）。他在圣约翰学院（St. John 担 College）四年的课程也有录音，直至他于1973年10月去世。

现存原始录音的质量和完整性差别很大。施特劳斯讲课离开麦克风时，声音会弱得听不到；麦克风有时也难以捕捉到学生们提问的声音，却常常录下门窗开关声、翻书声，街道上过往的车辆声。更换磁带时录音中断，记录稿就留下众多空白。施特劳斯讲课超过两个小时（这种情况经常发生），磁带就用完了。录音磁带转录成文字稿后，磁带有时被再次利用，导致声音记录非常不完整。时间久了，磁带音质还会受损。1990年代后期，首先是格里高利（Stephen Gregory）先生，然后是芝大的奥林中心（John M. Olin Center，由John M. Olin Foundation设立，负责研究民主制的理论与实践）管理人，发起重新录制工作，即对原始磁带数码化，由Craig Harding of September Media承制，以确保录音的保存，提高声音清晰度，使之最终能够公布。重新录制工作由奥林中心提供资金支持，并先后由克罗波西（Joseph Cropsey）和施特劳斯遗稿执行人负责监管。格里高利先生是芝大美国建国原则研究中心（Center for the Study of the Principles of the American Founding）管理人，他在米勒中心（Jack Miller Center）的资助下继续推进这项规划，并在美国国家人文基金会保存和访问处（Division of Preservation and Access of the National Endowment for the Humanities）的拨款帮助下，于2011年完成了这项规划，此时他是芝大施特劳斯中心（Leo Strauss Center）管理人。这些音频文件可从施特劳斯中心的网站上获得：http：//leostrausscenter.uchicago.edu/courses。

施特劳斯允许进一步整理录音和转录成文字稿，不过，他没有审核这些讲学录，也没有参与这项规划。因此，施特劳斯亲密的朋友和同事克罗波西最初把讲学稿版权置于自己名下。不过，在2008年，他把版权转为施特劳斯的遗产。从1958年起，每份讲学录都加了这样的题头说明（headnote）：

> 这份转录的文字稿是对最初的口头材料的书面记录，大部分内容是在课堂上自发形成的，没有任何部分有意准备出版。只有感兴趣的少数人得到这份转录的文字稿，这意味着不要利用它，利用就与这份材料私下的、部分地非正式的来源相抵触。郑重恳请收到它的人，不要试图传播这份转录的文字稿。这份转录的文字稿未经讲学人核实、审阅或过目。

2008 年，施特劳斯遗产继承人——他的女儿珍妮——请塔科夫接替克罗波西承担施特劳斯遗稿执行人的工作。此时，塔科夫是芝大奥林中心以及后来的芝大美国建国原则研究中心的主任，而克罗波西直到去世，已经作为施特劳斯遗稿执行人忠诚服务了 35 年。珍妮和塔科夫一致认为，鉴于旧的、常常不准确且不完整的讲学录已经大范围流传，以及人们对施特劳斯思想和教诲的兴趣持续不减，公开这些讲学录对感兴趣的学者和学生们来说会是一种帮助。他们也受到这样一个事实的鼓励：施特劳斯本人曾与班塔曼出版社（Bantam Books）签订过一份合同，准备出版这些讲学录中的四种，尽管最终一个都没出版。

成立于 2008 年的芝大施特劳斯中心发起了一项规划：以已经重新录制的录音材料为基础订正旧的文字记录稿；转录尚未转录成文字稿的录音材料；基于可读性的考虑，注释并编辑所有的记录稿，包括那些没有留存录音材料的记录稿。这项规划由施特劳斯中心主任塔科夫任主席，由格里高利负责管理，得到来自维尼亚尔斯基家族基金会（Winiarski Family Foundation）、希夫林夫妇（Mr. Richard S. Shiffrin and Mrs. Barbara Z. Schiffrin）、埃尔哈特基金会（Earhart Foundation）和赫特格基金会（Hertog Foundation）拨款的支持，以及大量其他捐赠者的捐助。筹措资金期间，施特劳斯中心得到芝大社会科学部主任办公室（Office of the Dean of the Division of the Social Sciences）职员伯廷赫布斯特（Nina Botting‑Herbst）和麦卡斯克（Patrick McCusker）的大力协助。基于重新录制的磁带修订的这些记录稿，远比原有的记录稿精确和完整——例如，新的霍布斯讲学录，篇幅是旧记录稿的两倍。熟悉施特劳斯著作及其所教文本的资深学者们被委任为编者，基础工作则大多由作为编辑助理的学生们完成。

编辑这些讲学录的目标，在于尽可能保存施特劳斯的原话，同时使讲学录更易于阅读。施特劳斯身为老师的影响（及魅力），有时会显露在其话语的非正式特点中。我们保留了在学术性文章（prose）中可能不恰当的句子片段，拆分了一些冗长、含糊的句子，删除了一些重复的从句或词语。破坏语法或思路的从句，会被移到句子或段落的其他部分。极个别情况下，可能会重新排列某个段落中的一些句子。对于没有录音资料流传的记录稿，我们会努力订正可能的错误转录。所有这些类型的改动都会被注明。(不过，根据重新录制的录音资料对旧记录稿做的改动，没有注明。) 我们在尾注中注明改动和删除的内容 (不同的拼写、斜体字、标点符号、大写和分段)，尾注号附在变动或删除内容前的词语或标点符号上。文本中的括号显示的是插入的内容。缺乏录音资料的记录稿中的省略号仍然保留，因为很难确定它们指示的是删除了施特劳斯说的某些话，还是他的声音减弱听不清，抑或起破折号作用。录音资料中有听不见的话语时，我们在记录稿中加入省略号。相关的课堂管理细节，例如有关论文或研讨班的话题安排或上课的教室、时间安排等，一律删除且不加注，不过我们保留了施特劳斯布置阅读任务的内容。所有段落中的引文都得到补充，读者能够方便地结合这些文本阅读讲学录。至于施特劳斯提及的人物、文本和事件，则通过脚注进行了确认。

读者应该谅解这些讲学录的口语特点。文中有很多随口说出的短语、口误、重复，以及可能错误的转录。无论这些讲学录多么具有启发性，我们都不能认为它们可以与施特劳斯本人为出版而写的那些著作等同。

2014 年 8 月

# 施特劳斯 1963 年维柯研讨课导言

## 阿姆布勒

[i] 正如人们会在一门施特劳斯讲授的课程中预期的那样,如下这部课程录音整理稿对读者提出了相当高的要求。该讲稿广泛地涵盖了如下诸多文本、作者和问题:其中包括圣经,斯宾诺莎,荷马,培根,笛卡尔,霍布斯,洛克,卢梭,康德,黑格尔,马基雅维利对李维的论述和对圣经的间接论述,以及关于自然正当和自然法的传统教诲等等,不胜枚举。我们很快就会看到,施特劳斯以自己对历史主义诸种起源的兴趣为基础,对自己何以讲授这门课程做了辩护。因此,施特劳斯关于激进历史主义者们的评论相对少些,但对自然正当、自然法以及古代人与现代人之分裂的点评则更加频繁。但是,最频繁出现的,当然是施特劳斯针对从两部很有挑战性的维柯著作①中抽取的特殊段落所作的详尽评论——加姆巴蒂斯塔·维柯是位那不勒斯哲人,写作时间介于洛克与孟德斯鸠之间。施特劳斯在课程的总体导论中(第一讲)重点提出了历史问题(the problem of history),此后,施特劳斯坚持认为,这门课程应当按照维柯两部作品自身呈现的样子来展开阅读,而非试图将它们纳入某种先入为主的、关于现代西方思想之总体开展的计划之中(第二讲)。课程只在第九讲开始时有一段简短的例外——当时,施特劳斯回

---

① 《维柯自传》,费什(Max Fisch)与伯尔金(Thomas Bergin)英译,Ithaca: Cornell University Press, 1944;《新科学》,伯尔金(Thomas Bergin)与费什(Max Fisch)译,Ithaca: Cornell University Press, 1948。《维柯自传》及《新科学》中译皆采用朱光潜先生译本(《新科学》,朱光潜译,北京:商务印书馆,1989),并结合施特劳斯使用的英文版译文酌情调整,以求统一。

到了自己为何决定更专注地研读维柯的种种理由的问题,除此之外,施特劳斯和他的学生们都严格遵守了上述约束。

除了在智识上提出要求外,这部讲稿还对(读者的)耐力提出了要求,原因是录音的质量很糟糕。第八讲和第十六讲已经完全丢失,此外,读者们还会遇到种种缺损之处,这意味着"该词句难以听清"不仅常常出现,而且会出现在尤其重要的时刻。对于维柯文本的种种误读,改正起来还算容易,但施特劳斯与学生的对话却常常很难弄明白——可是,除了施特劳斯的讲解之外,问答环节占了课堂其余内容的绝大部分。在其广泛的研究中,施特劳斯漫长的思想生命曾经产生了丰饶的成果,如今,通过为维柯开设一门课,他的思想生命也向维柯致以荣耀。但是,施特劳斯转向维柯是很晚的事,此后也没有继续在维柯那里停留。施特劳斯从未在哪本书中就维柯发表过任何章节,也不常引用维柯。至少就我所见,施特劳斯只在一封书信和两篇发表的作品中提到过维柯。[①] 相应地,施特劳斯在课堂上把自己介绍为一位探究者,而不是已然解开维柯作品中各种秘密的人。因此,在第九次课开始,施特劳斯勾勒了七个问题,在对维柯更专门的研究中,这七个问题可以仔细研究。施特劳斯没有说这些问题已经解决,而是认为,解决这些问题是他的研讨课没法实现的目标。[②] 此外,有个很小的 [ii] 标志表明,施特劳斯在那之前不久才开始研究维柯:他常常有些惊讶地说,他发现指定的阅读文本中的某些部分或方面很"奇怪"——刚开始读维柯的新读者很少会对他这个判断持异议。如果我们出于这些以及其他别的原因必须小心提防,免得认为这部讲稿代表了施特劳斯对维柯最终的、无条件的看法,那么,我们这里就有了一个罕有的——或者在我看来是独特

---

[①] 感谢 Svetozar Minkov 提示我注意施特劳斯在其中提到维柯的两处注释。在讲授此门课程之后,施特劳斯在后续开设的几门课程中也时而简要提及维柯。就我所见,这些地方都只是简单提到维柯,讲法也与本门课程中所讲的东西完全相合。

[②] 这七个问题构成的清单乃从整体上研究本门课程的良好途径。我此前也以这七个问题的清单为基础,为本门课程写过一篇简要报告,"施特劳斯讲维柯",载于 *Interpretation* 36 (2009):165–188。([译按]中译见刘小枫编,《施特劳斯与古今之争》,华东师范大学出版社,2010,页414–441。)由于当前的导言乃基于施特劳斯与伯纳德特的通信,并且有了更好的条件能够凭靠更完善的录音整理稿,因此,本篇导言补充而非重复了此前的那篇介绍文章。

的——机会看到，在刚刚才把一位思想家介绍给学生的同时，施特劳斯已如何开始对这位思想家展开专注的研习。

我们最关注的是施特劳斯的思想，但这部讲稿同样表明了施特劳斯从事学者和教师职责时的认真态度。出于种种谨慎，避免由于新近转向维柯［而有所不足］，施特劳斯展示出，自己扎实地掌握了维柯的意大利文。(在意大利文方面，施特劳斯关于马基雅维利的研究当然有帮助，但无论在句法还是词汇上，维柯的意大利文都更困难一些)。施特劳斯看起来还研习过尼科里尼（Nicolini）范围广泛的注释，① 认真阅读过克罗齐对维柯的研究，② 也熟悉了更晚近的维柯研究文献。至少对施特劳斯来说，这些成就很轻微，但是，如果考虑到他同时还在写作《城邦与人》论修昔底德一章，并且正开始写作《苏格拉底与阿里斯托芬》，此外还在从事其他一些研究，③ 那么，上述那些成绩就变得很了不起了。于是，施特劳斯的维柯研讨课就以间接的方式提供了令我们印象深刻的证据，这些证据表明，从他寄予最大抱负的那些计划来看，即便在面对一位并非处于这些计划之中心的思想家时，施特劳斯也非常专注严肃。

在发表的作品中，施特劳斯提到维柯的最重要一次，乃是《自然正当与历史》"第七次重印版前言（1971）"。④ 这篇前言的第二段以如下

---

① Giambattista Vico, *La Scienza Nuova*, ed. Fausto Nicolini, 2 vols. (Bari: Giuseppe Laterza & Figli, 1928).

② Benedetto Croce, *The Philosophy of Giambattista Vico*, trans. R. G. Collingwood (New York: Russell & Russell, 1913)。［译按］中译本见克罗齐，《维柯的哲学》，陶秀璈、王立志译，大象出版社，2009。

③ 施特劳斯写给伯纳德特的书信集最好地表明了当时他在考虑的是哪些问题，同样，回顾施特劳斯的著作年表也有这种效果。参见 https://leostrausscenter.uchicago.edu/straussrpublications，或施特劳斯《柏拉图式政治哲学研究》（*Studies in Platonic Political Philosophy*, Chicago: The University of Chicago Press, 1983, 249–258）所附的著作年表。［译按］关于施特劳斯著述年表，亦可参见叶然编"施特劳斯文献分类编年"，载中国比较古典学学会编，《施特劳斯与古典研究》，三联书店，2014。

④ 施特劳斯在《论柯林伍德的历史哲学》（"On Collingwood's Philosophy of History," *Review of Metaphysics* 5 ［1952］: 572）一文中也讨论了柯林伍德对维柯的引用。不过，在此处，施特劳斯并未停下来讨论维柯，而是论证说，柯林伍德本应探究"维柯的来源"——霍布斯。

文字开头：

> 自从我写成此书以来，我相信，我已经又深化了自己对"自然正当与历史"的理解。这种深化首先体现在"现代自然权利"的部分。我通过研读维柯的《新科学》确认了我的观点，此书致力于重新思考自然权利，而那些把"历史意识"视为理所当然的人们则并没有恰当地切入和理解此书。由于我没有就维柯写过任何东西，我只能推荐感兴趣的读者阅读一下我在同时段写作的关于霍布斯和洛克的文章……

施特劳斯由此暗示，他所指的文章便是重印于《什么是政治哲学？》[iii]一书中的那些论文①——这些文章写于《自然正当与历史》之后，但恰好写于维柯研讨课之前。施特劳斯因而邀请读者研习这些关于霍布斯和洛克的文章，从而了解他如何深化了自己在《自然正当与历史》中所传达的理解。一方面，施特劳斯虽然说，自己对现代自然权利的观点通过研习维柯而获得了确证，但是，看起来，这种观点的深化却发生在研习维柯之前。

至于施特劳斯提到维柯的那封书信，则很不寻常。这封信写于1963年11月19日，收信人是伯纳德特（Seth Benardete）。信中有两个段落总结了施特劳斯在即将完成的那两门课中得出的"观察要点"。我们在此得略过他关于《高尔吉亚》研讨课所作的丰富评论，但鉴于书信第二个段落就维柯研讨课提出了精彩又高度缩略的回顾，我将用这段话作为随后评论的指南。由于施特劳斯这封书信尚未出版，我将全文摘录其中关于维柯的这个段落。

> [I]我研读维柯是因为，我一度希望，维柯曾比莱辛更充分地展开过如何用一种智慧的方式理解荷马的大纲。这个希望已经落空：维柯正如人们认为的那样，是沃尔夫（F. A. Wolf）等人之父。[II]不过，维柯属于伟大、优秀者的行列。

---

① 施特劳斯，《什么是政治哲学》第七章（"论霍布斯政治哲学的基础"）和第八章（"洛克的自然法学说"）。

[a] 对真实的荷马的发现（位于全书居中一章）也能暗中适用于圣经。最首要的是，《伊利亚特》:《奥德赛》= 旧约:新约（两本书不可能出自同一个作者）。《伊利亚特》的主题是气愤（anger）和愤怒（wrath），《奥德赛》的主题是一种女性化的道德（喀尔刻，卡律普索，还有其他类似者）。一言以蔽之：爱。维柯对旧约和新约的暗中分析很大程度上受惠于马基雅维利（可以假定，我在关于马基雅维利的书中所阐明 [state] 或暗中指向 [allude to] 的所有那些隐含的意义，对维柯来说都非常明显）以及薄伽丘。

[b] 维柯已经看到把波吕斐摩斯们（Polyphemuses）刻画为"最初之人"的关键重要性——《法义》卷三暗示了这点。

[c] 整体的观念：唯一的哲学神学由对"诸民族的世界"（①不同于"自然的世界"，因为牛顿等人已经完成了他们的工作）的研究提供，在诸民族的世界中，我们发现，完全自私的个体们却为了共同的善而劳作（共同的善是个体的自私意图之外的结果）；除了神圣天意之外，没有人能解释这点；简而言之，维柯的神意就是亚当·斯密的"看不见的手"。

[d] 维柯的特别之处在于：极其重复，显得像是染上了发狂的学究式好古癖（每时每刻都在引用16、17世纪的久被遗忘的名人），频繁引错哪怕是他自己的话。

当 [e] 我注意到如下问题时，才开始看到亮光：虽然维柯总是谈论不同作家的"金句"，却仅有两次提到摩西的"金句"，而且这两次摩西提到的都是非犹太的问题。此外，维柯也只有两次提到耶稣。

[f] 对圣经话题的暗中引用则比比皆是（只举一个例子：法国

---

① [编者按] 本人全文照录了施特劳斯（在打字机上）打下的内容，只有如下例外：本注释所附着的左括号，在原文中为引号。我纠正了"特别之处"（peculiarity）和"在于"（consists）两个语词的拼写笔误。此外，本人还在书信中以方括号形式增加了数字及字母，以便在下文的解读中与书信的相应部分对应。

王室的武器由百合花构成，但是"百合花不纺线"，① 因此就有了萨利克继承法。② 在文脉中变得清晰的是，新约属于英雄时代，也即前理性时代）。

[g] 如果你想获得些关于维柯的印象，可读一下他的《自传》，英译平装本 155 页，从段落末尾到第二段开头。

一如既往，你的，

列奥·施特劳斯

[iv] 施特劳斯在第一句话中讲到，他转向维柯，本是为了寻找一种对荷马智慧的理解，但是希望落空了 [I]。在最后一次录音的那节维柯研讨课上，也即在写完这封信不久，施特劳斯更充分地解释了他的这种失望。在提出自己关于荷马持有某些"不可明说"的意见之后，施特劳斯告诉学生们：

> 我注意到维柯曾在书中写下一个叫做"发现真实的荷马"的部分，因而我期待在维柯那里发现这类东西。这就是我起初对维柯感兴趣的原因，当然这完全是狗冲着认错了的树吠叫（笑声），因为维柯与这类事情没有任何关系；不过另一方面，当我开始读维柯时，却非常惊讶。真的，印象非常深刻。（第17讲）

面对伯纳德特和课上的学生们，施特劳斯都坦率承认，自己没从维柯那里学到关于荷马的任何东西，不过令人惊讶的是，他对维柯解读荷马之方式的批评竟然如此克制。在维柯读来，荷马的叙事史诗是几个世纪累积的文献，其重要性首先在于为人的早期世代或者一种"民族精

---

① [译按] 语出《新约·马太福音》6：28。
② [译按] 萨利克继承法（the Salic Law），公元 500 年前后，由法兰克国王、墨洛温王朝的创立者克洛维国王订立。其中关于君主继承的规定构成了法国君主继承制度的基本法，该法律规定女性不得成为法国王位继承人。在历史上，该法律曾经被用于维护法国王菲利普五世的王位继承权（1316 年），以及用于排除英王爱德华三世及其后裔对法国王位的继承权。

神"所提供的证据(第十三讲关于《新科学》第809段的论述①)。施特劳斯着重指出,维柯的荷马研究进路变得流行,并由他在信中所提到的沃尔夫进一步发展,这种研究进路还在"一般意义的史学史上"为维柯赢得了"种种荣誉头衔"之一。但是,在这个问题上,施特劳斯明确站在斯科特(J. A. Scott)一边,后者"大胆地说,同一位诗人荷马既写下了《伊利亚特》,也写了《奥德赛》"(第十三讲)。对可能就此问题感兴趣的学生,施特劳斯推荐了尼采的一段简短却有力的发言,这段发言中也包含对沃尔夫的批评,因而也间接地指向了维柯②(第十三讲)。不过,施特劳斯继续尝试理解维柯的工作,他称维柯的著作"令人印象深刻",并把维柯置于"优秀、伟大的人们"之列。施特劳斯也不停批评由维柯促成其流行开来的那种阅读荷马的方式,直至今日,这种解读方式仍然很有影响力。

与致伯纳德特的信相反,施特劳斯在课程之初解释说,他决定研读维柯,目的是加深对历史问题的理解。按照施特劳斯的说法:

> 但我认为,现在是我该研读维柯的时候了。那么,基于——比如我自己——恰好知道的东西看来,何以要读维柯?我想,可以提出一个很简单的答案:历史问题(the problem of history)。

从这段评论的语境来看,在决定讲授这门课程的一段时间之前,施特劳斯想从维柯那里学习如何读荷马的希望已经落空了。施特劳斯明显已在某个更早的时候得出结论:借助自己对斯宾诺莎解读圣经的研究,他已经足够了解维柯解读荷马的方式。所以,施特劳斯把很大的力量投

---

① 本稿中,凡引用《新科学》的内容,均以段落号码标名,段落号码本为尼科里尼所加,在大多数意大利文本和英译本中,这些段落序号均相同([译按]朱光潜先生译本亦采用了尼科里尼的段落序号)。关于《维柯自传》的引述,均标名费什和伯尔金(Fisch and Bergin)译本的页码([译按]此外,中译者还标注了所引述的《维柯自传》段落在朱光潜中译本——与朱光潜《新科学》译本合刊——中的相应页码)。

② 《荷马与古典语文学》,英译参见 http://www.perpustakaan.depkeu.go.id/FOLDEREBOOK/Project%20Gutenberg%20(Friedrich%20Nietzsche).pdf。[译按]此文中译参尼采,《荷马的竞赛——尼采古典语文学研究文稿选编》,韩王韦译,上海人民出版社,2018,页1-25。

向了别处。在返回维柯时,他的关切是历史问题,他那些篇幅最长的评论就围绕这一主题展开(第一、第九讲)。

[v] 施特劳斯在致伯纳德特的信中没有提到历史主义,这既可能暗示,收信人已非常了解施特劳斯关于这个问题的想法,也可能暗示,至少就这封信所写的内容而言,施特劳斯并未认为,研读维柯曾在根本上改变了他对历史主义的理解。按照上文引用的《自然正当与历史》前言中的说法,施特劳斯是在关于霍布斯和洛克,而非关于维柯的文章中表达了自己对自然正当和历史的深化理解。同样可能的是,施特劳斯选择强调历史问题是为了使学生获益。但令人耳目一新的是,在他的明确表述中,施特劳斯提到的是他认为自己为了增进理解而需要的东西,而不是假定研究生们在专业上需要的东西。

施特劳斯关于历史问题的回顾出现于第一讲和第九讲。他的评论大体类似于他在已出版著作中的评论——例如《自然正当与历史》第一章和《什么是政治哲学?》第二章的论文。从施特劳斯遗产中心网站上刊布的讲课整理稿来看,施特劳斯在维柯课程中表述的主题,使得该课程与"历史主义与现代相对主义"(1956年冬季学期)的课程密切关联起来,尽管后一门课程从来不曾这么多地提到维柯。与维柯研讨课同一个学期的《高尔吉亚》研读课(1963年秋季学期),同样在第一讲中包含了一段关于历史主义的陈述。这些关于历史主义的表述每次都会有所不同,但施特劳斯在维柯课程中的评论与其他几次表述总体一致。例如,施特劳斯在别处也做过同样的事——把历史意识的起源追溯到从法国大革命中觉醒过来的保守主义学派,① 他还提到,特洛尔奇(Ernst Troeltsch)与斯宾格勒(Oswald Spengler)促进了历史主义的进展(或者说构成了历史主义的明确例证)。施特劳斯在此处[按:即维柯研讨课上]范围广泛的评论更加强调历史主义的背景,而不是历史主义的顶点,即激进历史主义:施特劳斯更加集中于圣托马斯与传统自然法的要求,而非海德格尔(不过,第九讲中简短提到了海德格尔),而且,他在此处还强调,康德"划时代"的思想是历史主义的必要条件

---

① 比较《什么是政治哲学》页60-61与本稿第一讲。然而,前者更快地转向对这一学派的批评,但在后者中,施特劳斯从未对该学派提出批评。

（第一讲）。

不过，[维柯课程上对历史主义的评论]在语气上还是有些不同，因为施特劳斯此处的点评只是描述了历史主义，却既没有强调历史主义的危险，也没有强调其脆弱性。按施特劳斯的说法，

> 我当前的兴趣不是对历史主义提出任何批评，我的兴趣只在于，我们要理解历史主义的含义是什么。（第一讲）

我们在此处不会读到例如历史主义是"政治哲学真正严肃的对手"，① 或者"在认识到这一论证全然不相干之前，人们便没法理解以历史之名来攻击自然正当的含义所在"之类的话。② 此外，施特劳斯还提到了他在别处强调过的种种困难——例如提到如下说法时：

> 不同的教义有赖于不同的时代，于是，我们便[通过把相互冲突的观念追溯到它们得以出现的时代，]用秩序（order）替代了混沌（chaos）。我们自然为此付出了沉重的代价，因为，如果采取我所说的这种方式，这便意味着，不可能存在真正的、在一切时代都为真的政治哲学本身——既然一切教义都相对于各自的时代才成立。（第一讲）

也许值得指出，施特劳斯用以评估"沉重代价"的标准是政治哲学，而不是自然正当。但我更笼统的观点是，施特劳斯在这里的首要目标在于[vi]清晰有力地说出历史主义式的观点，而不是评价之。③ 以下是一个他带着某种同情来解释历史主义的例子：

> 最难捕捉的东西恰恰是我们呼吸的空气——我们知道，空气是看不见的，因此，我们很容易将其忽略。比如说，我们透过空气看

---

① 亦参《什么是政治哲学》页26，强调为英文编者所加。
② 参见《自然正当与历史》（*Natural Right and History*）讨论历史主义的章节第一段的前半段（第9页）。
③ 第九讲中的如下内容也可以简要提示施特劳斯对历史主义的批评："对我来说，历史主义已经成为一个问题，所以，在意识到这是一个问题以后，我发现，历史主义最直接的替代者乃是自然正当。"

到门或者其他东西,却看不到空气。然而,在某种意义上,我们透过其中而看到事物的空气比由之看到的任何东西更加重要,因为它决定了我们看待事物的方式。(第一讲)

因此,无论出于什么原因,关于自己在课上向学生们强调的东西,也即维柯与历史主义之间的重要关联,施特劳斯在致伯纳德特的信中忽略未提。但是,在告知伯纳德特自己并未在维柯那儿找到一种智慧地理解荷马的纲要之后,施特劳斯补充道:"但他属于伟大、优秀者之列。"施特劳斯没去顾及维柯的一个局限之处,而是站在维柯的立场上为其辩护。书信余下的部分勾勒了这番辩护的要点。

施特劳斯对维柯的第一点评论很清晰[a],但他在课上又做了进一步发展:维柯完成了评论旧约和新约这一精微的任务,并且通过自己提及荷马的方式,尤其批评了新约。从这个方面看,最重要的段落位于第十四次课将要结束的部分,我们在此处可以看到,施特劳斯提出了与他对伯纳德特提议的观点相似的看法。维柯在《伊利亚特》与《奥德赛》之间做了尖锐对比,他甚至坚持认为,两部史诗写作或编纂于差别很大的不同时代。维柯的这种尖锐对比意在提请人们注意圣经中旧约与新约之间的差别。就像信中的说法一样,在课堂上,施特劳斯把维柯关于《伊利亚特》中"愤怒"的说法与旧约中的愤怒联系起来,同时暗示,爱更属于新约的特性。施特劳斯的评论尤其基于《新科学》的第866、868、879和880段。

为了更细节化地察看施特劳斯如何阅读维柯对荷马的处理,让我们考虑第十二讲中的一个很难的段落,当时讨论的是《新科学》第879段。首先,维柯强调了人们已经提到过的两部史诗间的差别;此后又提到,"神圣的柏拉图"调和二者的尝试并未成功。施特劳斯可能暗示,维柯在此处以专有称谓(即"神圣的")称呼柏拉图,原因是他要借用柏拉图来代表宗教正统信仰。随后,施特劳斯做了如下点评:

> 维柯说,柏拉图通过宣称荷马曾预见到了奥德修斯的时代,从而解决了关于《伊利亚特》与《奥德赛》之关系的难题。是的。换句话说,柏拉图试图表明,这些作品的作者是同一个人。我想,他意在宣称新旧两部圣约之间根本的和谐——根据基督教的解释,

旧约中的预言指向耶稣。现在，关于新约道德却不及旧约道德这一事实，维柯的意思会是怎样的呢？……但是，不少人——我指的是反圣经的作者们——所讲述的古老故事是，新约道德比旧约道德更缺少政治性——在这个意义上也更柔软。

[vii] 我认为，施特劳斯的意思是，维柯把"神圣的柏拉图"作为基督教正统解读旧约和新约的模范——根据基督教正统的解读，新约已经由旧约所预示，并且是旧约的应验。的确，维柯曾这样说到这位神圣的作者（即柏拉图），认为柏拉图曾经宣布，"荷马已经在灵感启发下，预见到了"后一篇史诗中的各种习俗，维柯将这些习俗的特点总结为"令人厌恶，病态，放纵"（《新科学》第879段）。与试图将这两部差异很大的史诗引向和谐的观点相反，维柯本人在此处以及其他地方都宣称，两部史诗之间存在不可弥合的鸿沟。与此相应，维柯进而攻击了他归于柏拉图的荷马解读方式，认为这种解读"只是把荷马变成了希腊文明的一位愚蠢的奠基者"（第879段）。通过批评荷马两部史诗中的习俗可以调和的观点，维柯就能够暗示一种当时不被允许的关于圣经中旧约和新约的教诲——这就是施特劳斯在致伯纳德特的书信中强调的内容。

如果说施特劳斯的书信不只有一个论述维柯的段落，那么有可能补充的就是，施特劳斯得以在维柯关于"三位君主"的论述中发现一种相似的、挑战天主教自然法传统的聪明方式。（维柯把格劳秀斯、塞尔登和普芬道夫称为"自然权利的三位君主"[《新科学》第329段]）。由于维柯对荷马的解读也间接构成他对圣经的解读，所以，维柯对"三位君主"的批评——他们都是新教徒，因而很容易受到罗马天主教作家的批评——也间接地构成他对包括圣托马斯在内的整个自然法传统的批评（第三、第九讲）。针对小光（lesser lights）的论证也可能用来针对大光（greater ones）。按照维柯在某处的说法，这"三位君主"都将思想基于"有学识者的权威"，而他们本该基于的则是"全人类的权威"，但是，这些君主们并不是受到这种学识传统指引的孤例（《新科学》第350段）。考虑到维柯有可能拐着弯儿讲话，记住如下事实会很有帮助：在维柯一生中，那不勒斯的宗教检查都很活跃，而维柯好几位熟识的朋友都受过审判（《维柯自传》，页 11 – 12、34 – 36）。

　　在书信中，施特劳斯表明，维柯对旧约及新约的间接分析受惠于马基雅维利。施特劳斯还补充说——至少在这个方面——"可以假定"，维柯已经看到了所有施特劳斯在关于马基雅维利的近著中所阐明或暗示的东西。然而，在维柯研读课上，施特劳斯却没有如此直白地宣称维柯是马基雅维利的一位如此细心的读者。也许，出于很容易理解的原因，维柯在《新科学》中很少提及马基雅维利；① 但施特劳斯却经常提到。然而，施特劳斯经常是为了展示维柯思想中深刻的"现实主义"元素而引用马基雅维利，倒不是为了表明，维柯充分领略了马基雅维利教诲中最细微或精微之处。施特劳斯经常把马基雅维利可能对维柯施加的影响呈现为塔西佗和修昔底德对维柯的影响：后面二人都是现实主义者，他们不带幻觉地看待历史。也许像其他作者一样，维柯把塔西佗作为更可接受的替代物，以代替马基雅维利（参第一讲关于"塔西佗主义"［tacitismo］的论述），但是，我没有看到施特劳斯试图在课程中展示，维柯曾以施特劳斯本人的那种同样的细心来阅读马基雅维利。施特劳斯并未明确将维柯关于旧约和新约的分析追溯到马基雅维利，而且，尽管施特劳斯间或提到过自己对马基雅维利的根本性解读的某些方面，他却并未在维柯那里展开论述或者定位过这样一种解读。同样值得注意的是，在研读课上，施特劳斯从未将维柯的写作称为"隐微"（esoteric）写作。在纠正伯尔金（Bergin）和费什（Fisch）译文中对"隐微"一词的使用时，施特劳斯甚至在这个语词的含义问题上展示了某种严格态度。(在第一讲中，施特劳斯维护"深奥的"这种译法，而不是译者们使用的"隐微的")。尽管施特劳斯提议说，维柯对宗教敏感问题的处理小心而且聪明，但是，与现存的十五次讲课稿相比，他的书信则就维柯作了一个更强的宣称，即称维柯为马基雅维利的读者。而且，即便在书信中，施特劳斯也只是说，"可以假定"，［viii］他自己所阐明和暗示的关于马基雅维利的教诲，"对于维柯都足够明显"；施特劳斯没有说，"可以显示"，（关于马基雅维利的这些教诲）对于维柯来说足够明

---

① ［编者按］我相信，维柯只在《新科学》第 1003 和 1109 段提到了马基雅维利。

显。这已经足以使如下问题始终存在：施特劳斯是否认为，维柯对马基雅维利的解读充分预见到了（anticipated）施特劳斯自己的解读。

施特劳斯书信赞许维柯的第二点在于，维柯看到，把独眼巨人这样的人刻画为"原初之人"（就像《法义》卷三所做的那样）具有关键的重要性［b］。在讲课整理稿中，施特劳斯暂停了讲课，并论证说，柏拉图教导了这种人类起源于野蛮人的观点，尽管他同时也给这种观点加上了伪装（第五讲：比较《法义》678d–e 与 680a–681d）。然而，施特劳斯也承认，维柯有可能通过卢克莱修到达了这种观点——维柯曾经仔细研读过卢克莱修，而且在维柯的时代，卢克莱修在那不勒斯有些重要的追随者（《维柯自传》，页 126、128、130）。不过，无论来源在哪里，维柯将"最初的人其实是野蛮人"——他们其实还没有成为人——的观点作为《新科学》的一个主要主题，这对施特劳斯来说当然都非常重要。施特劳斯对这个主题至少有部分兴趣在于，该主题使得维柯与圣经传统之关系的问题变得更加复杂了，因而增加了他所面临的修辞上的挑战。施特劳斯对人们应该如何看待起源问题的重要性发表了点评，与此同时，他还强调，维柯的进路是"批评史学"的一个部分，批评史学就是没有奇迹的史学。这把维柯与其他这类人——例如柏拉图（再次参见《法义》卷三）和修昔底德（第六讲）——联系起来。

尽管维柯与柏拉图的《法义》卷三有关联，研读课还是比在书信中走得更远——在最早的人类这个问题上，施特劳斯勾勒了维柯与柏拉图之间的一个关键区别：

> 对柏拉图来说，很清楚的是，人永远是理性思考（reasoning）的动物。也许是基于非常蔽陋的数据，也许思考得很糟糕，但人总是在理性思考。但维柯事实上却说，有一个阶段，人仅有感觉、想象和激情，而没有理性；此时没有普遍事物。对柏拉图来说，永远不可能曾经有无声的人（mute human beings）。这是不可能的。对维柯来说，曾经有过这种无声的人。这是一个根本差异。当然，这也是与亚里士多德［的差异］。（第十四讲）

这种根本差异当然与维柯对历史的强调、对人类随时间变化而产生根本差异的强调联系在一起，但是，对于这些在"语言是否对人有关键意义"的问题上根本对立的各种立场,施特劳斯并未提起它们各自的相对优点。

然而,如果说施特劳斯的课程并未评估这种立场上的分歧,他却的确阐述了"为何最早的人类对维柯的著作来说如此重要"这一问题。简言之,原因在于,这些最初之人具有不可否认的野蛮性:这种野蛮当然包括乱伦、弑父和献人祭。然而,这些早期造物在所有的罪面前都是无辜的,因为他们完全不知自己所做的任何事情是错的。并没有内在的声音告诉他们要爱自己的邻人,或者在可能发现和平时寻求和平。不仅是上述这些特点,就连他们的野蛮行动也会在长时段中以某种方式结出果实,最终,他们离开了野蛮性,接替而来的是人类的时代。由于坦率地聚焦于我们野蛮的起源,维柯拒绝同意,存在一种不可变易或普遍的自然法或自然正当。毋宁说,存在的乃是历史。

施特劳斯书信中的下一个要点尤其困难,它还试图捕捉维柯著作中的"整体的观念"[c]。这个部分思考了"自然的世界"与"诸民族的世界"之间的关系,科学革命对自然神学或哲学神学的影响,以及维柯对神圣天意的理解。

当施特劳斯说,"牛顿等人已经完成了他们的工作"时,我想他的意思是,牛顿与其他新自然科学的奠基者们已经使得一种基于自然世界的哲学神学变得不可能。但是,为什么新自然科学会削弱或摧毁基于自然的神学的可能?施特劳斯在课上最直接的回应有两个要点,并不止一次阐述了这两个要点。第一点是,现代观点否认自然是合目的性的,由此在自然中剥夺了各种目的,正是这些目的才有可能把自然显示为一种道德的或神圣的秩序;第二点是,现代观点认为,我们只能理解我们所制作的东西。既然我们并未制作自然,我们就不能理解它。当然,我们可以使用自然,从而活得更长久、更舒适,但是,即使没有关于事物自身的知识,我们[对自然]的使用也是可能的。与对自然施加的有用规则相比,我们并没有怎么发现自然中永恒真实的法则(参第一、二讲,尤其第七讲中关于《新科学》第 341–346 段、第 331 段及第 349 段的论述)。看起来,现代自然科学的力量还伴随着"自然终究不可知"的观点——如果不是以这个观点为代价的话。施特劳斯对这个问题最为简明的说法如下:"唯一可能的自然神学,亦即哲学神学,就是新科学，以宇宙论或目的论论证为基础的传统自然神学并不可靠，因为我们并不理解它。"（第七讲，论《新科学》第346段）至少在这里，由于我们普遍地缺乏进入自然的门径，我们无法将自然展示为合目的性的，因此也无法发展或捍卫一种从自然中得出的神学。

尽管新自然科学的开创者们使得发现植根于自然的神学——亦即哲学神学——不再可能，但施特劳斯却讲到，维柯在"诸民族的世界"中发现了一种神学。维柯能够发现这点，是因为，维柯看到，最早期的人们"通过人对神圣事物怀有的某种自然本能"创造了自己的诸神（《维柯自传》，页167）。在点评这几行文本时，施特劳斯甚至更加强调维柯在这个问题上的研究进路的创新特性：

> 这是关于自然神学之含义的一种令人惊异的转变。自然神学是神的一种理性教诲，而在这里，神学在一种完全不同的意义上是自然的，因为它的起源在于各种法，① ……神学只是因为其起源才是自然的，它与其真理无关。但自然神学的通常含义当然是，这是一种真实的教诲。（第十七讲）

在自然神学的传统基础已经遭到拒斥后，维柯在"诸民族的世界"中，尤其是早期时代人们的反应中，（为自然神学）发现了一个新的基础。在这里，施特劳斯可能说了他在另一个语境中所说的东西，也即，维柯经常保留传统的范畴，但却赋予这些范畴以新的内容（第十二讲，以及《迫害与写作技艺》，页183）。至于这种自然神学转变的后果如何——例如，这是否也导致人们必须放弃一种原本可以由之反对启示神学的立场——施特劳斯只是说，这种转变"令人惊异"，却没有以细节的方式讲述这种后果。

[x] 在致伯纳德特的书信中，施特劳斯把维柯关于自然神学的新

---

① 施特劳斯不止一次强调了维柯自然神学观念的创新之处，并强调维柯的自然神学起源于"人类"生活的最早、最野蛮的时期，但是，在这里，施特劳斯唯一一次提到维柯的自然神学起源于法。由于严格意义上的"法"不会出现于这个最早的野蛮时期，这种提法让人感到惊讶。施特劳斯所指的"法"可能只是在非常宽泛的意义上意指正在兴起的习俗。也有可能是记录稿没有表达出他的准确意思。不过，应当时时记住，记录稿并非由施特劳斯本人公开发表的作品。

进路与他对神圣天意的新观点联系起来（后者常常既在课堂讲授中，也在《新科学》中被提及）。按照施特劳斯在这里的说法，这种神圣天意在"诸民族的世界"中而不是在自然中起作用，因此是可知的。为了察看这种关于天意的新观念，我们必须首先注意到，维柯把历史划分为三个阶段：属神的阶段、英雄的阶段以及属人的阶段。尽管这些标签很有魅力，第一个阶段的野蛮性却难以言表。然而，历史缓慢地展开自身，而所谓的诸神时代的种种恐怖也得到减轻。家庭，法律，最后到城市，都逐渐产生。生命非常缓慢地变得有人性（human），或者说温良（humane）。但这些为什么会发生？这不是由于人有了理性，并写下契约来规制自己的行动，再指定主权者来强制推行这些契约。因为，这些早期时代的"人们"尚缺乏这种合乎理智的必要手段来做到这些事。毋宁说，他们绝望、暴力、短视的行动却以某种方式导致他们迈出了一小步，而且这一小步朝向的是一个总体上对人而言更好的时代。这种"以某种方式"就是维柯的神圣天意，施特劳斯把它联系于亚当·斯密的"看不见的手"。不需赘言，无论是维柯还是施特劳斯都不曾否认，这种普遍天意与特殊个体经受的恐怖磨难完全相容，而且这种天意并不取决于一位人格神的存在。

施特劳斯致伯纳德特的信并没有略过不提可以在维柯身上感知到的独特性 [d]，尽管他上课时所列举的这类独特性要比书信中更多一些。在课堂上，施特劳斯不时指出他所发现的"奇怪"特性，而且，他还不止一次提到维柯对无法成立的词源考证的嗜好（第五、第九、第十一、第十三讲）。甚至维柯的忠诚编者伯尔金和费什都罗列了自己总结的《新科学》中的可怪之处，两位编者还说，这份清单可以很容易列得更长（《新科学》页 xviii）。无论是伯尔金和费什，还是施特劳斯，都没有尝试充分解释维柯的著作中为何有这么多怪异的地方，尽管施特劳斯书信的剩余部分有助于解释其中一些怪异之处。

施特劳斯的最后三个要点 [e, f, g] 关注的都是维柯的写作方式，并且有助于解释维柯的怪异特征。施特劳斯提到的这三点，恰好都属于维柯佯装遵从宗教传统（实则未然）的努力的部分。因此，这三点都关系到施特劳斯此前关于维柯处理旧约和新约的间接方式所说的话 [a]。

在引述一段或另一段话时，维柯总是会把这段话说成是"金句"。例如，西塞罗、斯特拉波、优塞比乌斯都是"金句"段落的作者。让施特劳斯印象深刻的是，在所有维柯明确表明或暗中指向圣经和天主教义的地方，他只有两次提到摩西是某个金句的作者（《新科学》第585、601段）。而且在这两段中，摩西都并非在谈论他最高的主题——上帝的选民。施特劳斯认定，此处赞语的完全缺失可以视为植根于如下看法，即由一位寻常的有死之人来称颂神圣文本是一种放肆无礼，但这无法解释维柯的相对沉默，因为他已经暗示过这类赞语，但仅仅发生过两次，而且针对的都不是最高主题（第十二讲）。如果考虑到什么才是最重要之事，维柯这种赞扬就等于敷衍，而且，维柯仅有两次提到耶稣，这也强化了上述疑点（《新科学》第816、948段）。① 沿着同样的思路，施特劳斯还对比了维柯对修昔底德的高度赞扬——他称修昔底德为"最敏锐、最有眼力的作家"——与对摩西的保留（第十二讲，论《新科学》第645段）。除了维柯仅有几次提到耶稣之外，施特劳斯还注意到，在第一次提到耶稣的同一语境中，维柯还解释了，早期或诗性的思考方式如何会夸大例如阿喀琉斯这种人物的重要性。初民们甚至神化了这位英雄，他们把阿喀琉斯置入诸神之列（就像他们也把例如地震这类事情变成了超自然之事一样，参第六讲［xi］对《新科学》第48、50、137段的评论）。当然，维柯没有直接说，这就是耶稣之神性的起源。他只说到如下程度：耶稣的画像被画得比常人更高大（第十四讲，论《新科学》第816段）。

　　在书信中，施特劳斯引用了维柯把百合花说成"法国王室的武器"的说法（信中用的是"武器"［weapon］，不过，我们在提到兵甲时应该用"武装"［arms］一词），从而补充了自己的论证，提出维柯总是不直接提到圣经。施特劳斯在课堂上更充分地解释了此处对圣经的引用。"百合花不纺线"的短语出现在法国的武器装备上，上面同时还有持矛的天使，维柯认为，这句话指的是萨利克继承法，该法令排除了不与戈矛相关而与女红相关的那个性别的王位继承权。但是，维柯还把这个短语说成是属于"英雄时代"，而施特劳斯在信中也提到了这点。如果说提及百合花的地方是来源于新约，而《马太福音》6:25-34也表

---

① 相比之下，维柯提到约夫（Jove）的地方则远超过一百次。

明情况的确如此,那么,维柯的评论就会把新约置于英雄时代,这是个恐怖的时代,而且按照施特劳斯的说法,是个前理性的时代。

施特劳斯在课堂上对这点的讨论简短而复杂。施特劳斯并未把新约的这种定位与他此前提议过的说法——维柯把新约与更具战争精神的旧约进行对照——相比较。而且,就在提议维柯有可能把新约置于野蛮的英雄时代之后,施特劳斯立即后退了一步:

> 现在,这一点很有趣,[但是]我必须说,我在此尚未发现任何能够证明这个观点的证据,如果这点可以算做证据的话。但是我是从马基雅维利那里得知这一点的,事实上,维柯很熟悉这位作者。现在,关于这点,我们可以说,这是马基雅维利《论李维》全书的一个主要主题,如果不是最重要的主题的话(强调为笔者所加)。

在随后的部分,施特劳斯继续用四个段落解释了马基雅维利如何同时"拆毁"了李维和圣经的权威。但是,施特劳斯的关注点已从维柯转向了马基雅维利,而当焦点再次返回维柯时,论点也发生了变化。我们因此只能猜想,后一位作者是否充分把握并接受了前一位作者的精微教诲。但是,也许施特劳斯的下一个论点提出了补充的证据,证明维柯将新约归入野蛮时代的做法的确是认真的。

当施特劳斯返回到维柯时,他注意到,在维柯的三个时代的计划中(属神的时代,英雄的时代和属人的时代),这个循环会不断自我重复。因此,中世纪是向早期英雄时代的野蛮主义的重返。这点有助于支持施特劳斯对法国王室武器问题的解释:不仅新约写于(野蛮的)英雄时代,而且法国王室的甲胄也是在英雄时代野蛮复返之时设计的。然而,施特劳斯自己的关注点转向了一个新的而且也很重要的观点:向野蛮的英雄时代的重返与原初的版本已经非常不同,因为介于其间的属人时代并没有完全被抹除。例如,繁复的经院主义仍然是属人时代遗产的保留,因此,再次重返的野蛮时代就不再像此前的野蛮时代那般严酷(第十二讲)。在讲课过程中,维柯解读圣经的方式问题需要与施特劳斯在信中没有提到的其他主题争夺(课堂上的)注意力,而施特劳斯也无法完成每一个由他所开启的讨论话题。

在书信的总结性评论中,施特劳斯对伯纳德特提到了《维柯自传》

页 155［g］。如果不是受益于课程整理稿，就很难看出施特劳斯头脑中的用意何在。信中所指的那一段，也即施特劳斯的朗读者兰肯先生为同学们朗读的那段话，写的是维柯对自己一部关于格劳秀斯及其编者格洛诺维乌斯（Gronovius）的作品的描述；但维柯随后补充说，自己"放弃了［xii］这个任务，因为想到自己身为天主教信徒，用加注去粉饰一位异端作家的作品是不合适的"（《维柯自传》，页155）。在这种对天主教虔诚的表达中，值得注意之处是什么？在施特劳斯读来，从下个段落的开端来看，维柯对这个开端的设计一部分是为了显示自己那部作品是多么简短单薄。因为维柯在此提到他敬仰四位作家"超过所有其他人"。这四位作家是谁？从文脉中可以看得很清楚，他们是指柏拉图、塔西佗、培根和格劳秀斯（《维柯自传》页154–155）。但是，四位作家中没有一位天主教徒，有两位则是新教徒。所以，维柯刚刚才说自己拒绝研究一位异端作家格劳秀斯，话音未落，他又自称特别敬仰新教作家培根和格劳秀斯（再次提到了格劳秀斯！）。施特劳斯建议学生们把本段纳入有趣段落的清单中（第三讲），他也对伯纳德特提到这一段，将它作为维柯写作方式的代表。

通过这些方式，施特劳斯向伯纳德特介绍了自己的维柯研读课。施特劳斯并未尝试概括《新科学》的整体轮廓，也没有评估维柯对历史主义的贡献。令人更惊讶的是，施特劳斯并未停留在自己与维柯的分歧之上，也没有始终抓住后者可能存在的弱点。毋宁说，施特劳斯就维柯著作的"整体的观念"呈现了一篇完美浓缩的概述，同时也在两方面大度地赞扬了维柯——既赞扬了他的写作方式，也赞扬了他对马基雅维利精微之处的把握。通过把维柯置于"伟大、优秀者"之列，同时也承认了维柯的"独特性"，施特劳斯帮助我们所有人像他自己那样做，并且严肃对待维柯。他在书信中对维柯展示的大度也体现在课程中——例如当他抑制一位学生试图攻击维柯的意图之时。施特劳斯抑制学生时所采取的方式是，教导自己所称的"批评的真正原则"，他把这个原则界定为："你不可戮杀（slaughter）［你正在解释的作者，即便他显得很愚蠢］。必须正视他的长处。"（第三讲）而倘若施特劳斯的"戮杀"不曾引起笑声，倘若他本人不曾如此严格地遵循自己所定的规则，他要求学生遵守这条规则的指导就不会在这群学生中间产生如此大的成功。

# 整理者说明

本整理稿基于施特劳斯维柯研读课现存的录音文件。该课程共有十七次课，其中有两次课（第八次和第十六次）没有录音。本课程的录音文件质量尤其不佳。当时的录音设置经常出错，以致录音虽然进行，却造成了反向噪音的问题。我们的音频技术专家、九月音频公司的哈丁先生（Craig Harding）尽力对一批问题尤其严重的磁带录音作了修复，而本稿的编辑阿姆布勒教授（Wayne Ambler）也同样为这部尤其棘手的整理稿竭尽了最大努力。

在课上大声朗读文本时，朗读者通常会略去由编者伯尔金（Bergin）和费什（Fisch）用方括号所增加的注释材料。仅当这类忽略对课堂讨论很重要时，编者才以脚注形式附注说明。所有段落都附上了引文来源。

课堂使用的文本是《维柯自传》（*The Autobiography of Giambattista Vico*），Max Harold Fisch 和 Thomas Goddard Bergin 译（Ithaca, NY：Cornell University Press, 1944），以及《新科学》（*The New Science of Giambattista Vico*），Max Harold Fisch 和 Thomas Goddard Bergin 译，（Ithaca, NY：Cornell University Press, 1948）。

本课程整理稿的编者是阿姆布勒，并承蒙助手莎拉（Sarah Johnson）和史蒂芬妮（Stephanie Ahrens）的协助。

关于施特劳斯讲课稿整理计划与编辑指南的总体信息，请参阅前节所载的总编注释。

# 第一讲 导 论

（1963 年 9 月 30 日）

施特劳斯：[1] 现在，我们开始上课。这是我第一次开设关于维柯的研读课。几年前我曾打算开一次，但没能实现，当时可用的复本不够。① 我此前从未开过关于维柯的课程，原因很简单——我从未研读过维柯。这不只因为个人的原因，所以我希望做些解释，也就是说，一个人没法研习一切。即便是政治哲学教师，也无法以真正的方式研究所有有分量的思想家。其原因是：当我开始研究时，我总是因为某位思想家的指引而发现另一位。例如，我曾经对霍布斯感兴趣，而霍布斯向我指出了通往柏拉图、亚里士多德和马基雅维利的道路。随后，霍布斯又以某种方式把你引向洛克，等等，于是我对他们都做了研究。孟德斯鸠和卢梭这两个人距离维柯最近，但是由于他们从未提到维柯，因此，我也没有发现必须研读维柯的理由。当然，我在文献中读到过维柯，但无论我当时读到些什么，都不足以吸引我致力于认真的研读。简言之，后来变得很清楚的是，维柯与现代式的史学考据（modern historical criticism）的出现有密切关系——我以后会谈到这个问题。

在现代式的史学考据中，有过两次著名事件，一次是德国哲学家沃尔夫（Friedrich August Wolf）② 对荷马的批评，另一次是 19 世纪初期

---

① 直到 1961 年，《新科学》的伯尔金和费什译本才出版了平装本。
② 沃尔夫，《荷马导论》（*Prolegomena to Homer*，Princeton：Princeton University Press, 2014）。此书首次出版时的书名为《荷马导论，或论荷马作品的原初和真实形式、多重流变及其正确的勘正方法》（*Prolegomena ad Homerum sive De operum Homericorum prisca et genuina formal variisque mutationibus et probabili ratione emandandi*, Halis Saxonum：Libraria Orphanatrophei, 1795）。

尼布尔（Barthold Georg Niebuhr）① 对早期罗马史的批评。维柯早在一百年前已经对此做出预见，这是一项了不起的成就。但是，早在 17 世纪，斯宾诺莎就在论述旧约问题时提出了历史批评的根本要点，并提出了它的专门原则。这个问题比荷马问题和早期罗马史问题更重大得多。在这个方面，无论维柯有多么重要，他的重要性都不像斯宾诺莎那么根本。这是我未能转向维柯的一个原因。

但我认为，现在是我该研读维柯的时候了。那么，基于——比如我自己——恰好知道的东西看来，何以要读维柯？我想，可以给出一个很简单的答案：历史问题（the problem of history）。现在，让我来表述一下这个问题。由于在座的不少人我并不熟悉，我会不得不说些其他人已经听过的内容，但我会尽量讲得简略。你们可以中途打断我，或者也可以在课间展开讨论。

现在暂且不提维柯，让我来表述一下人们如今对历史问题的看法，以及该问题对我们的影响。政治哲学可以界定为对真正的好社会（the good society）或正义社会（the just society）的追求。这个问题自从古希腊之初便已提出，而结果是，对于这个问题，我们有 N 种答案——N 可能会有两位数或三位数，对此不必细究。这种现象可以称为政治哲学中的无政府状态（anarchy）。与我们在物理学或其他自然科学中看到的不同，在政治哲学中并没有一种普遍的进步，反倒是在诸多思想家的[2] 答案之间存在着一种无政府状态。这种观察结果——每个人都能轻易得出这个结果——把人引向了怀疑主义（skepticism）：政治哲学真的可能吗？因为，政治哲学中不像人们在（尤其是）精确科学中看到的那样，存在普遍进步。有些人（我稍后会提出他们的名字）很快得出如下简单看法：如果我们注意教义（doctrine）A、B、C、D、E 和 F——它们皆为混沌杂乱的事件，如果我们采取某种更宽阔的视野，将视野扩展至这些教义之外，那么，这种混沌就会变得有序。原因是，我们由此会看到，时间或历史情境与教义之间有了一种一对一的协调对应关系。举个简单的例子：亚里士多德的财产学说与洛克的财产学说之间

---

① 尼布尔（Barthold Georg Niebuhr），德裔丹麦人学者、外交官，曾著有三卷本《罗马史》（Cambridge：Cambridge University Press，1828）。

存在很大冲突。但是，如果考虑到亚里士多德的写作时间是公元前 4 世纪，而洛克则在 17 世纪的英格兰进行写作，那么这一切就说得通了。可以说，亚里士多德拥护的是希腊社会，或者拥护希腊社会中的某个部分，而洛克拥护的则是 17 世纪英格兰的某个部分。

人们会说这是黑格尔的观点，尽管我确定，这是对黑格尔观点很粗疏的表述。不同的教义取决于不同的时代，于是，我们便用秩序（order）替代了混沌（chaos）。我们自然为此付出了沉重的代价，因为，如果采取我所说的这种方式，这便意味着，不可能存在真正的、在一切时代都为真的政治哲学本身——既然一切教义都相对于各自的时代才成立。用黑格尔的话来说，一切思想家都是其时代的儿子——这指的不只是他是否剃胡须，或戴领结、穿鞋子的方式等——而是说，就其最高、最纯粹的思想来看，他是其时代的儿子。

我们可以像另一位德国思想家①那样，修正这个说法——每个思想家不是时代的儿子，而是时代的继子，因为他并未在自己的时代找到家园。当然，他是自己时代的继子，并非任何其他时代的继子。这种修正只是保留了黑格尔的主题。换言之，他的意思是，所有的体系（如果可以用"体系"这个词的话）在这个关键的方面都是平等的：它们最多都只是各自时代的一种最充分的表达，而非单纯为真。

我们可以再进一步，谈谈所有时代之间的平等。所有的时代都是平等的，只是彼此之间有所不同。例如，有位史学家②说，所有时代都彼此平等：在神的眼中，所有时代都是平等的。例如，当海伍德（Richard M. Haywood）提到罗马帝国的衰落以及罗马皇帝们的僭政时——他会说，这是一个方面，而另一个方面则是基督教的兴起。所以，我们既看到衰落，同时也有新的东西。根本来讲，这对每个时代都适用，因此，人们必须谈的是各个时代之间的平等。

将这种观点放大［就会得出］——更确切地说，这种观点暗示的

---

① 施特劳斯指的是尼采。参见《注意尼采〈善恶的彼岸〉的谋篇》，载于施特劳斯，《柏拉图式政治哲学研究》（*Studies in Platonic Political Philosophy*，Chicago：University of Chicago Press，1983），页 187。

② Richard Mansfield Haywood，*The Myth of Rome's Fall*，New York：Crowell，1958。

是——所有文化之间的平等。这种观点最初通过斯宾格勒（Oswald Spengler）[1]的阐发变得广为人知，但后来，尤其是美国人类学（American anthropology）接受了这种观点。在美国的人类学那里，这种观点经过如下修正而获得接受：斯宾格勒提到的是所有高级文化的平等，而人类学教导的［3］是所有文化的平等——高与低的区分在科学上并不适用。我想这些是你们都非常熟悉的事实，因为这正是当前人们看待事物的通行方式。我之所以要提到这点，是因为，最难捕捉的东西恰恰是我们呼吸的空气——我们知道，空气看不见，因此，我们很容易将其忽略。比如说，我们透过空气看到门或者其他东西，却看不到空气。然而，在某种意义上，我们透过其中而看到事物的空气比由之看到的任何东西更加重要，因为它决定了我们看待事物的方式。

以上是第一个问题——所有时代、所有文化的平等。接下来，我们要谈到这同一个世界的一些别的东西，我相信，我要谈的不是什么深奥的学术问题（尽管它以深奥的学术为基础），而是你们每天在报纸上读到的东西。另外一个问题就是"不发达国家"（underdeveloped nations），这个词的意思是什么？它指的只是不平等——有些国家是发达国家，其他国家不发达。"不发达"这个观念暗含的是进步观念，而不是所有时代、所有文化的平等。我们日常的、未经反思的思考方式的特征正是这种并存（这又是个时兴的语词）——上述这种平等主义与另一种不平等主义的并存。我相信，这两个概念的关系已经清楚了。现在，如果我们来看这两个概念的关系，一方面是进步，另一方面是不同时代、不同文化的平等，那么我们会看到，进步主义观念先行于历史的平等观念。大家都知道，18 世纪是著名的进步时代，而这种平等主义观念只有在 19 世纪才产生。

今天，进步观念的堡垒在哪里？我现在要说的不是某种政治浪潮，因为每个人当然都会说"共产主义"。我所说的是某种在西方世界非常强大的事物。这个堡垒当然是科学——谈到科学，我们必须提到"进步"。事实上，科学对历史主义造成了很大困难。我们暂时把历史主义

---

[1] 斯宾格勒，《西方的没落》（Charles Francis Atkinson 英译，Oxford: Oxford University Press, 1932）。

定义为如下观点：所有文化、所有时代都是平等的。这个定义很浅表，但足以用于我们当前的目的。因为，科学显得超越了所有的文化。并不存在一种与例如"委内瑞拉物理学"相对立的"中国物理学"。所以，科学是某种思想的强大堡垒，这种思想否认我们的历史局限性是最终的结论。但问题没有这么简单。

在历史主义观点成为流行看法的过程中，我想没有人比斯宾格勒发挥了更大的作用。斯宾格勒否定这种特定的科学观念。他说，我们称为科学的东西是现代西方科学，它从属于如下特定的文化——现代西方文化，由于某种原因，斯宾格勒称之为"浮士德式文化"（faustisch culture）（说法不同，但区别不大）。斯宾格勒还认为，尽管这种科学被证明在全球范围内普遍适用，但这与其根本意义上的西方特质并不矛盾。这只意味着，西方人成功运用自己的科学将全球进行了西方化，仅此而已。在这个方面，科学并未变得普适。

但更确切地说，如果人们像从事科学的学生所尝试的那样分析科学，那么，他们会到达某些根本前提。从更确切的定义来看，他们到达的是永远无法成为事实的根本假设，它们无法证明，而是始终作为假设。用通常的说法，事实证明这些假设在逻辑上是专断的。如果采用其他根本假设，也会像这些假设一样适用。实际上，这些假设是现代科学在17世纪产生之时所采用的。

[4] 那么，位于我们的科学之根基的东西是什么？科学在根基上是否不存在任何合乎逻辑的东西或者别的某种必然性，而只能依赖历史偶然性的决定？如今，我们无法跳出这辆火车（jump out of that train），因为我们已然身处其中——如果跳出去，我们会立即丢掉性命。但这并未排除如下事实：这些基本假设具有这种历史偶然性的特征。所以，换言之，对科学的分析可能恰恰令我们确信如下观点——在根本意义上，一切思想都是历史性的。当然，这并未否认，至少在表面上，自然科学还保存着如下古老观念：真正的知识必定超越文化的多样性，或者说超越历史。如下简单的方式暗示了上述保留：尤其在英语中，我们将"科学"理解为自然科学。它是关于自然的科学。那么，当这种自然观得以产生，并由希腊人加以发展之时，自然首先被理解为与希腊人所说的 νόμος 相对立——我们可以用法律、习俗、风俗等术语翻译之。如今被称

为某种"文化"或"文明"的事物，古希腊人称之为一种礼法（νόμος），与自然相对。那么可以说（这在某种意义上优于我此前的说法），现今如此强盛的历史主义，来源于对礼法的解释，或者来源于对诸礼法（νόμοι，νόμος的复数形式）之连续次第（sequence）的解释，它将礼法（νόμος）解释为一系列礼法（νόμοι）的连续，将其解释为历史。我此后会表明，在早先的时代，不存在"历史"的视野。

事实暗示，这种替代已经发生了。所有类型的制度，在此前都被理解为人为之物（未必由某个人所为，可能经由几个世代完成），而随着历史主义方法的出现，它们如今被理解为生成之物——不再是人造物，而是生长的产物。这便是根本区别所在：生长（grows）是自然（nature）的原初含义。早先视为绝对非自然的东西，如今被视为从属于更高力量的自然之物。其中有一个重点，我将在此后讨论。

现在我们首先来重新考虑这一事实：文化的多样性——如今，这个事实已经显而易见，难以否认。请讲？

巴特沃斯：在您继续之前，我可以提个问题吗？

施特劳斯：请讲。

巴特沃斯：我没有明白您的论证要讲的是什么，您提到，我们可以表明，科学可能是自身历史时代的产物。什么会是——

施特劳斯：例如，如果我们表明自然科学需要以一些根本假设作为基础，可是，就像人们说的那样，这些根本假设"在逻辑上是任意专断的（logically arbitrary）"——也就是说，人们本来也可以选择其他的一些假设。于是，人们便可以说：我们当时要是选择了另外那些假设，便永远不可能获得这种现代的技术进步。那么当然就会产生如下问题：这些进步在每个方面都如此美妙吗？考虑一下核武器的进展。

巴特沃斯：但是，即使这些假设并非得自专断的选择，这是否意味着，它们因此就是由历史背景（historical context）所决定的（determined）？

施特劳斯："被决定"并不必然意味着——我是说，我使用了"被决定"这个表述吗？

巴特沃斯：[5] 哦，有可能是我误解了您的意思。

施特劳斯：不，不是，不过这种选择很有可能是一种无法解释

(inexplicable)、无法化约（irreducible）的选择。也许我可以简短地解释一下这点。历史主义最通常的形式当然是这种：就像马克思主义者们那样，说……所有这些思想都属于上层建筑——例如，亚里士多德的《政治学》、洛克的《政府论》都属于上层建筑。[他们说,]如果你想理解亚里士多德或者洛克，你就必须回到其基础：前者回溯到希腊的生产方式，后者要回溯到17世纪英格兰的生产方式。他们的这些教义都不是真理，而只是一种特殊条件下的表达，实现的是一种特定的社会功能。它们不是真理，真理乃是经济基础，或者毋宁说是生产的基础。你们都了解这一点。在这里暗示了一件事：马克思主义者，或者马克思主义者们所持有的某些马克思主义的对等物，他们宣称自己懂得了唯一的真理（the truth），关于历史的超历史的真理——也就是说，生产方式才是真正基础性的东西。而严格的历史主义则宣称，这本身就是一种受制于历史条件的观看事物的方式。某种意义上，马克思主义者宣称身处历史进程之外；而严格的历史主义者则说，没有人能身处这一进程之外。马克思主义本身是一种受制于历史条件的理论，它当然会有某种功能。我的意思是说，它实现了很多功能，但本身并非真理。现在，米勒先生，你有什么想说的吗？

米勒：是的。我想问的是……那些相对主义者们，他们说——

施特劳斯：相对主义者们比历史主义者的态度还要更含混一些。

米勒：是的，不过我是想用某种含混的东西为例。其实，我也不清楚应该用什么名字指称他们。也许是实证主义者——

施特劳斯：不，实证主义者们——

米勒：不，我会说，实证主义者的选择是专断的。关于这一点，要是我们有真正牢靠的例子的话——

施特劳斯：是的，不过，这是一个复杂的——你们看，我此时必须得非常依赖其他人不可，但是我只能提到关于这个问题的最为深刻的学生——此人与实证主义毫无关联，是他看清了所有这些区别。胡塞尔抵达了同样的结论。所以，他的说法可能有些道理。

米勒：很可能是这样的，这一点经常被人们提到。但是，我从来不知道应该为其赋予什么意义。在我们今晚的讨论之后，我想到的是休谟——

施特劳斯：是的，但是，在休谟那里，这个问题不可能存在，因为，对休谟来说，这个所谓的历史问题并不存在——

米勒：不，我明白这点——

施特劳斯：例如，当休谟提到因果性（causality）的时候，他的意思当然是，所有人在所有时代都把"原因"理解为同一个东西。

米勒：[6] 是的，但是我刚才想说的是，休谟在《自然宗教对话录》的一篇对话中……在我们今晚的讨论后，……会讨论这个问题……尽管我们已经表明因果法则（the law of cause and effect）毫无意义，可还是没有人会从窗户走出去，每个人都会从门往外走。

施特劳斯：当然。但是，这里并不存在历史性的问题（question of historicity）。这里的问题会是这个：在不同的文化中，因果性意味着非常不同的东西。因果性在现代科学中的这种意思，是对原因的一种特别的解释。没有这种对因果性的特殊解释，你就不可能成为一位现代意义上的科学家。亚里士多德也提到过因果性，每个人都会谈起这个。任何一个在任何场合中曾经问起过"为什么"的人，都曾经以一种因果性的术语来讲过。但是，这里的问题更为具体。也许从我接下来要说的东西来看，问题会变得更清晰一些。

诸文化的多样性当然无可否认。但是，我们可以说，人们向来了解这点，向来了解。当奥德修斯游历之时，他看到各种城邦和部族，但这些城邦、部族并未被理解为各种文化（当然这不只是名称的问题，但我们应该试图分清）。存在各种部落、民族，他们各有制度，并对其制度乃至世界之整体做出不同评价。但是，当奥德修斯或其他游历者——例如马可·波罗——四处环游时，其中有一点是我们所了解的：这些不同的部族都生活在所有部族共有的整全之中，他们都生活在大地之上，苍穹之下，这具有根本性（elementary）。在观察各类人时，古代的游历者们观察每个部族所敬仰（look up to）的事物——被该部族视为最高者的东西，例如他们的神、他们对其诸神的敬拜，诸如此类——由此发现（或试图发现）每个部族的特点。换言之，游历者们观察的是每个共同体抬头仰观的屋顶（ceiling），无论屋顶具体是什么。但是就游历过程所显示的"屋顶"来看，人类族群的各个不同分支之间存在着深刻的分歧。

现在，我们来看地基（flooring），其特点是，不同族群在对地基的看法上彼此一致：天高地卑，人马不同，男女、孩童各有差别……凡此种种，我们皆称之为地基——就地基的问题，人们可以立即达成一致。分歧在于高处，而人们在低处彼此赞同。人们在这些基本问题上存在知识，此事众所周知。但在涉及高处时，只存在意见。那么，这正是哲学的第一步：由于存在意见，所以我们必须尝试用知识取代意见。我们必须从关于地基的基本知识出发——更确切地说，由人们普遍同意的知识出发——尝试接近最高者的知识。

现在，可以将我们的起点——天地、男女、孩童等等——称为绝对事实，这些事实与特定族群无关。那么，这便意味着，我们由绝对事实上升到最高、最初、永恒不变的事实，后者导致了所有的变化，或者令所有变化成为可能。

这种观点在当今时代开始受到质疑。对于任何种类的绝对事实，我们没有任何知识。那个最为强调这一点的人曾经说："我们对事物本身没有 [7] 知识，我们所知的只是现象。"我们的知识由两个部分组成：感性材料及其获得组织、感知和解释的形式。那么，当然不会存在关于最高事物的任何知识。在分析我们的知识时，我们达到的"最高"之物是以之进行感知或解释的各种形式。我所说的是康德——康德将其称为诸范畴（categories）。这个步骤非常关键。如今，在提到最简单的人类学时，人们思考时用的也是这些康德式的术语，至于他是否意识到这一点并不重要。那么，让我回到关键的问题：人们理解某个部族的古老方式是观察该部族所敬仰的东西，而在当今时代，人们观察的是该部族用以感知、思考事物的各个范畴。不同部族在最高事物上的意见千差万别，那么关键的问题是，当从前的人面对这一景象时，他可以（至少暂时地）搁置判断，并说"我不了解"——也许这些斯巴达人或者波斯人是对的，我们是错的，等等。但是如果从范畴来看，你便无法搁置判断，因为任何思想——无论该思想多么具有怀疑主义性质——都预设、使用了这些范畴，都假设这些范畴发挥作用。最终的结果是，严格说来，事实并不存在。我们称为事实的东西（例如这扇门）已经是解释的产物——我们将特定感觉材料解释为"一扇门"。

康德直接假定，如果这种解释正确，那么它在所有人那里都总会采取相同的形式。但是，康德之后，在如下方面发生了很大的变化。有人宣称，在感知或解释时，人们的观点会发生根本变化，因此，不同时代、文化看待事物的视角也截然不同。从这种特定的观点看，一切思想，一切思想，都是历史性的。

那么，我们直接关心的问题是，我们看到来自两个部落、讲两种语言的人们用一匹马交换两头牛（或者无论别的什么东西）时，他们都知道所交换的是什么、叫什么名称。那么，难道不存在这种独立于历史多样性的事实本身吗？答案是否定的。在不同文化之间，没有任何事实——无论多么真实——是毫无变化的。不同的民族仰视为最高之物的东西，本身已经是其观点、视野、范畴的结果。而这种视野将其特性赋予出现于其中的一切事物，哪怕像一只狗这样琐细的事物。不同视野之间不变的东西仅仅是某种不可说之物。举个例子，一只狗（dog），一只 κύων（古希腊语）或 kelev（希伯来语）——无论不同语言中用的是什么名称——它们的含义彼此不同。因为，只要看看不同语言中对这些语词的比喻用法，就可以看到，同一个语词有不同的"气氛"（aura），因此，在不同语言中也有不同含义。我们永远难以触及绝对的事实。不管哪个时代的某个人所说的所有东西，都已是特殊的，都从属于某种特殊的文化。

一方面，康德划时代的著作是这种历史主义进路的条件，但并非充分条件，因为在康德那里，缺乏所谓的"历史主义文化"。但是让我们暂时只关注康德，用康德自己的话来讲，他的关键宣称是什么？答案是：与旧有看法不同，理解绝非感知（perception），而是通过为质料施加形式而形成某种东西。或者引用最著名的表述：人的理解能力为自然立法。自然的根本法则不是人们所发现的，而是由人的理解力对自然赋予的法则。

[8] 维柯——我们首次引入他——为此做好了准备。维柯说，我们只理解自己所制作的东西。而康德的说法是，事实上我们只理解自然，因为人类理解力为自然立法。维柯虽然比康德早两辈人，但他似乎在为历史主义所做的准备上大大超过康德。

我们试图研读维柯，旨在对历史问题获得某种更好的理解。我们必须弄明白，在先前的世代，这个我将简要描述的历史问题并不存在。历史问题在150年前才出现,但直到我们的时代,历史问题才充分变得尖锐起来。我们切不可像当今几乎所有的讨论那样,对这个深刻的变化糊里糊涂。例如,今天的人们发现一切的时代、世代都有历史哲学。我对此感到疑惑,因为我闻所未闻。有些人还写到了孔子的历史哲学,或《阿维斯塔》①中的历史哲学,等等,我知道一些相关的东西。这在某些情况下已经产生疑问,因此,以奥古斯丁为例,人们提到的不是他的历史哲学,而是历史神学。但即便这个也只是一个表述的问题。

让我们暂且对"历史/史学"这个语词做一番考察。$ἱστορία$出自希腊语,本义是探究。这个含义如今还在用,至少我在读书的时候,有一门研究就叫做"自然史(博物学)"——对负鼠(possums)、老虎等各种动物进行描述,你们是否了解?描述性的动物学和植物性曾经被称为自然史/博物学,我不知道现在是否仍然如此。这门学科有可能已经改用了"生物学"这个叫法。史学的含义是探究,因此,也是对探究结果的记录。但"史学"尤其可以意指对人进行的探究。例如,要了解老鼠,不见得非要问其他人不可,你可以自己去查阅。但有些事情我们只有通过询问其他人才能了解,例如在你出生之前发生的事。于是,你就会去找年长的人了解几代人之前发生了什么。无论你是在其生前问他们(例如自己的祖父、曾祖父等等),还是查阅他们身后留下的资料,其间并无根本的差别。所以,史学的探究含义开始针对只有通过人类记录才能了解的事物,我们可以称之为"过去",人类的过去。那么,史学的含义是对过去事物或与自己相隔不远之事物的探究——其内容当然是人们做了什么——以及对人们所做的事情的记录。它指的从来不是,从来不是,这种探究的对象本身(the object of this kind of inquiry)。而如今,"史学"的含义也包括并尤其意指这种对象(object)。当一个人提到历史进程时,他指的不是历史学家进行记录的过程。他可以指这个,但这不是首要的含义。当人们今天提到自然和历史时,自然是一个领域,而历史是另一个领域。这种观念是晚近才有的。

即便对于"历史/史学"这个术语本身,无论这个语词是什么意思,我们都不能想当然地做出假定。我太多次读到如下说法——"旧约

---

① 或者可能是"圣维斯塔"(Santa Vesta),录音含混不清。

的重大意义在于对历史的发现"。我提一个简单的问题:"历史"在希伯来语中的说法是什么? Historia 这个希腊语词或拉丁语词很晚才被采纳。旧约中相应的说法是 dibh're hayyamim 或者 toledot,前者意为"纪年""编年",后者的意思是"世代"。后一种说法很有趣,因为它用于描述例如人的出生等事件。有些章节以此开头,随后是关于这些世系的故事。但在从前,"出生"这个词被用来翻译希腊语中的"自然"一词。因为出生当然是一个自然过程。因此,西方思想的这一伟大根源[9]——旧约,并不了解"历史"一词的任何严格含义。那么,"历史"产生于哪里?

我接下来会跳跃一大步。在 19 世纪早期,我们首次发现某个学派,它自称为"历史学派"。自从希腊时代以来,曾经出现很多学派,但从未有过历史学派,而这是个新鲜事物,史上第一个历史学派。这个历史学派由关注法律、民俗等凡此种种问题的学者组成。严格说来,它不是一个哲学学派——尽管有些哲学家站在这个学派背后,但它本身当然不是个哲学学派。让我们暂时考察一下历史学派。你们在每本教科书中都会读到(这也是正确的说法),历史学派是个保守的学派。随便说来,历史学派在英国最著名的代表是梅因(Henry Sumner Maine),① 梅因的写作时间集中在 19 世纪 60 年代,写了一些非常精彩的关于古代法的著作。如今这已经完全成为例行说法,而我们已经忘记其中更深层的问题。历史学派有一种政治职能,它的出现是对法国大革命的回应,也反对编造(fabricate)宪法和法典。历史学派宣称,(宪法和法典)不是编造的,"编造"是坏的,或者并不可能。唯一存在的是增长,缓慢的增长。在某种意义上,历史学派是著名的法国革命批评者柏克(Edmund Burke)的继承人。有意思的是,柏克并未谈到历史。

柏克就历史所说的东西都是旧的传统内容,并不值得太多关注。柏克用的说法是"时效"(prescription)。"时效"是罗马法的术语,来自罗马私法。时效指的是争取并获得财产权的程序。就我所知,"时效"的说法从未用于公法。很尴尬也很有趣,柏克竟不得不从罗马私法中找出一个术语来实现其需要——很明显,后来人们只用"历史/史学"这个词便

---

① 梅因,《古代法》(London: J. M. Dent & Sons Ltd., 1861)。

满足了这种需要。因为"历史"填充了柏克尝试用"时效"一词填充的空白。顺便提一下，我认为，当前关于柏克最急需的其实是研究他如何运用"时效"这一说法。关于这个说法，柏克用得不像我们想象的那么多。就我所知，早期的政治思想家很少用到"时效"一词，他们与律师，尤其私法方面的律师很不一样。这个问题值得研究。

因此，"时效"完全是个充满革命性的原则。柏克之后的一代人充满政治意味地将其改称为"合法性"（legitimacy），神圣同盟（the Holy Alliance）提出了"合法性"的说法。但是，神圣同盟的理论家属于历史学派——至少在德国是如此。换言之，历史学派及其对历史的理解，预设了历史与革命的对立。从这个观点来看，革命的含义是什么？答案是：从实定法转向自然法的直接诉求。在法国大革命中，罗伯斯庇尔（也可以举其他人为例）认为，法国法律是实定法，并无内在有效性——它当然没有，倘若违反自然法的话。从实定法向自然法的诉求，就是法国革命的原则。而历史学派试图达到的目标是，令这种诉求将来不可能再次发生。

我们因此可以说，历史意识——我们对历史的特定意识——取代了自然法。这是一个漫长的过程，贯穿了整个19世纪，可能 [10] 到了19世纪末才完成。不过在原则上，这个过程19世纪初就开始了。德国历史学家特洛尔奇［施特劳斯写板书］有一篇文章讨论了这个主题——历史意识取代了自然法，译者是巴克（Ernest Barker），收于他对基尔克（Otto von Gierke）的一部两卷本著作的译本中，① 名字我记不太清了。

兰肯：这本书已有简装本——基尔克，《自然法与社会理论》，两卷合订本。特洛尔奇的文章见于第 201 – 222 页。［笑声］

施特劳斯：这篇文章会对我们有帮助，当然只读此文是不够的，但在这个问题上，特洛尔奇论述得很明晰——在19世纪至少发生在德国，随后席卷德国并影响了整个西方世界的变化是，所谓的历史意识（his-

---

① 特洛尔奇（Ernst Troeltsch），"自然法与人性的诸观念"，载于基尔克（Otto Friedrich von Gierke），《1500—1800年间的自然法与社会理论》（*Natural Law and The Theory of Society, 1500 – 1800*），巴克（Ernest Barker）译本（Boston：Beacon Press，1957）。另见施特劳斯，《自然正当与历史》（Chicago：University of Chicago Press，1965），页 1 – 2。

torical consciousness）取代了自然法。

那么，这意味着一个重要的前提：我们若不用自然法的概念观之，便无法理解"历史/史学"的概念。如果自然法继之以历史/史学——现在，我指的"历史/史学"已经是一个概念：history 中的 H 要大写——如果史学替代了自然法，那么，如果不用自然法的眼光观之，就无法理解"历史/史学"的概念。为了做到这一点，就不能停留于简单地回应法国革命及其对传统的激进、强烈的断裂（也即从实定法诉诸自然法）。"永远不能再像这样超越实定法、诉诸自然法"——这是一种简单的回应。当然这意味着，最好的办法就是宣称根本没有自然法，那么你便不可能诉诸自然法了。当然，这个过程用了很长时间。一个广为人知的表述是：并非人的权利，而是英国人的权利——前者是自然的，后者是历史的。当然，诸位对此已有了解。

为了理解这一点，我们不能只关注公元 1800 年前后历史意识刚刚出现时的情形。我们必须在很大程度上往回追溯。在 17 世纪，自然法自身内部发生了一次重要变化，我们本学期的研讨课将对此进行很多讨论。今天我只提一点。自然法的教义（尤其是阿奎那所论述的教义）预设：为了成为法律，自然法必须获得充分宣布（be sufficiently promulgated）。假设有某条法律——具备内在要素的法律——尽管它规定人们何者该做、何者不该做，但如果不为人所知，它便无法成为法律。阿奎那用 synderesis 的概念——我们大致将其译作良知（conscience）——保证自然法获得充分宣布。换言之，自然法借着人的良知获得了充分的宣布。当然圣经对人之起源的描述也提供了这种保证，你们很快会看到这个问题为何非常关键。当时，人们开始质疑圣经对人类起源的描述。当然，这种怀疑并不像很多人相信的那样始于达尔文。"严格说来，并不存在创世，也不存在良知。"如果不存在创世，也就没有完美的起点，这是圣经创世论的关键意涵。"人的起点是很低的"——自从达尔文以来，这个观点已经变得非常浅薄琐碎（really trivial）。

[11] 与其他人相比，最成功地创立这种低起点的人是霍布斯。然而，霍布斯遇到一个很大的困难，他说，人们最初像野兽一样生活在森林里，孤单无援，境况恶劣，身处所有人对所有人的战争当中。唯一走出这种处境的方式是联合起来，可是，倘若没有契约——社会契约——

便不可能联合。但是，这些独自生活、甚至完全没有语言的野蛮人，又怎么可能想到如此长远的问题，想到他们的问题可以通过建立政府来解决，因而总结出社会契约呢？在霍布斯式的自然状态下，人们可能获得理性并总结出社会契约吗？——这是个很好的问题。

那么，自然法在最初并未获得充分宣布，只有在很高级的阶段，经过长期的经验积累和长期发展之后，自然法的充分宣布才有可能。洛克已经暗示了这点，但卢梭在《论人类不平等的起源》（通常称为卢梭的第二篇论文）中表述得更加明确。根据卢梭本人的说法，这篇论文写的是"人的历史"。为了按照自己的理解为自然法奠定新基础，卢梭被迫写作人的历史。这段历史表明，自然法并未获得充分宣布，因此，自然法当然也难以普遍适用——如果人们不可能理解自然法，它又怎么可能适用呢？

现在，这个问题——自然法无法获得充分宣布的问题——明显是维柯思想的一个关键所在。维柯先于洛克提出了这个问题。[①] 不管怎么样，我有一个疑惑，没有明显证据表明卢梭受到维柯的影响。不知为何，事情就这样发生了，可以说"凭空产生"。但维柯的情形当然不同于卢梭，简单的证据就是，卢梭的思想开始于"人的历史"，这明显反驳了传统自然法。再重复一遍，因为传统自然法的前提是，自然法已经充分宣布给人自身（man as man）。在反驳这点之后，卢梭开始发展自己的教义，可以说，他的教义在《社会契约论》一书中达到顶点。

在维柯这里，没有对应于《社会契约论》的著作。所以，维柯的做法与卢梭非常不同，尽管他们有相似性。当然我们也不能忘记，维柯自称天主教徒——他可能的确也是一位虔诚的天主教徒；而卢梭却自称新教徒（Protestant）——此处是在非常宽泛的意义上使用这个词，我想这么说问题不大。所以，维柯与卢梭在这点上是相似的。我提到他们的相似性有一个理由——因为我在一定程度上了解卢梭，所以，为了到达这个问题，通过卢梭比通过维柯更容易些。请诸位原谅我这种自我中心。

［更换磁带］

---

[①] 洛克：1632—1704。维柯：1668—1744。

……我提到这些,指的是所有这些事情的起点,野兽般的、很低的起点。当然,这不是一个全新的观念,它可以追溯到古典时期。尤其有一本书是对这个观点的古典表述。我指的是卢克莱修,他是位罗马的伊壁鸠鲁派〔施特劳斯写板书〕,著有长诗《物性论》。维柯和卢梭都了解并引用过他。维柯在《自传》中提到过,在他的年轻时代,伊壁鸠鲁和卢克莱修在那不勒斯发挥过很大的影响,还引起了一番不小的思想运动……你们不妨读读卢克莱修《物性论》卷五,从 95 行到该卷结尾,以便在人的起源问题上对这种反亚里士多德主义(当然也是反圣经)的观点有个了解。

还有另一个问题:如果我们不对比卢梭,就无法理解维柯的总体[12]意图。在《论不平等》中,卢梭论述了人的历史。人最初是野蛮、非理性、前理性的,他们很缓慢地获得理性,也就是说,他们很缓慢地获得把握理性法(right of reason)也即自然法的能力。待到人真正理解了自然法及其基础时(也就是霍布斯或卢梭的观点)——唯有在此时,人才能为社会建立合乎自然法的、真正的理性秩序。就像卢梭在《社会契约论》中所做的那样。

卢梭向我们论述了社会的正当秩序,他的著作出版于 1762 年。但是,理解(to know)何为正当的社会秩序,还不等于建立这个秩序。这个秩序该如何建立呢?不像人们想得那么复杂,而是很简单:因为人们会读他的书,读《社会契约论》,有些读者可能是有影响力的人,而有些将会变得有影响力——原因是,可能会发生革命。而皮卡第地区的某位外省律师——例如罗伯斯庇尔,虽然他当前还只是一个挣扎求生的律师,还没法说什么,但将来他就会有能力就此有所行动。

所以,换言之,教诲将意味着传播。但这不限于罗伯斯庇尔这样的人,并非只有这样的人才会读他的书,其他人也会读到。这本书会引起一种启蒙的宣传。最简单的说法就是,通过启蒙,光明王国将取代黑暗王国,而黑暗王国中通行的只有关于社会正当秩序的错误意见。这是霍布斯也曾经持有的观念:通过启蒙,光明王国将取代黑暗王国。然而这意味着,由黑暗王国向光明王国的转变本身是一个严格的理性过程。就像人们通过研习欧几里得来学习几何一样,他们通过研读卢梭(或其他人)来学习理性政治。在这个意义上,这是个理性过程,不是自然而然的过程。

但是，霍布斯关于自然法的教义背后还有个观念：理性其实是无力的，激情远比理性强有力得多。那么，理性是否足以将黑暗王国转变为光明王国？我们岂不是必须得明白，从黑暗王国走向光明王国，其实是个自然过程？进一步说，为了实现这个过程，依靠的不是展示性演说，甚至根本不需要演说？这也是我们所说的……中的另一个要素。人的发展历程——从野兽般的状态到如今 18 世纪的南部意大利——本身并非一个非理性的过程。[1]

此外要考虑第二点——而我们在卢梭这里发现了足够的线索：建立在现代政治哲学基础上的光明王国（也即现代理性社会），是否完全优于所谓的黑暗王国？"黑暗王国"（也即中世纪）是不是恰恰具备某些德性，而这个转变过程恰恰丢失了这些德性？在外在、通俗的层面，18 世纪对哥特艺术（建筑艺术，等等）的推崇，正标志着这种即将到来的怀疑——这些怀疑早在法国革命之前已经出现。就我所知，我相信维柯已经考虑了这个问题。

以上就是我想预先提出的几点。还剩下一些时间，我想看看自己是否已经讲清楚了历史的问题，这样我们就有了一定共同的基础。此后的安排是，我们会用此后的 [13] 两次课讨论维柯的《自传》，此后，用我提到的方式研读维柯的《新科学》。现在我们可以做些讨论。……先生，请讲？

学生：前两次课会讨论《自传》。

施特劳斯：是的，我不知道这个提议是否合理，但是，现在我们已经做了这个安排，那么就要完成。……先生？

学生：在描述维柯与康德的关系时，您提出，维柯曾说，我们只理解我们所制作的东西，而康德则说，人的知性描述（describes）[2] 了自然的法则。

---

[1] 与通常一样，录音不太清晰。施特劳斯的说法也可能是，"本身并非一种严格合乎理性的过程"（is not a rational process properly）。

[2] 可能这位学生说的是，或者本想说的是，"知性规定了自然的法则"（understanding *prescribes* nature's laws）。

**施特劳斯**：是的。

**学生**：您是否在提示，维柯由于最早提出我们只理解我们所制作的东西，因而对后世的思想有很强的影响？

**施特劳斯**：不。首先，维柯并不是第一个这么说的人。不，不是——我的意思是，这一点很奇怪，而且，从关于维柯的讲解中你可以看到：维柯的影响，尤其是在意大利南部或者整个意大利以外的影响都非常微弱，直到 19 世纪初，也就是说，直到他去世六十多年后，维柯的影响力才超出了意大利之外。同时，他在意大利以外，同样也没有任何……。但是，直到那时，可以说欧洲思想才跟上了维柯。但是，在很多细节方面仍然没有超过他。在这些重要的方面，例如在对罗马史和荷马的批评性考证方面，可以说，维柯仍然更为超前，因此，这些领域的关键人物仍然要从维柯那里学习。这就是我从来没有研习过维柯的原因——你们知道，重大的思想进展是各自独立发生的。维柯在意大利发挥了很大的角色，但是，尤其在 19 世纪，维柯是个局外人，作为作家，他有点儿像个巴洛克时代的人，我们此后也会看到这一点。

**学生**：您凭借"历史主义的现代发展"的眼光来研习维柯，这样做最强大的动因是什么？您可以为我们概括一下吗？

**施特劳斯**：我可以说说最明显的原因……因为，就严格理解的政治哲学而言，维柯没有什么重要性……从 19 世纪才发展起来，那时，维柯并没有扮演什么角色。相比于例如在 1800 年之前的任何哲学家，维柯都更有力地表述了关于历史问题的一种更早期的形式。看起来这是一件事实。克罗齐，① 本世纪的一位 [14] 意大利哲学家写过一本关于维柯的著作，此书颇值一读——他极为尊崇维柯，并且说，维柯用这个表达式预示了整个 19 世纪的 [思想进展]。从一个方面来说，从克罗齐所列举的事实来看，这个说法是对的。但是，这种说法的意思当然也在于，对于那些理解 19 世纪的人来说，他们本身就拥有这种思想，他们不可能从维柯那里学到了那么多。克罗齐始终在做的，就是表明，

---

① 克罗齐（Benedetto Croce），《维柯的哲学》，柯林伍德（R. G. Collingwood）译，New York: The Macmillan Company, 1913。[译按] 中译本参见，克罗齐《维柯的哲学》，陶秀璈、王立志译，大象出版社，2009。

那些将维柯与1910年前后的学术化史学家区分开的东西，只是从过去败坏时代中生长出来的片段。而这当然也是不读维柯的另一个原因。我想，我们不应该继续做这件事了，而是要看看，这些……是否也许不比十九世纪的……更有价值。我们甚至不用看，就可以决定……。请讲？

学生：……关于历史问题，您提到了康德，而我相信我曾听你说过……的效果，我们察看一个语词，从中寻求一种现象，并且……那个语词的比喻。我们看到，只有在特定的文化语境下，才是恰切的。我理解您理解得对吗？

施特劳斯：从你所说的东西中，我听不出任何我说过的话来。［笑声］

另一位学生：……提到狗，但是，你所称为"提到一只狗"的……也同样暗示着称某人为一只狗时所意指的东西。

施特劳斯：所以，举例来说——

第一位学生：……

施特劳斯：换句话说——是的，不一定是要用轻蔑的用语，也可以是褒义的，但是，无论如何，语词的"气氛"（aura）在各种语言之间各有不同。对吗？而我们可以说，这一点与字面、首要的意思相比，同样重要。这点所有人应该都会同意。狗是一种著名的、吠叫的动物，当它鼻子潮湿时，就很健康，此外，它还有别的很有名的特性，而且……对不起，请重复一下？

学生：您是否会持有如下看法——不同代际、不同文化背景的人彼此会有分歧？

施特劳斯：是的，我想，在狗的例子中，就能绝佳地呈现出这一点。对狗的崇拜——我没有仔细研究过，但是有一件事看起来很确实：对狗的崇拜是一件很晚近的现象。如果我理解得没错，第一个狗的崇拜者是卢梭。我的意思是，你们知道，人们会豢养狗，并且善待它们，这是更古老的事了。最终的……但是，当然，我们找到了好些希腊的样本。但是，你们知道，对狗的崇拜——例如，每当你们看到……就会发现……如果你们不知道……关于崇拜狗的人，你们时常能看见狗食的广告——

学生：……

施特劳斯：……关于它，你们不会以这种方式诉诸之前世代的人们——我的意思是，这是一个很漫长的故事，这个现代事物。所以，在狗的例子中，我会说，很容易表明这一点。我没有兴趣提出任何对历史主义的批评，我要说的只是，我们要理解它的含义是什么。它的意思是，严格说来，不可能有任何一种属人的思想（无论多么琐细）不是特属于一种特定的文化或时代，如果恰切、充分地理解这种思想的话。而这一点甚至适用于……约翰逊先生？

约翰逊：……历史意识……在卢梭那里，"普遍意志"有一个位置——

施特劳斯：在卢梭那里，问题是这么解决的：需要一段很长的历史，而且是一段在根本上……的历史……的特性，所以，人们得以看到正义的社会秩序是怎样的。但是，这乃是真正（the）正义的社会秩序。而你们知道，……没有改变。现在，如果人们尝试从理论上展开这一点，就会抵达这个观念，而这乃是历史主义的更老一些的版本，是第一个版本。我说的是黑格尔。现在黑格尔……教义，时间的功能（function of time）。而黑格尔还是在《法哲学原理》中详细阐述了一种严格意义上的政治哲学。那么，在 1821 年，或者此书无论出版在哪一年，这也是一种时间的功能吗？黑格尔说：是的，但是，这是一种绝对的时间，也就是发展过程的终点（end）。那么你们就知道，黑格尔的《法哲学》在这个方面就像洛克的《政府论》和亚里士多德的《政治学》一样，是最终的——这乃是它的内容。但是，形式上的差别是这个：在早期思想家那里，并不存在历史上的完善（perfection）。[①] 在黑格尔那里，有这么一种完善，但是，关于历史的反思则与对终末的宣称调和了起来，调和的途径在于如下断言：这种教义属于最终的时间，因此，就有可能——谁知道以后会发生什么——但是，在此之后，不会再有任何进步了。可能会发生衰败和诸如此类的东西，也可能发生扩张，但是，不可能再有任何进步了。

学生：卢梭……普遍意志……

---

[①] 施特劳斯所说的也可能是"历史的反思"（historical reflection）。

施特劳斯：是的，这个问题构成了我所暗指的要点的一部分，也就是说，这种现代自然权利的学说乃是基于对理性的质问，因而……霍布斯曾经提到公共理性，ratio publica，而卢梭则提到了普遍意志。这一点——当然，这是很重要的一点。可是，卢梭——他的学说意在成为一种经过理性证明的学说，从而构成最终的学说。而这一点，在19世纪，黑格尔乃是最后一个……对于黑格尔来说，历史进程——思想的历史性并非引向米勒先生所说的相对主义，因为在历史中有一个绝对时刻（absolute moment）。通常而言，我指的是后黑格尔的历史主义，其中当然也包括当代的历史主义，而这种历史主义否认有可能存在着一个绝对的时刻。历史是未完成的，也无法完成。总是有一个开放的未来，它的意思并不是人的生命不可能终结，而是说，这一点可以从外面获得证明。总是有一个开放的未来，因此，就不可能有一个最终的学说。而这一点当然有着重大的后果。我们多数的朋友都没有想过这个后果的重要性——例如首先对于历史的重要性。从这个基础上，是否可能有历史的客观性——早期的人当然认可了这一点。难道每一部历史不都是从一个视角出发而写成的吗？卡尔·贝克是怎么说的？他对此有一个表述，"每个人都是他自己的历史学家"[1]——是的，大致是这么一句话。所以，不可能有任何关于客观性的值得注意的观点能够成立。这一点当然……而黑格尔则早已认定，他关于希腊人或者波斯人之贡献的判断，乃是真正的最后的和客观的判断，完毕（period）。请讲？

学生：[16]您曾说，历史学派的产生是为了填补时代的政治需要。那么，您是否会说，维柯值得我们注意，尽管历史学派在主要方面看起来——或毋宁说……值得我们注意，乃是因为维柯并没有针对一种政治需要而表达他的思想，而毋宁说是孤独地表达了自己的思想——

施特劳斯：你可以这么说，而且，关于这一点，我们大概也可以说出克罗齐在他的解释中意指的东西，也就是说，维柯应当享有更高的地位，因为他的教义并非只具有这种狭窄的——我们可以这么说。但是，

---

[1] 贝克（Carl L. Becker），"每个人都是他自己的历史学家"，1931年12月29日于明尼阿波利斯（Minneapolis）发表的"美国历史学会主席年度致辞"，载于 *American Historical Review* 37（1932）：221-236。

我们必须同时也看一看，在政治问题上，维柯的确切观点是什么。就我所见，维柯不假思索地认为，基于某种——最高水平的社会发展，会产生君主制，那么，相比于卢梭，这种观点当然就会把维柯更多地与霍布斯、也许还有吉本①关联起来。……先生？

学生：在大约上个星期之前，我曾经产生过这个问题，也就是，那些就维柯做出过评论的人，他们就维柯所做的评论——例如维柯自相矛盾、写作风格松散（loosely），等等——您会使用您在评论一些伟大政治哲人自相矛盾时的相同的眼光来看待这些说法吗？例如，有人就说孟德斯鸠自相矛盾。另外，您是否会分析这些表述、这些所谓的自相矛盾的表述？——例如，说这些表述本身并非自相矛盾，因此您也可以把维柯视为一位伟大的作家。

施特劳斯：我会说，我并不相信是这样。我不会有倾向性地提出假设。

学生：您不倾向于假定他是一位伟大的作家——

施特劳斯：在这个意义上，不是的。我的意思是，换句话说，一个有无限……的人……我相信，维柯的全集有十二卷之多，而我们只会读其中一本，因为其他的作品不是非常重要。而我们会研读维柯视为其最重要思想的那部作品的最后一版……但是，不，只在一点上，维柯有可能隐藏了……而那关乎维柯整体的立场……非常简略地，维柯所发展的乃是一个教义，也就是他所说的"诸异教民族的自然正当/自然法"……关于大洪水后发生之事的说法。所以，换句话说……说，从大洪水开始，直到例如罗马帝国期间所发生的事情。这点乃是维柯的关切，而且并不适用于圣经，根据……现在，一方面，是否有一种对圣经的单纯信仰，另一方面，这种诸异教民族的自然法，这两点都很难理解。你们知道，这当然会剥夺维柯作品中……大多数……因为它无法适用于……换句话说，它只会是……这点很难让人相信。我从克罗齐那里得知，在19世纪，意大利的自由派，例如马志尼等人都很确信，这些只是维柯在他的时代针对那不勒斯的处境而做的适应之举。而克罗齐则

---

① 吉本，《罗马帝国衰亡史》（*The History of the Decline and Fall of the Roman Empire*），David Womersley 编，New York：Penguin，2000。

否认了这点，但是，他——我必须说，他完全不参与论争。他唯一持有的论点是，维柯是个诚实的人，不会做这类事情。可这是一个不充分的论证。反倒是，维柯会使用非常复杂的手段（sophisticated devices）——就此，我看不出有什么这样做的原因。《维柯自传》是一本写得很奇怪的书，关于这点，你们将来肯定要说些什么。

兰肯：我只补充一个评论，来支持您的说法：诚实的维柯很努力地表明，在非理性的压力面前，他是一个很能迁就的人。

施特劳斯：[17] 是的，这也是我的印象……但是，我们还是不要事先就做先在的（a priori）判断。请讲？

学生：……我当时并不确定，维柯究竟是位多么谨慎小心的作家，但是，在宗教问题上，有两点让我怀疑他的坦诚。第一点是，维柯说，为了有哲学家，首先要有共同体，而如果没有宗教，就不会有共同体——

施特劳斯：对不起，请重复一遍？

学生：维柯说，为了有哲学家，首先要有共同体，而为了有共同体，就必须有宗教。（引起我怀疑的）第二点是，尽管维柯否认他的理论可以应用于圣史，可是在他书中的好几处，维柯又都列举了一系列的理由……并且举出了圣经的例子。

施特劳斯：以后我们会不得不讨论这一点。笼统地猜想没有什么用处，而应考虑这些段落。现在，这个一般的论点——没有共同体，没有社会，就没有哲学。没有宗教，就没有社会——这本身当然不是什么令人震惊的断言。令人震惊的断言是，传统所理解的自然法乃是一种哲学教诲，因而除了在非常发达的阶段，自然法就无法被理解。换句话说，社会的起源无法通过自然法的方式来理解，因为自然法无法被……得知——我曾提到过大洪水。当我们研读洛克的《政府论》（我指的不仅是《政府论》下篇，也指上篇，人们通常不读上篇），人们会不断因为洛克对圣经的引用而被迫思考：若用圣经中的说法，你会把自然状态摆在什么地方？不可能放置在天堂中，这是很明白的。而我想，既然洛克不假思索地认为自然状态中的人会吃肉，而只有在大洪水之后人们才被允许吃肉，那么，洛克的自然状态，就也会发生在大洪水之后，而在这个意义上还产生了一个相关的问题，你们可以从……中看到……

还有一个不可忽略的问题，我们也会部分地基于《维柯自传》来讨论：对于他所知道的哪些思想家（尤其是在政治哲学领域），维柯才会认为值得记下自己对其所持的看法？我们会看到，至少在《新科学》中，所有伟大的名字都出现了：霍布斯、洛克、斯宾诺莎、培尔。当然，孟德斯鸠和卢梭在维柯之后。好的，我们就把这个问题留到下次再讨论，周三再见。

［课程结束］

# 第二讲 《维柯自传》

(1963 年 10 月 2 日)

[20] 施特劳斯：现在［开始上课］，沃伦神父（Father Warren）在上次课结尾时说到——他在整篇文章中也暗中提到，这部《维柯自传》比我们将要读的那一版《新科学》要早得多。[①] 因此，《维柯自传》并不像《新科学》那样权威地传达了维柯自己的观点——这版《新科学》是晚出和最终的版本，在维柯去世后随即出版。我们下周的同一时间就会读到。

现在，我想就沃伦神父的文章说两点。你有力地指出维柯是位基督教思想家，但你也提到，他对奥古斯丁和波舒哀[②]保持沉默——

学生：[③] 不，是几乎沉默…

施特劳斯：几乎沉默……你为什么特别提到这两个人？

学生：我想，首先，我提到奥古斯丁的唯一原因是，维柯在另一部作品中明确提到奥古斯丁，认为奥古斯丁是他所说的……的奥古斯提努斯（Augustinus）。而我提到波舒哀主要是因为，我想，在很多方面，他相似地处理了——

施特劳斯：普遍历史——是的——

---

[①] 施特劳斯点评的是沃伦神父的论文，该文于课程开始时宣读，宣读部分没有录音。

[②] 波舒哀（Jacques-Bénigne Bossuet，1627—1704），法国主教及神学家，著有《论普遍历史》（*Discourses on Universal History*），此书经常被视为奥古斯丁《上帝之城》的另一版。

[③] 大概就是沃伦神父。

学生：尽管波舒哀在某种程度上比维柯更加超验。

施特劳斯：是的。不过，你还发现了一个小困难，因为维柯对波舒哀如此沉默，对奥古斯丁则几乎完全沉默。当……你说"尽管他称自己的著作关切的是公民神学"，那么，"尽管"是什么意思？你提到"尽管"有何含意？

学生：哦，我具体说的是，如果你把握不住这个……的神学基础的存在，我们就错失了维柯所……的一个重要的方面……

施特劳斯：我想，你的意思很简单。也就是说，"公民神学"这个说法最有名的来源是奥古斯丁。是的，奥古斯丁曾经讲述过一位异教作家瓦罗①的教义——瓦罗是西塞罗的同时代人（顺便说，您能否从……那里为我找一下瓦罗的版本，而且，既然您有这本书，也请找一下塔西佗的《关于演说家的对话》，非常感谢。很好）。你知道，瓦罗概述过一种据称 [21] 起源于廊下派的教义。这个教义说，存在三种神学：哲人们的神学，诗人们的神学，以及立法者的神学或公民神学。在这个更古老的教义中，公民神学是这样一种神学：它并不宣称自己真实，但它对共同体的健康却很有必要。维柯提到公民神学，认为这正是他特别关心的神学。你用了"维柯的综合"（synthesis）这种说法，我想，虽然"综合"算是一种现今误用得最频繁的说法，但是，就维柯的情形而言，这么说完全正当。我们以后再回到这个问题。

现在，先简要谈一下如下宣称——"我们只理解我们所制作的东西"。由于我们并不制作自然——各种自然物，那么严格说来，我们就无法理解自然物。我们只理解我们所制作的东西。现在，让我们试着暂时、也许浅表地理解一下。这种宣称的起点在哪儿？因为它本身是一件很简单、很明显的事——并非以维柯所愿意的方式，而是就其首要的含义而言。例如，我们一方面以狗、另一方面用椅子为例。任何一个木匠，只要他不是完全不善表达，都可以完美阐述自己为何以这种方式制作这把椅子——他为什么用这种方式、而非那种方式来制作，为什么要

---

① 瓦罗（Marcus Terentius Varro，公元前116—前27年）是一位罗马学者，作品大多散佚。施特劳斯指的可能是他的《论拉丁语25卷》（*On the Latin Language in 25 Books*），今存6卷。

用这种颜色而不用那种，等等。这个木匠完全了解这把椅子。不管其中包含什么，都没有什么神秘的东西，因为他是"睁大着眼睛"做出来的。然后，在狗的例子中——疑问却无穷无尽。因为他没有制作这条狗。所以，换句话说——这是视野的起点——技艺、人造物与自然的区别。人造物是完全清楚的——当然，并不是对所有人都清楚，但对制作它们的人来说就很清楚。很好。

自然与人的区别完全不同于自然与人造物的区别。我们怎样得出自然与人的区别？从自然与人造物的区别开始。现在，有了一种与自然物–人造物之别完全不同的区别，也就是自然事物与属人事物之间的区别。人当然是一种自然存在物，而且人至少与狗一样神秘。你们都理解这点。但是属人事物（human things），由人所制作（made）的事物——这不必然意味着人造物本身；还有可能意指制度（institutions）——属人事物有一种毋宁很宽泛的含义，例如，在色诺芬、柏拉图和亚里士多德那里，属人事物可以指好的、正义的和高贵的事物。它们同样也比自然事物本身更少神秘性。但属人事物与人是两种非常不同的事物。我在例如色诺芬作品的翻译中发现了一件很不得体的事，当色诺芬提到属人事物（human things）时，译者用的是人性（human nature）。我在 Merchant 译本中就发现了这个误译，这当然是一种很不得体（disgraceful）的误解。人性与属人事物——我们必须处理的事物、我们所关切的事物——有无穷无尽的区别。这点相对容易理解。

自然与人的区别从何而来？我所提到的差别，自然事物与属人事物的差别，基本上来自亚里士多德。而从根本上说，理论科学与实践科学的差别也是同样。各种实践科学处理的是属人事物，理论科学处理的是——我们可以说——各种自然（natures），尤其是人的自然（［译按］即天性）。但是，我们在哪儿能够非常清晰地发现自然与人的区别？我所说的不是什么深奥的东西……我们在哪儿能发现……之间的差别？——我们在哪儿能发现一种关于人的教义？……例如，在亚里士多德那里，你可以说，他的灵魂学——《论灵魂》，给出了一种关于人的教义。但这不太正确，因为此书处理的是所有的有生命事物——灵魂，不仅是人的灵魂，还包括——。但是，当你看到［22］一本像《神学大全》这么有名的书时，［你会发现］，这本书分卷的根据是基督教道成肉身的教义：先有上帝，De Deo，《论神》；此后是 De homine，《论人》。我想，这是关于人，而不仅是关于属人事物的学说这一观念最简单的源头。

这种理论尤其被培根所继承。我们也可以说，维柯在这里直接追随了基督教传统。不过，再次根据你所说的——沃伦神父所说的，自然与人之间的区分并不等同于自然与历史的区分，后者是我们如今所关切的对象。而在研读培根时，我们可以比如今更好地理解从自然/人的区分到自然/历史的区分之间的转变。

你……很快结束了为何要研习维柯的问题，我很赞同。这不是说这个问题不重要，而是说，在我们根据一些［我们希望］足够好的原因而决定研读维柯后，我们必须简单地说："现在，我们将要研读维柯，并忘掉我们要读他的那些原因，因为它们有可能导致我们扭曲维柯。"让我们来看他的教义在他自己那里有着怎样的含义。

《维柯自传》中——我们从《维柯自传》开始，理由或许很好，或许很坏——有一点在我读来非常突出，而你们也同样很清楚地看到了这点。第一个问题当然是，维柯是向［谁］学习的，或者用通常的史学家的话说：受谁影响。可是，有一个人很显眼地缺席了。你以某种方式提到了这个问题，但我希望你当时更加强调这点。维柯没有向谁学习？因为他相信自己无法向个人学到任何东西？……

学生：亚里士多德。

施特劳斯：亚里士多德。你也可以说托马斯·阿奎那。维柯完全没提到阿奎那，但提到了亚里士多德，而且，维柯在年轻时曾读过亚里士多德。但是——过时了。所以，亚里士多德被淘汰了。这是第一个要点。现在，这是否——我的意思是，让我们看一下，当他在 1723 年或 1725 年写下这点时，这意味着什么。亚里士多德从什么时候开始变得过时？我们对此有所了解吗？我们永远不可忘记这个事实，从未有哪位哲学家曾经像亚里士多德那样，自从在 13 世纪被采纳以来，产生过如此漫长、持久的影响。亚里士多德持续了几个世纪之久；没有哪个现代人能忘记，亚里士多德曾经有这么久的时间是这样一位王。那么，他是从何时开始被废黜的（dethroned），乌姆班霍瓦（Umbanhowar）先生？

乌姆班霍瓦：文艺复兴时期。由于某个意大利城市国家的入侵，当时的一些希腊学者不得不撤离君士坦丁堡。他们去了……

施特劳斯：他们为什么要离开君士坦丁堡？

学生：为什么？哦，因为……城市国家……而且摧毁了它……（笑声）

施特劳斯：由于你提到了这些不准确之处……很清楚：土耳其人1453年攻陷了君士坦丁堡。

学生：所以他们来到了意大利……

[23] 施特劳斯：好吧——不过，还是要说，这是一个神话。（笑声）

乌姆班霍瓦：……

施特劳斯：是的，通过这种方式，西方得以了解了很多希腊作家，尤其是柏拉图，这种了解大大超过从前；这很正确。不过，还是要说，有些东西总归是在发酵，而真正的爆炸发生得稍晚一点，发生在16世纪。不过，仍然要说，这是件很简单的事：直到17世纪，亚里士多德仍然是经院学派（the Schools）的大师。当霍布斯在1640年写作《法律原理》时，他仍然说，在当地（指英格兰），没有哪个人有亚里士多德那样大的权威。1640年。而霍布斯对亚里士多德并没有特别的偏爱。不过，这在什么时候——所以，是在17世纪——当然，还有伽利略等人——不过，我们还是可以提出一个确定的时间，亚里士多德在此时受到废黜，这场重大革命得以完成。这场革命始于16世纪，但完成于何时？

学生：1680年，由牛顿完成。

施特劳斯：牛顿。当牛顿有能力对宇宙做一种比亚里士多德更为真实和简明的描述时，如下事实已经大白于天下，谁都能明白：亚里士多德错了……很好，所以很清楚，亚里士多德过时了。那么，按照维柯的想法，在所有哲学家中，谁取代了亚里士多德的位置？你已经提到过。

学生：柏拉图。

施特劳斯：柏拉图。这又是件很典型的事：柏拉图取而代之。而这有很多原因。其中一个很简单的原因是：新的现代自然科学是一种数学式的自然科学。柏拉图的自然科学也是一种数学式的自然科学，尽管与伽利略和牛顿的自然科学非常不同。这是个很明显的原因，此外还有其他原因。例如，有一件非常简单的事实：当霍布斯还年轻时（由于霍布斯如此长寿，这么说的意思是，当霍布斯五十岁或更年轻时），他仍然是个亚里士多德派，亚里士多德是［他心目中］最伟大的哲学家。到了革命以后——在《利维坦》的某处，他说，最伟大的古代哲学家是柏拉图。① 这是一个很简单、浅显的说法，但是对于已经发生的变化来说，这种说法则是不可或缺的。而霍布斯则把话讲明了：柏拉图意味着数学，亚里士多德则意味着数学处于从属位置。很好。

所以，柏拉图是一位。另一位是谁？第二个伟大的名字？因为对维柯来说，柏拉图还不够。柏拉图②完全不是一位文艺复兴时期的柏拉图主义者。维柯还需要其他某个人。

学生：塔西佗。

施特劳斯：塔西佗。现在就有了综合：柏拉图与塔西佗的综合。这是什么意思？当然，到了维柯的时代，塔西佗同样也是很古老的事物。塔西佗什么时候来到前台的？我要忽略他在世时的命运，那么，他实际上……［24］在 16 世纪才被我们发现和恢复。是的，但那还不意味着什么，因为人文主义者们读过所有的拉丁文著作，如你们所知……但是在这时，塔西佗就有某种更加具体的含义了。在 16 世纪晚期，比如，大致从 1560 到 16…年，这件很小的事物被称为 Tacitismo——塔西佗主义。其中最有名的名字是利普西乌斯（Justus Lipsius），一位 15 世纪的荷兰学者，③ 此外还有斯宾诺莎。但是，如今，很多塔西佗主义者的名字已经被完全遗忘了。

那么，这意味着什么？塔西佗是一位罗马皇帝御前的史家。而罗马皇帝——总体来说，这是文明世界中第一次有了某种叫做绝对君主的事物。这种事物与我们现在会称之为恐怖的东西很接近，一种永恒的恐怖。对于维特里乌斯、图密善等君王治下的恐怖究竟是怎样的，塔西佗做了非常漂亮的描述。这不再是自由的生活，亦即共和生活。但不仅对

---

① 霍布斯在《利维坦》第 46 卷提到，"柏拉图是希腊最好的哲学家"。
② 施特劳斯想说的应该是"维柯"。
③ 施特劳斯指的是 16 世纪。利普西乌斯（1547—1606），佛莱芒（Flemish）的人文主义者。

臣民，而且对君主们来说，这种伪饰（dissimulation）都有首要的重要性。君主们也不能讲，皇帝们不能对任何人说出他们真正的意图——甚至对元老院也不能讲，也许尤其不能告诉元老院，因此，他们必须做一些被称为"统治之秘密"（arcana imperii）的事情——这是塔西佗的用语。在16世纪，有大量的文学作品写到了统治的秘密。存在一些规矩（rules）——你们知道，在当今这些东西的名头叫做"操控"（manipulation）：操控（manipulation），模仿（simulation）和伪饰（dissimulation）。这些东西与塔西佗的名字联系在一起，因为塔西佗对此提供了最好、最细节化的信息，并且对此做了反思。

但是，当然，塔西佗一方面有这种影响，另一方面，他却并不是什么鼓动者，并未鼓吹一种这样看待政治事物的进路。也就是说，在塔西佗主义背后，有一位伟大的政治哲人，他就是马基雅维利。马基雅维利以李维为基础写作了《论李维》，这本身很重要。但是，如果仔细研读马基雅维利，就会发现，对马基雅维利来说，与李维相比，他与塔西佗的关系要近得多。李维是位罗马的爱国史家，他当然不时会忍不住讲述罗马政治中的某些丑恶的事，但总体来说，李维还是从一位罗马贤人绅士的视角呈现了这些事。但是，对马基雅维利来说，塔西佗还是远远比李维重要得多。那么，让我们用马基雅维利来取代塔西佗。维柯提到过马基雅维利吗？

学生：在第一部分（Part A）没提到过。

施特劳斯：我想维柯在《新科学》中提到过马基雅维利，是的，不过我不太确定。① 那么，让我们思考一下柏拉图和马基雅维利。一种柏拉图和马基雅维利的综合会不会——这种综合会是什么意思？含意很简单。你们知道，我们必须把没有意义的专有名词用指称事物的名字来代替，这么一来，就有含义了。因为柏拉图可能意味着无穷无尽的东西，所以我们就必须知道，在这段文脉中的要害是什么。

学生：……

施特劳斯：你们知道，马基雅维利在《君主论》的关键一章，第15章曾经明确说过：先前的作家们关心人们应该如何生活，而他要处

---

① 《新科学》的第1003和1109段提到了马基雅维利。

理的则是人们实际上如何生活。如果我们从字面上理解，马基雅维利就是径直拒斥了这些古代作家，柏拉图当然是其中最著名的一个。情况事实上要复杂得多，但是，让我们——而马基雅维利说：不；不应关注[25]"应当"（no ought），只该关注"是"（only is）。而一个试图综合柏拉图与马基雅维利或者柏拉图与塔西佗的人是这样的：他希望同时拥有这两个世界中最好的东西——柏拉图的理想主义与马基雅维利的现实主义。当然，这在维柯思想中绝不是什么新鲜事物；当然，培根曾经尝试做这件事，因此完全自然的是，维柯会提到，在很大程度上，是培根以某种方式促成或帮助他实现了柏拉图与塔西佗的综合。不过，除了柏拉图和塔西佗，当然还有伟大的人。格劳秀斯。格劳秀斯何以列进来？他处理的是什么？

学生：人和法？

施特劳斯：是的，法。培根当然是位伟大的法学家，我们都清楚；他曾做过大法官（Lord Chancellor）。不过，如果你们读培根著作的主体，关于法的内容很少，关于各种其他主题则多出很多。而格劳秀斯则明显得多是位法学家，处理了各类法律：属人的法、自然法与神法。

关于柏拉图和塔西佗，我就说这么多，我们将以此作为起点。柏拉图是位哲人，塔西佗是史家。根据培根的综合，他尝试的是以一种前所未有的方式结合哲学与史学。而在这个方面，维柯绝对同意培根，不过，维柯对培根做了一番小的——毋宁说很重要的——修正。当培根提到史学时，他想起的首先——尽管并非唯独——是政治史学：政治史学会给我们政治哲学可能无法给予的东西。但是，培根认为——维柯意指的"史学"是什么？政治史学？

学生：……

施特劳斯：是的，不过与纯然的政治史学相比，[其中包含的]法律要多得多——法律史、制度史。这种很大的修正就在于此。那种能够使得新科学变得可能、使柏拉图与塔西佗得以综合的，将会是法律和语言的历史，其程度超过任何其他门类的历史。从维柯提到或避而不提（refers or defers）的名字中，已经暗示了上述这些内容。

现在，让我们以某种更仔细的方式来考虑《维柯自传》的这第一部分。我们不会讨论这篇长达107页的导言，但如果你们要读也绝不会有害处，因为其中有很多有益的东西。我们也不会读维拉罗沙（Villarosa）在卷后长达200页的《续篇》，因为作者不是维柯本人，而我们只会读维柯本人所写的东西。不过，没有哪条法律禁止我们读它。在某种程度上，读的话甚至会很有帮助。巴特沃斯先生？

巴特沃斯：你是否提议说，……格劳秀斯正是……

施特劳斯：呃，我也是只限于古典语文学（philology）。格劳秀斯是一位非常著名的古典学家，既在自然意义上，也在古典意义上（physical and classical）。有句老话说的是："孩子们……读泰伦提乌斯是一种读法，而大学者格劳秀斯读起来，则有另一种读法。"所以，这点……他是一位多么有名的学者，古典学家。是的，他当然是，不过对维柯来说——当然是语言，而古典语文学就意味着语言，这对维柯非常重要。是的。但是，你知道，比纯然的政治史学要重要得多……外交的——

巴特沃斯：[26] 我刚好在想，格劳秀斯是否正是维柯对古典语文学的强调发生了转变的枢纽，或者如果……

施特劳斯：是的，你也切不可忘记，这些名字是象征，而不完全是明明白白的引用。

现在［回到正题］。这本书是部自传。而我们必须说，维柯是位哲人。关于哲人写作自传，[你们有何看法]？让我们首先考虑这点，因为自传当然是某种史著的形式，是史书的一部分，关于这个特殊个人的史书。维柯是第一个写过自传的哲人吗？不是？

学生：奥古斯丁？

施特劳斯：是的，但奥古斯丁是位神学家。哲学被严格整合到了神学之中。而你们知道，某种意义上，《忏悔录》当然是部自传。但是，在狭义理解的哲人当中，在这个时代之前，难道没有哪位哲人写过自传吗？米勒（Miller）先生？

米勒：呃，至少有柏拉图……

施特劳斯：是的，《书简七》读起来像是篇自传。那么在现代呢，在与维柯更近的时代？笛卡尔，他的《谈谈方法》是一篇虚构性很强的自传，其中包含了关于其生平的一些真事儿。在笛尔卡之后，还有别的人。

**学生**：卢梭。

**施特劳斯**：［他已］在之后。对不起，请重复（Pardon）？霍布斯。霍布斯既写过一篇《散文自传》，也写过一篇《韵文自传》。霍布斯写过。所以，换言之，在哲学家当中，写自传本身不是维柯的发明。但就维柯而言，也许这意味着某种很特别的事。在《维柯自传》113 页第二段接近末尾的地方，维柯说了些东西——好，让我们读一下这段的后半段。

**兰肯**：［读文本］

> 在这里，我们不想学笛卡尔那样狡猾地吹嘘他的学习方法论，那只是为着抬高他自己的哲学和数学，来降低神和人的学问中一切其他科目。我们宁愿本着一位史学家所应有的坦白态度，一步一步地叙述维柯的那一整套的学习科目，以便使人们认识到维柯作为一个有学问的人所特有的发展过程自有它所特有的一些自然的原因。①

**施特劳斯**：所以，换言之，维柯特别强调，自己是作为一位史学家写下了《自传》，其目的在于解释自己作为一名文人（a man of letters）思想发展的各种自然原因。让我们从头开始读，119 页，请读完第一段。

**兰肯**：［读文本］［27］

> 扬姆巴蒂斯塔·维柯在 1670 年出生于那不勒斯，父母为人正直，身后留下了好名声。父亲为人和蔼，母亲却很忧郁，对孩子的性格都发生了影响。维柯幼时就很活跃，不活动就显得不耐烦。七岁那年，他从顶楼跌到楼底，躺了五小时没有动弹，失去了知觉，右边头盖骨跌碎了，皮肤却没有破，头盖骨折损，头上肿起了一个大包，一些碎骨刺进肉里很深，因而失血很多。外科医生看到他头骨折损，长时间不省人事，就预言这孩子活不长，就算活下来也会长成一个呆子。凭老天爷的恩惠，这预言没有应验。但是这次误伤使他长大成人后性情既忧郁又暴躁。聪明而又肯深思的人往往如

---

① 《维柯自传》，Fisch 及 Bergin 译，前揭，页 113。本整理稿中所有《维柯自传》引文皆出于这一版本，页码在引文后用括号标注。［译按］中译采朱光潜先生译文，载维柯《新科学》附录（《自传》），朱光潜译，前揭，页 669。

此。由于聪明，他觉察事物之快有如电闪；由于思想的深度，他不喜欢文字上的俏皮或妄诞。(页111)①

施特劳斯：你们看——维柯评论说，他想对自己特殊的发展经历给出种种自然原因，那么，以维柯这段评论的角度来看，你们可以学到什么？维柯是个"聪明又肯深思的人"。这个结果如何得来？

学生：看起来，这个过程经过了很多段落［的描述］，在这些段落中，维柯相信偶然机运。在当前这段，维柯是因为从梯子上掉下来……

施特劳斯：是的。不，不过，在摔下梯子之前，维柯因为——今天的人会说——"基因"的缘故，已经有了一些遗传而来的性情特点。一个人要成为"聪明又深刻"的人，就必须有某种忧郁的脾性。亚里士多德也这样说过。维柯是从哪里获得这种忧郁的？首先是他的母亲，其次则是这次不幸。之所以因为这次不幸，是因为按照维柯的说法，正是因为这次事故，他才长成一个脾性忧郁的人。这点非常重要。所以，那位外科医生绝对说错了，说维柯会长成呆子的说法完全是错的：维柯长成了相反的人。这点也很有趣。但是，对维柯心智的发展来说，这种遗传和这次事故都有关键的重要性，他因此有了这个机会。是的。但目前这只是一种暗示，我们将会非常仔细地研读，看看这种通过自然原因来描述其生平的做法是否得到了完成。

现在，维柯当然已经没有故作羞耻，②他明确地说，自己是一个具备更优异品质的人或孩子。但他的环境是否辨识出了他的优异呢？我指的是，他的老师们……会认为，这是个特别有天分的孩子。老师们是否依照他的卓越而对待了他呢？有些老师是的。但是，如果就颁发奖励这种官方认可而言，可以说，他们待他很不好。但是我想，维柯没有做过任何减轻其易怒脾性的努力。好。不过我们不需要讨论这点。

［28］现在，他的哲学学习的顶点是苏亚雷斯。③ 在17世纪早期，人们普遍认为，苏亚雷斯是经院哲学的编纂者（我清楚，这点并未得到

---

① ［译按］引自朱光潜先生译本，下同，前揭，页667，译文稍有改动。
② 亦即没有故作谦虚。
③ 苏亚雷斯（Fransisco Suárez, 1548—1617），耶稣会教师，著有多部形而上学及法学著作。

普遍承认①）；笛卡尔曾经从他那里学到了自己关于哲学所知的一切。但这只是暂时的。青年维柯研习过苏亚雷斯，但此后又研习了亚里士多德和阿奎那。此后，在——让我们读一下 114 页末尾到 115 页的页首。

兰肯：[读文本]

> 这时维柯有一次去皇家大学听课，他的良好天资把他带到了费理契·阿夸第亚这位卓越的主任法学教师的课堂上。（页 114 – 115）

施特劳斯：暂停。你们看，这就是我们提到过的：偶然机运。但是，最开始的机运是好的基因。因此，虽然先前对法律没有任何兴趣，但维柯恰好遇到了一门有趣的法律课程，他的兴趣被激发起来，这便是开始。因此，维柯先是在形而上学方面受过一定训练，此后偶然又跌跌撞撞地走进了法律领域。我想，这种事情会发生在很多人身上——在十岁时，他并不知道此后会学习些什么。而偶然机运就会来决定。

在 115 页末尾，维柯简略地提到，他的父亲是位书商。留意一下，维柯无论如何都不属于那不勒斯的贵族阶层。我们后面会关注这个社会地位的问题，这对他的……并非完全无关。

现在，回到法律。而关于法律，我们从 116 页第二段学到某些东西——在当时，学习法律可以采取两种不同的形式。

兰肯：[读文本]

> 此时，维柯特别审校了民法中的一些引文，在两点上感到很大乐趣。

施特劳斯：什么是民法？在这段语境中，民法的含义是什么？罗马法。

兰肯：[读文本]

> 第一点是发现，经院派注释家在对法律条文作总结时，总是把

---

① 施特劳斯说的也可能是"他并没有受到普遍尊敬"（he is not universally admired）（[按] 整理稿正文的英文原文为：this is not universally admitted）。有人曾批评苏亚雷斯过多地偏离了阿奎那的教诲。

罗马法官和罗马皇帝们秉公道处理具体案件时所下的命令或诏谕中对公道（equity）的具体考虑，归结为一般性的公道箴言或公道准则。这就把维柯的注意力引向一些中世纪法学注释家——

施特劳斯：在最初的版本中，用的是"引向那些古代注释家们"。在维柯的时代，"中世纪"的说法不像现在用得那么多。

兰肯：[读文本]

后来看出来，这些注释家就是一些主张自然公道（natural equity）的哲学家。另一点是，他看到法官们自己曾费辛勤的努力，考察他们所解释的那些法律条文，上议院指令和执政官诏谕的用字措辞。这让他的注意力投向那些人文主义注释家——

施特劳斯：[29] 在最初版本中，用的是"投向那些博学的注释家"，也就是说，这些人不那么像技术化的法学家，与那些关注语言，尤其关注优雅表达的人不同。请继续。

兰肯：[读文本]

他后来看出，这些人文主义派解释法律者正是些纯粹的关于罗马民法的史学家。这两大乐趣中每一种都是一种预兆，前一种预示了维柯的一切研究都在探求普遍法律中的一些原理，后一种预示了维柯要从拉丁语言研究中获得益处，特别是罗马法的习惯用语，其中最难的部分是知道如何对法律用语下定义。（页116）

施特劳斯：所以，研究法律有两种完全不同的进路。第一种是关于自然公道的哲学，另一种是罗马民法的历史。两种完全不同的事物，但是，维柯试图实现的综合也可以用这些说法来表述。[他要]在关于自然公正（也可以说是自然法）的哲学与对一种特殊的实定法——罗马民法的严格历史考量之间实现综合。很好。而在下一页，我们会发现维柯提到了自己的第一部……作品，《论普遍法的唯一原则》。① 所以，对

---

① 这部作品全名为《论普遍法权的唯一原则和唯一目的》，属于维柯称为《论普遍法权》的文集中的一部分。维柯在1720至1722年间出版了这些文章。

形而上学的关切让步于对法律的兴趣,而他对法律的兴趣在此已经以某种方式具体化了。

请读一下第119页,第二段……

兰肯:[读文本]

> 在这座堡寨里住的九年之中,维柯在学术研究中取得了极大的进展。如他的任务所要求的,他埋头钻研了民法和教会法规,教会法规迫使他学习教义方面的神学,深入到关于神恩的天主教教义的中心。在这方面,他主要得力于阅读巴黎大学神学家芮迦杜(Richardus)的著作。芮迦杜用一种几何学方法证明,奥古斯丁的教义处在加尔文和伯拉纠(Pelagius)这两个极端的中间,而且和其他接近这两极端的教义相去也一样远。这种地位布置使维柯后来思索出关于各民族的自然法的一条大原则,既可以从历史方面解释罗马法乃至其他一切异教民法的一些起源,而从道德哲学方面看,又符合关于神恩的正确教义。

施特劳斯:你们在这里也能看到,维柯从法学研究起步——教会法;随后转向教义神学,学习过教义神学之后,他再次返回法学研究。于是,维柯主要的关切再一次变成法律。请继续。

兰肯:[读文本]

> 同时,罗冉佐·瓦拉(Lorenzo Valla)① 谴责一些罗马法学家所用的拉丁文不够典雅,这也促使维柯从西塞罗的著作开始进修拉丁文。(页119)

[30] 施特劳斯:不过,你们从这里也能看到,维柯对语言的兴趣也与他对法律和罗马法学家的兴趣有关。是的。

维柯随后又立即提到了另一种兴趣,这种兴趣一方面明显与形而上学或神学无关,另一方面也与法律无关,这种兴趣就是诗歌。这部分内容在119页末尾到120页开头。但是,如果你读这部分内容,就会再次

---

① 瓦拉(Lorenzo Valla,约1407—1457),意大利人文主义者。

看到从诗歌到法律和形而上学的道路；再一次，从这个方面来看，法律在此又成为核心。我们只读 120 页结尾部分吧。

兰肯：［读文本］

> 在这种研究中，维柯注意到罗马法学是一种讲究公正或正义的艺术，是由无数关于自然法的特殊箴规表达出来的，而这些箴规又是法学家们根据法律条文的理由和立法者们的意旨抽绎出来的。（页 120）

施特劳斯：这里所说的"自然法"，字面翻译是"自然正当"（natural right）①——自然正义（natural justice），意大利语原文是 Giusto naturale，好。

随后请读下一段的后面一半，"但是柏拉图的形而上学"——在拒绝亚里士多德后，他被引向了这里。

兰肯：［读文本］

> 但是，柏拉图的形而上学却导向一种形而上学原则——

施特劳斯：在这里，我确定原文有误——至少我使用的最初这一版有误。原本是"物理学"原则。这肯定是个错误。我还没有查过校释版。请继续。

兰肯：［读文本］

> 即永恒理式从它本身伸展出和创造出一切物质，就像一种输精的精神形成自己的卵一样。（页 121）

施特劳斯：然而亚里士多德却是一位二元论者，既有形式又有质料，这是亚里士多德的观念，相比要更低些。请继续。

---

① ［译按］在维柯的作品中，"自然正当"（natural right）多用于意指各民族的自然法，英译者将"自然正当"译为"自然法"即意在表达这一含义。施特劳斯认为，应该始终注意维柯这一概念的恰当表述应为"自然正当"。因此，在此后的译文中，译者多将 natural right 译为"自然正当/自然法"，以表示这一概念的多重含义。

兰肯：［读文本］

根据他的形而上学，柏拉图创建出一种以理念起建筑作用、以德行或正义为基础的道德哲学。结果，柏拉图就尽力思索出一种理想的政体，并在他的《法律篇》里定出一种同样的理想的正义。从这时起——

施特劳斯：所以，你们再次看到，维柯对柏拉图形而上学的兴趣的顶点，是某种对柏拉图式政治学的兴趣。这种政治学当然更接近法，而不是形而上学本身。是的。我想我们应该读一下这一段的其余部分。"从这时起——"

兰肯：［读文本］

从这时起，维柯就不满意于把亚里士多德的形而上学看作理解道德哲学的一种帮助，并且发现自己［31］倒已从柏拉图的形而上学得到教益。从此，他就不知不觉地开始有一种想法的曙光，要思索出一种应为一般城市都按照天意或神旨来共同遵守的、理想的永恒法律。此后一切时代、一切民族的一切政体都由这种理想来创造。这本是柏拉图按他的形而上学所应想到的"理想国"，但是由于柏拉图还不知道世上最初那个人的堕落，他就被关在这理想国的门外了。（页121 - 122）

施特劳斯：沃伦神父曾讨论过这点。那么，我们现在该怎么理解这个问题？顺便说，这篇手稿使用了这个词——"理式"（idea）当然是旧的柏拉图式术语，但形容词"理想的"（ideal）——依据我的记忆，这个形容词是17世纪由一位意大利或西班牙耶稣会士拉纳（Lana）①生造的，如果我记得正确的话。所以，"理想的"（ideal）这个形容词以前并不存在，但在维柯的时代已经存在了。于是人们当然就可以说，柏拉图在《王制》中呈现的是一个理想的政治共同体（commonwealth）。但是，柏拉图的这个理想的共同体与维柯的理想共同体非常不同，因为

---

① 施特劳斯所指的明显是意大利耶稣会士弗朗切斯科·拉纳·德·特尔兹（Francesco Lana de Terzi, 1631—1687）。

后者是由人的各种状况（condition）构成的一个序列，但在柏拉图那里，理想共同体就是那个真正（the）完美的状况。这一点当然非常重要。而根据维柯的解释，他与柏拉图之间的区别是由于柏拉图并不了解最初那个人的堕落这一事实。但是，我们是否也可以不依据维柯的基督教信仰来理解那种区别？因为，说到底，维柯关于这种理想共同体的教义本身并无意于构成一种基督教教义，而是一种纯然的哲学教义。我的意思是，关于人的堕落这个教义的非基督教对应物会是什么？

巴特沃斯：……克洛诺斯时代……

施特劳斯：对不起，请重复一遍？

巴特沃斯：克洛诺斯时代，黄金时代，那时——

施特劳斯：是的，但是，在何种程度上，克洛诺斯黄金时代在这个问题上扮演了某种角色？

巴特沃斯：在一篇对话中，有一则神话，其中对克洛诺斯做了细节描述，此后又……

施特劳斯：……

巴特沃斯：是的，对。

施特劳斯：是的。现在，存在着——弗劳曼哈夫特先生（Mr. Flaumenhaft）？

学生：情况看起来会是，在柏拉图那里，你考虑的是已经成为人（men）的人们，某种意义上，他们已经文明化（civilized），但是在维柯那里，你［考虑］的起点是，那时的人们还没有……［32］

施特劳斯：所以，换言之，柏拉图预先假定的是充分发展的人——我们且称之为完善的人吧，可以吗？维柯预设的则是非常不完善的人。在这个问题上，圣经持什么立场？完善还是不完善？人当然被造得完善——但是又堕落了。如今，维柯在其哲学作品中只处理人，处理异教徒，也就是后来的人：堕落的、腐败的人。在那个意义上，从外部来看，霍布斯或伊壁鸠鲁的前提也会同意圣经的观点。诸位是否了解了？我想我们必须牢记这点。

无论如何，维柯在起初——他的首要兴趣是法律（既包括自然法，也包括神法和人法）和社会，而这便是维柯对廊下派或伊壁鸠鲁派不感兴趣的一个原因,一个充分原因。维柯马上就会把这点讲得很清楚。我想,时至今日,人们已经一再地宣称了如下观点:廊下派和伊壁鸠鲁派是所谓的个人主义者,也就是并不关心社会和良好社会秩序的人,他们仅仅关心个人的幸福。顺便说,从史实上看,这种关于伊壁鸠鲁派或廊下派的观点是否真实?这个问题并非极为重要,但我们只是为了与维柯保持一些距离。请讲?

学生:……廊下派……社会……马可·奥勒留……

施特劳斯:是的,当然。这个问题很复杂,可以理解的是,在人们的印象中,廊下派是所谓的个人主义者,但也有很多相反的证据。这种说法只有对伊壁鸠鲁派才成立,他们就是完全对政治事务不感兴趣。请讲?

学生:马可·奥勒留曾说……

施特劳斯:关于最早的廊下派,如今人们只了解一点点——你知道,马可·奥勒留已经是很晚的[廊下派],生活在公元 2 世纪。但是,关于早期廊下派,例如公元前 3、4 世纪的廊下派,人们对他们仅有一点点了解,而他们有一种政治教义。至于这种教义好不好,这是另一个问题,但早期廊下派当然对政治感兴趣。不过我们只是简略提一下这点。

下面还有一点,我无法充分解释,但这点肯定有些意思。维柯有点儿不信任代数学。请读一下 124 页末尾。

兰肯:[读文本]

> 另一种不好的教学方法就是用代数的方法作为教数量科学的一些因素。这种方法会把青年本性中最茂盛的一些因素变得僵化:它会遮蔽他们的想象力,削弱他们的记忆力,钝化他们的感觉力,迟缓他们的理解力。而这四种因素对培养最好的人性来说都是最为必要的:想象力对绘画、雕刻、建筑、音乐、诗歌和辞章都是最必要的;记忆力对学习各种语言和历史都最必要;感觉力对创造发明最重要;理解力对谨言慎行(prudence)最重要。但是,代数学这种科学像是阿拉伯人随意把某些数量的自然符号变成某些数字,例如

代替数字的符号在希腊人和拉丁人中间是用他们的字母,① 字母在这两种文字中(至少是大字母)都是正常的几何线条,而阿拉伯人却把它们变成十个小数字。(页 124–125)

施特劳斯:[33] 谢谢。现在,关于科学,我们第一次遇到了数字。代数学是 17 世纪发展出来的伟大科学,也即新的数学:维柯径直拒斥了代数学,对其一语带过。对我们来说,更重要的是看到,在此处——但是维柯其实从未真正学习过代数学,因为——即便他学过数学。而当维柯最终学习数学时,他认为,学习过几何学家在推理中如何推进后的唯一好处是,倘若在某种情况下真要以那种方式来推理,他也会知道该怎么做。这就够了。

现在,请读一下同一页中的如下内容,也就是维柯最终提到,"尽管伊壁鸠鲁"的部分——在同一页,126 页第二段,从倒数第 7 行开始。

兰肯:[读文本]

> 而且,伊壁鸠鲁尽管连对几何学也无知,却仅凭一种安排得很好的演绎法,在他的机械式物理学的基础上建筑起一种像洛克那样全凭感觉的机械式形而上学,以及一种只适宜于过孤独生活的人们的享乐主义的道德观,事实上,伊壁鸠鲁确实劝告他所有的门徒过孤独生活。(页 126)

施特劳斯:好的,这条评论很有揭示性。浅表地说,[伊壁鸠鲁]是个感觉主义者(sensualist),意思是一个把所有知识追溯到感觉知觉的人,例如像洛克那样。但伊壁鸠鲁还有另一种东西,他有某种特定类型的道德,也就是享乐主义的道德观。洛克亦然。但维柯在这里提到了洛克与伊壁鸠鲁之间的关键区别,尽管二者都有一种享乐主义的道德

---

① 此处,朗读者(兰肯)略过了编者的附加说明——"[其字母表中的]"(of their alphabets)。本讲稿的"整理说明"中已指出,当朗读者所读的内容与课程文本不一致时,并未一一作注标明。兰肯一般会略去英译者伯尔金和费什在方括号中增入的编辑性内容。一般来说,仅当这种差异对于课程讨论较为重要时,本稿才会作注标明。

观。但是，请再读一遍："享乐主义伦理学——"

兰肯：[读文本]

> 一种只适宜于过孤独生活的人们的享乐主义的伦理学，事实上，伊壁鸠鲁确实劝告他所有的门徒过孤独生活。

施特劳斯：好的。洛克对此是怎么做的？他是否同样——我相信这并不好，它太过①……目前这点非常重要：洛克和伊壁鸠鲁在一种享乐主义道德上彼此同意对方，但两人的差别是什么？维柯说得不多，但却说得很清楚。

学生：……

施特劳斯：当然，对的，很好。因此，人们可以暂时地说，现代伊壁鸠鲁派们，例如洛克，是政治性的伊壁鸠鲁派——政治性的，但旧的伊壁鸠鲁派则是非政治的，或者甚至是反政治的，我想，这种说法很对。非常对。古代伊壁鸠鲁派总体上都是非政治的人。而现代伊壁鸠鲁派，也就是现代意义上的享乐主义者，最显著的特点是其政治性。考虑一下如今自由派的理解，我的意思是报纸上每天说的那种粗疏的言语：让我们建立一个人间天堂——意思是，让我们普遍追求最大的身体享受。这是享乐主义，但仅仅作为一种社会性的事业才可能。但更古老的伊壁鸠鲁派则只是说：我们想要的不是舒适，因为独处远比我们通过社会性事业所能获得的任何舒适都要更舒适。这点很重要，我们应该有所了解。请讲？

学生：……

施特劳斯：[34] 您得再大声些。

学生：那些相信自己能无视伊壁鸠鲁主义的社会方面的人们；因为在他们之前，有一个完整的传统……用伊壁鸠鲁派这个名字称呼唯物主义者们。无论他们是不是伊壁鸠鲁派，唯物主义者们……使用"伊壁鸠鲁派"这个语词。

施特劳斯：是的，但我想他们都不是——他们对于社会的方面漠不关心（socially indifferent）。

---

① 此处施特劳斯对译文做了一些评论。

学生：您是否认为他们对社会方面漠不关心？

施特劳斯：是的，的确。他们希望独处，住在他们的菜园中。菜园不是指会耗费很多钱财的营建得很精美的所在，而是——

学生：如果我说，他们为了拥有菜园就必须要有政治生活，我是不是推进得太远了？

施特劳斯：某种意义上，是的，而也许这是伊壁鸠鲁主义最明显的缺陷，也就是说，它并未充分反思警察/治安（police）的必要性——从最底层来说。而这正是霍布斯的观点：你首先需要的是警察，这意味着一个国家（state）。你这么说是可以的，但是我想，他们会径直说：好吧，你知道，要让警察存在还有另一个方面的原因，因为他们想让其财产得到充分保护，而我们将要……这个观点在色诺芬《回忆苏格拉底》第2卷第1节有精彩、清晰的讨论……那个享乐主义者说：好吧，我想在任何地方都做一个异乡人，不以任何方式承担任何公民义务……换言之：不，你还没有考虑过那点。很好。所以我会说，一种政治性的享乐主义，政治享乐主义的原则，是一个现代现象；而那种原则的名称，那个被拔高到很尊贵的名称，你已经听到过无数次了，也就是经济学。因为经济学首要应处理的当然是商品的生产，也就是身体所享受之物……因此，在古代并没有政治经济，因为人们要么是享乐主义者，并因而当然是非社会、非政治的——就可能性允许的限度而言；要么他们是（加引号的）"理想主义者"。但是，政治经济同时要求两种动机：快乐，再加上社会。人们多少可以正当地说，第一个提到这种政治享乐主义主题的人，是莫尔爵士，他在《乌托邦》提到这个主题，但这点对我们帮助不大。不过，初看上去，莫尔似乎在讨论此事。现在，首先请……

学生：某种意义上，难道不能也把智术师们视为政治性的吗？

施特劳斯：对不起，请重复一遍？

学生：难道不能在某种意义上，把智术师们视为政治性的吗？

施特劳斯：不能，因为——你知道，智术主义很繁难；我们对智术主义的几乎所有了解都来自柏拉图，某程度上还包括亚里士多德，也就是说，来源于智术师的反对者们。但是，这很大程度上取决于你对柏拉图和亚里士多德的正派可靠有多大的信任。我对他们颇为信任，所以我相信他们的说法。但是很多学者说,柏拉图和亚里士多德都是某种反对智术师的党派式狂热分子,于是他们尝试拼出一幅不同的图景。如果采纳柏拉图［35］和亚里士多德的观点,得出的结论就会是:从名字上严格来看,智术师们是非政治性的人;但是,他们不得不生活,于是他们试图以如下方式谋生,即向其他人——非智术师,普通邦民们——教授后者相信自己需要学习的东西,也就是言辞技艺。而这种言辞技艺当然首先是一种政治技艺。通过这种残缺的方式,智术师们变得关心政治,但这并不是在严格意义上。亚里士多德说得很清楚,智术师们把政治科学简化为修辞术,也就是说,智术师们没有一种严格意义上的政治科学。我相信亚里士多德的说法是对的。但是,智术师们在某种程度上谈论政治固然是实情,却并不能使他们成为严格意义上的政治思想家。人们可以说,一位——我会说,一位政治思想家是一个有公共精神的人。诸位能理解吗?如果你只把公共事务看成某种麻烦事,因而你也许发展了避开这些事务的技巧,这并不能使——这正是……的东西——不能使你成为一位政治思想家。柏拉图和亚里士多德——这些人,以及廊下派们,他们具有公共精神(public spirited)。请讲?

学生:但是,智术师的学生们呢?

施特劳斯:但这些人是邦民,雅典邦民,他们需要工具,因此,他们在能拿到工具的地方得到了它们。而他们——你也在上《高尔吉亚》研读课吗?

学生:是的。

施特劳斯:好,卡利克勒斯就是这样的人。卡利克勒斯不是智术师,他蔑视智术师。他是一位雅典将军。但他必须学习演讲,如果他去找一位收学费的教师,就会学得好很多。在这位教师那儿,他可以提出各类问题。这远胜过与一位有演讲家名声的老绅士交谈——例如伯里克勒斯。伯里克勒斯不会有空教他,而且,伯里克勒斯还会受其他原因所限,不告诉他自己为什么是这么好的演说家——

［更换磁带］

——这些人不是智术师。

学生:但是,难道不能把他视为一个政治的……

施特劳斯:以某种方式说,是的,可以。但这对他而言并非完全清楚；我的意思是，你知道，他并不是一个——怎么说呢——"有原则的（principled）享乐主义者"。而一个很简单的真理就是，从一种苏格拉底式的、极为严格的观点来看，可以有所谓的享乐主义，我们在《高尔吉亚》中也将会看到。但是，对于这类人来说的关键词是什么？不是快乐；这不是他们要说的词。不过，要是他们处在电[1]的压力下，就会说出这个词。关键词是权力（power）和荣耀（glory）。这种东西——政治经济学关于荣耀所言甚少。他们有时会问及权力，但荣耀，它不是一个经济学概念。而荣耀正是古典政治人真正的（the）关键概念。荣耀与荣誉（honor）。而这是——我的意思是说，在一所学校里，你也许能表明荣耀也是某种快乐，但是，这种说法不太能成立，因为他们选择的是艰巨的痛苦：战争的痛苦，或者航行于未知海域的痛苦，这些都是快乐的反面。这么做都是为了荣耀之故。这位先生，请讲？

学生：[36] 当您提到政治经济在古代并不存在时，您指的"政治经济"是什么意思？

施特劳斯：是的，这种说法的确需要……我们可以首先从名字来看。经济或 oeconomia 是什么意思？对家业（household）的管理。很好。他们当然知道，有诸如……这样的东西，他们不这么称呼，但会提到收入和花销。例如色诺芬《回忆苏格拉底》卷三第 6 章的例子，这个例子也在亚里士多德《修辞学》第一卷第……章[2]重复了一遍，稍有改动。这是一点，每个人都明白。而如果读修昔底德的话，你就会看到，像伯里克勒斯这样的人会关心岁入和支出。但是，没人会用城邦的"经济"这个术语来考虑这个问题。在各种地方，也许有……但是我相信，"政治经济"这个特定的术语仅仅出现于 18 世纪：它最初被叫做政治算术，这也表明，在古代并没有"政治经济"的说法。

学生：你会把《治家者》（Œconomicus）看成一本政治经济学的书吗？

施特劳斯：亚里士多德的《治家者》还是色诺芬的？

---

① 编者注：这似乎的确是施特劳斯的原话。
② 施特劳斯指的可能是《修辞学》卷一，第 4 章，其中提出了很多苏格拉底的相同观点，这些观点载于色诺芬所记载的苏格拉底与格劳孔的谈话之中，见《回忆苏格拉底》卷三，第 6 章。

学生：色诺芬的。

施特劳斯：亚里士多德的《治家者》也一样。这些都是从一种政治视野来看待的关于家业管理的教诲。你可以这么讲。但是，这不能使之成为一种政治经济学。有问题吗？很好。

现在，看起来，下一页有些东西很重要。我想你可以就从我们刚刚结束的地方接着读，126 页结尾处。

兰肯：[读文本]

> 对他 [伊壁鸠鲁]① 说句公道话，维柯一方面对伊壁鸠鲁派这种对物质的自然界的各种形式的解释感到很高兴，但对伊壁鸠鲁派在解释人类心灵活动时竟不得不说出许多废话和荒唐话，也不免怜悯他。所以对伊壁鸠鲁的阅读只使维柯更坚信柏拉图的主张。柏拉图根据人类心灵的性质，不用任何假设，就奠定了永恒的理念作为一切事物的大原则，其基础就在我们人类对自己的知识（knowledge）和觉悟（consciousness）。(126 – 127)

施特劳斯：英译本以方括号注明了意大利语的原文，scienza e conscienza [知识和觉悟]。好。

兰肯：[读文本]

> 因为在我们人类心灵里原有一些我们既不能误认又不能否认的永恒真理，所以这样一些真理不是由我们制作的。

施特劳斯：[37] 为了避免误解成别的某种学说，这句话更字面的翻译是"它们并非从我们之中产生"。② 虽说如此，但这种字面翻译也是一种先前提过的说法。请继续。

兰肯：[读文本]

---

① 括号内的说明是兰肯补入的。[译按] 与兰肯的解释不同，朱光潜中译本将"他"这个不定代词译为"维柯"。

② 施特劳斯明显指的是维柯的教义——人只能理解自己所制作的东西，同时，人制作公民世界但不能制作自然世界。

但是，此外我们感到有一种自由，对一切依存于身体的事物，我们在思索到它们时就在制造出它们。也就是说，我们从思索到它们，就是在一定时间内制造出它们，把它们完全容纳到我们本身之内。举例来说，我们凭想象力去想象，凭记忆力去回想，凭情欲的感觉去获得香、味、色、声、触。我们把这一切都纳入我们自身之内。（页127）

施特劳斯：现在我们必须记住这点；维柯对"制作"的理解以后一定会非常重要。我们在什么意义上制作自己的——这些味道、气味和颜色？我们当然不是用制作椅子或黑板的方式制作这些东西。很明显，这里转向了维柯关于我们在所有时代都在制作制度（institutions）的观念。我们必须把这当成一句非常有问题的话来记住。请继续。

兰肯：[读文本]

但是永恒真理却不是由我们自己制造出来的——

施特劳斯：字面翻译："并非从我们自身之中产生出来。"

兰肯：[读文本]

但是永恒真理却并非从我们自身之中产生出来，不依存于我们的身体。我们就必须把完全不依存于身体而和身体隔开的一种永恒理念看作万事万物的本原，这身体在起意志时，就在时间内创造出一切事物，把它们包容在自身之内，凭包容它们就支持住它们。凭这条——（页127）

施特劳斯：我们可以在这里停下。我曾想过我们至少应该在那里继续。如果我对这一页理解得正确，维柯想说的是，所有依赖于我们身体的东西都是我们的作品，它们与永恒的理念不同。所有只依赖于我们身体的东西——这些当然是某种与我们通常指的制作之物非常不同的东西，想一想"形象"就够了：我们在什么意义上制作形象（"形象"[images]有别于有意为之的"虚构"[fictions]）？如果我把一匹马和一个人放到一起，造出一个"人马"（centaur），其实不能说我已经把它制作了出来。但是，如果我有某种视觉幻象，我是否制作了这个幻象呢？这个问题说来话长，我们目前肯定没有充裕的时间来做出判断。

现在，在下一页，维柯提到了新的实验物理学——此处举了波义耳（Robert Boyle）的名字——维柯也明确讲到，自己对此不感兴趣，因为这种实验物理学与理解人、理解法律无关。当前，这个问题不重要。

翻到130页。其实维柯总是在批评笛卡尔。诸位不可忘记，在维柯的时代，在亚里士多德的影响式微之后，全欧洲最著名的哲学家是笛卡尔，笛卡尔正是维柯首要的目标。而维柯——你们知道，在130页，维柯说，他认为就连伊壁鸠鲁都优于笛卡尔，这点很重要。随后，维柯提到了18世纪形而上学以及其他东西的衰落，这都是因为笛卡尔。维柯在133页第二段的开头总结了自己的评论。

兰肯：［读文本］［38］

> 由于上述这一切理由，维柯就自幸不曾拘守一家之言，而是落在一片荒野森林里凭自己的才能去摸索出自己的科研大道，就循此前进，不受派系成见的搅扰。因为在那不勒斯这个城市里，对文学的趣味就像对时装的趣味一样，每隔两三年就要换一种新花样。（页133）

施特劳斯：说得再真实不过了。不过，现在，我们在这个语境下也可以说，18世纪哲学的衰落对维柯来说却是好运，因为这使维柯有机会发展自己的思想，却不会被他人从自己的思想中拿走什么。此后，他有一段时间完全转向了——参137页——人文主义古典语文学的这个行当：138页第3段，这是我们关注的关键段落。

兰肯：［读文本］

> 直到这个时期，维柯在一切渊博的学者中只钦佩两个人：柏拉图和塔西佗。因为这两人都凭一种高明无比的形而上学的智慧，塔西佗按人实在的样子去看人，柏拉图则按人应有的样子去看人。（页138）

施特劳斯：这是马基雅维利的公式。同样很清楚的是，维柯试图做一种综合：对人实际如何的研究是马基雅维利，① 对人应当如何的研究是柏拉图。请继续。

兰肯：[读文本]

> 柏拉图凭他的全面普遍的知识去探求构成人的理性智慧的那种高贵性，而塔西佗则下降到一切实际利益方面的智谋，具有实践才能的人凭借这种智谋，就能在无限不正常的偶然祸福幻化中使事情达到良好的结局。维柯从这种观点对柏拉图和塔西佗这两位大作家的敬仰，就预示了他本人历来研究出的那种理想的人类永恒历史的规划，即凭民政方面某些特性，一切民族从兴起、发展到鼎盛，一直到衰亡，都必须经历过这种理想的人类永恒历史。从此得出的结论就是：要形成真正的智慧者，既要有例如柏拉图那样的隐微（esoteric）智慧——（页138－139）

施特劳斯：意大利语原文是 riposta。我们应该怎么——"隐微"（esoteric）译得太强了，有点生硬、技术化；"秘密的"（secret）；在方式上——不，从方式上说，或许再换个别的译法。

兰肯："深奥的"（recondite）？

施特劳斯：可以，译成"深奥的"，很好。②

兰肯：[读文本]

> 既要有例如柏拉图那样的深奥智慧，也要有塔西佗那样的普通智慧。于是维柯就注意到培根，也即维鲁兰男爵（Lord Verulam），他以一人而兼备无人可比得上的普通智慧和深奥智慧。（页139）

[39] 施特劳斯：所以，换句话说，培根兼具二者，而柏拉图和塔西佗各自只有一部分。所以，我想，这就是我们在这段中的全部所需。

---

① 从文脉来看，施特劳斯原本想说的可能是"塔西佗"而不是"马基雅维利"，但施特劳斯在前面也提出过，在这个意义上，可以用塔西佗来替换马基雅维利。

② 在本次课程期间，朗读者（兰肯）和施特劳斯此后都使用了 riposta 这个词的修正译法——"深奥的"。

我们发现，在下一页（140 页）有一些关于这点的评论。我们可以读一下第二个自然段中的这段话："何以"——维柯 1699 年的演讲中提到的，他所发现的东西。"何以苏格拉底"——我们来读这段。

兰肯：[读文本]

> 何以苏格拉底与其说是把伦理哲学从天上搬到人间，倒不如说是把我们人类的精神提高到天上。何以有些因为有创造发明而被抬举到天上、列入诸神中的人，其实只是具有我们每人也都有的智力。（页 140）

施特劳斯：好。这段话的意思是什么？这是不是对西塞罗那句著名说法，即苏格拉底把哲学从天上带到人间的修正？哲学——维柯在这里把哲学约束、限定为道德哲学。那么，这句话的意思是什么？道德哲学是某种很高而不是很低的东西。西塞罗的说法暗示的是，最高的事物是自然事物、属神的事物。西塞罗说，苏格拉底把哲学从天上带下来，并把它引入人们的城邦和家中。所以，在这里，道德哲学，政治哲学——不，这些都是很高的事物，对于维柯来说地位很高。而第二点，这里也暗示了所有人都平等的观点。你们在这里可以看到，那些因为其发明而被抬举到天上、列入诸神的，具有的不过是我们每个人也有的智力。所以，不平等的仅仅是对这些共有天赋的使用，而不是这些天赋本身。在紧随其后的序列中，维柯提到了文学与政治权力之间的和谐。换句话说，文学的高度发展与共同体的权力可以结合在一起，而非相反。这是一个很复杂的问题——你们需要把这点应用于那不勒斯：在当时，那不勒斯——或者总体来说的意大利——是否如此强大。当然，那不勒斯所从属的西班牙君主国在当时仍然很强盛，但意大利本身并非如此。所以这就会是一个问题。米勒先生，你有话想说吗？

米勒：培根关于……的文章……论古人的智慧。

施特劳斯：他怎么说？培根就这点有何说法？

米勒：我以前没有注意到……

施特劳斯：是的，我不记得培根是怎么说的了……尼可戈斯基先生？

尼可戈斯基：关于"苏格拉底其实并未这般程度地将道德哲学从天

下带下来"的说法……我们是否可以把这个说法理解为,这指的正是对人而言可能的世界的具体例子。按维柯的理解来说,就是发展——异教诸民族的逐渐形成,而非西塞罗的理解方式,亦即人性稳定不变?

施特劳斯:是的,也可以是这样,对。

现在,让我看看是否有我们需要的东西。是的,我想我们应当考虑第153页,此处与维柯对培根的研究相关。在第一段靠近中间的部分:"这场争论双方都进行得很好,没有伤和气。"请从这里开始读。

兰肯:[读文本][40]

> 这场争论双方都进行得很好,没有伤和气。但是维柯已开始感到对过去语法学家们的辞源的不满,这已预示了他后来会在最近的著作中探求各种语言的起源,从中找到一种通用于一切语言的自然的原则,替辞源学奠定一些普遍的原则,凭此来奠定一切语言(无论是死的还是活的)究竟有哪些根源。此外,培根试图从诗人们的神话故事中去追溯古人的智慧,维柯对此还有点不满,因此,他在一些最近著作中想找出一些关于诗的原则,不同于希腊人、拉丁人以及后来人都早已接受的那些诗的原则。根据他自己所找出的那些诗的原则,他就建立起一种唯一可靠的神话原则,来证明希腊的神话故事对最早的希腊政治制度提供了历史凭证。维柯就借助于这种历史凭证,来说明全部古典英雄时期政治体制的寓言史。(页153)

施特劳斯:那么,这里的意思是什么?米勒先生知道培根在《论古人的智慧》一书中所做的事情。你是否记得培根在那本书中做了什么?因为维柯对之并不满意。而这点变得极为重要。

米勒:培根此前曾提到,自己尝试"通过神话来揭示宇宙秘密"的做法,与其[讲得]真实,不如说很精巧。

施特劳斯:换句话说,培根曾宣称——至于培根是否完全相信这种说法,要讨论起来就会很久——古老的神话,希腊人的早期神话包含最为深刻的智慧,而培根在这些古老的故事中发现了所有深刻的哲学教诲。而维柯拒斥了那点。这种拒斥对维柯来说具有决定性。这种拒斥绝非小事,因为如果我们严肃对待培根的话,培根的意思是,最早的人们

/初民是非常智慧的人，也即哲人。维柯拒斥了这点：他们完全是野蛮人；那里没有什么深奥的智慧。但是这些寓言或神话极有意义，原因是，如果正确地读，这些寓意/神话就会对早期的共同体有所阐明，而我们则可以通过研究这些神话来理解最早期的人们的特性——当然，这些神话并非能带给我们关于这些最早人类的历史信息，而是告诉我们他们的思考方式。它们会对我们揭示当今会被称作"神话心智"的东西，那么我们就会理解人类如何起源。那么，可以说，哲学就不会位于初始的起点，而是会在终点。

因此，这点就与我们上次……关于自然法所讨论的问题相同。在维柯看来，经院学派所教授的自然法就是一种哲学家的法，因此为初民所不知。这同样适用于其他这些智慧形式——据称可以在神话中发现这些形式。各种开端（beginnings）都是加引号的"原始［状态］"。原始人贫穷、野蛮，于是那个完整的传统也同样如此，凡此种种。而迄今为止，伟大的诗人们——尤其是荷马——被视为智慧者；也就是说，荷马是某个非常早期的吟游歌手，他无意间向我们传达了关于希腊初期英雄时代的不可估价的宝贵信息——这种观点在当今当然绝对可以接受。纯粹20世纪式的看法。

学生：关于这种偶然揭示的信息，您是否可以举一个例子？这听起来是一种不可救药的历史主义观点。

施特劳斯：［41］好，当然可以，它——

学生：……

施特劳斯：不。好吧，你读过荷马吧？阿喀琉斯的故事等等。首先要做的事就是去读，并且乐于欣赏——我相信很多人仍然能读得愉快。但是对我们中的一些人来说，确实也会有困难。例如对杀戮的纯然描写：如何击打对方，在技术上正确地［击打］以确保其死亡——这类事情。但是关于其他的事，我想每个人都会乐意读。不过，至少在你们多少有所了解的时代，按照人们的理解，读荷马不仅是为了愉快，也是为了受启蒙（being enlightened）。粗疏的观点是你可以从荷马那里找到所有的技艺——当然尤其是最有趣的技艺，即将军的技艺和战士的技艺。你们可以在柏拉图那儿找到引证。更精致的观点则是，荷马有一些隐藏起来的思想，这些思想仅仅会通过某个故事来表达，而你若想理解，就需要把这个故事转变为它所传达的那种思想。在柏拉图的时代明显也是如此。在此后的某些时候出现了一个称为"廊下派"的学派，人们通常会说，这些人使用了所谓的"寓意式解经法"，这种解经法是这样的：宙斯不是这个特别的神，而是——比如说世界的统治者，而赫拉则是——我不知她是什么，不过你们知道，每位［神］都是某种原则……而这就是所谓的寓意式解释。直到维柯的时代，这些做法一直都很流行。而如今，大多数学者把所有的观念（notions）都扔掉了，不仅扔掉了寓意式的解释，还扔掉了荷马的有些思想……荷马所传达的深刻思想。如今流行的观点是，这是由……吟游歌手所唱的，而人们就说：只需要去南斯拉夫，那里还有这种吟游歌手。而吟游歌手们所做的——荷马所做的只是——也就是说，把诗歌连成一串，至于他做得好与坏还是个有争议的问题。但荷马那里只有这些。换句话说，除了阅读的愉快外，荷马所传达和希望传达的东西只是一个尚武的早期贵族阶层中单纯的英雄式情感。只有这些。其中当然有美妙的事件。但是并不……这是关键。而维柯比其他任何人都更是如下观点的塑造者，亦即认为诗歌是一种传达智慧的形式，一种尤其具有时代特征的、用于传达智慧的形式。在我们的时代，有些人——（我听说）他们还与一些诗人一起——正在以一种非常间接的方式恢复关于诗歌的更古老的观点；［他们］并非与古老观点完全一致，而是与之相似。但是当今的通常观点是，我的意思是，以赫西俄德为例：赫西俄德是一位波俄提亚农民，他传达了某种农民的道德观……所有历史书都在这么写，还有一些自传性的细节——例如他与一个很顽劣的兄弟关系不和——在……书中都是这么写的。请讲？

学生：我的问题是——

施特劳斯：诗是否是智慧？这是更老派的观点。或者说，诗是不是一种令人快乐的非智慧（unwisdom）？维柯就认为诗是一种快乐的非智慧，但又对智慧有某种意义，这并不是因为诗令人快乐，而是因为，尽管是"非智慧"，但诗中却传达了关于人类发展过程中一个被遗忘岩层的极为宝贵的信息。当然，荷马写这些东西不是为了今天的史学家能够对当时的希腊发现些什么；事实上，这种发现完全是偶然的。但是对我们这些历史学家来说，这是荷马极为有价值的贡献。但是，不管怎么说，从这个方面来看，维柯的确开创了一个时代。

学生：那么，这种拒绝岂不完全是基于技术的？[42]

施特劳斯：不完全如此。不，你得看到，所有这些东西都不是那么简单……与圣经的影响相比，荷马的重要性以及西方传统中的所有这类事情的重要性都是零。而在圣经方面，寓意解经的实际历史，当然远远多于对荷马的寓意解经——圣经的寓意解释更值得注意，也更强有力。那么，在16、17世纪发生了什么？相关于——这个变化源于新教，不过更应该说处于新教的边缘。你们是否听说过索齐尼派（Socinians）？

学生：……

施特劳斯：于是，还有那些比索齐尼派还要——可以说——更偏左的人，例如霍布斯和斯宾诺莎。关键问题是，字面上说：不存在寓意解释。所以——那么，新教的建构是这样的：纯然的上帝之言并非人的发明；而如果文字（the letter）不这么说，就纯属人的发明。所以，这一整场战争在16、17世纪至关重要，然而，某种意义上，维柯所做的事——例如就像克罗齐所看到的那样——就是把斯宾诺莎对旧约所做的事施之于荷马。那么……旧约中当然有些奇怪的事。例如，在我还是个年轻学生时，我曾亲耳听说："……先前的学者们在解释一篇《诗篇》时……所以，文本必定残缺不全了。"很好，而且很明显，据说有关于上帝之灵的说法，对吗？——字面意思是上帝的气息。它的意思当然是上帝的空气/风，而不是上帝的灵。所以，读一下斯宾诺莎。这种教诲此前也有过，而在这里，意图当然很明显：剥夺圣经的权威。这是一个非常原始的民族在一种非常原始状态下的一份文件，所以并非真正的（the）智慧之书。对吗？而这种做法在此被用在了荷马身上。

学生：这就是为什么——

施特劳斯：当然，这件事的另一方面却是，人们很快会过来说：圣经当然并非智慧，不过，要是说斯宾诺莎所说的那些东西……这是荒谬的。它（圣经）是诗（poetry）。但是，从定义上看，诗的意思不是智慧。诗听起来很美，包含着美妙的情感。直到今天，在某种意义上，这点仍然成立。到了我们的世纪，有了一些变化；有一些……他们再次以某种不同的方式来理解诗。

学生：那么，论证必定就会是[这样]：由于这些说法可以打散，拆散为非常原初的意思，而通过我们的词源学工具，我们知道，这些说法必须拆散，因此，其中也无法包含什么智识——

施特劳斯：你知道，此事的重点是，传统的那种——无论是神学的还是人文主义的传统——寓意解释肯定太过了，对吧？所以，一种反对寓意解释的反应也有些道理。

学生：不过，很多时候，那些采用……的人们，他们采用这种非常字面的解释来强化神圣事物……他们的论证反对寓意解释——

施特劳斯：那么，例如说，你的意思是对奇迹的寓意解释。为了解决掉奇迹……

学生：[43] 奇迹，或者……

施特劳斯：不过，回到关键点。这些人所做的，以及维柯把这种做法延伸到非圣经文学——尤其是荷马的做法，所鼓励的是这样一种观念：并不是说人的开端很野蛮、不完美（这么说不得要领），而是例如《荷马史诗》这样的文献是否只是一种具有野蛮属性的文献，而不是……我的意思是，那些人大约可能的确是很野蛮的动物——很可能会是这样；但是，这么说就会是一个经验问题：一部类似《荷马史诗》这样的书，一部类似圣经这样的书，这些书是否属于我们那些很一般的（modest）、野兽般的祖先们的时代——他们怎么称呼这个时代？你们知道，他们对尚且没有真正大脑亦即人类大脑的人们有一种专门的说法。他们怎么称呼这种介于尼安德特人（Neanderthal）与智人（homo sapiens）之间阶段的人类？我不太了解，但是有好几种说法。不过，我们不要沉迷在不重要的细节里。关于……的关键问题是对荷马的重新解释，也包括对所有西方世界的早期描述、此外还有罗马故事等等的重新解释。我所说的只是，真理——如果当李维提及罗穆路斯、雷穆斯以及这个著名的故事时，他所说的并非真理——李维所讲的东西并不意味着什么真实，它们只以一种间接的方式反映了人们看待事物的方式，所反映的不是罗慕路斯时代而是公元前三百年的罗马人的眼光。他们以这种方式看待过去——他们当然完全是错的——但是，由于我们对他们的思考方式知道得如此之少，我们可以间接地（把他们的思考方式）建立起来。很好。

还有一段，我们应该讨论。这段位于下一页，也即154页末尾。

兰肯：[读文本]

在准备写这部[卡拉伐元帅（Marshall Carafa）的]① 传记时，维柯发现他必须阅读格劳秀斯的《论战争与和平法》一书，他发现他前此所敬仰的三大作家之外还应加上格劳秀斯这第四位。因为柏拉图用荷马的普通智慧与其说是要证实，毋宁说是要装饰他自己的深奥②智慧。塔西佗用来说明他自己的形而上学、伦理学和政治学的，只是过去流传下来的一些零散而混乱的事实。培根虽看出当时涉及神和人的知识总和也还有待补充和纠正，但是涉及法律，培根并没有能使他的那些准则适用于一切时代和一切民族。现在，格劳秀斯却能用一种普遍法律于一切民族，能用一种体系来包罗全部哲学和语文学，而语文学还既包括历史，即语言的事实和事件的——既包括寓言中的事件也包括实际的事件——历史，又包括三种语言——（页154–155）

施特劳斯：是的，三种语言的历史。

学生：是的。

施特劳斯：所以，换句话说，在一个方面，格劳秀斯比其他人更接近维柯所做的事。这正是维柯在1725年所说的事情。我怀疑这是不是维柯关于这个特殊主题的最后的话。请讲？[44]

巴特沃尔斯：提一个……问题：英译本写作"包罗全部哲学和语文学的普遍法则"，而意大利文版则写作"哲学和神学"。那么——

施特劳斯：哪个版本？

巴特沃尔斯先生：意大利文版，写作"哲学和神学"。

施特劳斯：我明白了。我原先不知道这点。

阅读者：肯定是"语文学"，这么讲说得通——

施特劳斯：谁有译本？哪个版本？也许你用的版本不佳。

巴特沃尔斯：是克罗齐的版本……希腊语语文学。

---

① 方括号内为兰肯补足的内容。
② 伯尔金和费什的译文是"隐微的"（esoteric）。

施特劳斯：我想这更说得通，是的。好吧，我们今天读到这里。下次课，兰肯先生会就下个部分做一个报告。再过一星期，我们就可以开始读《新科学》了。

［课程结束］

# 第三讲 《维柯自传》

## 1963 年 10 月 7 日

施特劳斯：[46] ……你的文章开头很不错，非常有趣，难以置信。① 我回头将会谈谈你文章的开头。这部分非常吸引我，因为所讨论的每个问题都基于《维柯自传》的具体证据。你推进得越远，在……方面就越来越多地丢掉这个立足点……我清楚，你在不同地方提到了，但你必须承认……

兰肯：……

施特劳斯：是的，我明白。那么，我们现在面临着很大的困难，因为在你文章中那几页经验性的部分与很宽泛的批评性攻击之间，有一种不协调……当你说，维柯的这部作品是非哲学的作品时，我相信我理解你的意思，但是这种说法非常……因为，你知道，它确实暗示着否认所有或几乎所有现代哲学的哲学特性。这一点，我不能说是荒谬的，但这是一个没法完成的任务……例如，你提出，维柯把自然理解为民族、出生、起源、开端，而且自然还应当意指发展。除了维柯提到自然时意指的并非……这个事实之外……好，那么，这恰恰是例如霍布斯——以及洛克——所做的事：自然状态，最早的事物。原初状态，不完美的原初状态。所以，当然，同样的问题也存在。但这并非维柯所独有的特性；提到同样的做法时，你也包括了霍布斯、洛克等等很多人。好。

现在……现在，你已得出一个维柯所特有而霍布斯当然不具备的要点：关于特殊事物的知识——古典语文学。但是，维柯在何种程度上要

---

① 施特劳斯点评兰肯的论文，论文于课程开始时宣读，但没有录音。

求关于所有事物的知识？严格说来，关于所有事物的知识是不可能的，因为这种知识是无限的。但是，维柯对这种知识提出要求，是在什么程度上？或者说，即便与哲学家们的普遍情形相比，维柯对他所掌握的关于特殊者的知识也要有信心得多，但他为什么要对特殊者的知识感兴趣？我的意思是，他研究所有这些琐细的事物，研究语言、硬币，原因何在？他为什么要研究这些？为的是通过一种宽泛的经验过程，从这些东西上升到维柯所说的诸民族的永恒法则。您了解这点吧？而这种研究当然要提出一种新的、现代科学意义上的自然法……

所以，自然的：这正是其中的普遍性，它不仅限于诸起源，而且这恰恰是从开端到终结的方式……野蛮的开端……直到完成整个过程。这就是自然的过程。而维柯是想通过……来建立这一点。所以，我想，你有点儿走得太远了。但是，这并不是要否认这点——是的。现在，你提到维柯在攻击自然正当/自然法时的反哲学式特性，因为这种自然正当/自然法的观念变得等同于关于起源的问题。毫无疑问，其中有些真实。但是另一方面，关于起源的问题并非像你说的那么不重要或者非哲学性……。我相信，当我们转向《新科学》本身的某些关键段落时，你就会发现，维柯在彼处的某些观点与柏拉图《法义》中的观点有惊人的相似性——原因是，《王制》，尤其是我们所考察的《王制》的这一半，并不是柏拉图的全部教诲。所以，为了变得……，这些事物都需要大量修正。

[47] 但是，我并不否认——我宣称——你的文章合乎他们的评价：非常出彩（brilliant）。但是，这也是个很危险的概念。非常危险，你知道吗？换句话说，你有想象力，你看到了很多人看不到的东西。不过，有时人也会看到所谓"过于凭感觉"的观感。

兰肯：……

施特劳斯：不，不是的，我清楚。这正是我很喜欢你的文章的原因。但是我也必须为了［其他人之故］，尤其是新生的缘故来防止误解。我也必须发挥某种警察的职能。［笑声］。而现在，当你提到，例如，在你看来，维柯关于神意的教导就好像把某种内在属于卢克莱修的学说涂上了一层柏拉图式的颜色，我相信，在这里，你的思路是对的，不过还是需要一些论证。而这当然就是我会在一般意义上提出的反驳：

你没有研读（studied）过《新科学》本身，虽然你看了（have looked at it）这本书。

兰肯：是的。

施特劳斯：是，好的，不过你毕竟还是看了的。这为你提供了一些支持，因为这本书当然还不足以提出……的观念。

现在，我将会回到你的文章在我看来最优秀的部分。这部分深深说服了我。我承认我读过《维柯自传》这本书……但这说明不了什么。因为学者们一直对最乏味的东西颇感兴趣……大部分时候他们吞下的是尘土，这点并无疑问。但我对此并不感兴趣。当我读笛卡尔的《谈谈方法》时，那是一种纯然的阅读快乐，阅读之初就是如此，读到结尾时还要更快乐。但这不是一种快乐——我的意思是它给人的印象是一部小说；我的印象就是这样。但是，你们知道，它也有可能变得有些琐碎，总是尊崇这些大人物，伯爵、王公。而你们所……如果没有他，你们会非常快乐——你们怎么说这种事？

学生：把它赶走（a kick out of it）。

施特劳斯：如果它还没被赶走的话，是的，很好。这当然不是什么令人高兴的景象。此外，这种事物还有一些。而你随后又感到（我对你所说的东西印象很深，你很可能说得对），维柯以这样一种粗糙的（crude）方式来表述，为的是明确表明自己对这种境况的厌恶。我认为，这是一种很深刻的反讽（ironic），而你表述这点的方式，尤其是关于空墓（the empty tomb）这些东西的表述方式，的确非常有说服力……我们稍后也许应该对这些东西探究一番，因为如果维柯能够做这类事情，这可能也相当程度地影响了《新科学》本身。这点当然非常、非常值得注意。

接下来我们应该考虑这些段落。关于我们这部作品中这个部分的内容，你说得相对很少。那么，在《自传》中，维柯叙述了自己迄至1731年的作品，对不对？当然，我们要读的这一版《新科学》还要再晚些，出版于1744年。那么，从《自传》中，我们可以就阅读更权威版的《新科学》学到些什么？我需要解释一下这个问题吗？好。维柯已写了很多著作，而他［48］谈到了迄至某个时间点之前的所有作品。此后，维柯写下了《新科学》的第一版，此后又有其他的修订版本。

还有一个最终版完成于维柯临终前不久，去世后也很快出版，我们要研读的就是这个版本。

以上是我就文献所看到的问题，内容不多，但如果我有某种直觉（hunch）的话，我会说，从我所见到的很有限的东西中，可以得出普遍的结论。人们是这么做的：一旦在最终版本中发现难题，他们就会诉诸先前的版本或先前的作品，也就是说，人们会以先前作品的眼光来解释最终版本。基于《自传》来看，这种程序是否有正当性？巴特沃斯先生？

巴特沃斯：在有些情况下，维柯几乎是在要求你这么做——例如，维柯告诉你，在《新科学》第二版中出现的很多东西在第一版中已有略述，而维柯对第一版中的有些内容非常引以为傲。

施特劳斯：对于……你会怎么讲？……

兰肯：……并非更加重要的那一面，也即如下事实：《新科学》第二版的写作有所补充和修饰润色。

另一位学生：此外，维柯对想给他出全集的出版商论证说，他觉得自己并不注重通过此前的作品被人铭记。而且——

施特劳斯：尤其触动我的是维柯在一本早期著作中所做的一条评论，不过，当维柯不再很年轻时，《普遍法则》，这本书写于哪年？在早期——1714年，① 克罗齐和其他解释者不断引用这本书。如果我记得没错，维柯说，他还承认《普遍法则》中的三项内容……无论如何，我想这个问题变得很重要：《新科学》的这个最终版本是他最成熟的思想果实。

学生：此外，第一版——他以一种否定的方式说过，而只有在最后一版……

施特劳斯：是的。

学生：……

施特劳斯：不，我们不能——

---

① 维柯于1719年在那不勒斯大学发表就职演说之后，便开始了《论普遍法则》的写作。《论普遍法则》的四个部分分出版于1720—1722年之间。参《维柯自传》第9-10段。

兰肯：手稿已经遗失了——

施特劳斯：不，不对。是的，但维柯拒斥了它，认为它不充分。事实上，那不构成一版……在很大程度上……学者们。但即便它曾经存在，也不会很权威。

学生：[49] 维柯曾说，他一直没有开始自己设想新的原则，直到……

施特劳斯：是的，我相信这条证据——我忘记了……的方法……不过，我所获得的总体印象是，我们以《新科学》第二版本身的眼光来研读它，将是明智的做法。不用说，如果我们有时间，或者如果我们要写一部关于维柯的研究专著——这可能需要五到十年——那么我们当然就需要阅读维柯的全部著作，以便理解他思想的发展。但是，那时我们就必须研读这些版本中的每一版，而不是读某种由众多作品或版本构成的人为混合物，这种混合物没有任何权威。因为这正是我们的工作。因为——好，让我把这个问题完全说清楚。[施特劳斯写板书] 不妨说，这是《新科学》，而这是《普遍法则》……在这些事物中，有一些——我们且说有两件事——已经存在于《普遍法则》中了，但是散见在这样那样的语境中。与《普遍法则》（你们知道，这本书写作得更早）相比，也许同一种学说在这个新版[《新科学》]中的含义非常不同。所以，理想的任务就会是，在维柯思想的每个阶段去解释他的思想本身，此后再考察，再等待结果。由于我们不是专研维柯的学者，能投入的也不过是可怜的八周时间来研读这部 600 页的著作，因此，我们将把自己严格地限定于这个第二版，来看看这版本身是否就能说明问题。

有位意大利的维柯学者尼科里尼（Nicolini）曾就这个第二版写了一本评注，① 共两卷。不幸的是，此书我已经[从图书馆]借走了，这是老师们很少的一点儿特权之一。不过依我看，这本评注用处有限，在我看来，其用处仅限于提供了所有被征引的作者的原文。所以，当[维柯]说，"西库卢斯的狄俄多儒斯的一段金句"时，尼科里尼可以告诉

---

① Giambattista Vico, *La Scienza Nuova*, ed. Fausto Nicolini, 2 vols. (Bari: Laterza & Figli, 1928).

你，这指的是 4.19，① 当然，对不能为了找到这段而去读狄俄多儒斯整本著作的人来说，这当然减轻了很大的负担。这就是……在其他方面，此书并无太大帮助。所以，诸位不要太嫉妒我借走了此书。好。

现在，让我们回到文本。好，请问，巴特沃斯先生——此外还有人想提问；哈特曼先生也想说些什么。

哈特曼：哦，我只是想说——

施特劳斯：但首先请巴特沃斯先生提问。请讲？

巴特沃斯：看起来，你提出了更大的问题，而我则怀疑你是否已经将它解决了。当你面对这么一位作者时，你将会怎么做？当这位作者赞同……时，他似乎把你送到了别的什么地方。就像我们即将看到的那样，维柯在《新科学》中就是这么做的。

施特劳斯：哦，在这种情况下，那么，当然——例如，以这件维柯看来如此重要的事为例，如下证据——十二铜表法并非像传说的那样来自雅典，而实际上确实是源于罗马。好的，如果维柯没有在《新科学》中提出这条证据［50］（我不知道维柯是否给出了证据），而是说他在一部更早的书中提出了证据，那么，不用说，你自然会读到它。

但是，让我举一个很不同的例子：霍布斯。那么，就霍布斯的情形而论，我们关于同一种教诲有三个版本：《法律原理》《论公民》《利维坦》。而霍布斯并未就三本著作中每一本的权威性告诉我们任何东西。顺便说一句，就《利维坦》而言，我们除了原初的英文版本之外，还有霍布斯本人写作的拉丁文版本，与英文原版相比，后者在一些值得注意的问题上有所不同。在这里，我们没有作者本人的说法：这个是我的最终版本、这个版本更好。完全没有。而如果你在一些关键问题上研读这些作品，《论公民》就要比《利维坦》好得多，也清晰得多——尽管《利维坦》当然读来更令人愉快，因为此书的英文极佳，而霍布斯的拉丁文呢，尽管很好，却不如他的英文好。另一方面，《法律原理》则可能最不权威，因为此书并不是霍布斯亲自出版的。在霍布斯生前，此书只以一种杂乱的版本形式出现，直到 1928 年左右才广泛刊行。所以它太不权威，但是，这本书中也有一些段落，在明晰程度和色彩上都超过

---

① 施特劳斯指的估计是卷四，第 19 章。

你能在《利维坦》和《论公民》中找到的任何东西。但是在这里［指霍布斯的著作］，就像我所说的，这是个不同的故事，因为我们得不到一种权威的明确宣称，这与维柯不同。这是一种完全不同的步骤。但是，霍布斯有一些早年的作品——如果我们可以称之为早期作品的话，这些作品比第一版、比《法律原理》要早二十年左右——对于这些早期作品，没有什么人会附加以……例如——会把这些作品视为成熟时期的霍布斯思想的证据，认为它们具有《利维坦》般的权威。当然不是这样。所以，目前我不知道别的例子，因为柏拉图的例子要复杂得多，在柏拉图那里，我们也有不同的版本，此外，关于不同作品哪个更权威的问题也会产生，但是，我相信柏拉图的情况完全不同。约翰逊先生？

约翰逊：我曾想就 142 页的一个段落提个问题，也就是……他提到了学者们，所有那些只为了好处而学习的学者，因此，他们成功了——

施特劳斯：这页的哪部分？

约翰逊：对不起？……

施特劳斯：是的，"谁要想从文艺的学习中得到"。对。

约翰逊：他们是假学者，而不是……此后，维柯的故事又转了弯，他提到，当自己结束了演讲的这半部分时，圣公会（Sacred Council）的会长走进了讲堂，此后，维柯又返回来重复了前半部分，只是这次讲得更短，过渡部分也更新了。我的意思是，在我看来，维柯似乎如此鲜明地偏题……

施特劳斯：好，我们可以设想一下，你是否相信，我怀疑一位成熟的教授可能不会这样，但如果一位年轻的讲师在我们校园的某个地方讲座时，校长十分钟后会走进来，他会不会做同样的事？

约翰逊：……

施特劳斯：［51］换句话说，一个……它不会这样。我的意思是，我们也可以说，这只是一种单纯出于礼貌的做法。你还会提出别的吗？

约翰逊：他为什么要说"一个新的、更简短的过渡"——

施特劳斯：因为他不可能——他也必须考虑其余的听众。他不能径直重复一遍，这对其他人太过分。

约翰逊：……对其他听众是这样，但是……

施特劳斯：这点我并不了解。也许他以不同的说法说了同样一件事，我的意思是——

学生：我恰好在想，他为什么——

施特劳斯：不，我的意思是，这并不是一个充分稳固的基础。因为——如果有时间，我们后面会讨论兰肯先生所引的段落。弗劳曼哈夫特先生？我忘记了你很长时间。

弗劳曼哈夫特：……

施特劳斯：我明白了。好的，谢谢你。很好。让我们首先考虑其他段落，此后再转到兰肯先生所提到的段落。

让我提示诸位一下我们对第一部分的讨论所得出的简要结论。维柯关于其世系（ancestry）所说的内容，亦即这些简单的说法——如果我们有某种并非由维柯提供，而是很容易获得的信息的话——给了我们一幅很好的、临时的图景，来理解维柯的目的是什么。维柯……柏拉图，柏拉图教导人们如何生活，应当如何生活；塔西佗，展示了人们如何实际地生活，而我们很快就出于可以辩护的理由，用马基雅维利替换了塔西佗——并不是说，塔西佗等同于马基雅维利，而是说，这就是塔西佗在此处的作用，亦即代表马基雅维利。随后，就是［施特劳斯写板书］综合：培根。而这一点在历史上讲，就是正确的：培根的确尝试得出一种新的关于社会应当如何的教诲——别忘了，培根在其《新大西岛》中写过对柏拉图乌托邦的模仿物，即新大西岛（New Atlantis）。柏拉图曾写过第一个大西岛，也就是《克里提阿》和《蒂迈欧》的对话。所以，这点完全正确。但是，培根与维柯之间的差别很大，因为在培根那里，说到底，［他］是新科学的号手（buccinators，亦即培根所称的 trumpeter），这种新的自然科学应当带来一次伟大的技术发展，从而导致生活标准的提升，等等。对于这种现象，我们现在站在终点已经了解了，而培根则是站在起点预言了这种现象，或者说要求这种现象出现。

在维柯那里，则并不存在我们在培根那里［所发现］的这种东西。维柯的综合（synthesis）在本质上不同，因为说到底，维柯的主题是法。这点由如下事实得到暗示：权威的力量来自格劳秀斯。而这是一条直接从维柯口中说出的很好的说法，该说法就我们能够期待的东西给了我们最初的信息。只有这点，我认为我应该重复一遍。

关于上次布置的任务，还有几个问题要谈——让我们看看，这些内容是否对我们有帮助。巴特沃斯先生？

[52] 巴特沃斯：……

施特劳斯：对不起，请重复？

巴特沃斯：……

施特劳斯：哦，是的。对，的确有一段关于格劳秀斯的说法应该读一下，我们上次没能讨论，在 154 页末尾至 155 页。

兰肯：[读文本]

> 在准备写这部传记时，维柯发现他必须阅读格劳秀斯的《论战争与和平法》一书，他发现他前此所敬仰的三大作家之外，还应加上格劳秀斯这第四位——

施特劳斯：对不起，标题岂不应是 De jure pacis ac belli，亦即《论和平与战争的法权》？① 我几乎完全确定。不，维柯改变了语序，把战争放到了前面。[施特劳斯轻声笑] 格劳秀斯太爱和平了，没法把战争放到前面。但我不知道——我几乎完全确定。好的，请继续。

兰肯：[读文本]

> 因为柏拉图用荷马的普通智慧（common wisdom）与其说是要证实，毋宁说是要装饰他自己的隐微智慧。

施特劳斯："普通"的原意是"俗众的"（vulgar）——vulgara。

兰肯：[读文本]

> 塔西佗用来说明他自己的形而上学、伦理学和政治学的，只是过去流传下来的一些零散、混乱、缺乏体系的事实。培根虽看出当时涉及神和人的知识总和也还有待补充和纠正，但是涉及法律，培根并没有能使他的那些准则适用于一切时代和一切民族。（页 154–155）

---

① 此书的标题实为 De jure belli ac pacis [《论战争与和平法》]。

施特劳斯：换句话说，培根……未曾以任何方式预示了维柯想做的事情。请继续。

兰肯：[读文本]

现在，格劳秀斯却能用一种普遍法律于一切民族，能用一种体系来包罗全部哲学和语言学，而语言学还既包括历史，即语言的事实和事件的历史（无论是真实的历史还是神话寓言），又包括希伯来、希腊和拉丁三种语言，即三种由基督教传下来的古代三种被人研究过的语言。在格劳秀斯的著作发行新版时，维柯应邀替这些新版写些注解，这样他就有机会更深入地研究了格劳秀斯的这部著作。他写的注释很少是为了改正格劳秀斯，而更多的是改正旧版中**格罗诺维斯**（Gronovius）的旧注。这本旧注本来是写出来讨好一些自由政府的，并没有维持公道。（页 155）

[53] 施特劳斯：换言之，格劳秀斯也许比他的（顺便说，是位很好的）评注者格若罗维斯①更满足于君主制……请继续。

兰肯：[读文本]

维柯只注了第一卷和第二卷的一半就不再注下去了，因为想到自己以一个天主教徒来用加注去粉饰一位异教作家的作品是不合适的。（页 155）

施特劳斯：是的，这是好笑的段落之一，因为就在这段之后，[维柯]高度赞扬了两位新教作家：培根与格劳秀斯。你所列的"好笑事表"中有没有收录这段？[笑声] 这段应该列上。

学生：……

施特劳斯：不，真的，我的意思是，人们应该明白这个事实：一位作家有没有能力做这类事情，因为通过追溯到其写作的这种天性，就可能发现一些困难。是的，现在，让我看一下，是否还有些别的东西——这里，在 165 页第一部分（A 部分）的结尾处，维柯引用一位法国学者

---

① 格罗诺维斯（Johann Friedrich Gronovius, 1611—1671）编辑了《论战争与和平法》以及众多古典拉丁文著作。

克洛克（Jean Le Clerc）就其关于普遍法的书所写的一篇书评。大致在165页最后四分之一。

兰肯：[读文本]

> 书中不断地把一些哲学的、法学的和古典语文学的问题综合在一起来讨论，因为维柯先生毕生致力于这三门学科，对它们都深思熟虑过，读过他的著作的人都会知道这一点。所有这三门科学之间都有紧密的联系，任何人如果不是对每一门都精通就不可能精通其中任何一门。所以我们毫不感到奇怪，后面列出意大利学者们对这部著作所发表的赞赏。从这一切我们认识到，这位作者在形而上学、法学和语言学三方面都被公认为内行，而他的著作是有创见的，其中满是重要的创造发明。（页165）

施特劳斯：那么，这段话本身——也即他结合了这三种科学的说法——当然是一种完全外在的表述。问题自然就会是：维柯如何结合三种科学，这种结合的含意是什么？在转向《新科学》时，我们就会发现这个问题的答案。

下一部分（指第二部分，即B部分）的开头也很有意思，因为这部分提出了作为整体的《维柯自传》是一部史书的问题，为"维柯何以成为其所是"的问题提出了各种原因。我们在此处会发现一些东西。请读同一页的内容。

兰肯：[读文本]

> 维柯降生下来，是为他的故乡（那不勒斯），也是为他的祖国意大利争取荣誉（因为他成了一位学者，是在故乡和祖国，而不是在非洲摩洛哥）——

施特劳斯：一个不发达国家。如果在今天，维柯不会被允许写这些话。请继续。

兰肯：[读文本][54]

> 最好的证据就在于：换作别的任何一位学者，在遭到上述厄运打击之后，都会放弃所有学问——即便不是追悔自己曾经培养了自

己的学问，但维柯甚至没有耽搁在其他著作上的辛勤钻研。（页165）

施特劳斯：我们在这里暂停。那么，在"维柯何以成为其所是"的原因方面，这段话告诉了我们什么？首先很清楚的是，维柯提到，自己的降生为故乡、因而也为意大利争得了荣誉。维柯不仅是为了（for that）意大利而降生，在某种程度上，维柯也有赖于（by that）意大利——维柯在提到摩洛哥时已把这点讲得很明白。没有意大利或那不勒斯，就没有维柯。我的意思是，倘若这个人带着同样的天赋、在同一个时刻降生于摩洛哥，那么他就不会成为一个卓越的人。当然，这点并不特殊地——几个世纪之前，不是在摩洛哥而是在摩洛哥的邻国（突尼斯或附近），诞生了伊本·赫勒敦（Ibn Khaldun），他在一般的文献中也常常被人们拿来与维柯比较。① 所以，维柯指的当然是处于低谷时的摩洛哥。

但是，这种想法应该怎么理解？我的意思是，这是关于维柯思想发展原因的部分解释：那不勒斯，18世纪早期。而在你们所选择阅读的每部现代史书中，你们都会发现，这个事实会合乎预料地得到强调。那么，如何理解这种解释的特征？这在维柯那里是一种新鲜事物吗？在政治哲学中最明显的地方，即在《理想国》的开头，就有关于这个主题的经典格言。② 没人会错过此处。那里提到——你知道的，这位先生？

学生：也就是关于这么一个人的故事，他来自一个小岛，于是他……

施特劳斯：忒米斯托克勒斯（Themistocles）。

学生：于是他说，要是他生在了雅典，他就会变得著名或伟大。所以他说，"生在这个岛上，是我的不幸。所以——"

施特劳斯：我想……回答。他说，"当然——"

学生：忒米斯托克勒斯说，"当然，如果我生在你的岛上，我不会

---

① 伊本·赫勒敦（Ibn Khaldun, 1332—1406），出生于突尼斯。与维柯相似，赫勒敦也写了一部自传，更重要的是，他还写作了一部广阔的历史及史学史作品——《世界史》（*Kitāb al-'Ibar*）。

② 《理想国》3293—330a。

成名。但是，要是你生在雅典，你还是不会成名"。

**施特劳斯**：一个色里弗人，他来自色里弗（Seriphus）。对，就是这个故事。换句话说，人们一直都懂得，在使人的充分发展得以可能的条件之中，所出生其中的国家或城邦当然具有关键的重要性。这并不是什么新鲜观点，某种意义上，所生于其中的城邦的确是一个原因，尽管这当然不是充分原因，否则维柯时代的所有那不勒斯人就都是头脑一流的人了。这一点，即便维柯本人也没有这么说，虽然他超乎寻常地谦虚。这种谦虚并不总像……一样在场。

那么，在紧随其后的文脉中，维柯之伟大的真正证据是什么？维柯"写了两大卷四开本著作"。请继续。[55]

**兰肯**：[读文本]

> 在第一卷里，他动手寻找世界各国或各民族的自然法，先通过对已往学者们只是凭幻想而不是凭钻研所得出的种种荒谬之谈进行科学的批判。接着在第二部分，就凭替希腊史荒渺无稽的时代订立一种确凿可凭的合理的时历或年表，把人类习俗的生成世系追溯出来，因为我们对于古代可知道的一切，都是希腊人传下来的。（页165－166）

**施特劳斯**：先暂停。这正是《新科学》最早的版本。那么，那个说法是什么？译者总是译作"自然法"，在意大利语中，这个词当然是 diritto［正确的］，为了术语明晰，我应该把它翻译为诸民族的"自然正当"（natural right）。① Legge 则应该译为法律。很好。是的，这是对其主题非常粗略的提示。随后，在下一段，维柯关于《新科学》的某个更晚的版本说了些什么。请从"在这部著作里，维柯终于发现"开始。

**兰肯**：[读文本]

> 在这部著作里，维柯终于充分发现了他此前还只是依稀隐约地

---

① 施特劳斯的译文有时与本课程使用的英译本不同，朗读者因而调整了读法，遵循了施特劳斯的修订译文。编者遵循了施特劳斯的这些修订，并取代了伯尔金和费什的译文。关于类似问题的更完整说明，见第二讲第 15 个注释。英文页码 32 页最后一个注释。（［中译编按］见本书 63 页注释。）

认识到的那种原则。

施特劳斯：现在，与其他一些段落一样，这一段绝对明确地表明：相比之下，维柯1725年前的作品很缺乏权威……

兰肯：[读文本]

因为他现在才认识到，要远从神圣历史的一些起源去找本科学的最初起源，这才是不可避免的涉及全人类的当务之急。因为哲学家们——（页166）

施特劳斯："甚至是人"，维柯的意思是，即便不考虑所有神圣的必然，即使所有的……我相信在文脉中是这个意思。换句话说，作为单纯的哲人，一个人要被迫寻求这种科学的最初起源，所寻求之处是——但是，"本科学的最初起源"是什么意思？这当然是一种非常松散的表述，因为本科学的最初起源要在维柯生活的时代的某个时刻去寻找——我相信，也就是这门科学所关系到的最初原理或最初起源。是的，很好，有问题吗？

学生：哦，这门科学将会是一种史学。

施特劳斯：是的，但是我们看一下，它是什么类型的史学。

兰肯：[读文本]

因为哲学家们和古典语文学家们都承认，无法从各异教民族的最初创建人去追溯本科学的逐步进展。维柯尽量地利用了**克洛克**（Jean Le Clerc）对他前一部著作的评论中的一段话。他说："维柯为我们总结了[56]世界大洪水到第二次迦太基战争之间的一段主要时期的历史，讨论了这段时期里发生过的各种问题，就它们做出了许多语文学方面的观察报道，而且纠正了过去许多最有才能的批评家都忽略过的一些粗俗的（vulgar）① 错误。"（页166 - 167）

---

① 朗读者遵从施特劳斯此前的建议，将common[共同、普通的]的译法改为vulgar[粗俗的]。

施特劳斯：我们先读到这里。因为维柯所需要的，[是]一种批评性的技艺，这是[一种]新的批评技艺，是技艺，而非方法。这显得很清楚，因为如果关于诸起源的真理必须从可获得的材料中——无论是书本、古钱币，或者甚至是出土文物——发现的话，那么你当然就必须有某种批评性技艺，这种技艺能让我们有能力准确地确定事物的时间，凡此种种。但是，维柯是从大洪水开始的。这一点非常重要，因为根据圣经教诲，除了一家人之外，所有人都在洪水中被毁灭了，所以，所有活在当今的人都不仅是亚当的后裔，而且尤其还是挪亚的后裔——挪亚是洪水的幸存者。很好。

现在，出现了很长一段，某种意义上，这也是最重要的一段。从此处直到173页。现在，我相信，这是一本——此处是否有哪些特别的段落触动你们？兰肯先生，或者其他先生？从这里到172页，我们此后估计也要读那页。如果没有，我们就从172页开始。

兰肯：……

施特劳斯：是的，这段话在哪里？

兰肯：……

施特劳斯：在哪儿？在书中第几页？172页底部？在底部还是别的地方？

兰肯：在页中。[读文本]

> 如依过去的幻想假设，说最初的国王们就已像现在的君主专政，那就根本不会有共同体或政体起来，各民族也不可能由欺骗或暴力开始，如前此某些人所想象的。（页171）

施特劳斯：是的，此外还有一些。就是这点。而如果存在严格意义上的君主——你们知道，就像18世纪的君主，等等——他们也会是"前……的"（pre）。这正是关键之处：必定有某些前理性的东西。是的，当然，欺骗或暴力有点儿不同。暴力是可能的……对于有兽性的动物来说就是可能的。当转向第二篇论文，亦即《新科学》时，我们将会发现这点。

学生：在诸起源的非理性状态中，以一种非常……的方式。

施特劳斯：是的，但是，在172页的后续内容里讲得更清楚。现在，维柯在此处提出了这种区分——在读《新科学》时，我们将会对这种区分听得不胜其烦（ad nauseam）：三种时代，诸神时代，英雄时代与属人时代；相应也有三种语言（维柯怎么称呼它们？）：象形文字（hieroglyphic）；民众、俗众语言，也即通行语言；以及非譬喻性的语言（non-metaphoric）。我们先在这里暂停。现在，在 172 页上数第 4 行，维柯谈到了各种法。[57]

兰肯：[读文本]

第一种法律是神的，在希伯来人中间由真神（上帝）治理，在诸异教民族中由各种不同的伪神治理。

施特劳斯：那么，从圣经的观念来看，维柯关于这句话是怎样说的？"在希伯来人中间，由真的上帝治理"，这点当然可以接受。但是，"在诸异教民族中，由各种不同的伪神治理"：这是一种正统的表述吗？为什么？——的确是正统表述，但是原因何在？不过，人们可以说——

学生：……

施特劳斯：在圣经的有些段落中，异教民族的诸神被视为并不存在……顺便说，维柯完整教诲所面临的困难中，有一个人们最熟知的困难。当然，转向《新科学》时，我们会得到更多的证据。目前这些对你们来说已经充分了。这位先生有问题吗？好。

你另外那个我们想留到现在来讨论的观点是什么？我相信是在 182 页。这点从维柯《自传》的眼光来看，很有意思。"他①从威尼斯写了一封彬彬有礼的信，寄给洛伦佐·契卡莱里，问他索要维柯的《自传》。"

兰肯：[读文本]

部分出于谦虚，部分出于不幸的命运，后者②好几次拒绝写作此文，但是，契卡莱里多次的殷勤请求最终使维柯同意了。我们也可以看到，维柯作为一位哲学家写下此文，他思考了自然和道德上的

---

① 即鲍契亚伯爵（Count Giovan Artico di Porcía）。
② 即维柯。

原因，以及命运的不同境况；为什么甚至从儿童时期，他就已经感到要从事某些研究而不顾其他研究的倾向；何种机遇和障碍曾推进和妨碍了他的进展；以及最后，他在正确方向上自我努力所得到的成效——此后，在他最终的著作亦即《新科学》所基于的思考方面，这些努力注定要产生果实。《新科学》也会证明，维柯的智识生命注定会成为其所成为的那样，而不是其他样子。(页182)

施特劳斯：好，这些说法听起来很有决定论色彩，不是吗？不过无论如何，这对我们理解其他作品当然很重要。184页引用了孔蒂（Antonio Conti）神父、一位威尼斯贵族所写的信。孔蒂神父说——只读最后一句话就可以："我应当建议你"。

兰肯：[读文本]

> 我应当建议你，在此书开端放一篇序言，在序言中应当设立此书要处理的各种问题的几条解决原则，以及从这些原则导向的和谐系统，该系统甚至能够延伸至未来。而未来则依赖于永恒历史的诸法则。而你给予永恒历史的理念是如此崇高，如此果实丰硕。(页184)

施特劳斯：维柯甚至延伸到了将来——当然，说这话的当然并不是维柯，而是维柯的一位通信人；但是，维柯毫无异议地引用了他，并说这是一种粗略的误解——也就是说，我们可以假设，在公元3000年将会出现新的民族，而那时这仍然会[58]是真的，因为这是一种永恒的历史。也就是说，每个社会只要不在成熟之前就遭到毁灭，就会经历这个过程。当然，这一点尤其适用于最有趣的情形，也即适用于欧洲诸民族，这些民族已经达到了君主制的阶段。在威尼斯和维柯所指出的其他地方，欧洲已经很少再有贵族制。而此后还会出现分解过程（disintegration）。在我们的时代，这个版本已经通过斯宾格勒而广为人知，你们很了解这点。相比而言，衰落倒算是更好的情形。请讲？

学生：当维柯提到那个时代的君主制时，看起来这对神意时代也能额外成立，不是吗？

施特劳斯：请重复？是的，这个问题说来话长了：这会有多久远？

在第一个时代被人接受、并且当然在此时代持续了一定时间的神圣事物——换言之，你是否能举出些严格意义上的神法？或者英雄时代的法？问题就在这里。你知道，维柯还有位通信者鲍契亚（Giovan Artico di Porcía），在185页第二段，鲍契亚写道："在其中，懂得科学的人宣称，他们领会的东西远超出了实际表达的东西。"维柯未加评论地引用了这句话，所以，我们也不要下评论了。随后还有一条评论，是关于——是的，就是这里，这点很有趣：1727年，一本德国刊物，《莱比锡教育学刊》，刊载了一篇关于此书的很下作的拉丁文书评。而维柯——我们能理解，这些人完全不了解其创新之处，因而不理解此书。187页后半页的一句话很重要，"它说"，请读一下。

兰肯：[读文本]

> 它说，作者处理的是一个自然法的体系，或毋宁说"寓言"。此书没能区分诸民族的自然法（也即此书所讨论的内容）以及诸哲人的自然法，对此，我们的道德神学家们——（187页）

施特劳斯：哦！不只是这些——[谁]是异端？格劳秀斯，塞尔登，以及普芬道夫。所以，换句话说，我的意思是，如果此人曾受过神学和天主教的训练，他就会无视这番描述；此人并不知道，这是一种对于格劳秀斯以及天主教教诲而言的通常教义。其中暗示的是，后者乃是《新科学》的主题，但事实上，这个结论只是一个必然的推论。此处已经有自然正当/自然法（natural right）。《新科学》严格地 [关切] 早期之人的自然正当/自然法，后来在19世纪，梅因在其关于古代法的著作中也讨论了上述问题。① 而实际上，梅因的著作正是维柯130年前所做的事情的19世纪版本，当然，梅因的书在某些方面也比维柯所做的事容易理解得多，不过，梅因的书也没维柯所具有的理论背景。

在188页，他偶然提起了自己对"机智"（wit）的深刻根源的探讨——此处"机智"所指的是其更古老的含义，亦即霍布斯用天赋（ingenium）一词所指的意思。是的，天资，以及笑声。好。在191页有一段话，在座有人提到过这段。"维柯让他们明白，在他穷其天分

---

① 梅因，《古代法》（Ancient Law），1861。

写下的所有可怜作品中，他只希望《新科学》能传世。"维柯指的当然是此书最成熟的版本，该版远远晚于 1731 年说这段话的时候，而是出版于 1744 年。而 193 页也有一段相似的说法，在该处，维柯提到了《新科学》与他关于普遍法的早期作品之间的关系。维柯认为，《普遍法则》有其必要仅仅是因为其中的两段，也就是说，《普遍法则》中所有其他的教导都缺乏《新科学》的权威。这点已经说得非常明白。是的，194 页的这段说法很重要。我们必须读读这些内容，在 194 页第一段。[59]

兰肯：[读文本]

> 维柯对《普遍法则》愈发不满，因为在此书中，维柯曾经尝试从柏拉图和其他开明哲人的心智下降到异教诸民族的创始人们的迟钝、简单的心智，但他其实本应采取相反的步骤，因而，在某些问题上，维柯陷入了错误之中。

施特劳斯：这段话绝对很重要。从最终的[法律形式]亦即法律的完成来出发，是错误的。从柏拉图出发也不可以，也就是说，不可从传统意义上的自然法出发；在此处，这导向了……的语境……此后，尝试理解，这些早期的野蛮人怎么能够理解这种自然法。反之，一个人必须从零开始，从这些野蛮人本身及其理解开始。是的。所以，换句话说，《普遍法则》只是维柯曾经克服的一个阶段的遗迹……而此后，维柯以……提到，即使初版的《新科学》也是不足的，在根本上不充分。所以很清楚，我们必须从第二版《新科学》开始，尤其要重视维柯在出版前才最终修订好的那个版本。

以上就是所有我想说的东西，不过，现在我只需要给兰肯先生机会，请他就开始时的那个说法告诉我们些东西。你可否为我们重复一下你将其称为反讽的那个说法，略述其要旨，同时，在我们恰切地……他之前，也完全不要尝试去戮杀（slaughter）他。你知道，这就是著名的——关于批评的真正（the）原则是：切不可戮杀你的……[笑声]。这意思着，你必须权且信从他（give him the benefit of doubt）。意思是说，如果你抓住他由于疏忽而做的一些愚蠢的评论，并据此宣称驳倒了对方，这就不可以。你必须从其长处来理解他……

兰肯：……可能与维柯对反讽立场的理解相关……那么，以 175 页的第二个注释为例。要记住，维柯必须自费出版《新科学》——

施特劳斯：维柯很穷困，是的。

兰肯：但是……就《桑格鲁和卡佩切的葬礼》（*Funeral Rites of Carlo di Sangro and Giuseppe Capece*）一书而言，维柯与劳达蒂神父所献的讲辞"以配图版付印，印制为精美的对开本，并蒙皇家资助"（页 175）……

施特劳斯：换言之……除非维柯假设，他被一位……一个确实很好的人……如此误解……这些作品没有任何原因被——只要考虑到这种……而且，一个对其《新科学》这部作品评价如此高的人，他的确对其评价甚高——换句话说……

兰肯：好吧，我在某种意义上曾觉得，这种风格，也许是维柯的典型风格……是对一个法律案件的描述——在此案件中，他为其女婿辩护。我想，维柯对其生平做出了一种真实的再现……在第 179 页，维柯继续就——正是在此情境下……对关于西班牙王位继承战争的葬礼演说心怀感谢，但是，他对其女婿的辩护则采用了大师般的——针对"仍然在世的公证人"，找出了"37 条虚假的假设"，而且，[60]

> 各位法官心怀仁慈，不仅在答辩过程中保持沉默，甚至没有彼此看对方。最后，摄政十分感动，以至于先以适宜其尊贵身份的凝重语气抑制了自己的情感，此后才展示他的姿态，以得体的程度同情了被告，谴责了原告。因此，审判团虽然在发表裁决时向来很严格，此次却在尚未证明犯罪指控不成立之前，就已宣判被告无罪。（页 179）

而这……

施特劳斯：不过，维柯仍然在试图……①

兰肯：事实是这样，但是——

施特劳斯：不，我没这么说。一旦你有理由……但是我不会以这种方式使用它……为了阅读维柯……

---

① 此处，大约两分钟的录音内容难以听清。

学生：……但是，这个故事的风格，尤其是……典型是我们从维柯那里读到的。

施特劳斯：换言之，这又一次表达了…

兰肯：……

施特劳斯：……［笑声］我想，在意大利文中，它——

兰肯：但那些是机智的特殊形式……但是，第二部分（B 部分）173 页的目的，有同样可怜的……维柯刚刚展示了其中的道德，此后，维柯又引证了柯西尼主教的说法，……就是题献给后者的……

施特劳斯：是这样的。不，并不完全是这样。我必须承认，我并没有……我为……感到挺尴尬……我原本想的是……时间很久……人们受到了侮辱，不过，其尊严感……

兰肯：我们可以重复我的判断……他的反讽方法。但是，在玩反讽的时候，他的确——他的确因此而受辱。

施特劳斯：不见得如此。

兰肯：……

学生：我在想，我们是否可以考察一下兰肯先生对维柯"自然"（natura）一词的用法的批评？也许那一段——如果你可以把这段再读一遍的话。

施特劳斯：是哪一段？［61］

兰肯：自然（natura）与出生（nascimento）的等同？

学生：是的。

兰肯：好的，我抓住的引文是，从"自然"到"出生"——译者频繁提到这种说法，不断出现，而我自己从中发现——

施特劳斯：……内生的，而如下区别……为什么没有暗示说……应用于亚里士多德，自然同时意指二者，ύλη［质料］和……在所有人造物的情形中……因为，在 physis，即在物质质料的情形中，木匠所假定的材料必定……但是，如果人依据自然发展其心智，这种发展则是……这种实现过程并非自然的。不妨考虑一下，某人有数学或……的天才……这在童年时期就已展示出来；即便在不识字的社会中，这种天才也以这种或那种方式展现出来。自然天赋依其自身就倾向于……

［施特劳斯与兰肯先生之间的讨论，听不清楚］

兰肯：是的……171页。

施特劳斯：哪一段？

兰肯：第三段，最后一句话。"从他们出生的时代及其方式中，维柯呈现了其中的永恒财富，它们展示的是，每一者的天性（也就是其起源的时间和方式）是这个样子，而不是别的样子。"

施特劳斯：对，这点讲得很清楚。但是，这还没能证明……但是，我相信，兰肯先生在这个问题上的主要贡献很有价值，而此后的阅读中，迟早会派上用场……

兰肯：有机会……

施特劳斯：是的，很好……我这么说，也是一种警告［笑声］。

施特劳斯：那么，下次课，巴特沃斯先生将会宣读一篇文章，而他……这是你第一次读维柯吧？

巴特沃斯：是的——

施特劳斯：而你很理想地……的写作方式完全不同。《维柯自传》是以一种完全不同的方式写下的，而……鉴于你……其实很小。通过某种方式，你必须做出某种突破。

巴特沃斯：我希望我成功了。［笑］［62］

施特劳斯：好的，那么……您还有别的问题要问吗，这位先生？

学生：我简短说一下，在167页结尾，维柯说到人从神那里获得某种特定的自然本能，以及此后的那句话，"对这些神的恐惧"——

施特劳斯：在哪里？

学生：167页末尾。

施特劳斯：哦，我看到了。

学生：他脑子里肯定想到了什么。

施特劳斯：当然，当然。但是要仔细读这句话。① 所以，换句话说，《新科学》部分是一种自然神学。首先，什么是自然神学？什么是自然的？我们先解释一下。因为不能假设在座的每个人都明白这个术语

---

① 施特劳斯所指的这句话为："这就是一切民族的自然神学，凭这种自然神学，各族人民凭对神的一种自然本能，自然而然地由自己创造出一些自己的神。"（［译按］中译见《新科学》所附《维柯自传》，页690–691）。

的意思。我们是在政治科学系,不是……那么,什么是自然神学?

兰肯:……而不借助启示。

施特劳斯:对,很好……关于上帝的教义……很好。所以,人们可以相信一种对所有民族都适用的自然神学,因为这种神学就其本身来说应该对所有民族都有传达力。而现在,出现了……由此,很自然,这些民族创造了他们自己的诸神。这清楚地意指,宙斯不只是一个……但是,他们是这些民族的造物,希腊人和……通过人在自身中置入的某种自然本能。那么,它的意思会是什么,这个……一种本能,一种本能的欲望认为,应当有诸神。应当有。因此,它们就出生了,诸神被创造出来……这是最大的……现在这点是否清楚了?

学生:是的,而随后的段落——

施特劳斯:请讲?

学生:在那里,维柯说,诸神被制造出来……

施特劳斯:是的——

兰肯:你是否想到了某些具体的东西?

施特劳斯:哦,是的。读一下那段……

兰肯:很有谐剧色彩的是,在《新科学》中,大洪水过去一百年后,大地已经足够干燥,可以再起雷电,而维柯当然忘记 [63] 了……吓坏了,一些巨人在田野中交合,因此,他们跑去藏身于洞穴中,而这就是婚姻的起源。

学生:维柯联结了人的起源与——

施特劳斯:不对,不,不是——

学生:这并不是在引用——

施特劳斯:也许有暗中征引,但并不是明确引用……所以……诸民族的最初创建者,因为这些人创建了其民族。这些和其他一些相似的经验,使得野兽、最初的人与最早的文明人(如果你可以称之为文明的话)区别开来。而这些人后来变成贵族,其他人仍然是平民,而——

学生:他们在隐藏自身之后,是否离开了洞穴——

施特劳斯:不,不——从这时开始,他们已确信,公开交合已经绝对不可能了。迷信为贞操铺设了根基。就是这样。我的意思是,它持存下来,并且仍然——除了某些"另类"(beatniks)和历史的……这就是另外一回事儿了，因为现在我们有了理性的论证。但是，起初，理性论证就不会给人留下印象，因为这些最早期的人极其愚蠢。但是，在此处，这一点……

学生：他们感到，他们不仅因为公开的不体面而受到驳斥，而且他们有责任把女人变成终身伴侣，对于这些女人，他们——

施特劳斯：不。他怎么发展出这点，这很真实。但是我想，我假设的是，恰恰因为他们不是理性的，所以他们并没有在"禁止公开的不体面"与"禁止解除婚姻"之间做出区分。你理解吗？而这就是……野蛮人心智的前逻辑……但是，我记得我在上学时，也许是在大学期间听过，有一些部落，他们并不懂得两性交合与生孩子之间的简单关系——

学生：……

施特劳斯：是的，但是……他们是否真的不明白，这种说法是不是一种与……相容的神秘解释……我听说过，有些人相信，当……使用了［一种］划艇，他们并不相信，在……之间有任何因果关系……但是，此后，有人发现，他们其实很明白这点。而且……功能，以确保不会刮起风暴。

学生：他们也喜欢调侃人类学家们——

施特劳斯：是的，我希望如此。［笑声］这些人很爱打听八卦。

学生：……

施特劳斯：［64］我明白了。那么，我们怎么谈起了人类学家们？……总是落回到这点。我无法从原因上解释这些事件，因为他们没有理性，这与我现在所相信的东西相反……关于它，肯定有某些次理性的方面。维柯以某种方式做了正义的事……他们可能如此愚蠢，以至于单单形像和……就打动了他们，他们依此行动，并且从来不会把二和二加到一起……来理解这些事物怎么可以合乎理性。你也可以用简单的怀疑术语来表述之。你提到了……你提到了一种社会契约。请向我展示一下，有哪个原始人能够理解签订并遵守契约是什么意思。你必须有非常了不起的记忆力，以免忘记自己订过一个契约。［笑声］。顺便说，在此后时代写下的此类著作中最伟大的一部作品，即尼采的《论道德的谱系》中，也出现了这个问题……那么，维柯只是在同时代……请讲？

兰肯：以下这点难道不对吗：至少在政治意图的层面上，维柯，甚至霍布斯……所关切的不仅是社会的创建……［还］关切起源，并且发现，有必要设定理性的人……如果面临这些选择……但是，此后，人又是非理性的，他们是这些爬出洞穴的野人，那么，难道霍布斯不会说：好吧，但我不关心他们……

施特劳斯：是的，当然。但是，仍然要说，也许这反而……因为，按照他的描述，这些自然状态中的人没有任何语言；他们怎么会有……但是，问题在于，这与那个模式（schema）相关……培根……这是一个基于"是"（is）的"应当"（ought），一种更低的"应当"。培根，霍布斯，等等。维柯很明显……培根和他的后继者建造了一种新的规范性政治教义，因为《利维坦》的教义当然是规范性的，洛克在《政府论》中、卢梭在《社会契约论》中的教义也是如此。维柯没有规范性的教义……维柯对以诸起源为重点的［历史］过程做了一种纯然理论性的描述。这是真的。那么现在出现的问题是：为什么？我们不可排除如下可能：在写作之时，维柯住在南意大利——正处于外国人的统治之下，此外可能还有诸如此类的种种问题——［这么写］不审慎，因为可以设想，维柯关于秩序良好的君主制的教导，可能就会与北部西班牙总督的做法形成很大反差，因为就我所知，维柯并未就此写过什么。可能是这样，这是一个原因。但是此外还有一个原因：维柯认为这个问题本身并不是很有趣，因为人们都能自己想出秩序良好的君主制是什么样子。此外，有些很好的作家也写过这个主题，可以读读他们的作品……

当然也有如下可能：维柯的确对规范性的部分不感兴趣，他更感兴趣的是野蛮人从起源到文明，又走向衰落、腐朽的发展过程。这当然不会有什么实践上的重要性，只会有理论上的意义。至少，根据19世纪的俗众看法，这样一种严格理论性的、进化论的计划——或者是进步主义的，或是循环论的，或者［65］随便什么形式——也可能有实践上的重要性。如果你知道未来的世界如何，你就可以让自己适应未来。我相信，在维柯那里没有这种痕迹。换句话说，可能的情况是，维柯会单纯对理解人世社会的本性——因而也包括人世社会的限度——感兴趣，同时不会特别有兴趣阐述一种最好的共同体。但是，照我的说法，诸位切不可忘记，我们已有的证据还极为缺乏，甚至不足以做最为轻描淡写的论断。当我们读了维柯的主要作品后，我相信，我们就可针对这点做出比较确定的表述……遇到了一个更具理论意义的段落，而这就是他对其时代……的教诲——例如，一个贵族制的共和国……是一种遗迹，一种过时之物。这完全是真实的，但这对维柯而言的意思与其对托洛茨基或某个别人而言的意思不同，对吧？你们必须为此做些什么：你们需要摆脱它。埃里克森先生？

埃里克森：……其中，通过做出一种正确的解释，基于一种错误解释的某些规范性立场……还有一些可能性——

施特劳斯：这个观点很好。有这么一点，维柯始终在强调，但是，这点——再说一遍，我所知太少，不足以判断这种意思的程度如何。就在维柯之前不久，这个现代学派有另一个代表人物培尔（Pierre Bayle），他曾说，一个社会原则上可以没有宗教。就我所知，培尔第一个宣称，可能有一个无神论的社会。[①] 现在，维柯从他自己的模式（schema）得出结论说，由于宗教是社会的第一纽带，培尔绝对是错的。这可能是你所暗示的观点的一个重要例子。

埃里克森：但是，即使这种说法是对的，即宗教确实很重要，我的原则或提议仍然能成立。因为倘若如此，某个特殊宗教的原则或首要理由就会是它的效用，这可能意味着，由于它的效用，由于有用，但并非在其自身就很重要，那么，信仰者就会被秘密地（sub rosa）迫害——

施特劳斯：呃——

学生：……

施特劳斯：宗教迫害是一回事，宗教则是另一回事。现在，我所说的只是如下问题：一个无宗教或非宗教的社会是否可能？而就我迄今所见，维柯始终拒绝培尔的论点，而这会导向一个实践性的结论——就此程度而言，你说得对。但是，得出重要评价，并由此流溢出实践性的结

---

[①] Piere Bayle, *Various Thoughts on the Occasion of a Comet*, trans. Robert C. Bartlett (Albany, NY: State University of New York Press, 2000).

论［是一回事］，发展一种实践性的教诲又是［另一回事］。就我所见，维柯并未从事后者，不过，还得说，就我能看到的而言，［才可以这么说］……所以，在下次课，将由巴特沃斯先生第一次对维柯本身做一个导论。

［课程结束］

# 第四讲 《新科学》(1-42段)

(1963年10月9日)

[68] 施特劳斯：为了让我们理解［维柯］对其卷首插图的解释，你做了……的努力。① 而我则不应进入太多细节，因为无论如何，我们随后都要讨论这个问题。[如果现在讨论]会花太多时间。请让我先讲一个原则，我想你们会同意。我们已经讨论了《维柯自传》。《自传》比眼前这本著作早13年完成，而这本著作则是维柯最后的表述。让我们先忘记《维柯自传》，或者说，让我们先把《维柯自传》放到这儿，而且不要以此为基础修建些什么……或描画些什么，以免与必然因素相违背……这是第一点。随后，我还要提另一件事，尽管我们不太可能讨论它。我对这个问题还没有什么概念，不过它当然是个非常正当的问题。你们了解，巴特沃斯先生告诉我们的是维柯对这幅卷首插图的解释。维柯的解释与这幅插图之间的关系是怎样的？插图中的每个细节事实上都获得解释了吗？

巴特沃斯：我会说，是的。

施特劳斯：你这么认为。我知道了，我不意外，不过，应当考虑这点。我们可以先忘记这个问题。

巴特沃斯：维柯宣称——

施特劳斯：是的，但是，有时宣称不等于实现。而作为学者，我们有责任批判地看待所有东西。我会把自己严格限定于你的说法的开端部

---

① 施特劳斯点评巴特沃斯先生（Mr. Butterworth）的论文，该论文在课程开始时宣读，并未录音。

分,你此后也再次提到了这个部分。这个部分也就是如下事实:维柯把自己的新科学称为"形而上学"。那么,首先,我们必须对"形而上学"在维柯之前的含义如何有某种更准确的观念。例如,你就提到,传统上的形而上学所处理的是天体问题。

巴特沃斯:天体是神圣事物的一个部分——

施特劳斯:但是你不能说,研究天体就是一种传统的形而上学。天体是一些实体。

巴特沃斯:是的,那么——

施特劳斯:如果天体——因而包括对天体的沉思——导向其运动中的某种心智原则,那么在那种程度上——

巴特沃斯:在这种程度上——

施特劳斯:在那种程度上,是的。好。但是,对形而上学最简单的定义是什么?我指的是并不复杂的简单定义。有位比维柯稍早些的同时代人,笛卡尔,他写了《第一哲学沉思集》。"第一哲学"就是对形而上学的一个普遍化的名称。这些沉思的主题是什么?

学生:……

施特劳斯:[69] 还有——

学生:……

施特劳斯:还有心智,人的心智。所以主题是这个:人的心智,至少在心智的更高地带。而且,有某种东西被一般地称为"灵魂",它属于心理学(灵魂学),并且以某种方式联结了物理学与形而上学。但是,心智(mind)指的是心智(mind)、理念(idea)或理智(mentis)。对初步了解而言,说这些已经够了。而这正是维柯的形而上学所关涉的东西——关于上帝和心智,是的,这些在传统上都是形而上学的[主题]。很好。无论如何,形而上学都是超越了物理学的东西。而这点对维柯来说也是如此。[施特劳斯板书]这是物理学,[它]是较低的,自然世界,而这则是……他超越了它……这点很重要。所以,它只是因为心智。我们可以先记住这点。此外,关于上帝存在的证明[传统上也]属于形而上学。自然神学。就他为神意、神圣天意给出了一种新的证明而言,他也对上帝存在提出了一条新的证明。

学生:……

施特劳斯：是的，这就是维柯事实上宣称要做的事。不过，你是否发现，那个宣称在这里犯了个错误？

学生：……

施特劳斯：哦，所以，我相信，我们会发现这点的。但是由于时间关系，咱们可以先退一步，说得简单些。维柯的形而上学与传统的形而上学在这点上有共同之处，也就是关于上帝和心智的教义。但是，这点最为重要，因为维柯对心智的理解非常不同，你已经暗示了这点。人的观念历史并不属于传统意义上的形而上学，不过，在维柯那里，这种历史却是其形而上学的内核。但是，我们必须一步步推进。首先让我们看第二段。

到现在为止，哲学家们已经通过自然事物的秩序来思考上帝。这当然首先指的是亚里士多德。物理学引向形而上学。维柯的形而上学在上帝中沉思由各种属人心智构成的世界（world of human minds，[施特劳斯补充]注意是复数）——人的心智构成的世界，也就是（用维柯自己的表述）形而上的世界。维柯的目的是要证明，在属人心智的世界，即公民世界或诸民族构成的世界中，存在神意。让我们从开端开始。按照维柯的理解，形而上学的世界就是公民世界，不过其中却有神意的指导。但是，上述说法还伴随着如下理解：神意的指导需要证明。这是第一点。

在同一个段落，维柯提到了一个你们都很熟悉的主题，但这并不是一个特殊的形而上学宣称：也就是说，人依其天性是社会性动物——这种古老的亚里士多德式宣称受到了霍布斯的公开挑战，同时，其他不少人也暗中挑战了这种宣称。不过，维柯如何理解人天生的社会性？在基督教教诲的基础上，维柯说：是的，人的天性是社会性的，但人的天性败坏了。因为其败坏，人的社会性变得怎样了？某种程度上，人变得有了反社会性。人变成了反社会的动物。所以，虽然人在天性上，在其内在本性上（natura integra）是社会性的，但作为一个败坏的人，他是反社会性的。[70]我们甚至可以说，人是非社会性的。这么说尽管并不太准确，但仍然能把问题说得更清楚些。所谓"人是反社会性或非社会性的"，这种说法意味着什么？现在，每个人争取的都仅仅是个人的好处，不再有朝向共同之善的自然指向（natural directedness）。但是，即便在这种败坏状态下，尤其在异教徒那里，人们还是被驱使着朝向共同的善，尽管他们所争取的仅仅是个人的好处。这就是神圣天意的证据。现在，维柯必须发展这个观点。人们事实上在朝着共同的善而行动，但是，他们都是绝对自私的。他们并不怎么关心共同的善。那么，没有人考虑共同的善，但他们又能实现共同的善，这如何可能呢？一定有某种存在物指引着他们的行动，使他们因而事实上为共同的善做出贡献。你们是否听说过这种教义，或者这样一种计划？请讲，里昂斯先生？

里昂斯：嗯，这听起来好像是看不见的手。

施特劳斯：没错。一只看不见的手就等于天意……换句话说，人的生命是不可理解的，除非我们假设天意有一只看不见的手。这还不是全部的故事，但它很关键。但是，这已经是完整的……的形式特征。

里昂斯：我们能否也做如下解释：神圣天意在进程及其复返（course and recourse）的意义上——

施特劳斯：是的，这点以后会出现——

里昂斯：是同一个天意吗？

施特劳斯：是的，是同一回事儿。但是，让我们首先限定于我们当前所理解的这个简单的计划。所以，我们现在有了人世社会尤其是异教社会中发生之事的简单证据——在异教社会中，没法假设也不会假设有恩典发挥作用。我们看到了神圣天意的作用。请讲？

巴特沃斯：我要说的只有一点。这个论证我明白，但是，我想我是这么反驳的——不管什么事情发生，你都可以看到神圣天意在起效果。按这种说法——

施特劳斯：不，这是其结果，最终的结果是这样。例如，你没法通过牛顿定律来证明神圣天意，除非你这么说：仅仅通过机械作用，你就有了宇宙的美好秩序。仅仅机械作用怎么能产生一个美好的宇宙呢？如果你这么说，那么这是对的。但是，17世纪后期的物理学不再这样论证了。

巴特沃斯：这是……但是我指的是这个论证：你看到的是人们自私地谋求自己的利益，但不知怎么，由于这种自私的努力，人们实现了共同的善。而在任何一点上——

施特劳斯：他们会实现，会产生这个结果。

第四讲 《新科学》(1—42段)　111

巴特沃斯：产生的结果是——［71］

施特劳斯：没有人料想过。

巴特沃斯：但是，如果你正赶上一个发生着冲突的历史时段。你还会说——

施特劳斯：如果你正赶上什么？

巴特沃斯：例如，如果你在伯罗奔半岛战争中间去掉一截儿，维柯就会说，上帝让这些人打仗……

施特劳斯：不，不，不，不。人不能武断地……而且，有各种各样可以很容易看到的事情……每个人……在所有时代［都是这样］。问题不在这里。但是，如果你指的是比任何特殊事件规模更大、也更有习俗性（more conventional）的庞大而根本的事物，例如一场战争或人类社会本身，那么，这种说法就成立了。以某种方式，它能生效，能够关联汇聚到一起，然而同时又没有任何人——这是一个绝对事实——没有任何人关切共同的善本身。每个人都只关心自己的好处，但却能产生共同的善。

巴特沃斯：但我是这么理解的，他说，在任何时候……你可以看到——

施特劳斯：是的，我不知道他是不是说这点必然如此，但是，我们应该继续往前讨论，因为你必须理解一种在我看来很简单的想法，尽管这种想法表述起来的方式复杂得可怕。因此，维柯现在提到了一种关于神圣天意的理性、公民神学，我想，这种表述更加清晰。这里提到了神学。［但是］，并没有总是提到唯一真实的上帝的教义。唯一真实的上帝恰恰是由那些异教社会的工作证明的。直接被败坏了的人，他们没有任何蒙受恩典的迹象……然而却建立了一个共同体。里昂斯先生关于亚当·斯密的说法当然是对的，但是上述的论证要更加古老——尽管就我所知，"看不见的手"的说法源于斯密。在维柯的时代，有个人姓曼德维尔（Mandeville），① 他的名字（first name）是什么？我不记得了。但是，我们现在讨论的东西此前已经有了，"隐然相传"（quote in the

---

① 曼德维尔（Bernard Mandeville, 1670—1733），最著名的作品是《蜜蜂的寓言》（*The Fable of the Bees*, 1714）。

air)。好。现在，我们应该注意这点。而形而上学与对人类心智世界的研究（等于对公民世界的研究）之间的简单关联就为神圣天意提供了证明，因而也证明了上帝存在——原因在于，个体的堕落所导致的根本自私属性，最终却导向了公共的善。这一点我们应该记住。

那么就有了一个全新的想法：这种新科学的第一个主题是赫库勒斯（Hercules）。现在，赫库勒斯当然被理解为一种典型——政治英雄，亦即建城者的典型。不过，维柯随后很快说明，在赫库勒斯之前是黄金时代，也就是诸神的时代。而这确实是每个民族的第一个时代。而现在，我们从维柯那里得知，这当然只是对一些古老的埃及断言的重述，根据维柯的说法，最初是诸神的时代，继之以英雄时代，此后则是人的时代。当然，这里指的诸神是假神。而维柯有时也把这称为神学，但是，这里的神学当然不是维柯在第2段所讲过的公民神学。而这个时代，这个起源，这个人类的最初时代，最初的时刻就是大洪水。这点维柯讲得很清楚。我们也必须考虑维柯的时代编年（chronology）——他的时代编年出现在第9段［72］和第43段，因为在这两段，编年问题伴随着那个问题浮现了出来。

在第4段，最初的人相信诸神居住在大地上，也就是说，诸神分处于奥林波斯山或者天庭。这已经是一个很晚近的时代，这个时代被称为诸神时代，是因为诸神已经被刻画为与人共同居住在大地之上。至于这点如何与更广泛的主题关联在一起，我不做论断。我们来看看，维柯在下个部分如何解释这个观点。

到现在为止，哲学与私人道德关联在一起，对吧？私人道德。而在维柯的作品中，哲学将会与公共道德相关，也就是公民、邦民的习俗。见于第5段。罗特拉先生，你有意大利文版吧？

罗特拉：是的。

施特劳斯：所以，如果我犯了错误，你就可以立刻告诉我们，是吗？

当然，很清楚的是，如果人类心智构成的世界等同于公民世界，也就是诸民族的世界，那么公共道德就比私人道德重要得多。这点我们能掌握。

第6段。形而上学处理的是人的理念（ideas）。现在，我们已经看到，形而上学当然可以说成关于上帝和心智——至少是属人心智的更高、更真实部分——的教义。而现在，在笛卡尔之后，心智在某种程度上被理念替换了，尽管心智仍然存在。什么是心智？心智就是那种处理理念的东西。至于这种转变意味着什么，我们不必讨论。但是，在笛卡尔之后，洛克接过了这个问题，并且，与我们如今在大多数历史书中读到的东西相反，洛克认为自己受惠于笛卡尔。他讲得很清楚。洛克理解理念的方式就是他自己的教义，而洛克把这种教义溯源至笛卡尔。人们说，在大陆理性主义（笛卡尔、莱布尼茨）与英国经验主义（洛克、伯克和休谟）之间有一道鸿沟，［而］这种说法也有道理。但是，两者之间也有些非常重要的共同点，这种共同点就在于，二者都必须以一种新的方式处理理念。至于这些理念究竟如笛卡尔所说是内在的，抑或像洛克所说是习得的，乃是以此为基础的重要问题。但是，二者的基础相同：理念。它们不再是能力；这是用来指灵魂的古老说法。它们不再那么重要了。理念。这点导致了无穷的后果，无穷无尽的假设。我们现在不能讨论这个问题。

　　让我再补充一点。如果我没有完全记错，洛克把自己的作品《人类理解论》称为一部史书。① 或者我记得不对？谁可以去查一下，这话应该是在全书开头部分讲的。而事实上，洛克的确描述了理念的历史。但是洛克提出的历史可以说是从新生婴儿开始的，而这种印象……以及从这段回忆、这种遗留的痕迹，以及家庭冲突……有一种个人心智的历史。维柯提出的不是关于个人的，而是关于人类的"人的理念"的历史，也就是说，人类被理解为一种有其童年的存在物，而［童年］此[73]后也会返回。维柯的第一个问题是理解人类的童年，从而追溯人的理念从童年到发展成熟的全过程。关于人之理念的历史，维柯与洛克的看法之间的关系何在，这是一个困难的问题。毕竟，这些最早的人、最早的婴儿长大了，那么，在婴儿最初的成长与现在的婴儿之间必定有某种共同的东西。维柯对这部分问题兴趣不大。我没发现维柯提到过这

---

① 随后提到的内容见于洛克《人类理解论》第二卷，第11章，段15："上边我已经简略地、正确地（我想是这样的）叙述了人类知识的起源史。"［译按］中译见洛克，《人类理解论》，关文运译，北京：商务印书馆，1983，页128。

个问题。请讲?

学生:你知道,在第 4 段有一处明确的引述,这一段对比了最初的人与现在的孩子。维柯说——

施特劳斯:你可否读一下?

学生:[读文本]

> 这些原始人类,比起成年时期的人类来,还是些儿童,相信天不过有山顶那样高,就连现在的儿童也相信天不过比屋顶高。(《新科学》,第 4 段)①

施特劳斯:是,是这样。你知道,在 19 世纪末,有人——达尔文的一位德国学生②——提出了一条法则,他把这条法则称之为生物遗传学的基本法则,这条法则对个人和种群的起源同等适用。[在《新科学》中]有某些这类的东西。换句话说,个人的发展与种群的发展有一种平行关系,并且表明了……你知道,他们曾经尝试证明,人的胚胎经历了人类物种所经历的所有阶段:鱼的阶段,以及我叫不上名字的其他阶段。但是,人们如今已经正统得多。当然,这正是维柯所……

重复一遍,对于在个人中的理念历史——从纯然的感性知觉到抽象的概念,维柯完全没兴趣。维柯关心的是成人的特性,关心的是非常早期阶段的各种理念,这些理念与一段文明时期的成人的理念之间有关联。

所以,[维柯的]形而上学首先处理的是属人的理念,但也历史地处理了属人理念的历史。[因此,]维柯首先处理的是属人理念的第一种形式,也就是关于诸神的一些简陋、粗朴的想法。这发生在开端,并且,以某种方式来说,这对整部作品都有决定性,因为就此后的发展来

---

① 施特劳斯研讨课所用的《新科学》文本为 The New Science of Giambattista Vico, trans. Thomas Goddard Bergin and Max Harold Fisch (Ithaca, NY: Cornell University Press, 1948),下文不再具体出注,仅在引文段末标注段落号码。[译按]中译文所依据的朱光潜译文亦以 Bergin 和 Fisch 英译本为底本。

② 施特劳斯所指的明显是海克尔(Ernst Haeckel, 1834—1919),海克尔提出了一条有争议的法则,经常被简要表述为"个体的起源是群体起源的再现"(ontogeny recapitulates phylogeny)。

说，维柯关于诸起源的少量错误导致了无穷的后果。

现在，第 7 段中涉及的下一个问题就在于，形而上学本身是一种纯然哲学性的科学。但是，它是一段历史。因此，形而上学必定与实际的发展、与唯有通过历史（或者用维柯的说法，用语文学的方式）才能了解的东西有些关系。维柯所意指的"古典语文学"与我们所称为史学的事物有相同的外延。现在，维柯想要实现的是哲学和史学的某种综合。而维柯把这种他试图［74］实现的综合称为一种自然的神谱学（natural theogony），也就是对诸神起作用之起源的自然描述，这种描述尤其关注早期的人类。［它是］对诸神在人类心智中的自然起源［的探究］。

现在，让我们对语文学的历史稍作考察。这是一种依赖人的专断意志（arbitrary will）的关于万事万物的教义。维柯这种说法是什么意思？让我们研习各种法律。法律是通过人的指令（fiat）、由人制作的。语言是由人的指令而制作的。对于桌子，我们称之为 table，希腊人称为 τράπεζα，这是由于不同社会做出了不同的指令导致的。然而，指令的含义与权威一样。有些权威，人民的权威，就是语文学的历史所关切之物的根基。因此，古典语文学处理的是由权威所确立的事物，而哲学则处理由自然确立的东西，[而且这些东西] 不是由权威所确立的。

然而，尽管这些事物——例如，这些神——以某种方式有赖于人的专断和权威，但这是一个自然过程。这是维柯的第一个特色主题。比如，当柏拉图或亚里士多德讨论这些事物时——例如当他们讨论大众关于诸神的观念时，他们最终也会把这些观念追溯到某些指令，而指称此事的用语，可以说乃是到某个时刻为止，在某个共同体中发展起来的关于某种特定观点的一致看法和默认的同意，是某种自由的东西。这种东西在古希腊语中叫做 Νομός，它的意思不仅指法律，而且指所有具有这种本性的事物。

我们可以说，到目前为止，维柯所做的事是把向来被认为有赖于 Νομός、仅仅由人所设定的东西理解为合乎自然的。换句话说，存在像宙斯这样的事物，在罗马人那里是朱庇特，而在日耳曼人那里也有其对应者，等等。这不是一种设定的行动（act of positing），例如一种希腊人、罗马人或条顿人的设定。但是，由于此事在所有地方都同样如此，自然就在其中有效。迄今被理解为出于 $Nomós$ 的东西也必须理解为出于自然。这是另一步。如果我们径直跟随维柯的论证，我相信，我们就会在这个过程中理解得更清晰。我只是希望能知道在哪里放下我的［施特劳斯翻找纸张］——请稍等一下，等我找一下另一张单子，否则我会分心。请讲，兰肯先生？

兰肯：我自己曾经用过……专断（arbitrary）这个词不包含善变无常的（capricious）——

施特劳斯：是的，但是，这个词本身——让我这么说吧。维柯放弃了那种说法，但是这种意思暗含在第一个例子中。我的意思是，本可以有……但是，但是维柯现在与传统相矛盾的说法［是］，没有行动。它是自然的。换句话说，传统的和实际的观点是……维柯没有这么说，但它导向的含义是：没有什么东西是非自然的。当然，习俗（convention）是自然的。这对于理解维柯来说还不够，但这是维柯论证中的很重要一步，因为我们此后会看到，维柯保持了自然与习俗的区分。但是，维柯的——我不想让你们一直等我讲述完这点。维柯事实上说的［是］，例如当一个希腊哲学家面临很多部落习惯时，他就会说：这最终是因为习俗所决定的。随便提一句，在我们这个启蒙了的时代，这个主题再次出现在本尼迪克特的《文化模式》一书中。① 本尼迪克特提到了两个北美部落，二者的场景条件彼此一致：同样的种族，其他的一切也都相同，所以，他们的自然是相同的。然而，他们的习惯完全不同：其中一个部落由［75］强悍、好战者组成，［而］另一个部落则非常温和。不可能以气候、殖民地的状况或你们可能提出的其他标准来解释二者的差异。而本尼迪克特实际上说的是：这个部落 A 采纳的是价值系统 A，部落 B 采取的是价值系统 B。而且，不可能解释他们的不同选择。任何部落都总得采纳一种价值系统，至于采取哪种系统，其实就像是掷硬币。气候［有可能影响］其他问题，但是［这点］在根本上是一种不再能还原为任何其他因素的选择。

现在，维柯的说法是这样的：为了做出这样一种选择，为了掷硬

---

① Ruth Benedict, *Patterns of Culture*, 1934.

币，人必须已经是一个理性存在者。[一只]猴子没法做到此事。然而，早期的、堕落之后的人和早期的异教徒们，就像是某种更高级别的猴子。他们是野蛮人，因而绝对没法制作任何习俗；他们所做的事情之中没办法有任何习俗。只有在人已经恰切充分地发展了理性之后，才能形成习俗。因此，维柯保持了文明化社会中的自然、习俗之分。但是，它……所以我希望我们现在已经处理了这个困难。

现在，在第8段（是的，这个简略的段落），人们通过宗教，变得文明化、人性化。但是，维柯所说的宗教是什么意思？如果你读了上下文，就可以知道，宗教与迷信没有区分。维柯所谈论的总是黑格尔的宗教。这是他的部分证明。迷信和一些非常可怕的人祭以及你们能举出的种种事物，都是必要的。它们有其必要，[以至]人[可以]从大洪水和堕落之后所处的兽性阶段向前发展。

维柯总是保留着——例如，在第9段——希伯来人的自然正当/自然法与异教徒中的自然正当/自然法之间的区分。而维柯的主题是异教徒的自然正当/自然法。希伯来人是唯一经历了堕落而没有失去其人性的民族。所有[其他]人类都丢失了人性，并且退化到一种兽性状态。

我们读一下第14段。

兰肯：[读文本]

> 从摆着骨灰瓶的那些森林里伸出了一把耕犁，表示原始部落的始祖们是历史上第一批强悍壮汉。因此上述原始异教民族的始祖们都是些赫库勒斯（瓦罗数出了整整四十个赫库勒斯，埃及人声称他们的赫库勒斯是其中最古老的），因为这些赫库勒斯开垦了世界上最初的土地，在这些土地上耕种。从此可见，诸异教民族的祖先都是：(1) 正直的，由于他们据说虔诚遵循——

施特劳斯：他们"据说虔诚"——对他们的假宗教虔诚。请继续。

兰肯：[读文本]

> 占卜到的预兆，相信这些预兆就是天帝的圣旨（天帝约夫[Jove]在拉丁文中的名称是Ious，派生出——）

**施特劳斯：**……请继续？

**兰肯：**[读文本][76]

因此一切民族都把正直和虔敬连在一起来进行教育。（第14段）①

**施特劳斯：**是的，"自然地"的意思是说，没有牵涉理性。我们后面再解释这是怎么发生的。

**兰肯：**[读文本]

（2）谨慎的，供献牺牲以求预兆并清楚地理解预兆，从而遵照天帝的意旨，在生活中做应该做的事；（3）在婚姻制度中是有节制的；（4）强壮的，像上文已经说过的。因此要向伦理哲学提供一些新的原则，使哲学家们的深奥（recondite）②智慧和立法者们的凡俗智慧可以串通一气。按照这些原则，一切优良品质都植根于虔诚和宗教，只有靠这两项，优良品质才能在行动中见出效力；因此，人们才把凡是天神的意愿都看作好的。（第14段）

**施特劳斯：**现在，你是否……野蛮人对上帝一无所知，所知道的只是他们的假神。这点你们必须始终记住。维柯否认早期宗教是原始君主主义者们的某种遗产。维柯否认了这点。所以……这个观念产生于已经变得完全像野兽一般的人类中间。请继续读完这一段。

**兰肯：**[读文本]

因此，这也向经济学说提供了一些新原则，根据这些原则，儿子们只要还在父亲的权力掌握之下，就必须认为是处在家庭情况中，因而都只能按照虔诚和宗教的精神在自己的学习中来形成和证

---

① 录音没能录下完整的句子："天帝约夫（Jove）在拉丁文中的名称是 Ious，派生出意为'法律'的 ious 这个古字，后来缩短成 ius［法律］。因此一切民族都把正直和虔敬连在一起来进行教育。"

② 译文原作 esoteric，不过此前已经提到，施特劳斯认为"深奥"（recondite）的译名更适合翻译 riposta 这个语词。从这里开始，施特劳斯和兰肯每当遇到 esoteric［隐微的］的英文译名时，都会改为 recondite［深奥的］。

实自己。因为他们还不能理解邦国和法律，他们把父亲们看作天神的活形象来敬畏，以便自然而然地倾向于遵循父亲们的宗教和保卫自己的祖国，并且服从为保卫自己的宗教和祖国而制定的法律。（因为神圣天意安排人类制度是按照一条永恒的计划：家庭要通过宗教来奠定，接着要在家族的基础上通过法律才能确立起政体。）（第14段）

施特劳斯：好。现在，维柯在此处谈到的这些宗教是什么？它们是大洪水之后最为原始的异教宗教形式。维柯此后会解释，这些人是一种兽性的人。但是，对这种在传统上被视为对一种罪的惩罚或者后果的东西，维柯却是从如下视角来看的，即将其视为一种神圣赐福。这些人只是粗朴地相信迷信，充满恐惧，心中萦绕着可怖的形象。但是，这乃是他们文明的开端。就像私人的自我利益不觉导向共同之善的情形一样，在无人觉察［77］的情况下，这些粗朴、兽性的起源却导向了希腊、罗马、埃及等文明的最高峰。这严格地平行于……也就是说，那些制作的人……完全不知它有何益处。他们认为的益处其实完全无益，因为他们的迷信仪式没能帮助他们防止闪电或别的什么东西，［这些只是］他们的想法。但是，久而久之，经过数个世纪的轮回，这使他们逐渐成为人，有能力获得人性的人。

学生：难道如下事实不会产生一种困难吗？你停止了这个过程，并且说：在这个点上，我们现在可以看到，它是好的。但是，它其实是一个永恒的过程，并且会不断继续。所以，你没法在某个点上说：这是好的。

施特劳斯：你的意思是什么？

学生：它是一种理想的永恒历史，不是吗？

施特劳斯：是的，我理解这点。我们所看到的是［施特劳斯写板书］：两个循环。对吗？从开端到衰败。

学生：箭头有可能在每一侧都继续着，对吗？这一边应该有一个连续的箭头，另一边也同样——

施特劳斯：一个新的箭头。

学生：这条线可能继续环绕行进。

施特劳斯：你是什么意思？

学生：是的，有这种可能性。

施特劳斯：是的，好吧，不过，维柯提过这点吗？我只发现了……它可以无限继续。理想的永恒历史是一个普遍计划。其开端必定非常重要。而顶峰必定会出现在某处，此后就会是衰落。就是这样……但是，这是每种特殊情形下的实际历史。我想，这就是维柯说到"理想的永恒"的意思。换句话说，法律，我们在所有这些发展过程中所发现的法律，这是理想的历史。或者，这怎样——

学生：法律指的是神圣法。

施特劳斯：是的，我的意思当然是这样。

学生：关于"理想的"所指的含义，我就是这样假设的；但是，我想"永恒的"这个说法的意思是，不可能——

施特劳斯：因为这种法不会经历改变。

学生：对，但是，关于"有一种永恒法"这个事实，我想它的含义是指，你无法阻止它。在任何一个点上——

[78] 施特劳斯：可能有这种暗含的意思，但是，就其本身而言，它指的只是法的特征，而不是地上之人的实际生活的［特征］。但是，我们尚没有足够的证据确认这点。

好，现在我们读一下第 16 段。

兰肯：[读文本]

> 耕犁只现出犁头，翻土犁板没有露出来。在人们还不知铁的用场之前，犁铧只能利用一块能破土和翻土的曲形硬木板。拉丁人把翻土板叫做 urbs，古字 urbum，"弯曲的"（curved）就是从这个字来的。

施特劳斯：我想我们该径直略过这段词源考证。有些词源考证有道理，但大多数是幻想出来的。

兰肯：我是不是该跳过——

施特劳斯：从"犁铧"开始。

兰肯：[读文本]

犁铧隐而不露，就显示出最初的城市都建立在耕种过的土地上，由于各家族长期隐藏在充满宗教恐惧的森林里，很难露面。所有古代异教民族中都发现到这种耕种过的土地，各拉丁民族都一致把它叫做 luci，意思是由森林圈着的焚烧过的土地。(这些森林本身遭到摩西的谴责，叫上帝的人民［希伯来人］凡新征服一个地方都要把树林烧掉。) 这是依据神圣天意的，其目的在使凡是已达到人性阶段的人们，不要再和那些仍然以邪淫的方式共产共妻的游民们混淆在一起。① (第16段)

施特劳斯：所以，此处明显有两种不同的神圣天意行动。一种神圣天意行动是讲给摩西的，也就是叫他禁止偶像崇拜等活动。这是行动之一。我想这点讲得很清楚。而这些早期人类的完整想法则是，他们生活在这种恶劣的共产共妻状态。但是，关于这种制度，或者说关于这种恶劣的制度本身，又该怎么说？这也是神圣天意的一部分，因为正是通过神圣天意，才出现了这种兽性状态。维柯从来未［曾］区分上帝所建立的东西与正统神学中上帝所允许做的事。

我们可以这么表述：摩西反对偶像崇拜的斗争与反对原始无神论的斗争有所不同，因为这当然也是……在野兽状态，人们单纯就没有神。与这种野兽般的无神状态相比，最野蛮的迷信已经构成了一种进步。在这个程度上，最为恶劣的迷信也是神圣天意的作品，[79] 因为人类能够进步的唯一方式就是通过这些阶段，正如一个孩子必须经过所有类型的幻想式观念和欲望，才能长成一个人，因为他的理性还没有发展起来。

在第17段，维柯把早期人类的状态讲得更清晰了些。我们读一下这段。

兰肯：［读文本］

祭坛左边可以看到一把舵，象征人们借航海来迁徙的起源。看

---

① 编者前言中已经交代，朗读者有时会稍微更改伯尔金和费什的译文，并非所有的改动都会以注释标明。而在本段，课程读本的原文为"（他们）邪淫地把财产和妇女混同在一起"。

起来,舵好像是在祭坛下方俯首鞠躬。这就象征后来带头迁徙的那些人们的祖先。这些人都是最初的不虔敬不信神的淫乱的人们,他们不信神权,男女结合不行婚姻典礼,儿子和母亲通奸、父亲和女儿通奸,最后,他们像野兽一样,不懂得所谓社会,在这种共产共妻的邪恶生活中,他们全都孤苦伶仃,身体又羸弱,过着凄惨的生活,因为缺乏维持生活和安全所必需的一切东西。为着逃避这种邪恶生活所带来的疾病痛苦——(第17段)

**施特劳斯**:凡此等等。从《新科学》全书来考虑,这正是最初的起点:在一种野兽状态下,理性处于一种完全未发展的潜在状态。所以,为了实践目的,前理性发展了起来。好。而且,从这里到文明状态之间的所有迂回曲折都是由神意规定的。走出这种绝对兽性状态的第一步是什么?读一下18段的开头。

**兰肯**:[读文本]

接着,不虔敬的浪游的弱者中为着救命要逃开强者们的那批人,就投奔到这些祭坛来求庇护,虔敬的强者把他们中的暴烈者杀掉——(第18段)

**施特劳斯**:等等。这是一段暂时的表述。但是关键——维柯只在暗中指出了这个关键——在于:能迈出第一步,是因为从开始就有强者和弱者之分。更强者铺设了基础。在强者奠定基础之后,弱者把自己组织起来,或者说围绕着强者组织起来。这是整个发展过程的开端。当然,在自然状态中存在不平等,例如在第25段中,我们也能发现这个主题。现在,我们可以再考虑几个段落。

在第22段,维柯提到——不过我们不能[全都]读——他提到了诸理念的这种自然秩序。维柯想在这种自然秩序中发现的乃是社会理念的发展顺序。而这也与对人之中的神圣天意的描述相一致。

请接着读第25段。

**兰肯**:[读文本]

这几种符号中的第一个就是法棒(fasces),因为最初的公民帝国起于各族长老的父权的集合。在异教民族中，这些长老就是预兆占卜方面的哲人，职掌贡献牺牲、祈求并解释天神预兆的祭司们，而且［80］当然也就是下令执行他们相信预兆所显示的神圣天意的那些专制君主，因此他们除天神以外不服从任何人。

施特劳斯：这些最初的国王-父亲-祭司发布命令——我的意思是，这些人掌控着献祭和预兆——他们按照自己的意愿发布命令，或者说，他们按照自己相信是诸神的意愿来命令：作战、摧毁或者杀戮这种动物——无论这种动物是什么。维柯接下来怎么说？

兰肯：[读文本]

所以这些法棒是——

施特劳斯：不，不！结果他们除了上帝（God）外不听从任何人。此处，听从这个字母 G 大写的神（God）——上帝——是什么意思？当然，他们并不知道自己在服从，因为在他们的意识中，他们是在服从诸神。这点我没讲清楚？我的意思是，你们可以看到，这种模糊性贯穿了事情的整体。但维柯提到一种自然神学时，作为一种维柯的教诲，这种自然神学提到了唯一的真正上帝。但是，存在于这些异教徒中的自然神学当然并不能看见作为上帝的真正上帝（God as God）。在这里，自然神学的意思是那种自然发展起来的关于神的观念。这点很让人困惑，但是，一旦有谁自己弄清楚了，他就可以理解这个问题。请继续读。

兰肯：[读文本]

所以那一束法棒就是一束神签或占卜用的棍棒。我们发现这些棍棒就是世界上最初的君主节杖。在上文提到的那些土地斗争的骚乱之中，这些长老们为着要抗拒起来向他们造反的家人帮伙，就自然地团结在一起，把自己摆在掌权的元老院中的最高阶层（或由许多世族主形成的元老院），在某些阶层首领管辖之下。我们已发现，这些元老是英雄时代城市中的国王。古代史很隐晦地告诉我们，最初世界中的国王是自然而然地产生出来的，我们的研究就要找到这种产生的方式。这些掌权的元老们为着要满足造反的家人帮伙，使

他们俯首帖耳，就让他们有一种土地法，这就是世界上最早产生的一套民法。(第 25 段)

施特劳斯：我们先暂停。现在，维柯很简略地讲了如下的意思。在第一个阶段，这些更强的个人，由于例如害怕闪电（或别的原因）而以自己的方式变得虔敬，并建立了某种类型的婚姻制度——这是文明的雏形。此后，他们在自己周围聚集了虔敬的羸弱者，后者没有经历这第一个文明阶段，因此就成为这些最初世族的依附者（clients）。不过，当然，如果他们能聚集在一起的话，这些虔敬的愚蠢之人、依附者们的身体［比其统治者］要［更强］，而［统治者们］唯一要做的事就是聚拢起来、彼此保护，对抗这些依附者。这就是最初的共同体、最初的社会，而维柯相信，通过关于早期罗马人的记载，自己能够确认这段历史。维柯辩称，这种事情在此后比比皆是。

不过，一旦这种状态在某种程度上确立下来，在特定条件下的依附者就会足够强壮，能够提出自己的主张，此后，这些世族就必须向对方做出某些确定的、明确表明的让步。这就有了最早的一套民法。在此之前，一切都是自然［81］正当/自然法。不是在传统意义上的自然正当/自然法，但这是从一种自然中产生出来的正当，它不依靠任何属人的理性推理或制定就能产生。

好，现在，按维柯在此处的理解，民法的核心本质是什么？我们可以了解一下。下一段讲了些东西。

兰肯：［读文本］

  从相同的开端——

施特劳斯：不，不，我们不能全部都读——我希望我曾对此做过标记。但是这里，在第 26 段中间，维柯说："最后，共和政体初出现时，具有最为严格的贵族形式。"请从这里继续。

兰肯：［读文本］

  共和政体初出现时具有最严格的贵族形式，平民们在其中没有享受民法的权利。在这一点上，我们发现罗马的共和政体曾是一种贵族的王国，到了塔克文大帝的暴政时期就崩溃了。这位暴君把贵族们治理得很糟，把元老院几乎毁掉了。到了卢克莱佳自刎时，朱利亚·布鲁图就乘机——（第26段）

施特劳斯：不，对不起，我们不需要读这段。我们可以转到第27段。

兰肯：[读文本]

> 斜靠在法棒上的那把刀表示英雄时代的法律是一种凭实力和武器的法律，不过要服从宗教，因为只有宗教才能在法庭的法律还不存在或是虽存在而不再受到承认的地方，使强力和武器不至越轨。（第27段）

施特劳斯：所以，换句话说，民法乃是法庭的法律。两者在此处是同样的东西。原初的法权，原初的或英雄的法权，是一种强力的法权。prevenuta 你怎么翻译？Ma prevenuta dalla religione？①

学生：我们的……宗教，我们的次级的……宗教。

施特劳斯：我明白了。它跟随着——

学生：跟随着——一种宗教要更加重要，比起——

施特劳斯：对，好的。但这里宗教的意思当然不是指真正的宗教，这很关键，它指的是迷信。迷信和武力。只是在后来，在此后的发展过程中，出现了民法，也就是法庭的法律。有问题吗？请继续。"这种法律恰恰就是"——

兰肯：[读文本]

> 这种法律恰恰就是阿喀琉斯的法律。阿喀琉斯是荷马看作英雄品质的典范来向希腊人歌颂的那位英雄。阿喀琉斯使武器成为是非的裁判者。（第27段）

---

① 兰肯所读的译文文段将之翻译为"服从宗教"。不清楚这位学生（大概是罗特拉[Mr. Rotella]）是怎样翻译的，但是，动词过去分词 prevenuta 的意思是"在……之前来到"。那么，字面上，这个短句应该译为"宗教在它之前"。

**施特劳斯**：好的，这使所有的裁断都通过武器来实行。请读下一句。[82]

**兰肯**：[读文本]

> 这里就显示出决斗的起源；决斗在最后一个野蛮时代确实是受到欢迎的，所以在第一个野蛮时代……①（第27段）

**施特劳斯**：维柯所说的"最后一个野蛮时代"是什么意思？

**学生**：……欧洲。

**施特劳斯**：中世纪。请继续？

**兰肯**：[读文本]

> 在第一个野蛮时代，强权者还没有驯服到能诉诸法庭的法律，来报复所受到的侵犯和伤害。他们所实行的决斗是向某种天神求判决的申诉。他们申请天神作为见证，来就有关罪行进行判决，而且以虔敬的心情接受决斗胜负的判决，即使受害的一方在决斗中打败了，他也就被认为是有罪的。这是神圣天意的崇高判决，其目的在于，在那种凶残的野蛮时代，其中法律还没有人懂得——

**施特劳斯**：从字面上讲，"有理性"，ragione。

**兰肯**：[读文本]

> 凭天神的好恶就可以衡量是非，免得播下会使人类灭绝的那种大战的种子。这种自然的野蛮人的意识只能根据一种生来就有的关于神圣天意的概念，当他们看到好人受到压迫而坏人反而兴旺的时候，他们必然要默认这种神圣天意。（第27段）

**施特劳斯**：是的，这是一段非常奇怪的论证，不是吗？但是，维柯在此处说的（我们只限于讨论其中很明显的部分）还是有些非理性的东西，也就是如下假设——"被杀死的人是有罪的人"（按照维柯对有罪的解释）这种说法是由神意规定的重要一步，由此就通往一种遵守法

---

① 朗读者被打断了，此处省略未读的文本为"人们已发现，决斗被施行了"。

律、以法律治理的社会。上帝运用了人的错误和失败来实现这种状态。但是，此外，人们还得说：人必须由上帝来使用，除非上帝永远想要用奇迹的方式来行动，因为人才是材料。除了用这种方式，野兽般的人没法被带出那种状态。所以，自然正当（我想，从我们已经看到的东西来说，我们已经可以得出这些看法）是一种属于理性尚未被理解的时期的正当/法权。自然正当/自然法产生于一种自然、野蛮的理智，以神圣天意的内在概念为基础：当那些人看到好人受到压迫、坏人兴旺的时候，他们必定会认同天意。现在，这点也可以简单地解释为如下含义：野蛮武力的统治以及对这种统治的接受。我尝试着超越了维柯所说的东西，让我们看看，是否能证明我们的说法正确。如果这么理解，自然正当/自然法径直就是强者的正义，这被表述、呈现为虔敬者的统治，并且被强者相信为是虔敬者的统治。换句话说，强者不仅像当今的罪犯一样是更粗鲁的家伙，从他们自己的观点来看，他们还是虔敬的：他们会献祭，求问征兆，并且自视虔敬，而且，从自己的观点来说，他们也的确是虔敬的。与一种马基雅维利主义相比，这是其关键的保留条件（crucial qualification）。请读一下第30段的开头。[83]

兰肯：[读文本]

最后一个象形符号是节杖，显示出最初的各民族，处在英雄时期，横行无阻的还是强力的自然律——

施特劳斯：凡此等等。在这里，你们可以看到，这构成了强力的自然正当，它导致了这点。

兰肯：[读文本]

彼此视为——

施特劳斯：不，不，此外，我还有些别的问题要讲。在第29段，维柯发展了这个观点：人性的政府也就是这样的政府——掌管和服从政府的人都知道它乃是政府，这种政府或是民主制，或者是君主制的；而这是一种晚近的发展。在此之前，掌管和服从者都相信，它是超人的政府（superhuman government），构成政府的或是诸神之子（也即英雄），或是诸神自身。这点很清晰。同样,这种政府可能是民主制或君主制的。至于在维柯看来君主制和民主制的关系如何,我们没法论断。在这个段落中,维柯做了一段评论,巴特沃斯很频繁地运用了这段评论:自然法事实上乃是各种自然习惯(natural customs)。是的,但维柯这句话是什么意思?我的意思是,[对巴特沃斯说]你发现这点如此容易地被驳倒了,但维柯却很认真地看待它——你对维柯这个说法的反驳是什么?

巴特沃斯:按我的理解,维柯关于自然习惯的说法是,人们在不同处境下(时间相同,但处境不同)共同拥有但彼此并未交流的东西——

施特劳斯:是的。

巴特沃斯:是由一种神圣行动者所规定的。而我提出的问题或者说反驳基本上在于,我不理解为什么会是这样,为什么人们能——

施特劳斯:我们来考虑一下。我的意思是,假如中国人、埃及人和印加人——也包括古希腊人和罗马人——有某些共同的东西,他们在早期阶段有某些共同的东西,那么,这不可能是因为借用而来,这些共同之处肯定是各自独立发展出来的。但是,如果每种东西在任何地方都相同,那么它就是自然的。论证就在这里。

巴特沃斯:我不明白,我不明白它在哪里……

施特劳斯:你看,存在着……在古老的印加流传着这样的事实:有男人和女人。这在中国、埃及都是真实的,因此(ergo),这不是一种属人的制度,它是自然的。这就是维柯头脑中所想的东西。

巴特沃斯:我不同意……因为,这出于自然就是正当的吗(naturally right)?

施特劳斯:在某些方面,如果人在大地上的任何地方都以相同的方式行为,那么,这当然就是自然的,你不认可这点吗?

巴特沃斯:它是自然的,但不是正当的。[84]

施特劳斯:好,[现在]我明白你的观点了。很好。但是,如果人们不可能做得不同,如果人们被迫以不同方式行动,那么,他们就没有过错——在这个意义上,这是对的。

巴特沃斯:是的,可以这么说,但是——

施特劳斯：但是他——很好，但是，他们没有过错，即便他们在这时对⋯⋯献祭，因为他们不可能有更好的理解。而这恰恰是决定他们的东西：这些影像萦绕在他们周围，支配着他们，而且，他们也没有发展出任何方式的理性，以至于能够与这些影像拉开些距离。除了把人献给诸神作祭品外，这些可怜的家伙还能做什么呢？

巴特沃斯：这点我也理解，不过，你的确很难向我证明他们做不了任何别的事。

施特劳斯：如果他们⋯⋯如果他们在这个意义上如同野兽——

巴特沃斯：最初的人是怎么获得理性的？有些东西——

施特劳斯：是的。不对，维柯在关于要素的部分会以可能的方式构建起它来，① 我们下周会讨论这个部分⋯⋯但是，维柯会尝试做这件事。但是现在，让我做一点绝对不可原谅的事，把你提出的问题替换为一个不合理的、纯然史实性的问题：维柯这里讲的这个故事——这个故事讲的是［人的］野蛮、兽性的起源，我们下面会看到，当时甚至不可能存在语言——这个故事是维柯发明的吗？

巴特沃斯：不，这故事不可能是他发明的，因为我们看到，霍布斯曾经有同样的想法。

施特劳斯：霍布斯［的想法］不同——霍布斯假定事实上总是存在语言。这是两回事，但是在某种程度上——

巴特沃斯：好吧，那卢梭呢？

施特劳斯：是的，或者至少说卢克莱修。是的，当然，我的意思是，这个问题只是有助于理解如下这点：如果我们读卢克莱修的话，［我们可能在其基础上，解决］一些我们基于维柯没法轻易解决的难题。

现在，各种自然法事实上只是自然习惯，例如，在"是"与"应该"之间没有区别。他们习惯于不做区分。是吗？正确的东西与事实碰巧相一致。我简略提一下，以免有谁指责我们忽略了维柯的政治哲学。

［85］在第 29 段，维柯拒斥了混合政制，因为它们只是由人的机巧

---

① 《新科学》卷一，第二部分，第 119–329 段。

所造作之物，也就是说，混合政制只是人构想出来的，并不自然。其他的政制形式则是自然地生长出来的。在此处，维柯还提到了塔西佗《编年史》第四卷33段的一段话。

在《新科学》第30段有些重大疑难。我们还有时间吗？那么，我就只限于表述这些难题。维柯在第30段似乎想说的是：在开端之时没有多少人，对吗？不，还是请读一下吧，我没法准确表述，如果不……

兰肯：[读文本]

> 最后一个象形符号是节杖（caduceus），显示出最初的各民族，处在英雄时期，横行无阻的还是强力的自然律，彼此相视为永恒的仇敌，抢劫和侵犯经常发生，他们之间战争是永恒的，所以不需要预先宣战。（实际上正如在最早的野蛮时代，英雄们以被称为盗贼为荣；到了第二次野蛮时代，强者也以被称为海盗而欢欣鼓舞。）但是，等到人性的政权机构既已建立了（无论是民众统治的还是君主制的）就按照人道的部落法律设立了传令的使者，预先发出宣战的警告，而敌对时期的结束也以通过和平条约开始。（第30段）

施特劳斯：换句话说，在第一个阶段是永恒的战争，一切人针对一切人的战争。第二个阶段有了战争法，在战争与和平之间做出了明确区分，这个阶段一直持续到冷战开始[笑声]。请接着读。

兰肯：[读文本]

> 这也是神圣天意的崇高谋虑，其目的在于使在野蛮时期世界上还是新起的、还需要扎根的各族人民限制在他们自己的疆界之内，他们既然还是性情暴戾未经驯服的，就不应该越出自己的疆界，用战争来互相灭绝。但是等到他们成长起来了，彼此也渐相熟悉了，因而每方能容忍对方的习俗了，这时战胜的民族就容易按照战胜时的公道法律，赦宥战败者的生命。（第30段）

施特劳斯：是的，我指的就是这里的疑难之处：开端时人口稀少，这本应该是在那个早期阶段完全禁止战争的理由，而不是像文中讲的那样——确立起永恒的战争。这点非常奇怪。

现在，在下面这段，维柯以他习惯的方式提到了三个时代：诸神时代、英雄时代和人的时代。随后，维柯说，在第三个时代，首先有了民主制——民主共同体——此后有了君主制，这合乎罗马史，这点在全书中都会保持下去。在第32段，大约第10行左右，维柯提到了与三种时代相对应的三种语言。第三种是人的语言——

兰肯：[读文本]

[人的语言] 用的是人的协议达成的文字，人民对这种语言是绝对的主宰——（第32段）

[86] 施特劳斯：是的，你们在这里可以看到，习俗——也就是人们所同意的东西，法（nomos）——在第三个阶段才出现。在理性发展起来之前，没法达成任何一致意见，那么只会有自然过程。所以，重复我之前表述过的观点：维柯并没有废除自然与习俗之间的区分。维柯只是宣称，习俗预设了一种高度发展的理性，这在前两个阶段尚不可能。在第34段中间稍后，维柯把这些人——这些早期人类——称为想象力最强而理性最弱的人。这些人有非常强的想象力，但推理能力很弱——这就是开端状态……极为欠缺、不完整。这种强有力的想象力和很弱的理性——从根本上讲，这正是卢克莱修式的观点，在现代，霍布斯这样的人（此外还有不少其他人）重建了这种观点。第38段有一句极为重要的说法。

兰肯：[读文本]

第二种就是英雄时代的法律，全是拘泥细节，咬文嚼字（在这方面尤利西斯显然是个专家）。（第38段）

施特劳斯：换句话说，坚持……（施特劳斯写板书）。这就是维柯的意思。他在后文会讨论这点。请继续。

兰肯：[读文本]

这种法律追求罗马法学家们所谓的民政公道（civil equity），即我们所谓的国家理由（reason of state）。（第38段）

施特劳斯：是的，这是……民政公道等同于国家理由（raison d'etat）。换句话说，在第一个阶段，你有了异教徒们的自然正当，这是一种非常初始的事物。非常初始。此后，理性有所发展，于是独立地产生了民政公道，它与早期时代的那种非常初始的自然公道不同。但是，这种民政公道是什么？国家理性。这听起来让人震惊，其中也有一种令人惊讶的隐藏义涵，也就是如下宣称：早期阶段就是纯然暴力的统治。不过，当然，如果我尝试换个说法，那它明显就会失去令人震惊的特性。现在，我们进入了这样一个阶段，也就是由人来制作法律的阶段，由人来做——通过理性推理。旨在达成什么？

学生：共同的善。

施特劳斯：是的，不过，你可以用一个听起来［估计］不那么高贵的词：功用（utility）。就是这点，这就是国家理性。国家理性的意思并不是说，在每件事情上，你都选择最马基雅维利式的或最邪恶的手段，当然不是这样！这么想会很愚蠢……但是，社会的善乃是立法的标准，而这事实上并不是——这里丝毫没有提到存在一种自然法来指导国家理性。好的。民政公道在这里就等同于国家理性。里昂斯先生？

里昂斯：您可否重复一下……

施特劳斯：国家理性、民政公道与自然法相对立。它是律师和立法者们所使用的公道（equity）概念。

学生：……［87］

施特劳斯：是的，不仅……这跟那点区别不大。而且人们可以说，对大多数人的更大利益的强调并不必然属于国家理性。如果立法者或国王认为，比如说，共同体中最重要的部分乃是要参加战争的贵族，那么国家理性就会要求更多地考虑贵族，而不是平民。换句话说，功利主义和马克思主义……会强调多数人。这不是一种……的国家理性。这种理性也希望考虑到多数人，但这二者中哪一种要考虑得多些？贵族还是多数人，富人还是穷人？这要视情况而定。国家理性会说，这要取决于实际境况。在某些情况下，如果富人滥用了权力，构成了共同体的威胁，那么就必须阻止他们。但是，也会有其他的情况，以至于必须阻止多数人。国家理性［自身］既不是民主制的，也不是反民主的。［这取决于］情境。在这章稍后还有一处评论。

兰肯：[读文本]

　　这种情况也是来自神圣天意，其目的在于使那些还抓不住良好法律所必具备的共相或共同性的那些异教人民，可以根据明确具体的明文规定却普遍地遵守法律。而如果——

施特劳斯：换句话说，早期法律的这种愚蠢性质……是有必要的，因为他们还不可能以普遍原则的眼光来公正地解释法律。你最多能做的乃是让他们严守法律的条文。这乃是所可能的最文明的……请继续。

兰肯：[读文本]

　　而如果作为民政公道的一种后果，不仅法律在某一具体情况下粗暴而残酷，他们还自然地忍受着，因为他们认为他们的法律本来就是如此。此外——

施特劳斯：换言之，他们认为，正当/法权（right）在本性上就是粗暴、残酷的。可以说，这乃是正义的一种证明——正义的一个标志就是残酷和粗暴，因此，[他们]未加反对。并无反对意见。请继续。

兰肯：[读文本]

　　此外，他们还被引导去按照自己的最高利益遵循他们的法律，我们发现英雄们把自己的最高利益和祖国的最高利益看作等同的，因为只有他们才算是祖国的公民。因此，为着各自的祖国的安全，他们毫不踌躇地牺牲自己和家族去听从法律的意志。这种意志在维护祖国的共同安全之中，同时也就保障每个英雄对他自己的家族实行某种私人独裁统治。（第38段）

施特劳斯：你们可以看到，他们由于其自私而成了如此伟大的爱国者，不过，在他们的意识中，这点还并不清楚，因为祖国的神圣性、他们为之战斗的诸神的神圣性，被设想为——。这里有些马克思主义的东西，不过不限于马克思主义，很多其他教义也包含了这点。好的，请继续。

兰肯：[读文本]

此外，正是这种巨大的私人利益——

施特劳斯：我再强调一遍——私人的，私人利益。请继续。

兰肯：[读文本][88]

结合到野蛮时代所特有的那种极高度的专横，形成了英雄们的英雄品质，从而导致他们在防卫中采取那么多的英雄行动——

施特劳斯：是的，是的，在这点背后，我们切不可忘记，存在着巨大的私人利益。这正是维柯的拆穿（debunking）之举：从背后来读罗马史，读这些罗马英雄们的著名故事——诚然，他们有英雄气概，不过——他们相信[这些人]是英雄……他们不信别的，只相信从李维口中说出的东西。不过我，维柯，却能看穿这点，看到这些[事迹]在多大程度上是为了这种私人利益。这正是——请继续。

兰肯：[读文本]

在这些英雄事迹之外，还要加上不可容忍的骄傲，严重的、贪欲的、无穷的残酷，罗马元老们用这些来对待不幸的平民们。这在罗马史里可以看得很清楚，这正是发生在史学家李维本人描绘为罗马品德的时期，罗马前此从来没有梦想到的民众自由最昌盛的时期。下文还会看到，这种公众德行不过是神圣天意很好地利用了悲惨的丑恶的私人罪恶，来使人心专注在具体细节上，使诸城市还可以维持住。在这种时期，人们自然就不懂什么共同的善。（第38段）

施特劳斯：句号（period）！是的，共同的善。根据神圣天意的安排，共同的善会得到照料。但是，通过什么手段？我们几乎可以说，维柯这里所用的专业术语是什么？

学生：……

施特劳斯：不，私人的恶，私人的恶。你是否在一种理论化的语境中听过这种表述，"私人的恶"？有个人叫做曼德维尔，[他说过]"私人之恶，公共之利"。真相是，例如奢侈和炫耀这样的恶，以及（我不知对不对）虚荣——想一想，要是没有女性的虚荣，美国的化妆品工业会产生些什么，再想想这最终会对整个美国经济带来什么后果。当然，在从前的时代，社会并非依据这个原则建立起来的，至少不是有意识地采取了这个原则。而在现代，这的确就是所发生的真相。但是，这是曼德维尔教诲的关键点，私人的恶——令人厌恶的东西——会产生美妙的效果。除非以神圣天意为前提，否则这点无法理解，因此，通过这种方式，公民科学、也即政治科学提出了上帝存在的证据。诸位当中此前也有人看到：看不见的手——指的就是这点。我想，这正是维柯头脑中想到的东西。我希望这个小问题——对维柯却很关键——已经清楚了。只关注自身福祉的个人的自私，导向的是共同的好处。不用说（上次课谈到了这点），这个纯然理论性的说法自然会有实践上的后果：因为如果是这样，我们为什么还要用法律来反对恶？很明显并非如此。可以想想早先时代很有名的关于反对高利贷的法律——反高利贷法意在反对贪婪之恶。但是，如果废除反高利贷法导向的是如下事实：你要付的利息要大大少于原本要付的……禁令是个很好的例子，这是一个伟大民族抵抗恶行时最后的、英雄式的努力……当然，在其他方面——在其他形式的恶方面——还涉及其他事物。顺便说，上次是谁提到的这个观点？认为关于这些事物的纯然理论宣称同时必定会是一种实践性的［89］宣称？是你提到的？是的，很感谢你，……先生。很好，现在，我们读一下第39段。

兰肯：［读文本］

> 最后一种类型的法律就是自然公道的法律，即自然流行于各种自由政体的那种类型。在这种类型里，人都为着他自己的特殊利益（并不懂得这对一切人都是一样的）而被引导去提出普遍的法律的要求。他们自然地都善意地倾向于这些法律——（第39段）

施特劳斯：罗特拉先生，这么说对吗？——"所为的是每个人自己的特殊利益，［虽然］这利益对一切人都是一样的"？

罗特拉：同时［他们］却不懂得这点。

施特劳斯：是的，但是，他们不懂得的是什么？那种人人都同样知道、但他们却不知道的［东西］是什么（What do they not know that is equally known）？

罗特拉：……

**施特劳斯**：他们不懂得的是什么？

**罗特拉**：……

**施特劳斯**：……卢梭的普遍意志。只有卢梭说过这点……每个人都只考虑自己的利益，标准只有一个。我举个简单例子，我的自我利益：我不想交任何税。但是，当我参加市镇会议时，我不能仅仅再用这些讲法来考虑问题，我在那儿得说："应该有一部法律规定：任何人都不应交税。"换句话说，如果我说"我不打算交税"，我会被哄笑着逐出议事厅。但是，如果我说，"应该立一部法律"，并且提出原因，那么，这就有可能被接纳。换句话说，提议一部法律意味着把我的欲望、我的意志普遍化，而这已经是朝向理性的一大步，因为我已默默考虑到了其他每个人。我想，在如下的单纯事实中，已经暗示了某些这类的东西：凭借自私的理由，〔他们〕必须提出普遍的法律。请继续读。

**兰肯**：〔读文本〕

他们自然地都善意地倾向于遵守要求平等利益的一切最细微的细节。这就是拉丁词的 aequum bonum〔平等利益〕，这就是最晚的罗马法学的主题，从西塞罗时代起就开始由罗马执政官用法令或诏谕加以改定。这种类型也符合，也许甚至更符合君主政体的性质——

**施特劳斯**："也许甚至更符合"——如果严格看待这里的"也许"，它的意思是，君主制也许比民主制更好。好。我们要记住这点。至于此后是否会确证这点，我们尚不知道。请继续。

**兰肯**：〔读文本〕

在君主政体下面，君主们使臣民们习惯于照管他们自己的私人利益，而同时君主们自己却在掌管一切公众事务，希望一切顺从他们的民族凭借法律得到人人平等，以便使全体人民都同样关心国家大事。因此哈得良大帝借助于罗马各行省的人道自然法来改造全部罗马的英雄时代的自然法，并且下令，凡是法律都应根据〔90〕萨尔维乌斯·尤里安大帝（Salvius Julianus）几乎全按照对各行省的诏令所颁布的永恒诏令行事。

施特劳斯：好。顺便说一句，这是不是这样一种严格的秩序——君主制就是……一种秩序，在其中，唯一关切公共利益的乃是国王、君主，而所有人都严格地只关切其私人生活？这……一种对17到18世纪绝对君主制的描述，而这［最先］成为卢梭敌对和批评的对象，卢梭采取的说法把历史变为……这些人民，也即国王的臣民，他们是资产者（bourgeois，布尔乔亚）；这里，资产者当然并不［像现在这样，］被理解为无产者的对立面，［而毋宁］被理解为公民的对立面，公民亲自关切公共的善。但是，"资产者"这个与公民相对的关键概念此后被马克思借用，用于……你们对此都了解。但是，这里对君主制的描述也一样。只有一个人——因为他的仆从们所处的位置并不相同——关切公共的善，而［这点］暗示着，他的军队并非一支自然的军队，而是雇佣军。所以，拥有公民-士兵的古代共和国和现代民主国家，就与这个雇佣军的阶段针锋相对，同时，其中的公民也不再是公民，而成了资产者，他们受到绝对君主的保护，但对公共事物（res publica）全然不关心。请讲？

学生：这与霍布斯最终的教诲相一致吗？

施特劳斯：是的，当然。霍布斯曾经很喜欢这种状态。安全，当然。而他也重复了塔西佗所说的有些含混的说法——如果出现尼禄这种可怕的人物，那么各个行省中甚至罗马的平民并不会有特别的危险，只有侍臣会有危险。所以，我们已经见到这样的体制，其中侍臣与大多数民众之间的区别不再成立，原因在于，现时代出现了大肆宣传其领袖的政党——至于是法西斯政党还是什么别的政党，在这里都并不要紧。好。现在，讨论到了法律本身。维柯在下一段讲得很清楚，法律仅仅属于第三个阶段。我们只读一下第42段，然后就下课。

兰肯：［读文本］

最后，把本书要义加以最简短的总结，整套图形代表三种世界，按照诸异教人类心灵从地球上升到天空的次第。在地面上看得见的全部象征（hieroglyphs）都表示民族世界，这是人们比对其他一切都更劳心焦思的。处在中部的那个地球代表自然的世界，这是在后来由物理学家加以考察的。处在上部的那些象征图形表示心灵

和天神的世界，这是最后由玄学家们加以观照和思索的。（第42段）

施特劳斯：你们会看到，这最后三句话之间有一种严格的平行对应关系，但是，维柯只在第一和第三句话提到了"象征"。地球并非象征性的。自然世界并非象征性的。所以，维柯自己的科学是象征性的吗？不，因为，当然，我们会看到，维柯的科学会处理象征物；他的科学［处理的是］象征（symbol，如今的人们会这么说），但这科学本身并不是象征性的。这是一种关于象征的非象征式科学。这种科学就像关于地球的科学、自然科学一样，是非象征性的。它是对象征性事物的一种自然解释，因此，维柯提到了诸民族的自然正当/自然法，诸神的自然起源，［91］诸理念的自然序列。它是——如果我们能从第一句话中得出什么结论的话——自然科学的延伸。至于［维柯的新科学］是一种怎样的自然科学，我们还有待观察。但是，根据维柯的宣称，这部分的自然科学最终证明要多于其他的部分，也即神圣天意。这已经超出了维柯的字面说法，而我们必须看看，这种说法是否站得住脚。所以，下次课谁来发言？我不记得了。格伦先生，随后是艾默特先生。

［课程结束］

# 第五讲 《新科学》（45 – 118 段）

（1963 年 10 月 14 日）

施特劳斯：［94］我不能指责你①对维柯指责了这么多，因为的确很难理解……你的［困难］一部分是由你引起的，因为你太多考虑了当今的麻烦。维柯的社会科学，或者……是否真的价值无涉。一个价值无涉的社会科学家又怎么会讨论私人生活呢？那么，准确来说，问题是什么？你用很长篇幅（篇幅长，但合理）提到了维柯对埃及人主张的攻击。那么，那段描述是什么意思？某种程度上你讲得挺清楚，但是，你没有保持火力。我的意思是，你问了如下问题"维柯能够用于区分……真实和虚假说法的标准是什么？"，你猜会是如何？

学生：……

施特劳斯：我相信你没有充分考虑这些文章的内容，我的意思是，埃及人主张的时间跨度。现在，最初的……正当/法权（right）源于圣经。如果异教徒对埃及的……的描述与圣经的描述相矛盾，他们的描述就是错的。不，这是不是维柯充分的……是另一个问题，但这个问题本身可以成立。现在，例如，如果他们提到比如某件发生于两万年前的事，这会与《创世记》的字面意思不相容。但是，可能也有一些说法讲的是三千年前发生的事，并且当然合乎圣经的说法。那么，我们如何分辨究竟发生了什么呢？……基于我们读到的东西，我们还无法充分明白这些问题……我们下次课要读的下一个部分会展开讨论这个问题，在那个部分，维柯会说明，早期的非犹太人肯定会是怎样的。与这点不相

---

① 施特劳斯回应一位学生的论文，论文在课程开始时宣读，并未录音。

容的东西肯定是错的。所以，换句话说，如果据说在埃及或者在埃及的远古时代科学已经达到很高的阶段，那么这点肯定与人的天性相违背，因而必定不可能。但是这条路我们还没有走过。现在，我想，……第47段，这个论证现在完全转到了这一段。现在，那个……的埃及故事是什么？——埃及人掌握了一种智慧，这种智慧远远早于圣经智慧。摩西在埃及人的智慧方面很有学识，因此（ergo），埃及人的智慧就先于摩西的智慧，而这点就很容易被用于反圣经的目的。

马基雅维利《论李维》卷二第 5 章简略提到了西西里的狄俄多儒斯（Diodorus Siculus），一位晚期希腊史家。关于埃及的年代，狄俄多儒斯接受的说法是，埃及社会的历史有四、五……①那么，这种说法就不合乎圣经的年表。马基雅维利暗中提到了这个困难，他虽没有展开这点，但是完全清楚的是，这个论点在异教文献（heretical literature）中扮演了某种特定的角色。请讲？

学生：我可否读一下第 9 段中的一个段落——

施特劳斯：哪一段？[95]

学生：第 9 段。维柯在这里说，"上述两方面的证据还证实了希伯来人的宗教比起创始其他各民族的宗教都较古老，因此也证实了基督教的真实。"

施特劳斯：是的，当然，很明显。如果从当时神学争论的状况来看，就非常清楚。每一种与圣经年表相矛盾并使圣经真理变得可疑的东西，都会摧毁基督宗教……我的意思是，如果你假设公元 1700 年左右的基督教神学与如今保罗·蒂利希的神学一样，那么你会一个字也理解不了。

学生：但是。这个时代的所有基督徒难道不是都同意，希伯来人必定最古老吗？

施特劳斯：不，当然不是。

学生：那么，他为什么——

---

① 马基雅维利在施特劳斯所提到的这个段落说，狄俄多儒斯提到了"一种四万年或五万年历史的描述"。马基雅维利还说，这种说法被认为不过是个传说，未被人采纳。

施特劳斯：但是4万年——我后面会解释。我会为你们讲第47段中包含的观念。现在，这个争论比我原先表述的还要更加微妙一些。埃及人曾经宣称，他们具有来自高古的极高智慧。这些乃是两个主题。维柯没有把那一点讲得很清楚，但是如果我们要追随他的论证，我们就必须把它讲清楚。首先，最古老的古代据说有4万年。对于这点，维柯可以通过引用圣经的编年轻易地反驳。但是没有理由证明，为什么在例如公元前三千年，埃及人并未已经拥有非常高的智慧——根据圣经中的这些评论，摩西就在埃及人的智慧方面非常博学。而且由于这是一段圣经学的评论，它就有可能与圣经相容。现在，我们来举一个简单的例子。根据旧约的说法，摩西是……但是在世间的问题上，摩西并不是最聪明的人。至于摩西作为一位长官所需要的关于公众管理的一整套学问，他是从米底亚人叶忒罗那里学来的。这种说法见于圣经。因为圣经毕竟并非首要关注公众管理，所以，要学习这些，为什么不去找——我的意思是，换句话说，圣经比很多正统圣经解释者更加智慧（如果可以这样说的话），这些正统解释者可能会否认，即便是公众管理也本有可能是一种非——……

但是如果我们转向维柯，首先是埃及有多么古老这个单纯的问题——埃及人的宣称与圣经的说法矛盾。第二个问题是埃及智慧有多么古老的问题。而这是一个完全不同的观点。维柯有可能说，埃及人的确像西西里的狄俄多儒斯所说的那么古老。同时，埃及人自己也这么说，从这个观点出发，他们就不同意圣经的说法。但是，对维柯来说，关键的问题是，埃及的智慧不可能非常古老，因为从原初的野蛮状态上升到高级智慧需要非常非常久远的时间。你们必须始终记住这个区分。

现在，让我首先提醒我自己、也提醒你们，我们在讨论《维柯自传》和"卷首插画的解释"时所发现的最低程度的内容。我要提醒你们一个简单的计划，也就是（施特劳斯写板书）——塔西佗与马基雅维利的等式，也即"应该"与"是"之间的等同。培根带来了二者的综合。培根是第三位，第四位是格劳秀斯。关于格劳修斯，维柯暗示说，他将通过一种法律的眼光实现其综合，这点培根并没有完成。培根是从一般意义上的哲学而非法律方面尝试实现这种综合的。而 [96]

更加具体的问题是自然正当/自然法（natural right）。维柯将会围绕"自然正当/自然法"提出一种教诲，某种意义上，这种教诲是柏拉图和马基雅维利的综合。我们从《自传》中得到的收获就是这些。现在，这种综合看起来像什么？维柯从前提假设开始——是的，《新科学》首先——《新科学》不会讨论启示宗教，而是会把它接受下来并不再管它。维柯关心的只是异教徒们的自然正当/自然法。

异教徒们将要在一种非常低的、野兽般的层面肇端（此事发生在堕落之后）。这种状态从来未曾影响到犹太人，尽管根据新约的观念，堕落也影响到了犹太人。但是，维柯只是非常普泛地对此问题感兴趣，所以，维柯关注的只是异教徒。异教徒们生活在一种野兽般的境况中，从中他们仅凭自然理性就产生了一种文明。仅凭自然理性。而在第一个阶段，或者在克服最纯然野兽状态之后紧随而来的阶段，异教徒的自然正当最初乃是获取的正当/权利（right）。这点很清楚。而且这里的关键观念在于，从纯粹的自私、纯然的暴力之中，产生了某种程度的德性和正义。由纯然的自私所驱动的人产生了社会，并因此渐渐地产生了对公共之善的关切，这并不是因为他们关心公共的善，而是可以说，通过一种机制。换句话说，这里的确有亚当·斯密的"看不见的手"，只是它被称为"神圣天意"（providence）。但是，"看不见的手"和神圣天意当然是同一回事。所以，关于神圣天意的严格理性的、哲学的证据，由如下事实所提出：社会可以从纯然非社会或反社会的人当中产生。而且，对于这同一件事情，有各种各样的证明。我们到时就会讨论到这个问题。但是，我想，这是我们必须记在脑子里的。所以，可以说，诸民族的自然正当都有如下原则，也即从不正义之中产生正义。而这是一个必要的过程。很好。

现在，让我们来看今天的作业。首先，这本书的结构很奇怪。我们最先看到一段对扉页插图的长篇解释。随后，我们看到的是对编年表的一长段解释。直到第三部分，维柯才开始阐述新科学的方法。但是，我们不得不满足于我们被给予的材料，并且有选择地前进。现在，正如这位……先生所指出的，维柯在解释编年表的过程中，所做的是纠正异教徒们的错误编年。而这一点所涉及的既包括异教徒学问中的错误编年……也包括其他问题，例如关于十二铜表法的问题，等等。顺便说一句，维柯本人在这里引用了西西里的狄俄多儒斯……以及圣经。我们不能深入这个纯然的编年传统中的所有细节，但是，从外面来看，这个讨论看起来是这样的：针对尤其是埃及人所提出的过高宣称，为圣经的编年做辩护。现在，我们必须来看，这是否就是维柯的最终定论。

在第45段，维柯看起来……请读一下第45段的开头。

兰肯：[读文本]

> 但是，那样荒远无边的古代当然不能向居住在内陆的埃及人提供什么深奥的智慧。（第45段）

施特劳斯：好的，所以换句话说，维柯在这里明显承认，埃及人"荒远无边"。埃及人有可能像他们宣称的一样古老，也就是说，他们有可能比圣经记载所能容许的限度古老得多。但是，当然，在智慧上，他们不可能如此古老。这点是否清楚？由于野蛮的开端，这是一个关键要点。很好。

[97] 学生：不过——在我读过的另一段中，维柯没有谈到他们的智慧，他只是说，如果他们的宗教——从这一段来看，我想维柯会说，如果有任何异教宗教比希伯来宗教更古老的话，那么，基督教的真理就受到了质疑。

施特劳斯：是的。基督教当然要比异教宗教晚得多，而问题就在于希伯来宗教，也就是犹太教。

学生：是的，我知道这点。问题是，维柯有没有可能是在攻击基督教的真理？我不认为他考虑过——

施特劳斯：二者是一样的。质疑旧约真理的权威意味着攻击基督教的真理。

学生：但是，维柯本人是这么说的。我问自己的是，他为什么要这样说？

施特劳斯：这是通常的观点，除了一些异端教派之外——例如马克安派（Marcionites），① 在他们的时代，马克安派是完完全全的异端，某

---

① 马克安派，一种基于西诺坡的马克安（Marcion of Sinope，公元85—160年）之教义的教派。该教派将希伯来的上帝视为僭主式的存在，与新约中宽恕世人的上帝相比，这位上帝处于不同且更低的层级。

种程度上早期索齐尼派（early Socinians）① 也包括在内，他们尝试使基督教宗教完全独立于旧约。但是，正统的基督教观点总是把旧约视为基督教启示文献的一部分。因此，在历史或其他方面对旧约真实性的攻击就被视为对基督教的攻击，就是这么简单。

学生：我的想法是，这可能是一种策略——简单地把这种观点归于你的对手，这样，你就可以攻击他了。

施特劳斯：是的，我知道这种争论是存在的。但是，在这个方面，它不是一种归罪，而是事实。重复一遍，只有像早期基督教中的马克安派以及某种程度上 16 世纪的索齐尼派（他们即是如今的上帝一位论派［Unitarians］）这样的基督教异端，才曾经尝试使权威性的宗教完全独立于旧约。那样，他就必须接受索齐尼主义，这会与接受新教同样坏，甚至更坏。

学生：……

施特劳斯：有一种可能性是，他甚至不接受基督教，但这就是另一个问题了。至少到目前为止，我们没有根据来这么宣称。

我重复一下，在这里，维柯似乎承认埃及的古老"荒远无边"，这句话暗示了对当时所理解的圣经的拒斥。但是，维柯当然不能接受[98] 埃及智慧的远古性，因为那就会违背事物的自然。人起源于野蛮的源头，也就是说，要花费千年之久才能走出那种野兽般的状态，走向智慧阶段。

维柯在这一段提到了这种关联，他认为，希腊是哲学家的民族。也就是说，希腊人而非埃及人才是哲人民族。此后，当埃及人意识到希腊哲学以后，就把哲学解释进这些古老的埃及文本中。这就好比一个当今的中国人会说，孔子所说的话就像……所说的一样。你们了解这类事情。你们认识这种类型的人吗？这样的人满世界哪里都有。所以，维柯的观点是说，希腊人是哲学家的民族，因此也是精致艺术（fine arts）的民族。也就是说，埃及艺术并不是精致艺术，而是野蛮的艺术……如

---

① 索齐尼派的异端学说出现于宗教改革期间，大约在 1570 年前后，但其根源可以追溯到天主教会早期的阿里乌派异端学说。除了施特劳斯所提到的方面，更关键的是，索齐尼派否认三位一体，否认基督的神性，这一点广为人知。

此等等。很好。

在这里，整件事情所暗示的似乎是，如果哲学是第三个时代的特点——你们还记得，诸神时代、英雄时代和人的理智的时代——如果哲学是第三个时代的特征，那么，第三个时代就并非存在于一切民族之中。哲学在希腊人当中存在，但并不是在哪儿都存在。我们必须记住这点，才能够看到，维柯所称之为理想历史（ideal history）的东西——要记住［施特劳斯写板书］诸神、英雄、人及其所有细节——是否在每个单一民族的所有特殊情形之下，都必然能成立。

埃及人关于他们不同寻常的古老性质的偏见乃是错误的推理。这不仅仅是一种理论错误，也就是说人们只是不能计数，在应该只数两千的时候数成了两万。而是说，有一种激情驱使他们走向这种过度估计的方向。请读一下第48段开头。

兰肯：［读文本］

> 关于埃及人多么古老的误解是来自人类心灵的一种特性，即不确定性——由于这种不确定性，人类心灵就相信，他所不认识的东西比实际远为伟大。（第48段）

施特劳斯：所以在这里，维柯已经提出了其中一条原则，我们之后还会提到这条原则：也就是说，人的心智具有一种不确定的特点。在某种意义上，这意味着，不确定被等同于无限。所以，人就其事实上不知道的东西下论断。因此，由于这种无限性，他就之做出论断的那种未知事物，就比他们实际上更大。这个问题清楚了吗？因此，尤其遥远的未知之物，就被无限地扩大了。但是，在这种将未知之物扩大化的做法背后，其动机是什么？在第50段，维柯清楚地解释了这一点。这一段很长——

兰肯：［读文本］

> 但是人们已经发现中国人和古代埃及人一样，都用象形文字书写（这里还不提斯基泰人，他们连用象形文字书写也还不会）。不知经过多少千年，他们都没有和其他民族来往通商，否则他们就会听到其他民族告诉他们，这个世界究竟有多么古老——（第50段）

[99] 施特劳斯：顺便说一下，关于我们手头的编年表，要考虑的一件事是：根据圣经编年表，这个完整的阶段是否可能有很多个千年。关于这点，我只是简略提一下。有吗？换句话说，有可能最多只有三个千年，你们能够把"三个"称为很多个千年吗？

学生：……

施特劳斯：是的，正确。只是顺带提一下——如果带着必须的认真来阅读的话，就会有很多类型的困难，这只是其中一个例子。关于孔子，你好像说了什么？

学生：维柯后来提过孔子，他说孔子很可能生活在耶稣之前五百年，而这就意味着，他们的确已经有通商，但是，没有……在耶稣之前的五百年……[到达]那里。

施特劳斯：但那已经非常晚了。

学生：甚至在那之前，也有很多个千年。

施特劳斯：好吧，不过，那还是公元前五百年——让我们再多说三千年，你就到了公元前三千五百年，这仍然与圣经的编年相容。但是，在这里，还不是……现在，请继续读。

兰肯：[读文本]

> 正如一个人关在一间小黑屋里睡觉，在对黑暗的恐怕中觉醒过来，才知道这间小屋比手所能摸到的地方要大得多。在他们天文时历的黑屋中，中国人和埃及人乃至迦勒底人的情况都是如此。(第50段)

施特劳斯：是的，那么，动机是什么呢？是什么引导人们把未知的东西看得比实际更巨大（bigger），或者更伟大（grander）呢？

学生：恐惧。

施特劳斯：恐惧，这就是我的意思，所以，问题就在这里。很自然，在这些早期的人中间，动机是恐惧。因为从根本上说，他们是如此虚弱，而你们也记得霍布斯的著名主题——恐惧开启了一切。

现在，……先生在概述此前的部分时，已经正确地分析了第51段。而在这里，他说，世界上最早的民族是希伯来人，其源头是亚当。那么，这是一种正统的教诲吗？谁是君主？也就是犹太人最早的父亲？

学生：亚伯拉罕。

施特劳斯：亚伯拉罕，正确。并不是亚当。因为亚当是所有人的父亲，即使亚伯拉罕也不仅是犹太人的父亲——由以实玛利（Ishmael）下溯，他也是阿拉伯人的父亲。所以，亚当自然不是。不过，维柯在某处会提到一种学说，在那里，维柯提到了"前亚当时代的人"（pre-Adamites），对［100］吧？拉佩雷尔（Isaac La Peyrère），对。不过你们不会知道这个名字，他很不出名。（施特劳斯写板书）他在1665年左右用拉丁文写作。在作品中，他试图证明，基于编年史上的困难，再加上在美洲和远东的新发现，旧约圣经的描述不可能在字面上为真。① 而拉佩雷尔也尝试用一种对保罗《罗马书》的非常复杂的解释来调和旧约中的描述——调和的结果是，亚当只是犹太人的祖先。这个关于堕落和拯救的整个故事只是一件严格限定于犹太人内部的事情，而这便当然意味着，异教民族——尽管他没有这么说——从来未曾堕落，因此也并不需要一种拯救。当然，这超出了我们的主题。

现在，关键的问题就是，整个的圣经历史从开头就是一部犹太史。而且，不仅仅从洪水开始，甚至从亚伯拉罕开始，这段历史便……所以，我只是简略提一下这点。我们现在读一下第52段——很多内容我们必须从略。

兰肯：［读文本］

> 在这项工作中，埃及人的古代文物对我们将会大有帮助，因为埃及人替我们保存了——（第52段）

施特劳斯：对不起，我们也读一下51段的最后一句话，"这是普遍历史的正当的起点"——

兰肯：［读文本］

> 这是普遍历史的正当的起点，所有的学者们都公认，普遍历史

---

① 1655年，拉佩雷尔以拉丁文发表《前亚当时代的人》。施特劳斯在《斯宾诺莎的宗教批判》的第三章讨论了拉佩雷尔的思想。［译按］中译本参施特劳斯，《斯宾诺莎的宗教批判》，李永晶译，北京：华夏出版社，2013，页96－130。

在开始阶段是有缺点的。(第 51 段)

**施特劳斯**：是的，若仅仅把异教徒的历史称为普遍历史，这当然是一种很严重的说法——尽管他们乃是人类中的大多数。因为这与"普遍"一词的通常含义相矛盾："普遍"当然意味着所有人。当波舒哀（Bossuet）在先于维柯一代人的时间写作他的普遍历史——《论普遍历史》时，所写的当然是圣经式的历史，并且在圣史中整合了希腊、罗马的和其他的史实。这就表明了一个信号：这里有一些并非很正统的东西。现在，请读第 52 段。

**兰肯**：[读文本]

> 在这项工作中，埃及人的古代文物对我们将会大有帮助，因为埃及人替我们保存了两大遗迹，其神奇并不下于他们的金字塔，这就是下列两大文字学的真实情况。第一个是由希罗多德叙述过的：埃及人曾把他们以前的世界划分为三个时代，首先是神的时代，其次是英雄的时代，第三是人的时代。第二个（像薛福尔 [Scheffer] 在他的《意大利或毕达哥拉斯派哲学的性质和体制》里所叙述的），是这三个时代中相应地说过三种语言：第一种是象形语言，用神的字母；第二种是符号（象征）语言，用英雄的字母；第三种是书写的语言，用人民约定俗成的字母。(第 52 段)

**施特劳斯**：换句话说，有三种时代的……相应也有三个时代的语言。这暗示在第一个时代，也即诸神的时代，还没有任何明晰的语言，他们其实是野兽一样的人。当然，我们能提出的大问题是：维柯凭什么就能把埃及人这些寓言式的故事理解为历史 [101] 事实？很明显，当今再没有人会这样做。某种意义上，这当然不可能了。维柯只能说，也许这仅仅是为了他本人的论证而做的一种……的发明。换句话说，维柯事实上确实需要这种三分结构吗？换言之，这有可能是他预先建起的一座小房子，此后，当这个房子不再适用时，他就把这房子抛弃了。请继续。

**兰肯**：[读文本]

瓦罗没有采用这种时代的划分,我们不能说是因为他根本不知道这种划分,因为他是无限渊博的,配得上"罗马人中最渊博的学者"那个光荣称号,而且他生在文化最高的西塞罗的时代。他不采取上述划分,毋宁说是因为他不赞成。或许是因为他认为,我们凭我们的一些原则认为通用于一切古代民族的划分,其实只适用于罗马史,也就是说,一切罗马制度,无论是神的还是人的,都是在拉丁区域土生土长的。(第52段)

**施特劳斯**:现在我们来理解一下这一段。首先,维柯说(这里有个很大的变化),自己在这段的前一个部分所说的是,古埃及人特定的古代文物为我们理解他们的起源提供了最重要的关键。这里出现的不仅是一个形式上的矛盾,因为,尽管不是四万年或者更多,但四千年之久(公元前四千年)仍然已经非常古老。第二,瓦罗并不希望说出自己所知道的东西。瓦罗描述了罗马的起源,而不是普遍的起源。换句话说,为了能够识别出罗马人的普遍的特性,瓦罗在其中〔译按:即在普遍历史的特性中〕只发现了来自罗马的起源。这意味着瓦罗夸大了自己〔民族〕的起源。而根据维柯的说法,这是一种人们普遍会犯的过恶。各个民族永远都会用属于其他的……来装饰自己,而那就是……不过,就十二铜表法的情况而言,瓦罗没有这么做。瓦罗把十二铜表法追溯到希腊,而没说它们是土生土长的。而根据维柯的说法,事实上,十二铜表法的确是〔罗马〕土生土长的。当然,这是另一种类型的夸大。野蛮的罗马人曾经宣称,已经从这五个希腊民族之中借用了一些东西。那么,在何种程度上,关于瓦罗的这个评论——以及一半是对瓦罗的批评——反映了维柯本人对圣经所做的事情?这个问题我们必须记在头脑中,尽管我们还不能回答这个问题。换句话说,维柯把犹太人作为最初的民族,并把第一个人亚当作为犹太人的——并且仅仅是犹太人的——始祖,至于这一点是否对应着一种所有人都夸大自身起源的普遍倾向,我们在此仅仅能把它作为一个问题提出来。

而现在,维柯在下一段发展了这个主题,也就是我们能够称之为"各个民族的自夸"的问题。是的,不过,这当然就产生了如下问题:如果所有的民族都这么做,那么,犹太人是否有可能也已犯下了同样的过错呢？而批判的历史学家是否必须像他……［请读］第54段。

兰肯：［读文本］

> 时历表的第一栏①是专门分配给希伯来人的。根据犹太人弗拉维斯·约瑟夫斯最可靠的凭证……

施特劳斯：一个"犹太人"……请继续。

兰肯：［读文本］

> 和拉克坦特·费尔明（Lactantius Firmianus）——

施特劳斯：一个基督徒。[102]

兰肯：［读文本］

> 希伯来人原来是所有的异教民族都不知道的。可是希伯来人对世界所经历过的几个时代的叙述，却计算得正确。犹太人斐洛（Philo）的估计被一些最严格的批评家认为是真实的。（第54段）

施特劳斯：又一次出现了，你们看……请继续。

兰肯：［读文本］

> 如果这种计算和优赛比乌斯的计算不同，差别也只有一千五百年——

施特劳斯：优赛比乌斯的宗教是什么？

学生：基督教。

施特劳斯：是的。

兰肯：［读文本］

> 比起迦勒底人、斯基泰人、埃及人以及今天的中国人所制的时历表所表现的差异，还是微乎其微的。这应该就是一个无可辩驳的证据，证明了希伯来人是我们的世界中最早的民族。

---

① 这个时历表见于《新科学》英译本第28页，亦即卷一的第1页。

施特劳斯:"我们的世界中"当然是一种限定,请继续。

兰肯:[读文本]

> 而且他们的圣书里如实地保存了他们对这个世界开始以来的一些记忆。(第54段)

施特劳斯:"对这个世界"。所以,在暗示了我们的世界与其他世界之间有可能存在差别之后,维柯返回到了"这个世界"。这说明什么?犹太人的说法并不受制于这种批评,因为这些说法所依靠的是最可靠的证人——在这种情况下,他们恰好也是犹太人。他们的不利因素也只有一点儿:他们并不是依正统教规的犹太人(canonic Jews)。你们知道,约瑟夫斯是圣殿毁灭时代的一位史家。所谓并非"依正统教规",我的意思是说,无论对犹太人,还是对……来说,他们都没有依循正统教规。所以,我想,这里简要地暗示了问题所在。

我们现在转到第83段,这段看起来与此处很相关。

兰肯:[读文本]

> 桑库尼阿特斯(Sancuniates)用凡俗字母写腓尼基历史,世界年历2800年。他也被称为桑楚尼阿松(Sanchuniathon),并有"(记述)真实的史学家"的称号(亚历山德里亚的克莱蒙,《杂俎集》)。桑库尼阿特斯用凡俗字母写腓尼基历史,而——

施特劳斯:也就是说,用字母表,请继续。

兰肯:[读文本]

> 而我们已看到,埃及人和斯基泰人都用象形文字书写,而中国人直到今日还用象形文字书写。中国人,像斯基泰人和埃及人一样,都夸口非常古老,因为在黑暗的孤立状态中,中国人和其他民族都不相往来,他们就没有正确的时间观念。(第83段)

——维柯在前文中也这么说过。

施特劳斯:[103] 是的,但是,维柯在这里提到了斯基泰人和中国人,他们与世界上的其他人互相分离,这使他们不可能也有这幅值得向往的编年表。现在问题就是，在他写作的时候，维柯是否从来没有考虑过这种复杂性，还是说，他考虑过这一点？很难决定。但是，我相信必须提出这个问题，无论怎么回答。是的，那么现在，在这个序列中，他谈到了迦勒底人的第三个时代。让我对这点略作概述，我们不可能把所有的内容都读到。

在第 62 段和此后的段落中，维柯向我们表明了把各个民族的野兽性的起源与圣经描述调和起来的困难所在。现在，我想此处的困难是如下这点。简要来说，野兽的语言不是含义明晰的语言。圣经关于语言有什么教导？——亚当被教授了语言，并且掌握了语言。那么，根据圣经，关于语言方面接下来的大事是什么？巴别塔事件，也就是说，直到巴别塔事件之前，一直都有一种普遍的语言，所有人都说同样的语言。根据传统的观点，那就是希伯来语。但是，就我所知，这并不是来自正统教规的（canonical）观点，只是传统的观点。好的。不过，在巴别塔之后，当然也有属人的语言。换句话说，单一的属人的语言被七十来种不同的属人语言所代替。所有的人类语言都是含义明晰的语言（articulate language）。那么，在这个计划之中，没有明晰的语言的异教诸民族处在什么位置？这是一个很大的困难，但我们没法儿深入探讨。我只能指出，我们不能不假思索地认可维柯明确说到的内容。请讲？

学生：维柯发现中国人仍然在使用象形文字书写，从这个发现出发，他是否会说，他们还没有走出诸神的时代？

施特劳斯：不。不过，没错，我认为他很可能自然地在语言和书写之间作区分，他会区分这点。但是，他会说，作为书写，象形文字的书写比这种字母表的书写要更低。第二，他会基于这个教义宣称，在某个阶段，人们甚至以象形的方式来说话，这才是关键。

学生：但是，那么他就会说……

施特劳斯：好吧，[我们还没有讨论到] 他关于这一点是怎么想的。情况毋宁说是这样：首先，有的仅仅是声音，对吗？如果你去看动物，并且了解一点儿，你们就知道，它们会在不同场合发出不同的声音——当他们高兴时，恐惧时，等等。此后，再补充一点。人可以做得更多。人还可以有所指，他们能够指称。而你们也可以做同样的事，例如。你们可以到一家商店，一句话也不说，只是指示这一下，他就知道你想要火柴。对吧？为了买火柴，你们可以不用说一句话。在《格列佛游记》第三部分，斯威夫特讨论过这样一些人，不过是为了别的原因。因为这些东西与尘世间的事物相比过于抽象——这些在……中的颜色，而他们做的就是这种类型的事。但是，无论如何，象形文字明显与含义不清晰的语言（inarticulate language）没有关系。不过，维柯又宣称，有一个以象形语言讲话的时期。

在第67段结尾，关于各个民族的自然法，有个评论比较重要。请只读一下第67段的结尾。

兰肯：[读文本][104]

> 最后，好像是神圣天意对制定法律这种人类的必需不曾作过安排，在没有字母的情况之下，让各民族在野蛮时代先是根据习俗创建起来，到后来变成文明了，再凭[成文的]法律条款去治理国家！正如在复归的野蛮时期的情况下一样，即像在欧洲新起的一些国家中一样，最初的法律也是产生于习俗的，其中最古的习俗就是封建性的。这一点应该牢记在心。下文我们还要谈到，授封土地（fiefs）是古今各民族后来兴起的一切法律的最初根源，因此，各民族（nations）中的部落自然法①都不是根据法令条文，而是根据人类习俗而奠定起来的。

施特劳斯：好的。当然，"成文"这个语词是补入的，原文是"法律"。自然正当并没有法律的性质——无论是成文法或不成文法——只有习俗的性质，也就是说，差别——法律与习俗之间有什么差别？在一种意义上，差别是这样的："习俗"指的是人们惯常（customarily）如何行动。习俗并不[明确]具有一种"应当"的特性，而法律——无论是成文法还是非成文法——则有这个特点。做这件事或者做那件事。你们知道，习俗是某种这样的东西……

---

① 英译本原作"各异教民族的部落自然法"（the natural law of the gentes）。在此处，通常还有其他地方，兰肯会使用更通常的"各民族"（nations）来代替"各异教民族"（gentes）。原因可能是，英译者伯尔金和费什保留了意大利文中的 gente 未译，使之区别于 nazione。

第一个阶段，各个民族的自然正当具有习俗的特点，这与法律有别——无论成文或不成文。我想，我们必须把这点记在脑中。

第 79 段，这里讨论的是个小问题，只是给你们一个观念，明白应该考虑的是什么问题。第 79 段的最后一句话——关于这个观念，……先生的文章中讨论过。

兰肯：[读文本]

> 也许就是因为这一切，西塞罗在《论诸神的本质》里就疑心，像俄耳甫斯这样一个人，在世界上根本就不曾存在过。（第 79 段）

施特劳斯：好的，对。你们很容易就能发现，这一段引自《论诸神的本质》第一卷，第 107 段。这是关于伊壁鸠鲁的一卷。在第一卷中，伊壁鸠鲁派谈了自己的观点。此外，很有趣的是，对于这个关于……的主题，维柯却没有提。

这一点预示了一个更大的问题，我们随后继续推进时会更多地讨论这一点。在某种程度上，维柯所做的事情仅仅是，重建一个很多古人都曾持有的观点——其中不仅包括像伊壁鸠鲁派这样的极端派，也包括亚里士多德和珀律比俄斯。换句话说，在某种程度上，维柯所做的绝不是一件专属于现代的事情。他只是在批评过去的某些传统——与希腊或罗马思想的高峰时期相比，这些传统在珀律比俄斯之后的时代更加受到广泛确信。

在随后的第 80 和 81 段，维柯对所谓的异教徒们的不朽神话提出了某种辩护。换句话说，原初的人——也就是 [105] 那些从野蛮人变化而来的人——并不是这些希腊神话中的不朽寓言的最初创造者。这些寓言乃是希腊或罗马社会陷于解体状态时的产物。起初，这些关于通奸、谋杀以及诸如此类的故事具有完全不同的含义。在此，维柯展开论述了这一点。

在第 82 段，我们发现了维柯的神话学解释原则的一种简要表述。关于这个原则，格伦先生正在研究。请继续。

兰肯：[读文本]

> 希腊英雄时代在赫库勒斯这里达到了顶点。关于赫库勒斯，我

们又碰到上面的难题——如果我们把他当做一个真人，作为陪伊阿宋去远征科尔基斯（Colchis）的伙伴，而不是像下文还要看到的，他凭了一些艰苦劳作，成了一个民族创始者的英雄人物性格的话。（第 82 段）

施特劳斯：所以换句话说，在他的解释中，有一种……。早期的人没有能力形成普遍的概念——例如，关于"创建者"的普遍概念，这个概念可以应用于任何创建者。因此，他们就用了专名，赫库勒斯。而在此后，当然就有 n 个赫库勒斯，而所有这些东西都被归属于不同的个人。但是，一旦人们开始理解那种此后被称为"前逻辑的心灵"的思维方式，那么，人们就有了理解早期的各种故事的钥匙。而他如何建立了这个原则？——通过认识到早期的人有点像孩子，然后，通过观察儿童心灵的缺陷，我们也能够在某种程度上理解早期人类心灵的各种缺陷。此后，所有这些事情就都会成型。现在已经明显的是，这是一个非常成问题的程序，但是，我们必须首先看到这一点。请读第 85 段。

兰肯：[读文本]

[色梭斯特里斯（Sesostris）统治忒拜，世界年历 2949 年。]①这位国王把埃及另外三个王朝纳入他的统治之下，他显然就是塔西佗所叙述到的埃及司祭告诉过日耳曼尼库斯的那位拉姆色斯（Ramses）国王。（第 85 段）

施特劳斯：好的。不过，我弄不明白的是，这一点如何能够与摩西的立法时代相关联。我们可就必须得研读与它相关的第 44 段，但我们不能这么做。那么，让我们读一下第 86 段的第二部分。

兰肯：[读文本]

这种摆法也不应引起惊怪，因为那些年历学家本人也互相差异。在确定荷马的年代之时彼此竟相差 460 年之多，而荷马还最靠近这些希腊史迹。

---

① 兰肯在朗读时略去了"世界年历 2949 年"。

**施特劳斯**：你们看，在尤塞比乌斯和斐洛的例子中，他曾把一千五百年视为无关紧要的细微差别，还记得吗？请继续。

**兰肯**：[读文本]

（我们的理由是：）叙拉古在迦太基战争时期，在富丽文雅方面并不比雅典本身逊色。而奢豪的习俗达到岛屿要比达到大陆迟。李维时代的克罗通（Croton），由于人口稀少，曾引起李维的怜悯，而实际上它的人口过去曾达到过几百万之多。（第86段）

**施特劳斯**：你们看，现在维柯自己使用了残暴的……。当然，在李维或任何其他人那里，并没有这种……存在的证据。现在，请读一下第88段的开头。

**兰肯**：[读文本][106]

但是正如太阳驱散乌云，圣奥古斯丁在《上帝之城》里引过一段瓦罗的名言，也驱散了前此所有关于罗马及其他一切曾为著名城邦首都的城市的那些高谈阔论。这段名言提到，罗马在国王统治下的二百五十年中，征服了二十多个民族，它的统治范围扩张并没有超过二十英里。

**施特劳斯**：换句话说，从这里或那里，我们四处都获得各种记载，这些记载表明了古代事物的渺小。我的意思是，从这些很小的数目着眼，我们有了拒斥（dismiss）更大数字的标准，尤其是如果我们知道了如下准则的话：人们会放大不知道的东西，而这是出于恐惧。关于波斯战争，据说人数有多少，你们知道吗？

**学生**：好像有两百万。

**施特劳斯**：他们现在说数目有多少？八万？

**学生**：八万。

**施特劳斯**：是的。所以，当然，这倾向于……我的意思是，把这些很大的数目缩减。至于维柯对这些很大的数目所作的解释是否可靠，这并不重要。但是，这个事实如今得到了普遍的接受——顺便说一句，这并没有因此使这种观点变得真实，而只是表明，维柯获得了历史性的成功。

此处，所有这些评论所讨论的，都是"早期编年学绝对不可信"这一特点。不过，我们没法深入分析这个问题。我们现在来看一个问题，这个问题有一种更加宽泛的重要性。让我们首先读一下第91段。

兰肯：[读文本]

> 伊索，凡俗的伦理哲学家。

施特劳斯：也就是说，并非真正的哲学家。

兰肯：[读文本]

> 在下文《诗性的逻辑》部分将会看到：伊索并不是自然界中某一个别的人，而是属于英雄们的"家人"或"伙计"的一种想象的或诗性人物性格。伊索确实生在希腊的七哲人之前。（第91段）

施特劳斯：是的，重点就在这儿，也就是说，要认识到，这些在……之前的早期的个人，他们并非个人，而是类型，也就是诗性角色，这是一个关键点。如果你们有谁了解一些19世纪旧约批评史，就会知道，同样的事情也发生在旧约人物身上。例如，雅各的十二个儿子——这些都只是对于类型本身的诗性暗示，也就是所谓"诗歌式的祖先"。同样的原则也被应用于"父权君主"（patriarchs）。如今，他们在这个特殊的例子中作了改变。但是我认为，关于这个原则的思考方式首先就是由维柯表述的：早期人所谈到的个人并不一定是真实的个人。这个表述采用的是否定方式，但是完全可以得到辩护。

[107] 现在，请读下一段。

兰肯：[读文本]

> 泰勒斯从水这样很简单的元素开始，也许是因为他见过葫芦漂生在水上。（第92段）

施特劳斯：这句简单的评论是什么意思？可以说，这个关于泰勒斯的评论其实直接源于亚里士多德《形而上学》卷一。但是，此处的评论是什么意思？这是一种典型的早期思考方式，非常简单。所以，如果你们在一篇据说写于公元前三千年的文本中发现了柏拉图的智慧，你就知道，这肯定不对。

下一段，维柯提到了李维的一段话——李维关于毕达哥拉斯的说法。这里再次表明，李维总体上来说非常清醒（sober），就像亚里士多德一样清醒。维柯所赞同的就是过去的这些清醒的人——这些希腊人和罗马人。从某些方面来说，维柯所做的无非就是重建这种清醒。在这种程度上，并不存在创新。

请读一下第 94 段，这一段值得读。

兰肯：[读文本]

> 这里我们有必要远向拉克坦特（Lactantius）的权威著作（《神圣的制度》）求证据吗？他坚决否认毕达哥拉斯是以赛亚的门徒。

施特劳斯：你们看，这个当然是传统法的一部分：由于犹太人是被拣选的民族，所有智慧都具有犹太人的起源，因此，毕达哥拉斯——更不用说，还有柏拉图，也都曾间接地是摩西和希伯来先祖的学生。请继续。

兰肯：[读文本]

> 犹太人约瑟夫斯在《犹太稽古录》里有一段话大力支持上述权威，他证明了希伯来人在荷马和毕达哥拉斯的时代，连他们最近的内陆邻国也没有人知道他们，更不消说海外的远邻。（第 94 段）

施特劳斯：让我们跳过随后这几段，从维柯再次谈到约瑟夫斯的部分开始。

兰肯：[读文本]

> 约瑟夫斯自己就自由地承认——

施特劳斯："自由"的意大利语原文是 generosamente，要译为"大度地"。

兰肯：大度地。

第五讲 《新科学》(45 – 118 段) 159

施特劳斯：这么做，是一个大度的人的行动。换句话说，如果他并不大度，他就会宣称，希腊智慧有犹太的起源。

兰肯：[读文本]

——承认当时犹太人默默无闻，而且说出了理由："我们并不住在海岸边，我们也不喜欢进行贸易，或是为着贸易去和外国人打交道。"（第94段）

施特劳斯：[108] 毫无疑问，约瑟夫斯的确说过这样的话，因为这是从意大利文译本中直接引用的约瑟夫斯的原话。所以，希腊智慧并无犹太起源。所以，异教徒的智慧就必须理解为产生于一种野兽的状态，你们明白吧？如果说异教历史仅仅是败坏了的犹太史，那么这是一种解释。另一种解释是异教徒自己的解释。但是，由于异教徒们无可否认地起源于一种野兽似的起点，那么，史学家或者解释者们的任务就是弄明白，这些几乎野兽般的人是如何发展起来的，以至于竟有能力获得希腊人的高级智慧。

约瑟夫斯非常大度地承认，犹太人曾经生活在与世隔绝的状态。因此，在我们以前讨论的基础上，圣经的编年就必定完全不可信。我的意思是，如果第83段的这个论证能够成立的话。

接下来，我想你应当再读一遍第95段。

兰肯：[读文本]

但是凭着这类民政制度的性质来看，就应认为那时各国都闭关自守，不可能去侵越连高度文明的埃及人也禁止侵越的那种闭关状态（埃及人对希腊人素来很不客气，就连埃及向希腊开放门户很久以后，他们还禁止用希腊制的壶、铲或刀，甚至不准吃用希腊刀切的肉），穿过崎岖艰苦的道路，和当地人没有共同的语言，而且异教人说到犹太人时有一句成了谚语似的话，说犹太人对一个舌燥唇干的外国人连指路到源泉去也不肯。先知们如果把圣教译成外文，使他们不相识的外国人读懂，就会亵渎圣教；因为在世界所有的国家中，僧侣（祭司）们都会连对本国的平民们在宗教上也要保密，因此到处都把本土的教义称为圣教，神圣（sacred）是和秘密（secret）同义的。从此就产生出一个最明显的证据，证明基督教就是真理：毕达哥拉斯和柏拉图凭一种最崇高的人道学问，把自己提高到略微懂得一点真神教导给犹太人的那种神圣的真理。另一方面，这里对近来一些神话学者的错误见解也提供了一种强有力的反驳。这些神话学者相信神话故事都是由异教民族，特别是由希腊人歪曲过的圣教故事。（第 95 段）

施特劳斯：我们先在此暂停。现在，关于能证明基督教是真理的这个"明显的证据"该怎么理解？这个证据何以成立？——最伟大的异教哲学家们通过理性分析，发现了基督教教诲的一部分。因此，这种教诲不仅仅是由启示而得知，同样也是通过理性而得知。我相信，这就是维柯关于这则"证据"所说的意思。但是，当然还有另一面——宣称异教徒们并没有从犹太人那里学到任何东西。也就是说，从另一方面看，当然也有这个意思——由于犹太人完全与世隔绝，异教徒的智慧不可能来自犹太人。犹太人一点儿未曾与异教徒们相混居，他们甚至比埃及人还要……与犹太人相比，埃及人（这是我的解释）要更仁慈（也就是更热情好客）。可是——他们……怎么样呢？他们非常不好客，但犹太人更不好客。但是，当然，不管古代异教徒关于犹太人做了什么评论，[109]"周围的大多数人都是偶像崇拜者，都崇拜令人厌恶的邪神"这个观念，肯定影响了犹太人是否好客。毫无疑问……

兰肯：[读文本]

> 属于这些斯基泰人的还有阿拉查什斯（Anacharsis），即阿巴里斯（Abaris），斯基泰人的神谕制造者，正如佐罗亚斯德是迦勒底人的神谕制造者一样。这些神谕起初一定都出自占卜家们，后来由于学者们的讹见，都被变成哲学家们的神谕了。从斯基泰人中夸张语制造者（或是古代某一个在希腊本土出生的）传到希腊的有两个在异教民族中最著名的神谕，即德尔斐（Delphic）神谕和多多那（Dodonian）神谕；希罗多德相信如此。后来品达（Pindar）[《奥林庇亚颂》3.28f；《毕提亚颂》10.30] 和斐里尼库斯（Pherenicus）[品达在第一颂的注释中引过] 以及西塞罗在《论诸神的本质》里所引的一位作家也都相信如此。这也许可以说明阿拉查什

斯为什么被宣称为一位著名的神谕编造者，而且列入最古的占卜神之中，见下文"诗性的地理"部分。同时为着显示斯基泰人对玄奥智慧有多大学问，只需提这件事就够了：斯基泰人为了替即将进行的屠杀辩护，就把一把刀插入地里，把它当做一个神来崇拜，以便为他们即将进行的屠杀辩护。从这种野蛮的宗教中就涌现出第阿多茹斯·什库路斯、查士丁、**老普林尼**（Pliny）所叙述而贺拉斯竟捧上天的全部民政和伦理的优良品质。从此，阿巴里斯（即阿拉查什斯）因为想用希腊的法律来治理斯基泰，就被他的弟兄卡杜达斯（Caduidas）杀掉。这就是凡·霍尔恩所说的"野蛮人哲学"的效益——

**施特劳斯**：我相信，霍尔恩（Otto van Heurn）是一位17世纪的荷兰作家。① 继续。

**兰肯**：[读文本]

使得阿拉查什斯不能凭他自己的明辨去替一个野蛮民族创建人类文化所需要的法律，非得求教于希腊人不可！因为前不久，我们已谈过希腊人和埃及人关系的情况，对希腊人和斯基泰人来说，也是真实的，那就是说：希腊人由于虚荣心，把他们的知识说成来自煊赫好听的外国根源，他们确实理应受到埃及的司祭对梭伦的谴责。（这一点是柏拉图《阿尔喀比亚德前篇》或《后篇》中的克里提阿所说的。）

**施特劳斯**：这是个引用错误，应该是在《蒂迈欧》中。② 继续。

**兰肯**：[读文本]

希腊人一直都是些儿童，所以应该说，由于这种虚荣③所误，他们无论在和斯基泰人的关系上还是在和埃及人的关系上，都在虚

---

① 霍尔恩（1577—1652），一位荷兰医生，曾写作过哲学史和神学史的作品。
② 柏拉图，《蒂迈欧》22b。
③ 施特劳斯与兰肯在此处均以"虚荣"（vanity）取代了英译原文"自负"（conceit）。[译按]朱光潜译本将此语词译为"讹误"。

荣上占便宜愈多，在实在价值上也就损失愈多。（第 100 段）

**施特劳斯**：我们已经了解，出于虚荣，人们会给自己赋予古代的起源，这些起源远比自己更古老也更高。但是，维柯［现在］会发现一些不同的东西：一种为自己的知识赋予外国古代起源的虚荣。毕竟，这与［110］吹嘘自身的伟大还有所不同。原因是什么？他们为什么要这么做？有一个很简单的原因：一个人自己的古代还不够古老。比如，人们不知怎么得知，自己的民族只有四百年历史，那就还不够古老。但是，如果说，我们最初的先祖是从源头无法向上穷尽的民族那里得知这一点的，那就不一样了。我很好奇，维柯是否曾同样想到这种宣称：大部分基督教智慧也都由犹太的源头而来。有这种可能，但我不清楚。不过，当然，外国的古代自然也比本民族的古代更难了解（如果其他条件相同的话），因此，与关于本民族的古代的宣称相比，人们更可能用"外国的古代"来吹牛。这是我们必须记在头脑中的要点。

现在，我们转到下一段。

**兰肯**：［读文本］

伯罗奔半岛战争——

**施特劳斯**：我们不需要读——

**兰肯**：方括号内的内容不需要读，好的。①［读文本］

修昔底德在希罗多德的时代还是个青年，可以当他父亲的希罗多德已经老了。他生在希腊最光荣的时代，即伯罗奔半岛战争时代。因为他和这场斗争同时，他就要写这场战争的历史，以便保存实况。他说过，直到他父亲的时代，也就是希罗多德时代，希腊人对自己的古史还毫无所知。那么，我们对他们关于外国野蛮人所写的东西应怎样看呢？而我们对于古代野蛮人的历史所知道的也仅限于希腊人所告诉我们的。既然到修昔底德核定了上述希腊人先前并

---

① 兰肯向施特劳斯确认，在本节，他不需要朗读很多段落前以方括号标出的内容提要。

不知道自己的历史这一真相时,希腊人就那样迅速地以哲学家的身份出现,那么,对于直到迦太基战争以前的罗马古史,究竟应该怎样看呢,鉴于罗马人此前所关心的只是农事和军事?除非我们或许愿意说,罗马人从上帝那里曾得到特殊优待。(第101段)

施特劳斯:你们看,这一点同样可以用一种恶作剧的方式来解释。换句话说,除非我们用关于犹太人的说法来描述罗马人,那么,他们就可以——所以,无论如何,由此得出的对全书都有决定性的后果就是:针对所有关于古代的以及关于各民族早期时代的传统观点,由此都产生了一种深刻的不信任。而超出任何其他个人的真正权威正是修昔底德。原因就是修昔底德著名的考古学,也就是《伯罗奔半岛战争志》开篇的19个段落。在这些段落中,修昔底德明确表明,直到大约希波战争以后,人们才可能作出任何有确定性的表述。此外,通过应用一些普遍性的批评原则,修昔底德可以就特洛伊战争做一些猜想。真正的历史是从比如希波战争开始的。而现在,维柯尝试重建关于整个过去的批判性观点——不仅是关于意大利的过去,而是关于所有民族的过去。而当维柯谈论起修昔底德时,他此处暗含的意思——也就是他在哲学家的时代,关于……所说的真实——就在于,如果没有哲学家,就不可能期待会有什么真实的历史(我指的是排除了所有寓言性元素的历史)。我们可以说,哲学家是必要条件,而不是充分条件——另一些东西才[111]是……我想,我将等到最后再谈这个问题。从维柯已有的前提来看,他暗中指向的是圣经史学的特点问题。

现在,对我们来说,为了尝试理解什么是维柯独有的贡献,以上这些当然不够充分。因为,这种针对所有传统的批判性立场还不完全是维柯特有的——所谓这种立场,我指的是像修昔底德这样的人物,当然,也包括亚里士多德,某种程度上还包括李维,当然还有塔西佗。这种立场并非维柯特有,因为,在现代,这种批判立场已经得到了重建。在17世纪,斯宾诺莎尤其根本性地对旧约圣经采用了同样的批判——这个结论是关键,也是对维柯而言的一个模本。即便维柯不会接纳他关于圣经的批判,但其论证是相同的。摩西五经不早于《以斯拉记》,也就是说,不会早于约公元前4世纪。我并不知道确切的日期——不,是公元前5世纪。因此，摩西五经的写作日期不是像前人曾假设的那样，要再早一千年。这一点当然导致了无穷无尽的后果。如今，人们当然很大程度上修正了这一点——关于摩西五经的很多部分，即便最有怀疑精神的人都已经修正了这个立场，但是，总的立场在根本上已经被普遍接受。因此，我还会说，无论结果好或坏，维柯的成就在于……所以，维柯很可能比任何更早的现代作家都更加明确地捍卫了这一立场。但是，再重复一遍，维柯的原则是，对关于古代的描述必须持怀疑态度，除非有一种明确、牢靠的编年史出现，而这反过来又要求某种程度上的自然科学（也即关于日月的观测）。当然，这种不信任同样也可以有一些更加特殊的动机，一种对于古代的轻蔑，这并不一定是对事物整体的轻蔑。我们以后再关注这点。

在105段，维柯又提出了一个非常重要的观点，也就是关于罗马事务的完整讨论。在这里，维柯尤其讨论了罗马公法（lex publica）。请读第105段。

**兰肯**：[读文本]

  这项法律和后来同样重要的陪提略法律（Petelian Law）都失在模糊，没有给"人民""王国"和"自由"这三个词下过定义。由于这几个词，一般人都错误地认为罗马人民从罗穆路开国时起就已由贵族和平民两种公民组成，罗马王国曾经是君主专制的，而布鲁图所创造的自由已是民众的自由。

**施特劳斯**："民众的"——含义是"民主的"。是的，意思差不多。请继续。

**兰肯**：[读文本]

  这三个未界定意义的词就导致所有的批评家、历史家、政治理论家和法学家们都陷入错误，因为当时还没有哪个政体能使这些学者们对英雄时代的政体有任何理解。英雄时代政体都属于一种最严格的贵族型，所以和我们现代的各种政体都完全不同。

**施特劳斯**：这一点当然是所有批判史学的一个关键原则：也就是

说，曾经使用过的同一个术语，其含义可能已经发生了根本改变。一个像"自由"（freedom）或者"人民"——popolo，或者第三个——像"王国"（kingdom）这样的语词，有可能意指非常不同的事物，而你绝对不能把自身社会之所熟悉的那些观念投射到古代的文本中去。我想，维柯在这个罗马章节中的观点就是，他宣称，自己已经［112］发现，早期共和国的特征与人们在历史上所了解的……阶段（或者诸如此类的其他阶段）的共和国的特征之间，存在着根本的不同。

顺便说一句，有些段落向我们表明，对于维柯——也许对霍布斯也一样——来说，这种关于人类早期时代的观念绝对不算新鲜或者特别，然而，其中一个最重要的段落就在柏拉图本人的作品中。我的意思是，换句话说，这样的内容不仅见于我之前提到的卢克莱修的作品，尤其也见于柏拉图《法义》第三卷，678d-e 以及 680a1-681d。简要地说，柏拉图所做的事情是，造成一种早期时代是个非常好的时代的印象……但是，此后，如果你更仔细地读下去，你就会发现。它实际上是——当然，它怎能免于文明的各种邪恶，免于分裂呢？——它实际上是一个非常野蛮的时代。在那里，柏拉图并没有明确地表述人们只能得知的东西：最初的时代就是与荷马笔下的独眼巨人很相像的那些人的时代。当然，人们可以去阅读荷马，读后就会发现独眼巨人是怎样的一个家伙。此后，你还应当到《法义》的其他章节中、到柏拉图提到独眼巨人的其他段落中查看一下，而在那些地方，柏拉图明确表明，他们过的是一种食人族的生活。你们知道，这种生活距离任何人性的生活都很遥远。维柯径直重建了这个观点，而且，维柯的重建很有可能更多基于卢克莱修而非柏拉图。你们从维柯的《自传》中得知，有一个特定的阶段，维柯在那不勒斯的环境受到伊壁鸠鲁学派的浸染——你们还记得这点。

我们只再继续读几段。请读第 109 段。

兰肯：［读文本］

作为这一切的后果，贵族们就动手夺回平民已耕种过的土地，平民们既然没有公民的自由权去保持土地，于是护民官们就要求颁布十二铜板法（像我们在《普遍法律的原则》里已说明过，这部法典当时所解决的事就只有这一项）。根据这部法典，贵族们把武装骑士的土地所有权也割让给平民们了。按照各民族的自然法（natrual law of the nations），这种平民所有权是允许外方人享有的。而这正是古代各民族的第二次土地法。(第109段)

施特劳斯：好的，现在，这一段到底是什么意思？平民统治（quiritarian dominion）的意思当然是要和贵族享有相同的统治权。而在此前，平民仅有一种事实上的所有权（bonitary right），这就意味着，与贵族的所有权相比，这是一种更低的法权，也意味着真正的财产权仍然在贵族手中。现在，平民变成了真正的财产所有者。在这里，维柯关于各个民族的自然正当（natural right）是怎样说的？这个"各民族的自然正当"（the natural right of the nations）允许平民的统治权。也就是说，允许对于外邦人赋予充分的财产权。此事能得到允许。我想，我们必须非常字面地理解这句话。平民统治不是[向外邦人]"强加"这种权利。换句话说，如果人民想要保留它们，如果贵族，或者人民、一个特定共同体的公民想要保留这种类型的权利，拒绝给予外国人，他们就可以这样做。但是给予外邦人产权还是允许的。然而，层级更古老的法权/正当（the older stratum of right）就会禁止这种类型的财产权，认为这与财产/所有物的神圣特性并不相容。古代法……希腊罗马的财产及婚姻的宗教基础，而在希腊和罗马，对非贵族赋予充分的财产权和婚姻权当然是一种渎神行为（sacrilegious act）。这也暗示，到了某个发展阶段，异教徒们的自然正当/自然法[观念]就祛除了这些迷信的限制，因而允许赋予平民以权利。至于他们是否应当把这些权利给予外邦人，就完全留待功利的考虑——就如同说，可以留给各种"国家理由"（reasons of state）。但是，不再有明确的禁止。我想这就是维柯在此处的意思。

我们再读两段，请读一下第111段。

兰肯：[读文本][113]

就是以上述方式。平民的护民官们，通过履行他们所由创设的职责，即保护平民们的自然的自由权，就逐渐替平民们挣得了全部公民自由权。由塞维斯·图利阿创建的户口籍——以及后来加上的一项条款（规定纳税不再私自交给贵族而应送交公库，使国库可以支付平民们在参加战事中的开销)——这样就自然地把贵族自由权的基本制度变为民众自由权的基本制度了。下文我们将会看到这种结果是以什么方式达到的。(第 111 段)

施特劳斯：必须强调"自然的"(naturalmente)。这是一个自然过程——在事物的自然当中发生的过程，也就是说，这些奴隶(serfs)、平民(plebeians)将会逐渐针对贵族肯定自身。尤其是，如果所讨论的这些贵族(the patricians in question)像罗马人一样好战的话，他们就需要平民来参战。而一旦你武装了这些人，他们再提出权利要求就会有一定效果。我们在当代也有这类例子。那么，此后就会产生这种自然的过渡——从一种由贵族施与平民的"恩惠"(favor)转向从法律上确切承认平民权利，顶点是实现平民的充分平等——至少就法律意义上而言。换句话说，在人口普查之中，……就要增长，此外，当然还有通婚权(connubium)，也就是当贵族娶了个平民，或者相反。这是一种比在婚姻之中更……的事情。

我们要讨论的最后一个要点，在第 114 段。

兰肯：[读文本]

　　如果我们根据这个假设，进一步深入研究罗马的历史，我们将会用成千上万的测验使其中所叙述的一切情况获得支持和现出一致性，而这些情况前此都缺乏一种共同基础和彼此之间的一种正当的特殊联系，就因为对上述(人民、王国和自由权)三个词都没有下明确的定义。因此，上述假设都应作为真相来接受——(第 114 段)

施特劳斯：这三个重要的词是人民(people)、王国(kingdom)和自由(liberty)。按曾有的理解，罗马人民，比如在驱逐国王之后，就是贵族，而他们并不是……。同样的道理此后也适用于……。好的，请继续。

兰肯：[读文本]

　　如果我们深思熟虑，这与其说是一种假说，倒不如说是在思想中默索出的真理，下文还将凭证据证明为是事实。而且根据李维的概括，庇护所曾是"城市创造者们的老会议所"，例如罗穆路就在林间隙地开设的庇护所这个基础上创建了罗马这个城市——这个假说也向我们提供一种世界一切其他城市在前此对认识它感到绝望的那些远古时代的历史。所以这是一切民族的历史都在时间上经历过的一种理想的永恒历史中的个别事例。（第114段）

**施特劳斯**：你们看到要点了吗？理想的历史不仅是一种假设。理想的历史是每个民族出于必然性所经历的过程，从野蛮人的起点开始，[114] 过渡到某种共同体——无论是民主制或君主制的共同体，此后又归于衰败。这并不是一个假设，而是理想的历史。它是理想的历史，因为它仅仅是这段历史的核心内容。当然，偶然事件会把一个城邦与其他城邦区分开来。以后我们会看到，理想的历史本身就像某种建筑，如果并不那么严格来说，也像一种法则。但是，由于时间关系，我们就暂且注意这个事实，也就是说，理想的历史还不仅是一个建筑，它是这种发展过程中关键的必然性。"理想历史"为什么不仅是个假设？维柯何以使得它不只是一种假设？毕竟，维柯研究了罗马、罗马人，并且发现，在罗马，事实的经过就是这样的：首先，很野蛮的贵族为了共同自卫，就与平民联合，防卫奴隶，当然也防卫农民；此后，出于事物的自然性质，贵族就逐渐被迫把权力交给平民，等等。即便如此——当然，如果这点只在涉及罗马时才被证实，它就不会是普遍规律了。那么，维柯怎样给出这一点证明呢？我重复我的问题，是什么，将理想的、永恒的历史区别于一个假设？除了历史证据之外，是什么，使得理想的历史不只是一个假设？

**学生**：是不是神圣天意的必然性？

**施特劳斯**：神圣天意本身需要、也应当被建立起来。但不能由此演绎得出，因为神圣天意会以 n 种不同的方式推进。

**学生**：可这岂不正是问题所在吗？也就是说，它会以 n 种方式推进？

**施特劳斯**：是的，但是，那么你就不能这样说。你只能说，这种方式才是唯一真正的方式。也即神圣天意所确立的方式。里昂斯先生？

里昂斯：……

施特劳斯：是的，我们以后会来讨论这个问题。有很多。换句话说，理想的历史是马克斯·韦伯此后所说的某种"理想类型"（an ideal type），而不是……而是要在这之后。我们还没有听到这种要求。

学生：但是如果你用经验方式来验证它，就可以证明它为真。

施特劳斯：是的，不过，那么他就停止了——当然这是另一个问题。但是，在这个验证之前——到目前为止，这个验证还没完成。因为，只凭罗马史本身进行的验证，还不能赋予它那种地位。

学生：如果维柯从另一个假设出发，他可能就不把这点作为一个假设了。这另一个假设就是——神圣天意在根本上有一到两种行动方式：对希伯来人而言是一种方式，对其他所有人来说，是另一种。结果就是，维柯从希腊和罗马的发展过程中所学到的东西，就可以被普遍化。

施特劳斯：但是，毕竟，我们有什么证据呢？而且，人们可以用一种足够宽泛的普遍化方式说，中国人也是从某一类早期的贵族开始，此后发展为君主制——这就是他们的发展轨迹。但是我相信，事实上，我们在下一节就将看到，这个很简单：关于人性的公理确立了永恒的历史，而此后，从［115］永恒历史出发，我们就可以审视过去，并且来看过去是否与永恒历史充分符合。那么，此后我们就会看到，并没有完全达到一致。我们来考虑我们今天提到的一个事实：虽然哲学家的出现是历史的重要部分，但哲学家在埃及、斯基泰等地方都不存在，在罗马，他们也只是由希腊派生而来。此外还有更多的例子，在118段，也有一些内容涉及这个主题。这是我们本节课要读的最后一段。

兰肯：[读文本]

> 从这些注释中的讨论可以看出，本时历表所涉及的时期，是由古代诸异教民族流传到现在的，涉及本时历表的那些年代都是最不确凿可凭的。所以，在这整片领域里，我们如入无人之境。其中适用的老规矩是"谁先占领，谁就取得占领权"。所以我们相信：我们并不侵犯谁的权利——如果涉及各民族人道的一些原则方面，我们和旁人有些不同的想法，甚至相反的想法的话。

施特劳斯：所以，维柯提到了他在卷首语中所说的那种"驳杂

[难懂］"（density），那个驳杂难懂的对象。因此，任何猜测都是允许的，因为那里完全黑暗，请继续。

兰肯：[读文本]

> 采取这种态度，我们将从一些意见中归纳出一些科学的原则，凭这些原则，我们对确凿可凭的历史事实就可以追溯出它们最初的起源。这些事实靠最初的起源才站得住，彼此才可融会贯通。因为直到现在，这类历史事实好像都没有什么共同基础，彼此之间也没有什么连贯性和一致性。（第 118 段）

施特劳斯：好的。所以，你们看，维柯在这里表述得有些不同：也有一些确凿可凭的历史事实，也就是说，从某个特定的时刻开始，我们就可以相信，例如修昔底德的《伯罗奔半岛战争志》在根本上是真实的。时至今日，这部史书也被人们承认。而同样，希波战争的基本特点也是可信的，这些也是可信的历史。这是一方面。而此后，我们需要知道的唯一的事情就是……，也就是说，在某些历史开始之时。这里是不确定性的领域，而在这儿，通过我们对先于任何文明的人性获得确切理解，由此就开始了最初始的条件。此后，我们将它们连接起来。再往后，我们就找到了一系列材料，这些材料通过寓言的形式表意，并且能够让我们理解。此后，我们了解到，这些寓言不只是寓言。在这时，我突然想到，我其实只是重新表述了——当然并非逐字逐句地表述——卢梭在《论人类不平等的起源》一书中说到的他本人所用的方法。在那里，卢梭提到了两个术语，你们记得吗？——在《论不平等》第一部分的结尾。卢梭的表述有点不同，但问题则是同一个：关于某种存在最大不确定性的东西，怎样才能够重建它？你们还记得吗？我没法［将原文］背诵下来。

好。……先生下次将会就"要素"（Elements）那个章节给我们做个报告……这些是整部作品之中的关键要素。从某种意义上说，我们迄今所听到的还仅仅都是宣称，一部分是对《卷首语》的解释，一部分是对《时历表》的解释，还没进入论证本身。从下次课起，会开始论证本身。好的。

[课程结束]

# 第六讲 《新科学》（120 – 296 段）

1963 年 10 月 16 日

施特劳斯：[119] ……现在，我想先挑几点讲一下。① 你开始时讲到维柯与培根之间的关系，并且从维柯的书中引用了一些内容，或者这些内容不是维柯的话？就在开头部分。

学生：是维柯的话。

施特劳斯：是维柯本人说的吗？在哪里？

学生：第164段。

施特劳斯：明白了，很感谢。我想这点有决定性。我不记得在什么地方形成了这个看法，但是我头脑中很确定，培根②所做的并不是简单地拒斥现代自然科学，而是将自然科学的精神扩展开来。这种看法与克罗齐以及其他人的解释相反。根据他们的说法，这是全新的东西，并且无关乎——我的意思是，这与自然科学完全敌对，并非一种延续。在《历史的观念》③ 中，柯林伍德非常有力地表明了现代史学（人们现在称之为科学的史学）与培根式科学之间的亲缘关系。我的意思是，在别的方面，人们可以怀疑柯林伍德，但他的这个表述则让人印象深刻。通过柯林伍德《历史的观念》一书的索引，你们很容易找到那段表述。这是我要说的第一点。

---

① 施特劳斯回应一位学生的论文，该论文于课程开始时宣读，没有录音。
② 施特劳斯想说的可能是维柯，而不是培根。
③ Collingwood, *The Idea of History*, 1946. 中译参见柯林伍德，《历史的观念》（增补版），何兆武、张文杰、陈新译，北京大学出版社，2010。

现在，关于"真实的"（true）与"确定的"（certain）之间的差别，我在克罗齐和其他作家那里读到各种各样的说法，但在读维柯时，我发现的则是非常不同的东西。我只知道，克罗齐的说法可能是基于维柯的其他作品，但我没法说是哪部作品。但是现在，按照你的表述，这意味着维柯尝试在"真实的"与"确定的"东西之间达成一种重合（coincidence）。至于我们是否可以先满足于这个说法，我还不知道。但是，在现代世界，这样的事情的确正在发生却是真的。我们的说法只需略有不同。例如，在先前的——例如柏拉图和亚里士多德的——计划中，人们可以说：与教科书所说的内容相反，在柏拉图和亚里士多德那里，最佳政制在自身之中并没有差别，无论在亚里士多德还是柏拉图那里都是这样。诚然，对于亚里士多德和柏拉图来说，最佳政制的内容会有所不同，但是其结构（structure）——地点（place）——是相同的。这些呢，则是所有实际的社会。[施特劳斯写板书]。包括所有类型[的社会]，有好有坏。理想的社会并无变为现实的必然性。此事一定有可能实现，但是并没有变成现实的必然性。

这正是马基雅维利的批判起点。他简单地说：好吧，如果最佳政制在本质上不是现实的，而且也不是必定成为现实，那么，这就是一个想象的共同体（imaginary commonwealth）。可是，我们想要拿来作为模本的共同体，其现实性必须能被确保才行。那么，如何才能够确保其实现？答案：把它降低。如果我们的模本并不在这里，而是在这儿[施特劳斯写板书]，那么实现的机会就要大得多。这恰恰正是马基雅维利、霍布斯和洛克这样的人尝试要做的事情——其中也包括功利主义，因为真正的功利主义教诲当然永远未曾实现过，但是，看起来，诉诸"最多数人的最大利益"却是如此容易：你 [120] 只需要有一个民主制，那么最大数量的人就会获得功利。这点很简单，比起找到柏拉图和亚里士多德所梦想的那种完美贤人，这个目标要无限简单。好的。但是现在，这件事情又出现了一个进一步的阶段，人们会说，这个理想自身当然跟现实有根本的不同——也就是"应该"与"是"的不同。康德是这种看法最著名的倡导者。但是，存在着一种［"应该"与"是"］走向汇聚（convergence）的内在必然性。或者毋宁可以这么来讲——其观点如下：人的自私的激情以这样一种方式发挥作用，乃至它们逐渐会需要实际的死亡。战争不断变得更具毁灭性，而世界也越来越变为同一个世界。这在康德的思想中已经存在了，尽管你们会在每张日常的报纸中读到。不过，这曾经是件很了不起的（terrific）事情，乃至人们并不需要经历一番道德上的皈依（a moral conversion）。情境变化了，制度也就变了。例如，当你有了核武器的时候，战争就不再有利，只有一个疯子才会发动战争。而这种简单的聪明——不要像一个明显的疯子那样行动，并不是——我的意思是说，即使赫鲁晓夫也懂得这个。为了做到这个，你不需要任何转变——任何道德上的皈依。

现在，康德所说的东西被黑格尔以一种极其复杂的（sophisticated）方式实现了，结果就是，按照黑格尔的说法，在必将到来的历史发展的最终阶段，合理的就是现实的（the rational is actual），现实的就是合理的（the actual is rational）。而根据……先生的提议，我们必须来检查这个问题，在维柯关于"真实的"与"确定的"之间存在重合的宣称中，这个问题已经暗示出来了。其中暗示了诸如此类的东西，但是我们尚须检查一番，我还没被说服。

这里，当你应用了这则公理时——"观念的次第（the order of ideas）就等于各种制度（institutions）的次第"，① 这里有一个翻译问题，因为意大利语原文用的是比"制度"模糊得多的术语，cose，所以，译文应为"观念的次第等同于事物的次第"。在维柯这里，"事物"事实上经常意指"制度"。但是，这并不能取消那种更加宽泛的含义。现在，你是否知道"观念的次第等同于事物的次第"这个定理是从哪里延伸来的？——斯宾诺莎。这是斯宾诺莎《伦理学》第二卷中一个广为人知的定理。斯宾诺莎对维柯扮演了一个非常重要的角色，尽管在提到斯宾诺莎的地方，[维柯]都在与之争辩。但是这不见得必然具有决定性。你们还必须注意到，斯宾诺莎的名声很坏，没有人敢引用他。我想，斯宾诺莎第一次被人提起，是在——他的性情曾被某些人称赞，而这几乎是不允许的，因为他还不是一个特别……但这被解释为一种……在 18 世纪［笑］。他们必定有一种非常好笑的道德标准。但是，斯宾

---

① 公理 64，《新科学》第 238 段，不过施特劳斯把"必然跟随"改成了"就等于"。

诺莎第一次被人尊敬地提起是在 1785 年。他曾经完全遭遇冷落，某种意义上霍布斯也是同样。但是，霍布斯更早被人接受，因为他教导的是绝对君主制。不用说，虽然神学家们不能接受这种教导，但是，对于绝对君主的其他咨议者来说，霍布斯则是可以接受的，其原因我不需要解释。但是，斯宾诺莎却不是……君主制的……，这给他造成了不少麻烦。

现在，关于你所提到的第二点，"人出于自然是社会动物"。维柯表达了这个观点。但是，你们也已看到，维柯的意思与其他学者不同。这……再次来自斯宾诺莎。斯宾诺莎从自私的个人开始，我们可以说，他甚至更甚于霍布斯。然而，通过一种必然的机械过程，人变得有了社会性。在斯宾诺莎的思想中，机械论（我不知道他们在维柯那里是否也发现了什么机械论的痕迹）——但是，在斯宾诺莎的情形中，他的机械论是这样的：存在着某种此后休谟称之为"观念联系"（association of ideas）的东西，而斯宾诺莎把它称为"情感模仿"（the imitation of affects）。换句话说，如果我渴望得到 A，那么当然，出于这个原因，我便与其他所有渴望得到 A 的人都构成了竞争关系，没有谁的所有权得到保证。但是，也有［121］可能，我对于 A——例如一个苹果——的爱，会通过一种观念的联系，向另一个喜欢苹果的人投射一种积极的观点。至于什么是联系，你们都知道：我的爱好，［也是］他的爱好。而现在，这种情感模仿——这种观念的联系——使得人与人之间彼此变得熟悉，由此也产生了一种社会性。但是，当然，在通过盲目的机械论所带来的社会性与出于自然的社会性之间，存在着极大的不同。而我相信，这点对于理解维柯有一定重要性——尽管我相信这个特别的论证并没有出现在维柯的作品中。

此处需要提到的另一点是，在如下方面，维柯也……于斯宾诺莎和霍布斯。斯宾诺莎对霍布斯的明确批评在于：霍布斯在"自然状态"与"公民状态"之间做了著名的区分。这就意味着，一旦人进入了社会，那么自然状态就结束了。但是斯宾诺莎说，不，自然状态从来没有结束，它只是被公民状态的建构所修正，它仍然是自然状态。也就是说，在公民状态和自然状态中，决定的人的行动的自然法是相同的，仅仅被制度的存在所修正而已。换句话说，人们不再恐惧在大街上见到的任何一个人,是因为这种恐惧不再有必要。你畏惧的是警察,说到底,你最终畏惧的是绞刑架。但是,你们看到,这只是对偏好、激情的一种修正,而不是消除。我想,这一点在维柯思想中也存在。我们可以说,公民社会之中仍然完整地保存着自然状态,如果我们在如下意义上理解自然状态的话:人要被他的自然情感等因素所决定。

现在让我们转向……的论证。我还不清楚我们可以怎么推进,因为这是一个很长、很困难的章节。我们可能必须从现在开始,直到某个并不包含这么多极其重要的理论内容的章节为止。

现在,我想提醒各位我上次清楚表述过的一个观点。在维柯思想中,有一个很重要的层面。这个层面虽然可能比此前表述的得更加严整,但至少初看起来,它本身并不是一个新的层面。这个层面就是一种严格的批判性史学(a strictly critical history)的观念,批判史学的意思是:并不用伟大的、奇迹般的事件来做史学解释,所有事情都是自然发生的。修昔底德是这种观点最著名的倡导者,而与之相伴随的是如下观点——人的起源非常不完美。现在,这个通盘的计划不仅存在于修昔底德的思想中,我上次已提到过,在柏拉图的《法义》中也能找到。某种程度上,这个计划在西塞罗那里也存在。但是,维柯可能比所有前人都更融贯地表述了这点。然而,这意味着,维柯的表达并不是一个本质性的转变,我们当然首先要关注本质性的变化。

现在,在"要素论"这一节的开端,第119段,维柯说明了他的计划,他寻找的公理,是那些为历史所提供的质料赋予形式的东西。这正是我们上次讨论的问题。我想,巴特沃斯先生(Mr Butterworth)提到了那个问题。维柯怎样得出了区分真实寓言和虚假寓言的标准?——真实的寓言具有某些历史意义,而虚假的寓言则不具备。那么,首要的问题是什么?让我们首先读第120段。

兰肯:[读文本]

> 由于人类心灵的不确定性,每逢堕在无知的场合,人就把他自己当作权衡一切事物的标准。(第120段)

施特劳斯:整个宇宙的规律。关于这一点,我们此前在第48和第50段已经看到了。但是,在此处,这个规律有了更高的地位,因为它被明确当成第一条公理。维柯在此 [122] 对更具体的原因保持沉默——这个更具体的原因，也就是"人类心智的不确定性质"（the infinite nature of the human mind）与"使得人类心智自身成为宇宙法则"（making itself the rule of the universe）之间的关联。我们上次已经看到，这个关联就是恐惧。未知的事物被夸大了，变得比其实际所是更大，也就是说，这种夸大所采取的乃是一种假定这种未知事物为"已知"的方式（within in way supposed to be known）。如果我说，这次地震或者无论什么事件的原因是一位神，那么，我虽然不了解此事件，但另一方面，我却为它指定了一个比实际原因——我是指纯粹自然的原因——更高的原因。"恐惧"就是决定性的关联。现在，我们都知道，恐惧是一种激情。它与人的理智（intellectual）生活和认知（cognitive）生活没有太多关系，而更多与精神生活（the life of the spirit）有关。换句话说，某个特定种类的意志（a certain kind of will）乃是最根本的错误之原因。你们是否曾经听过这样的事？我的意思是，维柯是否提醒我们想起了某些东西？关于"错误"最有名的理论之一是笛卡尔的理论，而维柯对笛卡尔的理论非常熟悉。关于错误，笛卡尔给出了如下原因：人的理智（intellect）有限，但他的意志（will）则是无限的。① 就其意志而言，人与上帝等同，人只是没有上帝的理智。因此，由于人的意志无限超出理智的界限，他就可以上升……对于他不知道的事物的意志。换句话说，恐惧仅仅是引起困惑、导致犯错的意志的一种更具体的形式。我就此有一条引证，也就是第 137 段，在那里，这种——让我们看看，这点是否会显现出来。请读一下第 137 段。

兰肯：[读文本]

  人们在认识不到事物的真理时，就一心抓住确定的证据，以便纵使凭知识（science）不能满足理智，至少还可以借助良心（conscience）来依托意志。②（第 137 段）

---

① 参见笛卡尔，《第一哲学沉思集》，第四沉思。
② 朗读者兰肯在此处所做的最大的更改是，用"良心"（conscience）代替了"认识"（consciousness），而课程所用的英文译本原本译为"认识"。意大利文原文为 coscienza，同时有上述两种含义。施特劳斯在下文中肯定了"良心"的译法。

**施特劳斯**：你们看，这点与意志有关，意志与理智相矛盾。其中同时也暗含着"真实的"与"确定的"之间的区分，我们此后将会讨论这个区分。好的。

这里有很多内容，但我们必须有所取舍。在第 123 段的结尾，维柯提到了人性的自然起源——自然的。因此，人出于天性，必然狭小、粗暴和含糊不明——至少在开始时是这样。维柯推进的方式有些奇怪，他的起点很简单。此后，在第 163 段，维柯提出了……所以，我们自己首先必须很刻苦［地研读］，此后将根据可能的情况——根据维柯对论证结构的真实呈现——而得到奖惩。但是，即便没有这一点，我们也可以看到，直到 128 段为止，维柯一直在处理谬误（error）的问题。谬误先于真理，这就是维柯的观念。我们由谬误开始。此后，从第 129 段（根据这段的第一个词可知）直到第 133 段，维柯开始处理哲学，哲学就是用真理替换谬误的追求。维柯在这里承认了对哲学的需要。当然。如果他想得到、想发明一种新科学（而科学和哲学并不像如今这样明显分开），那么这就很明显。但是——而这也是关键的问题——哲学必须是政治性的，而不是修道院式的，也就是说，哲学并不是对个人之为个人（individual as individual）的指导。这个论证可以按照如下方式表述：哲学家无法是政治性的。我们可以读一下第 131 段。

**兰肯**：［读文本］

哲学按照人应该有的样子看人——

**施特劳斯**：按照他应当是的样子。

**兰肯**：［读文本］

要把人变成能对很少数一部分人效劳，这部分人想在柏拉图的理想国里生活，而不愿意堕回到罗马创建者罗慕路斯的渣滓洞里去。（第 131 段）

**施特劳斯**：后一种表述是由西塞罗创造的。但是，就这种思想而言，斯宾诺莎《神学政治论》的第一章则是对这种思想的详尽评注。这意味着，哲学家们不能是政治性的，因为他们的生活方式是一种为很少人保留的特权。哲学只向很少一部分人教导人应当如何生活。也就是说，哲学是必定是修道院性质的（monastic）——就这个词的这个含义而言，哲学意味着一种隐士（hermit）的生活方式。但是，哲学要求一种政治性的补充，因为哲学毕竟必然要就"非哲学家们应该如何生活"说些什么东西。作为一种普遍的智慧，哲学必须对这个方面也有所言说。现在，对哲学的这种政治性补充产生于立法者们的教导，因为，当然，在各个时代，正是这些人一直在努力使得生活对非哲学家们也可以忍受。所以，再重复一次——斯宾诺莎《神学政治论》，第一章。按照斯宾诺莎的说法，政治家们是非常狡猾的人——你们知道，他们非常精明敏锐，他们知道如何掌控大众。而哲学家们必须做的，只是了解这些政治家们设计了怎样的东西，此后则从人性中把这些设计演绎（deduce）出来，当然，立法者们并没做这个工作：他们只是即兴地设计，此后则通过纯然的经验发现了这些。哲学家们会提出理由，但是，可以说，他们并不能发现新的设计。这就是艾默特（Emmert）先生所说的部分内容，但仍有所不同——原因很简单，无论你是否相信，斯宾诺莎都提出了一种规范性的政治教导（normative political teaching）。也就是说，通过观看这些设计，并且从人性之中演绎出这些设计，斯宾诺莎看到，这些设计并非都是好的。我的意思是，你们可以用一种不同于任何立法者们曾经采用的方式来组合这些设计。因此，斯宾诺莎提出了这种特殊的教导——optima forma rei publicae，也就是"共同体的最佳形式"。

维柯的独特之处在于，他看起来甚至比斯宾诺莎更不具有规范性。也就是说，他的新科学和新的政治哲学明显是纯理论性的（purely theoretical），所关注的是人们——立法者们——在各个时代所做的事情。当然，至于这点是否真的如此，我们不得而知。我们还可以按照如下方式表述：除了其他主题之外，那种关切人的哲学所处理的是哲学生活以及俗众的生活。这便是更古老的区分，后者当然就是严格意义上的政治哲学。现在，如果我们追随柏拉图的区分的话，在俗众生活中存在着各种属人的德性（human virtues）——所谓的"人的"是在"属人的起源"意义上来说的，而其他的德性则是各种属神的德性（divine virtues）。但是，如果在更古老的属人德性（the older human virtues）的意义上看，

"人的德性"是指什么？难道不是在社会中有用（socially useful）的种种恶吗？这些恶有助于社会生活。当然，对其他的恶，则要与之斗争。所以，我相信，这乃是这两个部分之间的关联。请读第133段。

兰肯：[读文本]

> 这条公理证明世间确实有神圣天意，而且这神圣天意就是天神的一种立法的心灵。因为由于人类的情欲，每个人都专心致志于私人利益，人们宁可像荒野中的野兽一样生活，立法把人们从这里挽救出来，制定出民政秩序，使人们可以在人类社会中生活。（第133段）

施特劳斯：换句话说，这是我们之前已经看到的东西，但是我们必须真正地记在脑中：私人的，严格意义上自私的恶或者激情，引向了公民的幸福。这证明了神圣天意的存在。那么，下一段明确表明了什么内容？请读一下。

兰肯：[读文本][124]

> 世间事物都不会离开它们的自然本性而仍安定或长存下去。（第134段）

施特劳斯：这句话暗示说，严格意义上的自私激情导向公民幸福，这个过程是一个严格的自然过程。通过其自然性，这个过程就证明了神圣天意。

现在，在下一段（我们不能研读所有内容），人出于自然就是社会性的。这就是说，通过一种自然的必然性，人的非社会或反社会的激情使得人变得有了社会性。因此，存在着一种自然正当（natural right），它通过与一种社会秩序相关联而成为正确/正当的。而如果社会是自然的，那么就会有一种自然正当，这就是维柯关于自然正当的概念。维柯在某种意义上接受了亚里士多德的教诲，但对后者作了激进的解释。因为维柯激进地解释了人的社会性——因为，人自然的社会性乃是激情（passion）……或者是通过一种机制而产生的，因此，这种自然正当就必定不同于亚里士多德意义上的自然正当。第137段。好，在这里，维柯就"真实的"与"确定的"东西之间作了区分。请让我把它写在黑板上，这样我们就可以在头脑中记住我们所……的这个问题［施特劳斯写板书］。这是哲学——真实的东西。这是"非哲学"——不管我们怎么……它，它导向的是"确定的"东西。这关乎理智（the intellect），而那则关乎意志（the will）。我想，这就是所有的内容。很有趣，维柯会把它称之为"确定的"。我的意思是，如果人们讨论真理，它就不是相对于理智而言的真理。不过，在传统意义上，他们会说什么属于意志，并且不同于真实的东西？是……和……。什么属于意志？

学生：意见？

施特劳斯：不，不。是善（bonum），好的东西（the bonum）。这只是这个公式/原则（formula）的另一种说法。为什么维柯用"确定的"取代了"好的"？因为，这当然非常奇怪。现在，让我们来［继续］看。我们首先来读下一个段落。

兰肯：［读文本］

　　哲学沉思理性或道理，从而达到对真理的认识——

施特劳斯：关于真理的科学。

兰肯：［读文本］

　　达到关于真理的科学。古典语文学观察人类选择的权威，① 从而达到对确定的（certain）事物的认识（consciousness）。（第138段）

施特劳斯：是的，coscienza，这个词的意思也是良知（conscience）。不是吗？所以我们必须记住这种含混性。说科学和良知是不同的东西，我们都理解。现在，说起哲学和古典语文学（philology），其含义则是我们如今会称为——如今，我们会说，哲学处理的是理性（reason），哲学思考理性/原因（reason）。而古典语文学则观察事实。但是，维柯并没有说"诸事实"（facts），他说的是，古典语文学观察的是人类裁

---

① 兰肯在朗读时，用"人类选择的权威"（the authority of human choice）替代了"由人类的选择所造成的东西"（that of which human choice is the author）。

断的权威。所以维柯这种说法的含义是什么？现在，我们首先可以说，确定的……是事实，不带理性的事实。我的意思是，当我们发现了一具尸体和一个伤口，那是一处枪伤吗？

兰肯：一个子弹伤口。

[125] 施特劳斯：一个子弹伤口。所以，我们就知道，他或者是自杀，或是被谋杀，这是清楚的。这是事实（fact），我们一刻也不怀疑这个事实。但是，我们对这个处境还不满意，因为我们还不知道谁是凶手。而这就是原因（cause）或者理由（reason）。你们理解这一点。现在，在这里，某种意义上，这些原始的各种事实（crude facts）——被理解的事实——被等同于权威。这点能说得通吗？我的意思当然并不是指针对这个被杀者的有计划的行动，但是，一个人怎能把事实——原始的事实——等同于权威呢？权威会做什么？我指的是在权威之为权威的意义上。

学生：……

施特劳斯：是的。但是，即便在社会科学的文本中，直到当今，还在使用一个漂亮的语词：立法者的命令（the fiat of the legislator），Sit factum ["让其建立！"]。换句话说，完全只是权威性的东西的确有纯然原始事实的特性。我想，这就是二者之间的联系。这种权威性的决定只能被服从，只能被遵守。但是，哲学不能停留在这里，正如此处这个尸体的案例中，也不能满足于此：不能在这里就满足。我的意思是说，我说的也是我们的迷信——这些迷信会把它说成一个坏的预兆。哲学家必须解释此事，必须解释这个决定。有设立的原则是，人可以娶四个妻子，但不能多于四个，除非他是个国王。我相信有一些法律会做这种规定。这是一个事实。为什么立法者会这么来安排呢？这超出了这则法律的律师所能够解决的范围，它将是一个哲学问题。所以，在这里，我们看到一个我认为非常重要的区分——无论维柯是否有这种意思。我相信维柯确有此意，但是我尚不知道。在这里，"确定性"是一个非常模糊的术语，也就是说，这个术语首先指的是这个事实——观察者看到了这条奇怪的法律，随着[背后的]原因获得理解，这种确定性也因而被转化为真实。这么一来，它就不仅仅是事实的确定性，而是被理解为真实。

但是，这种确定性还有另一个方面，也就是服从法律者的方面。服从法律的人并非观察者——并非哲学家。按照黑格尔的说法，服从法律的人在主观上确信这么做是正确的。他们的怀疑——如果他们曾经有能力怀疑的话，他们关于我们此时就此事应该如何做的问题的怀疑，通过立法者的命令（the fiat of the legislator）而得到解决。他们获得了确信。而这解释了维柯为何在此处提到良知（conscience）。只要涉及的还只是纯然的观察者和科学上或哲学上的解释者，良知就还没有参与进来。但是，对于服从法律的人民来说，这种良知却至关重要。我认为我们必须记住这个区分，因为这对于接下来的问题会非常重要。哪怕只是因为维柯可能并未反思这点的话——而我对此保持怀疑。

让我们首先提出这个问题：在涉及有赖于专断决定（arbitrary decision）的事情上，怎么可能会有人民的"确定性"（certainty）呢？立法者决定：（只能娶）四个妻子，不可更多。现在，当然，人们会单纯害怕惩罚，但是，只要有单纯的畏惧，当然就没有确定性……对于那些完全依赖专断决定的事物，人民怎么可能会有确信呢？请读第 141 段。

兰肯：[读文本]

> 人类的选择在本性上是最不确定[译按：朱光潜先生原译作"确凿可凭"]的，要靠人们在人类的需要和效益这两方面的共通感[译按：朱译：共同意识]（常识）才变成确定的。人类的需要和效益就是部落自然法的两个根源。（第 141 段）

[126] 施特劳斯：关涉的是"正确秩序"，正确，而非错误。好的，这是"共通感"（常识, common sense）这个术语的一个非常重要的来源，它……在一种意义上，"共通感/常识"这个术语源于亚里士多德的《论灵魂》，也就是诸感觉（senses）得以从中连接为一的那种感觉（sense）。例如，如果我能说，"这个东西很热，味道很好"，那么，我不能仅凭触觉和味觉就得知这一点。人的五种感觉必须在某处有某种联结（union），这就是亚里士多德所说的"共通感"。就我所知，这个语词源于西塞罗。尼可戈斯基（Nicgorsky）先生可以去查核一下。它在某种意义上是亚里士多德所说的"审慎"（prudence）的同义词，

也就是正确、正派之人共有的共通感觉（common sense）。我还知道，在公元1700年左右，"共通感"这个词变得很时髦，此事原来从未发生过。而这件事之所以发生，乃是由于一位著名的英国作家沙夫茨伯里（Shaftesbury）。① 已经过世的阿荣松②——他去世得太年轻了——曾经想要研究这个问题。应该有人再承担起这项研究——研究沙夫茨伯里的好处是，除了英语之外，你不需要再了解另一门语言。当然，只可惜西塞罗不是英国作家。好的。现在，在大约公元1700年，沙夫茨伯里的思想已经传播到那不勒斯。而且，看起来这是一件事实——源于沙夫茨伯里的、此后人们所称的共通感的"苏格兰学派"已经对维柯产生了某种影响。所以，这件事有一定的历史重要性，我这里只是简略提一下这点。

我们将要转到……就"对人来说何者必要或有用"的问题来说，有一种共通感（请允许我先用一小段时间讲完这个问题）。而这个问题会导向异教徒的自然正当。因为，存在着一种共通感，也就是所有人的一致同意。世界各地的人们关于各自习俗的正确性方面都能拥有确定性，其源头或根源就在于此。请讲？

学生：我不知道，这种"追求确定"与笛卡尔的理论之间是否有什么关联？

施特劳斯：对笛卡尔来说，我们能说，确定的东西就等同于真实的东西，并且与真实的东西没有区别。

学生：那么……自然科学的各种根本假设，有可能被证明是独断的（arbitrary）。

施特劳斯：是的，如今这一点的确显得如此，或者说，在19世纪晚期的确如此。但是，在笛卡尔的时代，自然的各种法则当然并非独断性的。自然的法则并非假设性的。它们是非假设的、确定的（certain），或者说是真实的（true）。对笛卡尔来说，真实的或确定的东西是明白、

---

① 参Anthony Ashley Cooper,《沙夫茨伯里伯爵三世传》（*Third Earl of Shaftesbury*, 1670—1713）。

② 参阿荣松（Jason Aronson），《评注：沙夫茨伯里论洛克》（"Critical Note: Shaftesbury on Locke"），*American Political Science Review* 53（1959）：1101-1104。

清晰的观念，你们知道这一点。关于这一点还有一个很大的难题：笛卡尔并没有像维柯那样，把某种与真实之物不同的东西视为确信之物。里昂斯先生？

里昂斯先生：……

施特劳斯：很自然，它们一点儿也不清晰（clear）。我们才刚刚开始，我们只能逐渐抵达对这个问题的更清晰的表述。而也许在抵达对这一问题最清晰、最充分的表述以后，我们便能够获得解答。但是，由于时间原因，我们当然还没有获得这样的表述。[127] 让我重新表述此处这些评论的结论，尤其是第 141 和 142 段的结论。在早期人类那里，一种自然必然性是有效的，并使他们因此能够对自己所采纳的最基本的制度获得确定性——这些制度包括婚姻制度，或者父权权威，或者无论别的什么制度。

让我们转到第 144 段。

兰肯：[读文本]

起源于互不相识的各民族之间的一致的观念，必有一个共同的真实的基础。（第 144 段）

施特劳斯：有"真实"的基础，而不仅仅是"确定"[的基础]。彼此并不知晓的诸民族的那些共同的观念中，必然有一种真理的元素——也就是说，它们向语文学家或哲学家展示了通往真实起源的道路。这是某种截然不同的东西。在此处，我们现在关心的并非这些民族所确信的东西是什么，我们只是要弄清在那里发生的事情。就此而言，我们所关心的并不是所确信的东西，而是真实的东西。请读第 145 段。

兰肯：[读文本]

这条公理是一个大原则，它把人类的共同意识规定为由神圣天意教给诸民族的一个准则，来界定部落自然法①中什么才是确定的

---

① 课程所用的英译本原作"诸异教民族的自然法"。兰肯大体跟随了施特劳斯的译法，将 dritto 译为 right [正当/法权]，将"诸异教民族"（genti）译为"诸民族"（nations）（虽然在前一页，兰肯并没有把 141 段中的 dritto 译为 right [正当/法权]）。

东西（the certain）。（第 145 段）

施特劳斯：你们看，维柯在这里再次谈起了确定的东西。请继续？

兰肯：[读文本]

诸民族认识到，部落自然法骨子里都有一些一致性——尽管在细节上有些差异——而且，各民族都通过这些一致性把握了这种"正确"，他们因此便达到了这种确定。在各民族中，因此就产生出一种心头词典（mental dictionary），来替发音不同的各种语言找到根源。

施特劳斯：凡此种种。让我们先暂停。由于共通感，关于诸民族的自然正当的"确定性"（certainty）就变得很有疑问了。确定性与真实（the truth）有别。下一段交代了其中一个原因。

兰肯：[读文本]

这条公理要消除掉以往关于部落自然法的一些想法，例如，有人认为部落自然法是由某一个民族创始，而后传到其他各民族的。这种错误是由埃及人和希腊人出自民族虚荣心的坏榜样引起的，他们都自夸曾传播文化于全世界，就是这种错误，产生出罗马十二铜板法来自希腊的那个虚构故事。

施特劳斯：我们会总是听到这个，这会让人厌烦（ad nauseam）[笑]。

兰肯：[读文本]

如果罗马法真是来自希腊，那就会是凭人意安排而输送到其他民族的民法，而不是由神圣天意在一切民族中自然而然地连同人类习俗本身在一起来安排的［128］一种法律了。与此相反，本书自始至终要经常进行的工作之一，就是要证实，各部落自然法（natural right of nations）都是在互不相识的各民族中分别创始的，后来，由于战争、信使往来、联盟和贸易，这种部落自然法才被承认是通行于全人类的。（第 146 段）

**施特劳斯**：换句话说，如果我理解得正确的话，自然正当/自然法的本质就是，在每个民族之中，自然正当都会不依赖于关于其他民族的任何知识而自然地产生。但是我认为，维柯通过这一点所表达的含义乃是——因此，一个民族自身在其自然正当/自然法方面，不可能有一种普遍的确定性，因为他们并不知道其他这些民族。换句话说，只有"观察者—语文学家—哲学家"才能够把它认作一种自然的东西。人民自身没法知道它是自然的，自然法/自然正当只是单纯由祖先传递到他们手里的。现在，请读一下第 147 段。

**兰肯**：[读文本]

各种事物的自然本性，不过是它们产生于……

**施特劳斯**：在这里，cose 被翻译成"事物"，译者应该总是这样翻译。请继续——"各种事物的自然"。

**兰肯**：[读文本]

不过是它们在某些时期以某些方式产生出来了。时期和方式是什么样，产生的制度也就是什么样，而不能是另样的。（第 147 段）

**施特劳斯**：好的。这一段是什么意思？事物的自然，就是这件事在起源时是怎样的，因为这个起源解释了随后的任何阶段。维柯是这个意思吗？橡树子（acorn）解释了橡树（oak），维柯指的是这个吗？你不一定非要看到一棵橡树不可，如果你对橡树籽有完整的知识——微观上以及其他方面的知识——你就会知道，它能够、也只能长成一棵橡树。如果维柯是这个意思，那么这种观点便非常大胆。因为就像维柯已经暗示的那样，婚姻就会被解释为出于一种迷信的恐惧。（于是有了）一夫一妻制。那么，这种关于婚姻的迷信起源，是否就是婚姻神圣性的原因？如果起源就是以其实际的方式为事情赋予了特性，那么，[婚姻的神圣性]就是它的一个重要暗示。另一种可能性是，不管早期阶段的民族如何看待他们所构建的制度，在他们尚且不知道的东西中，可能会有某种有效的东西，而这种东西才是真正的原因。这一点你们能理解吗？我的意思是说，在那些非常野蛮、初始的民族中，当他们创建一项制度时，无论他们的头脑中所想的是什么，这都未必是那种他们所不知、却在他们的行动中有效的真实原因。但是，如果那时他们头脑中所想的正是"那个原因"（the reason），那么当然，如果这个原因因为非常微弱和无力而消解（dissolved）了，那么，整个制度就会被证明是缺乏根基的。我不记得这一点了，弗洛伊德对于人的早期历史提出了一种非常奇怪的解释。他们只有一个女人，兄弟们为此杀死了父亲。你们有谁读过这个吗？我曾经读过一次，听起来很难成立。现在，你们必须知道，这种……

不论如何，这会导向什么结论，会推导到哪里？我忘记了……。但是你们知道，这是最终发生了的一个事件——当然，它未曾发生过，因为它只是假设出来的。只是基于各种各样的幻想出来的假设，人们才相信它发生过。人们认为，只有依据这些非常野蛮的原因（these savage reasons），那个事件才能够用来理解当今的制度以及这些 [129] 制度的有效性和合理性。不过，还不清楚，维柯指的是不是这层意义。但是，有一种怀疑认为，维柯可能就是这个意思。

学生：如果维柯以这种方式思考，那么他是否与"纯粹起源"（pure origins）的理论相矛盾呢？

施特劳斯：这些起源现在已经很模糊了，但是，一旦维柯把这个新科学的引擎付诸应用，这些起源便不再模糊。新科学移除了含混性。这种怀疑不正确的原因就在于此。我们来读第 153 段。

兰肯：[读文本]

> 这条公理使我们确信，拉丁语可以提供关于部落自然法的最强有力的语言学的证据（罗马人对部落自然法的理解无疑是首要的）。由于同一理由，日耳曼语言的学者们也可以起同样的作用，因为，日耳曼语言也具有古罗马语言的特性。（第 153 段）

施特劳斯：也就是说，日耳曼语言像希腊语、拉丁语一样，是一种母族语言，但是不像法语、西班牙语和意大利语，某种程度上还包括英语。你们看，其中当然有这样的暗示：并非所有的语言都经历了希腊语的那种通常的发展过程。如果并非所有语言都如此，那么它的含义就是，并非所有民族都如此。在关于永恒的普遍历史方面，这点非常重要。我们此后会越来越看到，这点并非普遍有效。例如，在第 158 段，我们就听维柯提到希腊人的独特性——希腊人是哲学家的民族。我们此前讨论过这个主题。

第 159 段很长，我来表述一下主要观点。在法国，在经院神学和英雄传说——也就是写给孩子们的中世纪故事——之间有一种巧合。也就是说，英雄寓言属于英雄时代。经验神学属于此后的时代。但是法国的情形恰好是，两种分属不同时代的事物恰好在同一个时代发生。我们将会看到，永恒历史（eternal history）是多么不永恒（how little eternal）。

在第 160 段，维柯提到了罗马的独特性。我的意思是，他提到了将罗马人与其他民族区分开来的东西。也许你应该读读这一段。

兰肯：[读文本]

> 但是，当我们进一步对本书进行思索时，就触及上文谈到的那种效果的另一原因，而这个原因也许还更恰当。罗慕路斯是在拉丁地区许多其他更古老的城市之中创建罗马的，采取的方式是在罗马那里开设一种庇护所，史学家李维把这种庇护所称为"城市创建者的老会议场"。

施特劳斯：这也是维柯不断引用的一段话。

兰肯：[读文本]

> 因为当时暴力还在占统治地位，罗慕路斯自然是在世界上一些最古老的城市所由创建的那种制度的基础上去创建罗马。发生的事情就是这样，因为罗马习俗从这种起源向前发展时，拉丁地区的各种土语已经都很发达了，所以罗马人就用土语来表达民政制度，不像希腊人在表达这种民政制度时仍用英雄时代的语言。[130] 因此，将来会发现，古代罗马史其实就是由希腊人的英雄史赓续下来的一种神话。（第 160 段）

施特劳斯：换句话说，你们有没有看到，在各民族的发展中，从来没有，或者很少有一种简单的统一性？这里提到了希腊和罗马的区别。

第六讲 《新科学》(120–296 段)    189

第 163 段很长，但我们至少来读一下段落的开头。

兰肯：[读文本]

在上述一些命题之中，I—IV 向我们提供了基础，来驳斥前此关于人类起源①的一切议论的荒谬、矛盾、不可信和不可能。

施特劳斯：巴特沃斯先生，此处明确回答了你上次提的问题，不是吗？关于标准的问题。我的意思是说，这些命题真假与否并不是我们的问题，但是却面对了你的问题，是吗？很好。请继续。

兰肯：[读文本]

以下 V–XV 那些命题向我们提供了真理的基础，用来按照每门科学的特性去考察这个民族世界的永恒理念。各门科学的特性如亚里士多德所说的："科学所要研究的是普遍而永恒的东西。"(《形而上学》1003a15)② 最后，XV–XXII 那些命题将向我们提供确定的事实（the certain）的基础。

施特劳斯：关于确定的东西（the certain）与真实的东西（the true）相反，请继续。

兰肯：[读文本]

据此，我们就可以看到，我们凭理念所研究的这个民族世界在事实上究竟是怎样。我们用的是由培根改造的最确定的（most certain）哲学推理的方法，但是，我们把它从研究自然事物③——培根就这些事物写作了他的《思考与观察》（*Cogitata et visa*）一书——转到研究人类民政事务方面去。（第 163 段）

---

① 英译本原本译作"原则"（principle），意大利语原文为 principi。[译按] 兰肯在阅读文本时将之读作"起源"（beginning），故整理者特别注明这一差别。朱光潜中译本译为"原则"。

② 在英译本中，英文后还附了拉丁文引文（scientia debet esse de universalibus et aeternis）编者在前言中已经交代，关于类似的兰肯在朗读过程中略过拉丁文引文的情况，不予加注说明。

③ 兰肯跟随施特劳斯，将 cose 译为"事物"，而非"制度"（institution）。

施特劳斯：现在，这最后一点就是……先生在他的论文中提到的段落。你们看，在这里，这个由各民族所构成的世界的理想历史，与各民族实际的世界［历史］不同。这是确定的。我们对此曾读到那么多的例子。你们知道，关于各个不同民族的发展中的种种特殊性，我们不需要详细阐述。在这里，"理想的"（ideal）意思是"被构建"——这里指的并不是柏拉图的含义，而是说，"理想的"这个词的现代含义也就是被构建的（constructed）。换句话说，基于我们在普遍人性中所知道的东西，我们做了一种建构。此后，我们显得就像现代科学家一样，有了一个最初的理论（theory）或假设（hypothesis），我们把这些理论和假设应用于事实，并且修正它们。因此，相比于严格意义上来说的"真实"，永恒的理想历史就更具有假设性。有谁想提问吗——巴特沃斯先生？

巴特沃斯：这是一个我们略过的、关于命题（axiom）的问题。在第157段，维柯说道……看起来，当你问起为什么维柯说到那一点的时候，维柯因此暗示说，之前的所有命题都证明了他此前所说的内容。而我对此提出了疑问。

施特劳斯：[131] 换句话说，如果我正确地理解了你的意思：维柯把这些东西称为"命题"，这一事实便反驳了我所说的话。通过这种更古老的语言，维柯的意思明显是说，这些"命题"乃是"非假设性"的宣称。你是这个意思吗？

巴特沃斯：是，就是这个意思。

施特劳斯：好的，很好。那么，我们就必须做个区分。维柯关于人的起源所说的东西，当然意在成为最终正确的东西，而不是假设性的。但是如果你读到例如"三个时代"这样的内容——诸神的时代、英雄的时代和人的时代，或者读到"三种语言"的说法，那么，我当时曾问过你一个很简单的问题：维柯从哪里获得了这些区分？他怎样得到了"三个时代"的说法？

巴特沃斯：维柯说，这跟埃及人的说法相符合。

施特劳斯：是的，维柯是从埃及人那儿获得的。那么，请原谅。在我们已经被维柯先生（Signor）如此地启蒙了以后，这些半野蛮的埃及祭司的某些观念还有什么价值呢？换句话说，很可能会有些临时性的、看似有理的提法（suggestions），这些提法有一些价值，但是，这些提法需要经过很多很多修正，才能成为真实的。因此，它便并不具有真正的命题（axiom）的地位，就像关于"人类心灵的无限性"的命题，以及"人类心灵会倾向于犯下这种或那种本性的错误"的命题那样。

巴特沃斯：如果我说，看起来人们可以针对维柯已经设立的命题而提出些相矛盾的命题，并且……把它们也称为命题。我这么说是不是太难缠了（too difficult）？

施特劳斯：不，根据维柯，你永远不能这么做——

巴特沃斯：根据他——

施特劳斯：这点很简单，在他的这些说法的开头，也就是在第163段的开头，维柯暗示了这点。他会说：换一种方式尝试一下。尝试采用"人的完美起源"的说法，以及"异教徒所拥有的都是原初智慧（比如犹太智慧）的衰退版本"的说法。如果从相反的论题（thesis）开始，你们会感到困惑，感到困扰。其实，这种方法与斯宾诺莎的方法相似……不过，斯宾诺莎在《伦理学》中从命题（axioms）开始，最简单的就是此处的一个例子。这些命题很少会是可疑的，不过，至少其中有一些命题实际上是很可疑的。而斯宾诺莎能够怎样使用这些命题呢？这一点只是在很靠后的地方才会间接显示出来。在斯宾诺莎那里，这些命题只是以假设起始，但是，这些假设却能够引向一种对整全的清晰明确的描述。而其他命题就会引向对整全的混乱的描述。因此（ergo），这就是证据所在。现在，这一点当然可以是明确无疑的，也许，关于整全的一种清晰的描述是不可能的。我们暂且假设如此。阿诺德（Antoine Arnauld）① 在关于清晰、明确的观念的问题上，已经向笛卡尔提出了这个简单的反驳。清晰、明确的观念并不必然是真实的观念。换句话说，它只是观念的一个部分。[施特劳斯写板书]——如果这是一个观念，它可能是完全黑暗的，对吧？而笛卡尔所……那个并非如此，唯有这个才是。这就是……清晰、明确的部分。它很便利（convenient），但是却并非明显可靠。

巴特沃斯：是的，那么现在，如果我正确地理解了你，结论也就

---

① 阿诺德（Antoine Arnauld，1612—1694），在神学和哲学方面著述颇丰。

是，你同意这条批评。

施特劳斯：[132] 哪一条？

巴特沃斯：它完全是便利的，但我们却并不知道它是否可靠。

施特劳斯：是的，当然，这个贵族式的计划（patrician schema）在很长时间内都取得了胜利。但此后就产生了越来越多的问题，如今，17世纪英雄们的继承人们也承认了这些问题。这些继承人已不再是英雄——他们人数太多了，不可能有这么多英雄——但是，他们以自己的方式承认了这些问题。他们说，自然科学的基础是假设。

巴特沃斯：这点如果用在维柯身上，是否也同样成立？

施特劳斯：就维柯也追随了培根和笛卡尔的计划来说，是的，的确如此，但是我们必须再来考察一下。但是，你当然可以说，在某种意义上，维柯的公理比斯宾诺莎由之开始的那些公理更加合理可行。不是吗？的确可以这么说，但是我们必须等一等。[施特劳斯与一个试图打断的学生谈了几句] 换句话说，我们必须等等看，这是否真的是对早期人和最早期制度的一种解释，这种解释假定早期的人其实就是野兽，这的确是个问题。我们或者可以采用马克思主义的架构：以下观点是否为真——尤其在这些早期阶段，人们为了满足身体需要而做的事情要先于他们对整全的思考？在关心生存（也即生产）的同时，人们为什么不会以某种形式对整全产生好奇呢？他为什么不会如此？这只是马克思的一种教条式的宣称。当然，类似的东西也适用于弗洛伊德。换句话说，事情会变得很明确：这就像是说，为了提问的缘故，你可以说得很明晰（you can have clarity for the asking）。如果排除70%、50%的事实，生活就会变得更容易得多。[笑声] 但是这么做会遭到某种报复，你们知道吗？对吗？我们也能看到，维柯并没有拒斥培根的方法，他只是把培根的方法转而用于民政事务，就像人们把这些方法用于自然事物一样。接下来，请读一下第165段。

兰肯：[读文本]

> 圣经上的历史比起流传下来的一切最古的异教的世俗历史都较古老，因为它详细记载了一段八百多年时期的在家族父主统治下的自然体制，也就是家族体制。据政治理论家们的公认，后来各族人

民和城市都是由家族体制发展出来的。关于这种家族体制，世俗历史没有告诉我们什么，或是告诉得很少，而那很少的话也是很混乱的。（第 165 段）

施特劳斯：好的，那么我们岂不有了一个很好的理由，让自己仅限于学习《创世记》吗？因为，这才是我们关于自然状态所拥有的唯一清晰的描述。当然，如果我没记错的话，此处这种用法是正统式的（orthodox）。先于法的状态是自然状态，不是吗？我的意思是说，至于这种状态是否堕落和败坏，那是另一个问题，但它是一种自然状态。所以，根据基督教教义，自然状态随着摩西立法而终止。现在，我计算出，从大洪水到西奈山的立法之间经过了八百年：维柯在此处没有自相矛盾。所以，很好。我只能说，如果我接受了维柯的这个论点，我永远不可能写作《新科学》，我本会对《创世记》中的［133］父权制故事做出一番解释。因为在这里，根据维柯的假设，我们已拥有了明晰性和确定性，那么，我们为什么还要从事各种各样的推想（speculation）呢？为什么……段落——请讲？

兰肯：很有意思的是，在所有普遍公理之中，有一则公理被特别地引用，也就是巴特沃斯提及的那则公理——关于它，只提到了一个特定的专名和事件。维柯将要转向荷马，这也许是因为，宗教法庭在那不勒斯非常活跃。

施特劳斯：换言之，就好像说，维柯对荷马的分析是他对旧约的分析的一种替代物。

兰肯：是的。

施特劳斯：也许吧，但是我们还没有——

兰肯：可是，我认为可能性在于——

施特劳斯：是的，没错。为了我们能弄得明晰——我的意思是说，无论维柯为何以这么奇怪的方式写作，但是，我们为了能弄明白，就有必要知道、有必要来看一看，也许维柯对于类似第 165 段中的说法并没有那么认真。请讲？

兰肯：当我们读到那里的时候，我希望能够再讨论一些荷马与圣史（sacred history）之间的交叉关联。

施特劳斯：好的，如果我们读到的话。现在，来看第175段，[维柯]如何解释诸神。因为，根据那个计划，在最初的时代——而所有一切都有赖于对最初时代的解释，因为那是文明的开端，是文明的诞生。如何解释诸神，也就是说，我们必须像早期人自己那样来理解他们的需要。这是整件事情的先决条件。现在（第176段），所有的文明都起源于宗教。是的，我们还可以补充说，不管这宗教真假与否——在犹太教的情形下为真，在异教徒的情形中为假。但关键问题在于，假宗教或迷信并不是一个原初而纯粹的一神教的败坏了的版本。这种观点曾经很流行，但其实并非如此。正如斯宾诺莎所说，这些迷信不能解释为由一种对上帝的混乱观念而引起——所谓的混乱是指与清晰明确的观念相矛盾。但是，传统的观点当然认为这是关于上帝的混乱观点所导致的结果。但是，这背后其实并没有什么关于上帝的混乱观念。相反，这个关于上帝或诸神的特定观念本身乃是由于某些特定经验而产生的，因此，[上帝或诸神的观念]也完全只能通过这些经验来理解，并且要按照这些早期人类理解这些经验的方式来理解。请读第177段。

兰肯：[读文本]

　　无论在什么地方，一个民族如果在武力方面变得野蛮，以至人道的法律都没有地位了，唯一可以制服这种民族的强有力的手段就是宗教。(第177段)

施特劳斯：好的。这里是对马基雅维利《论李维》卷一第11章的一种简单重述。顺便说，马基雅维利的名字在这里——在我提及他的时候——要用非常大号的字来写。好的。但是这个简单的表述是什么意思？如果属人的法律已经是充分的，也就是说，如果人们已经文明化，已经达到了与神圣时代或英雄时代不同的人的时代，那么，他们还需要宗教吗？跟随而来的是什么？你们怎么看，而它又怎么说？当人们[134]变得——我的意思是，当人们不再遵守属人的法律时，那么，就有必要把属人的法律还原为宗教，但是，如果他们遵守法律的话——

学生：无神论的社会。

施特劳斯：是的！没错。培尔是现代思想史上一个地标式的人物[施特劳斯写板书，并且在写的时候重复培尔的名字]，他是洛克和其他一些人的熟人。就我所知，有史以来，培尔第一个宣称，可以存在一个无神论的社会。现在，你们知道此后是怎样一段惊人的历史——尤其是在我们的时代。培尔在《关于彗星的思考》①那本书中解释了这一观点。维柯当然也了解他，他曾引用过培尔。维柯曾跟他论辩，因为——而维柯宣称自己已经驳倒了培尔，因为维柯证明了宗教是一切社会的基础，早期人必定是宗教性的。而我们在此处所看到的问题（也就是说，文明只能从宗教也即迷信起始，因为在异教徒的情形中，除了迷信不可能有别的东西）还没能证明，在文明的最高阶段，这也会是一种必然性。我不知道维柯的立场在哪里，但这当然是一个我们必须思考的问题。好的。

第 178 段可以表述如下：为了让各民族文明化，神圣天意安排了关于神（god）的混乱的观念，也即对诸神（gods）的信仰。这又是一条出于"有用性"的证据，或者说，是基于"恶的某种益处"的证据。迷信也是有益的，因为迷信能够产生一种文明化的效果。

第 179 段：与霍布斯争辩。霍布斯没有看到这点，因为他并不相信神圣天意。因此，他把"在全人类构成的整个社会之中思考人"这件事归于希腊哲学，但是，希腊哲学当然缺乏这种思考。霍布斯把此事归于希腊，那是因为，他是在基督教的魔咒（spell）下理解希腊哲学，也以此来理解人性的起源。而基督教则教导普遍的仁慈（universal charity）。以上大致就是维柯的说法。维柯这么说是什么意思？从这个谜一般的公式（enigmatic formula）背后，我们能识别出什么事实？霍布斯关于自然权利或者自然法的教诲，是一种关于普遍仁慈的教诲，这说得对。至于霍布斯如何理解它，则又是一个非常复杂的问题。但是，它是……则可以轻易证明：请各位去阅读他关于自然法的章节，霍布斯的自然法是一种关于仁慈的教诲，因此就必须——它有意成为一种哲学的而非基于启示的教诲。因此，它是某种希腊性的东西，就哲学自足于希腊人而言。用简单的话来说，霍布斯过于把早期人理解成为理性的存在物。而这一点当然也是卢梭对霍布斯的批评，孟德斯鸠此前也已对霍布

---

① *Various Thoughts on the Occasion of a Comet*, trans. Robert C. Bartlett（Albany, NY：State University of New York Press，2000）.

斯提出了这种批评。

在这里,还有一段对针对珀律比俄斯的辩驳,在本段结尾。

兰肯:[读文本]

> 从此,他就开始对珀律比俄斯(《罗马兴志》6.56.10)所说的"如果世界上早就有哲学家们,宗教就没有必要"那个谬论的驳斥,因为如果世界上不曾有过宗教,世界上就不会产生任何整体,也就不会有哲学家们了。(第179段)

施特劳斯:好。珀律比俄斯并没有在字面上说过这些话,但说过类似的内容。当然,这一点也并不排除如下观点——一旦有了哲学家,就不再需要宗教了。我的意思是,这个[135]问题仍然存在。但是,也还有如此多有着至高重要性的事物。我相信,第183段把这个问题说得非常明白了——其中毫无怀疑的影子——这一段说:最初被称为宗教的东西就是迷信。你们可以自行阅读第183段。

第184和185段:……早期人必定被如此理解——由于身处无知之中,他们无非由激情和想象支配,理性完全没有参与。而如果情形正是如此,我们便当然能对早期人作出解释,并且能知道哪种动机可能、哪种动机不会存在。我们由此也可以批评种种无稽之谈。这很简单。此后,在第186段后面的内容中,维柯的想法来了一个有些不同的转折:早期人给一切事物都赋予人形(anthropomorphize),也就是说,由于缺乏知识,他们把一切都用人、人的欲望等等来做解释。你们也可以像维柯那样,来一番更加漂亮的转折:早期人是崇高的诗人。不过,我想这是一种非常可疑的恭维,其中的含义是,他们完全是无理性的动物。这种含混性始终存在。有些早期的神灵(第188段)其实是被宣称为神的卓越之人。第190段:伴随着迷信而来的残酷,尤其是早期宗教之中血腥的人祭(191段),也是出自神圣天意,为的是教育人类。这也仿佛是说,上帝命令说……要受敬拜,这样人才能逐渐文明化。并不存在所谓的理性主义传统所说的"欺骗",该传统认为立法者在欺骗人民。存在的只是自我欺骗。这就是此处的要害。在这里,维柯指控了不虔敬的卢克莱修,但他事实上认可了卢克莱修的说法。唯一例外的是,维柯本人——让我们读一下这个地方,只读卢克莱修的引文。

"这些事物——"

兰肯：[读文本]"宗教所造的罪恶竟如此严重——"

施特劳斯：不，请从前面斯塔提乌斯（Statius）的引文开始。请继续。

兰肯：[读文本]

> 这些牺牲使人懂得"首先敬畏世上被创造的神们"那句老话的真正意义：邪教都不产生于欺骗而是产生于轻信，阿伽门农用他的虔敬的女儿伊斐格涅亚（Iphigenia）所做的那种不幸的起誓和牺牲，也是出于神圣天意，当时卢克莱修对伊斐格涅亚的惨死，就很不虔敬地叫喊说："宗教所造的罪恶竟如此严重！"但是为着驯化巨人的子孙们，这一切牺牲曾经是必要的，因为这样才可使巨人们的子孙归依到阿里斯提德（Aristides）、苏格拉底、拉厄利乌斯（Laelius）和非洲征服者斯基皮奥等人所要求的那种人道。（第191段）

施特劳斯：好的。早期宗教中血腥的人祭是出于神圣天意。维柯指控卢克莱修不虔敬。但他事实上依从了卢克莱修所说的话，除了如下的例外——维柯还不虔敬地说人祭是好的，而卢克莱修则更天真地说人祭是坏的，卢克莱修的话引向的乃是这个结论。这些人祭当然并非纯然是好的，但却完全有必要，因而便是好的。因为没有这些人祭，就永远不会产生一位苏格拉底和阿里斯提德。让我们也读一下第192段，这段非常重要。

兰肯：[读文本]

> 我们做了一个合理的假设：地球在世界大洪水中泡了几百年，不曾发散过干燥的气体或足以在大气中燃烧从而导致发电的那种物质。（第192段）

施特劳斯：[136] 好的，这是一个物理学假设。这点清楚地证明，维柯的史学并非独立于自然科学，维柯需要自然科学，因为唯有通过这种方式才能证明，最初的闪电，由于这种物理条件，是一件完全出乎预料的事件，于是产生了一种任何如今的恐怖都无法与之相比的恐怖。这也因此铺设了迷信的基础。这就是说（第 197 – 198 段），作为文明基础的宗教乃是假意见，不过，它作为民政的、政治的真理却是真实的。意思就是，我们因为这种迷信带来了文明，就称之为必要的东西。在第 204 至 205 段，我把它化简为如下的公式，我不知道这个公式在后面是否会有帮助。［施特劳斯写板书］理想的真理（ideal truths）。事实性的真理（factual truths）。我们必须记住这一点，因为这是理想的历史。此处的理想是什么意思？［施特劳斯写板书］事实性的真理，物理的真理，其中也包括社会的物理学，也就是《新科学》。在这里，理想（ideal）与理想化（idealization）连接在一起，它就等同于诗性的真理和形而上学的真理。这点当然极其令人困惑，因为他竟把诗性的真理称为形而上学的真理。但是我必须说，问题在于：这点必须应用于作为整体的理想历史吗？换句话说，这是一种诗性的理想化过程，三个阶段，三种时代。或者，它是否从属于事实性的真理？第 214 段：诗学建立了异教徒的人道。我要问的是：诗与宗教之间有什么关系？如果诗被理解为诗，它就不同于宗教。请读第 218 段。"人们起初感触"——译者怎样翻译 sentire？

兰肯："人们起初只感触——"

施特劳斯：读一下这个简短的段落吧。

兰肯：［读文本］

> 人们起初只感触而不感觉，接着用一种迷惑而激动的精神去感觉，最后才以一颗清醒的心灵去反思。（第 218 段）

施特劳斯：纯粹的心灵。是的。所以换句话说，情感（sentiment）的首要性。其实，"情感"这个词直到 18 世纪晚期才变得重要，成了一个哲学术语，那时，人们尝试改变传统的灵魂二分——也就是认知（cognition）和意志（will [affective]，情感性的意志）的二分，将之改变为认知-意志-和情感的三分。这是一次重大的事件，这个区分日后转变为理论哲学、实践性的现代哲学（practical modern philosophy）以及与情感相关联的审美（aesthetics）。而审美呢……如今，这些完全被人们不加思考就予以认可的划分，其实是昔日的创新发明。我们永远不可忘记——在这里，我们也看到与此非常相关的表述。所以，情感在此当然意味着诸种激情，并且在此发挥着影响（affects here），在早期阶段……

第219段，我们发现了关于"真实"和"确定性"的另一种表述。[施特劳斯写板书]，这个处理的是各种普遍性（universals），而这个则与各种特殊事物（particulars）相关。但在这里，在这个阶段，非-哲学（non-philosophy）被称为诗。而它的意思是：早期人不可能形成有任何意义的普遍事物（universals of any interest）。我上一次举的例子是，早期人不能形成"立法者"的概念，因为他们现在自然地只有一个立法者，也就是他们自己的立法者。因此，他们就称他为——比如赫库勒斯或吕库古，或者……，而当他们此后又听到其他的立法者时，他们就说，他就是这个异族自己的吕库古。此后，他们就获得……很多个吕库古（Lycurguses），于是必须把他们结合在一起……这就是维柯的神话原则之一。诗从根本上是非理性的，因而也是很早期的。现在，关于诗的非理性，该怎么看呢？这是一个维柯式的创新吗？

学生：《法义》卷十。

施特劳斯：[137]《法义》？

学生：对诗人的抨击。

施特劳斯：你指的是《理想国》卷十。

学生：是的，对不起。

施特劳斯：好的，我明白了，很好。不过，说得更简单些：《伊翁》篇。诗人们不过是受到了神的默示（inspired），他们没有自己的心智。同样，《苏格拉底的申辩》也提到这点。所以，这个观点有一个很古老的起源。第221段：关于诸神，希腊人最初的观点是……此后，关于这些预言，他们发明了不那么体面的含义，以与他们败坏的习俗相和谐。我们在第80和81段已经看到了这点。但是，这里当然就有一个大问题：这种原始的、相对高尚的道德如何可能？你们理解吗？我的意思是，在这些从……产生的冷酷野兽中，怎么可能出来一种柏拉图式的道德质朴呢？这就是问题所在。第222段。

兰肯：[读文本]

优塞比乌斯提到埃及人的智慧时,说过一句金玉名言,也适用于一切其他异教民族:"埃及人最初的神学只是一种掺杂着寓言故事的历史,后来他们的后代人引以为耻,就逐渐对那些寓言故事加上一些神秘的解释。"例如埃及高级僧侣曼涅罗在把全部埃及历史翻译成为一种崇高的自然神学时就是这样办的。(第222段)

施特劳斯:好的,换句话说,此后的世代认为这些古老的故事是可耻的,所以,此后的道德比早期道德严格得多。当我读到第80段后面的表述时,我就曾认为,宣称这些神话中的乱伦故事反映的是这些野兽般的人类的历史经验,而不是将之溯源到晚期罗马人或晚期希腊人的败坏,这会更加符合维柯的精神。这当然是个难题。第230段,这里的观点对此后的浪漫主义发生了很大影响:歌曲比言辞更古老。但是维柯这里的理解完全不是浪漫主义的。因为他用了口吃者的例子——对他们来说,唱歌比讲话更容易。维柯在这点上有些经验[笑],当然,不是他本人的经验。顺便说,这是真的吗?通过唱歌的确更容易克服口吃吗?我不知道。不过无论如何——换句话说,在这里,唱歌不是什么宏大可观的事情,只是一种很原始的事。

第238段是从斯宾诺莎《伦理学》卷二、定理七中直接摘出的句子,我曾让你们注意过这句话。关于第241、242段,我们必须记住:进步之后是衰落。换句话说,维柯并不属于相信无限进步的18世纪思想家之列。第243和244段似乎在教导民主制在道德上优于君主制。如果这点能够在全书中都有效,就会变得很有意思。第248段认为,文明的第一步是由更强者——未来的贵族(the future *patri*)迈出的。这与俗众的传统相矛盾。从第243段以后的部分来看,非常清晰的是,[就像在柏拉图那里一样,]最初的阶段乃是玻吕斐摩斯(Polyphemus),独眼巨人,也就是食人者的阶段。很可惜我们得以这种方式往下读。我们来读一下第264段,看起来,这段有特殊的重要性。

兰肯:[读文本][138]

以上三条公理,连同以前的LXVIII以下的十二条公理使我们认识到各种政体的原则。政体的产生都是由于"家人们"(famuli)强加于家族主的一种重大需要(下文[582ff]还要判定这种需要究竟是什么);按照这种需要,当时政体就自然采取贵族政体的形式。因为族长们为着抵抗起来反对他们的那些"家人",就自相团结起来——"

**施特劳斯**:说得明白些,家人(famili)的意思实际上与"家奴"(serfs)相同。

**兰肯**:[读文本]

接着就设法满足这些"家人",为求得他们恭顺,就向他们让出一种农村封地;而族长们也发现到自己的家族主权也只能按类比理解为一种高贵的封建仆从,也要服从更高的统治阶层(他们现已团结成为最高统治阶层)的最高民政主权。统治阶级的首脑就叫做国王(或君主)。由于君主是最勇敢的人,他们的职能就是在"家人们"造反时领导族长们去对付之。如果城市的起源可以如此假设(下文我们会看到这确实是事实),君主的职权,一方面由于自然而简单,另一方面又由于君主专政可以导致无数适当的民政效果,它就会获得认可。否则我们就无法理解民政权力怎样可以从家族权力演变出来,公众财产的世袭怎样可以从私人财产的世袭演变出来,也就无法理解这种政体怎样准备条件,以便变成由少数贵族阶层来指挥而一大群平民则服从指挥的形式。(第264段)

**施特劳斯**:你们看此处这个论证的特点:也就是说,如果你们并不接受我的公理,就永远没法获得一个清晰明确的描述。这就是对此公理的一种后天(a posteriori)证明。某种意义上,这也是维柯政治教义的核心。

第273至274段很短,请读一下,"贵族共和政体。"

**兰肯**:[读文本]

贵族共和国(aristocratic republics)[1] 对打仗最小心翼翼,深怕让平民大众们都变成战士。这条公理就是罗马军事方面的公道原

---

[1] 伯尔金和费什的英译文本为 aristocratic commonwealths [诸贵族共同体]。

则，一直到罗马和迦太基进行战争时为止。(第273、274段）

施特劳斯：好的，这些文字不太符合马基雅维利的风格，但思想却直接来自马基雅维利，或者源于修昔底德：斯巴达人很体面，并不轻易开战，他们爱和平，因为他们深受国内希洛奴隶（Helots）问题的困扰，所以，如果开战就是不健康的。是的，这是同一种论证——严格的国家理由。请讲？

学生：是否存在……的因素？一旦人民变成士兵，就会变成——他们就因为士兵身份，而在政府中有了发言权。

施特劳斯：是的，当然，维柯说的就是这个意思。贵族们必须想出更智慧的办法：不要开战，否则就得在共同体中给平民们分出一份儿。

学生：[139]……你就越不想让他们获得如何使用武器的观念，否则他们将会——

施特劳斯：是的，当然。但是斯巴达人当然有另外一种办法：他们是非常实际的人。到了境地艰难之时，他们武装了希洛奴隶。希洛人为斯巴达人打仗，而且看来打得也很好。随后，斯巴达人就让他们消失了——也就是说，把他们杀光。斯巴达人有一种特别的制度，与我们时代的秘密警察制度类似，被称为"秘密制度"（Krypteia），这种制度严格遵循秘密指令，只在夜晚杀人，所以没人知道发生了什么。当然，其他的希腊地区[笑]知道发生了什么，不过他们从来没法知道，哪个斯巴达人杀了哪个希洛人。但是，就像你们从……先生披露的内容中看到的那样，[笑声]这对某些人来说，没有造成任何伤害。因为，[这案件]必须被带回家里来，带到某个法庭面前。你们了解吗？请讲？

另一个学生：我想要问的是第218段。这三种心灵是否等同于——

施特劳斯：然后呢？

学生：这些特性是否描述了人的心智……

施特劳斯：不，这些是不同的阶段。你可以说，它们是三个阶段，神的阶段、英雄的阶段和人的阶段。

学生：……在英雄的阶段——

施特劳斯：第二阶段。

学生：第二阶段……那个时代的人观察到了一种受困扰、受激怒的精神，也许这是……

施特劳斯：就像维柯理解的那样。我必须说，我原来并没有想过要把时代的三分（triad of ages）与这个三分协调起来。但是，我相信我们必须这样做。在那个意义上，你是对的。我的意思是说，如果——维柯关于英雄的观点并不是很有英雄特性，如果我可以这么说的话。请讲？

兰肯：这与荷马很一致。

施特劳斯：是的，在某种很……的意义上，有某种相似性。但是维柯很幸运，他并不知道那一点。等读到维柯的荷马解释时，我们会看到。接下来——第278至281段——这些完全出自马基雅维利。我们读一下第283段，来对维柯思想中的这个方面获得另外一种观念。

兰肯：[读文本]

> 弱者要求法律，强者把法律留在自己手里不给弱者；野心家们为了争取群众，就宣扬法律；君主们为着使强者和弱者平等，就保卫法律。（第283段）

施特劳斯：好的，我不想直接打乱从……开始的字面顺序。[笑声]但是，更好的说法是，在这个问题上，这一观点直接源于马基雅维利，或是修昔底德的米洛斯对话。我的意思是……虽然在我很长的一生中，我一直听到了关于他的说法——听到维柯那里有多少纯粹的马基雅维利主义的说法，但这还是[140]读维柯时让我最感到惊讶的东西。我对此猝不及防。第290至291段与此前段落的主题相关：伴随着征服战争，民众自由受到威胁。无论这是不是贵族能赋予平民权力的唯一条件，这也许是你能有的最好的条件了。这当然是马基雅维利的建议。让我们——是的，在此处的第292段，有一段非常重要的关于自然法（natural law）的表述，而不仅是关于自然正当（natural right）。让我们读一下那个段落。

兰肯：[读文本]

> 人们起初希望的是摆脱奴役而获得平等，平民们在贵族政体里最后把贵族政体变成民众政体可以为证。接着，他们就企图驾凌于同辈之上，在民众政体中的平民后来使民众政体腐化成为强者们的

政体可以为证。最后，他们想使自己驾凌于法律之上，无政府状态或无限制的民众政体可以为证。没有什么暴君制比这种无政府状态的民众政体更坏，因为在这种政体之下，城市里有多少放辟邪侈的人，就有多少暴君；到了这步田地，平民从所受的祸害中得到警告，就设法寻求补救办法，于是就到君主专制下寻求庇护所，这就是自然的王法；凭这种自然的王法，塔西陀（《编年史》1.1）使奥古斯都治下的罗马君主专制得到合法化，他说，"当世界对内战感到厌倦了，奥古斯都使世界成为在君主名义下的帝国的臣民"。（第292段）

施特劳斯：好的，这是在塔西佗《编年史》的开篇。现在，在这里，什么是……在史实上是真是假并不重要，罗马人民由以将绝对权力赋予奥古斯都的那项法律，是罗马帝国的法律基础。但是，这并不是维柯头脑中想到的法律，他谈到的是一种自然的王权法。那是什么意思？那种"自然的王权法"的目的何在？如果无政府是……持存的，那么，除了绝对君主制以外，就完全没有出路。自然是如此。在何种意义上，这乃是一项法律？它当然不是人造的，而是自然的。请讲？

学生：……

施特劳斯：是的，的确。换句话说，他所包含的法律——因为，另一种可能是，社会毕竟可能完全解体。那么，就仍然还有一种……的因素。你或者希望社会完全破碎，或者就不得不建立……这就是维柯的自然法，是维柯思想中自然法的一个例子。请读第293至294段。

兰肯：[读文本]

  当最初的城市在家族基础上创建成的时候，贵族们由于享有生来就有的漫无法纪的自由，就不愿容忍阻挠和负担，贵族在里面当首领的贵族政体可以为证。后来平民人数大增，又在战争中受过训练，就迫使贵族们和平民们平等地服从法律和负担义务，民众政体中的贵族们可以为证。最后，为着保持安逸的生活，他们就自然倾向于接受一个主子的独尊，君主专制下的贵族们可以为证。（第293段）

  这两条公理加上第LXVI条（即241段）以下［141］所提到

的一些公理，就提供了理想的永恒历史的一些原则。(第294段)

**施特劳斯**：基于我们刚刚在第292段读到的内容，我会这么说：理想的永恒历史，是诸自然法的一个整体，那就是自然的王权法，它关系到政治生活及其每个阶段。在某种意义上，还要说得更精确……总会有自然法：在开端有一种自然法，通过这种自然法，这些野兽般的家伙，或者有一些野兽般的家伙会结成一个早期的共同体。随后，关于这个共同体的结构，也有自然法，如此类推。而这就是永恒的理想的历史。

**学生**：您可以重复一下这个观点吗？……

**施特劳斯**：在此前所提到的自然王权法的意义上，就政治生活及其每个阶段的进程而言，理想的永恒历史就是各种自然法的整体。换句话说，从大概在维柯的时代持续到如今的那种支配现代社会科学的观念，也就是说，要获得关于行为的普遍法的观念，已然完全在场了。第295至296段也很重要，我想，我们应该读完这两段后就下课。如果你们允许，我们下次再讨论余下的部分。所以，我们来读一下随后的两段。

**兰肯**：[读文本]

请允许我提出一个不违反理性的假设：在世界大洪水之后，人类先住在高山上，稍迟就下到平原，最后，在长时期定居以后，才敢靠近海岸。(第295段)

**施特劳斯**：这部分内容是从柏拉图《法义》第三卷中逐字摘出来的。但是我们很快就会看到，维柯从来没有读过，而这……但是，这对维柯并不是什么障碍。请继续。

**兰肯**：[读文本]

斯特拉波（Strabo）在他的著作里提到柏拉图《法律篇》（卷三，677-684）里有一段至理名言，说到在第伯斯国奥基迦王朝和丢卡利翁王朝时，当地发生大洪水之后，人类都住在山中岩洞里；柏拉图认出这些最初的人就是独眼巨人们，他还认出这些独眼巨人们就是世界上最初的家族主。后来他们移住山边，柏拉图把**达达路**

斯（Dardanus）看作他们的代表。达达路斯是帕加马城（Peigamum）的创建者，这座城后来就成了特洛伊的城堡。他们最后下到平原，柏拉图认出伊路斯（Ilus）就是平原人的代表，伊路斯曾把特洛伊移到近海的平原，伊利昂（Ilium）这个名称就是从伊路斯来的。（第296段）

**施特劳斯**：这只表明，尽管维柯没有读过柏拉图的《法义》第三卷，但他通过斯特拉波得知了对他来说最重要的内容。这点并没有取消如下事实，也就是说，这在根本意义上是柏拉图的教导。但是，在柏拉图《法义》卷三与维柯此处的表述之间有什么区别？区别很简单：在柏拉图那里，这段早期社会简史从属于一个规范性的语境：柏拉图写作这段历史，目的是发现立法的真正原则，此后再来教导什么是最好的法律。而在维柯这里，就没有这种规范性的语境了。这当然关联于如下事实——在柏拉图那里，并不存在维柯意义上的自然法。请讲？

**学生**：在亚里士多德《政治学》的特定段落中，也有同样的事情。我们本来假定亚里士多德是在描述……但是随后，亚里士多德却开始谈……

**施特劳斯**：[142] 是的，很好。不过我要问的问题是：是否有一种规范性的语境？我的意思是，问题在于，社会科学家们做什么？我的意思是，他们宣称或者希望确立自然的法则，确立关于人类行为的法则。这是一项严格意义上的理论事业，正如天文学家、地质学家、遗传学家或者经济学家所做的那样。这完全是理论性的。可是，它的目的是对实践有所帮助，这就是要点所在。但是，在其本身，它当然是理论性的。

现在，至于维柯是否想要对实践有所帮助，我们还没能发现其中的迹象。但是，这种科学当然意在成为纯粹理性的，就像当今社会科学意在成为纯然理论性科学一样。而这就与自然法含义的变化有关了。自然法——我的意思是，这个词在柏拉图那里并不存在，在亚里士多德那里也不存在。但是，要是把它归因于柏拉图和亚里士多德也多少能说得通。当然在阿奎那那里，自然法已经出现，而且带有一种规范性法律的含义。从亚里士多德或者神秘主义的观点来看，甚至那些由无生命存物、植物和动物所遵循的自然法也是规范性法律。但是，从现在开始，所有自然法都变成了非规范性的，这是一个极大的变化。

关于这个问题，请让我再补充一点。我们此前从来没有考虑过，但是我们永远不该忽略这个问题。我非常建议你们读一下胡克（Richard Hooker）的《教会政体原理》（最容易买到的是人人文库版，卷一，150页），其中，胡克基于更古老的观点，对自然法下了定义。你们去读一下这个段落，而且，如果能找到的话，再用这个段落对比一下斯宾诺莎《神学政治论》卷四第1页对法律下的定义。对观这两个段落以后，你们能比读多卷史书学到更多的东西。因为你们将会亲眼看到这个巨大的变化。如果有时间，我们可以在课上比较这两个段落，我在别的课上做过这件事。可是我现在太疲倦了，时间也有点晚，天气很热。这一点，我们等到下次课再讨论吧。

再重复一遍，一种目的论的法的不同之处——在一种意义上，目的论的法并不是普遍的，也就是说，并非所有存在物都能够达到其目的，并非所有人生来都有五个手指，有人只有四个，此外还有各种各样这类事情。缺陷可能存在，但这些缺陷并不取消目的的普遍性，因为，作为缺陷，它们指向的是完整。相反，现代自然法有意在严格意义上对每个个体都普遍成立——例如，就他们在经济学中关于供给和需求所谈到的东西来说，无论对于来自国外的还是超重的物体，这些法都在另一种意义上普遍适用。我想，我该把这两份文本摆在面前读给你们，我下次会这么做，然后我们再来讨论。

维柯的自然法是现代自然法。我认为他的永恒历史也是关于人类社会的诸种自然法的整体。人们不能理解如今的社会科学中究竟在发生什么。之所以不能理解，原因在于，关于它的观念乃是，由于缺乏普遍性，这些古老的自然法便不是好的法——让我们获得那种真正普遍适用的法律吧，随后，我们就会有精金般的真理了。但结果就是，你们永远没有办法得到这样的法，你们知道，在政治科学中，我们明白，当你读到少数敢于自称发现了某种关于政治的普遍法时，他们的大多数都——举例来说，比如我们想要找到一条对于1955至1957年的美国投票者行为普遍适用的法［笑声］，那是……但是，一种真正普遍的法——也就是米歇尔斯著名的［143］寡头统治铁律。① 你们可以这么说，但是此后，你们又会读到关于绝对君主制的东西，了解到事物在绝对君主制下如何运行，你们便会看到，［米歇尔斯的寡头统治铁律］就并不是真实的。如果君主并不是一个又懒又蠢的家伙，他就真的会……而由他的情妇或者众多情妇乃至廷臣构成的寡头群体并不会……所以，你们知道，这真的是君主制。同时，也同样存在真正的民主制，如果人民事实上并不懒惰的话，而我相信，这比出现一位不懒惰的君主更困难。米歇尔斯的论点中有某种有效性，由于统治的结构……此后就会产生一个更加狭窄的顶部，而你们可以称之为比较高的等级，于是可以称之为你们的寡头制。但是，这并没有解决真正的权力、合法的权力在哪里的问题。换句话说，这是关于政治事物的一种社会学解释，他们在政治上有很大的误导性，尽管他们对于公共管理的非政治部分也许有某种价值。对于那一点，我不得不问……好的。所以，我们下次就从这里开始，来对读关于法律的那两个段落。

［课程结束］

---

① 米歇尔斯（Robert Michels，1876—1936），德国社会学家。在1911年出版的著作中，米歇尔斯解释了他的"寡头统治铁律"。此书英文译名为 *Political Parties: A Sociological Study of the Oligarchical Tendencies of Modern Democracy*。

# 第七讲 《新科学》（298 – 359 段）

1963 年 10 月 21 日

施特劳斯：[146] 我们还没有结束关于……的讨论，因此我们必须回来讨论一下。只有两点，你引用了这句话，"凡存在者都正确"（Whatever is, is right），这句话是谁说的？

学生：……

施特劳斯：不对。我碰巧知道这个，……先生，你刚才说了些什么？

学生：不……

施特劳斯：是的，蒲柏（Alexander Pope）。是的，在所有可能的世界之中，这个世界最好，其中并不排除邪恶。所以这有所不同。不过，仍然要说，当蒲柏发布这首诗的时候，有人指责他从莱布尼茨那儿剽窃了这种思想，于是我们便想起莱布尼茨，而这句话中有一些真理的元素。换句话说，莱布尼茨的立场被称为"乐观主义"（optimism）——不，这就是乐观主义这个词原初的含义，如今每个人都在各种场合使用这个语词，却完全不再指"在所有可能的世界中，这是最好的世界"的意思。如果有谁认为即便衰退到来，也不是那么坏，那他就是个乐观主义者。这个词起初有一种非常严格的含义：这个世界是所有可能的世界中最好的世界。是的，这句话有什么问题？基于莱布尼茨由之开始其论证的那些有神论观点，这个世界难道不是一切可能的世界当中最好的世界吗？请讲？

学生：……如果上帝完全关心人，并且全善、全知……在那个基础上，因为其中预设了一种可能性与……之间的区分……可能性。也就是说，无论上帝有多么完美，他都无法从中建立一种善好的等级秩序，乃至一切都可以同时实现，其中不存在某种部分的局限性。

施特劳斯：你说得有点复杂，我没有完全听懂。我想关键的要点是，莱布尼茨的教义被解释为否定了上帝的自由本身。因为他完全被"选择所有可能世界中最好的世界"这种善所强迫了。

学生：我就是这个意思。

施特劳斯：好的，很好。

学生：……如果存在另一种想象的可能性，那么上帝是否被强迫了呢？

施特劳斯：是的，但这是由善所强迫的。现在，我再举个更简单的例子，来指出你的困难。当莱布尼茨讨论到如下反驳意见，也就是这种教义如何与关于原罪的传统基督教义相容时，他的回答是：宇宙是无限的，关于堕落和拯救的整部戏剧却只发生在无限宇宙的某个行星中，而宇宙的其他部分都远离了原罪，所以，原罪并非如此地坏，它只位于这个行星当中。这是莱布尼茨尝试摆脱困境的一种方式。请讲？

学生：[147]……康德在一种原初直觉（original intuition）和一种派生直觉（derivative intuition）之间的转换，因为人的各种意愿只是派生性的，也就是说，它们预设了他的经验对象，上帝使得他们——

施特劳斯：不，不。关于原初理智（intellectus originarius）的观念。我的意思是说，原初理智并不是莱布尼茨的创造，它还要更古老。我不知道它的起源。

学生：它更先于——

施特劳斯：……是的，当然，康德最晚近的权威……莱布尼茨。这毫无疑问，但这种教诲并不是莱布尼茨的原创。

现在，还有另一个要点，也就是关于 conscienza 的翻译。罗特拉（Rotella）先生不在这儿。是的，它有两种含义，是吗？当然，conscienza 的原初含义当然是"有意识"，我认为在法语中也是一样，conscience scientifique，科学意识。不过，在一个更古老的文本中，我要毫不留情地用"良知"来翻译它，并试着理解"良知"（conscience）是怎样成为"意识"（consciousness）的。换句话说，良知的意思是，你做了某些事，也自知做了此事。当然，这个词原初的含义是，例如，在阴谋或一种类似的事情中,有那么多关于此事的"与知者"(conscii),也就是共同知道的人。但是,"意识"(consciousness)的概念则是一个非常复杂的派生性哲学概念,我们不应该从这个概念开始,倒是更该理解它是怎么起源的。我的意思是,在19世纪,它几乎是一个最基本的术语,甚至在19世纪晚期也已经出现在康德那里。然而,人们千年以来一直在作哲学思考,却对关于意识(consciousness)这样的东西一无所知。"灵魂"怎样被"意识"取代,这是一个重大的问题。良知有一种更加局限的含义。在……时,这个词尤其意指人们从有罪或无罪的角度对他的行动的判断,以及诸如此类的东西。请讲?

学生:看起来——尤其在19世纪,在一个人知道或者……经验的意义上,它并不是知识。看起来,从意识性之中产生了某种神秘的东西。

施特劳斯:好的,我的意思是,它需要以某种方式回溯到笛卡尔——但这还不是一个充分的解释。你们知道,笛卡尔通过把灵魂划分为意识,也就是说……观念(idea)——笛卡尔用的语词是 cognition,认知。另一种东西,也就是植物性和动物性的灵魂——生命,其实就是机械运动。这个划分,这种笛卡尔式的分割,就是这个概念的基础。但是,"意识"(consciousness)则是笛卡尔关于认知的这个概念的子嗣。而当然,很奇怪的是,"认知"这个概念起初只是"在头脑中有某种想法"的一种特殊类型的说法。笛卡尔把它用于一切。认知的另一面就是笛卡尔所理解的意义上的观念(idea)。你们知道,任何意识的对象本身都被笛卡尔称为一个观念,而这又被洛克和另外一些人继承下来。

但是,老霍布斯一只脚仍然踩在16世纪,他并没有接纳这点。霍布斯从来没有用这样一个单一术语来指称诸观念。他的用语是各种思想(thoughts)以及诸种激情(passions)。思想就是被称为观念的东西,而诸种激情当然也属于笛卡尔的意义上的各种观念。但是霍布斯否认这一点。他还无法让自己承认,在这个 [148] 新基础上,这种东西能够形成一个单一整体。这是一个非常……的过程,我们在其余这类……的过程中很快就会讨论到。

学生:……出现在笛卡尔的《论灵魂的激情》一书中……

施特劳斯:但是,在那里,他还没有这种……是的,我相信是这样。

现在，我想，我们要先从上次课结束时的那个重要段落开始。第292 段。在这段之后，我们发现了一种自然王权法的观念。接下来的三段发展了这个观念，我们此后抵达了如下结论：维柯关心的那种理想的永恒历史，事实上就是关于政治生活进程及其诸阶段的诸自然法的整体。例如，你首先会有这种半贵族制（half-aristocracy）及其结构，此后，从这种半贵族制转向例如民主制及其结构，此外还有向君主制及其结构的转换。所以——这是个最重要的问题。上次，我们是不是略过了这个问题没讲？不，没有。我认为这就是要点所在，我们从这点开始。

这种"诸自然法"（laws of nature）的概念是什么？我们必须对此稍作反思。你们知道，在当今的社会科学中，他们通常不谈自然法，但他们所意指的恰恰就是诸自然法：各种关于行为的法（laws of behavior）。要弄明白他们为什么不再称它们为诸自然法，会很有意思。很明显，他们把自然法限定在物理（physics）的层面，我猜也限定在化学和生物层面。孟德尔（Mendel）的法则，也就是遗传法则，能以日常用法称之为自然法吗？我不知道。我要问你们。孟德尔法则——这些法则是否通常被人称为诸自然法？或者说，这种转换是否因为，事实上统计性的法则不能被称为"自然的"？我的确不知道。请讲？

学生：他们讨论的难道不是粗略的假设（crude hypotheses）吗？并不是法则。

施特劳斯：是的，当然。他们并不总是如此——他们有时只讨论相关性（correlations）。你们知道，相关性有赖于一系列自变量以及各种东西。但是，最终，当他们不带着方法论上的谨慎而简单表述时，他们会说这是"法则"。请讲，……先生？

学生：从我对自然科学的有限了解来看……自然法则，至少在更古老的学派那里，正如维柯说的……但是他们仍然会讨论自然法，我是指例如牛顿法则。我的意思是，它们仍然被称作法/法则（laws）。

施特劳斯：是的。而且你知道，在更早期阶段，至少在 19 世纪，孔德把他关于社会学的社会科学称为"社会物理学"，也就意味着把物理学应用于社会。即便当今，这种自然科学的模式对行为主义者来说仍然有权威性。所以，我们必须就诸自然法的这种概念略作思考，想想它意味着什么。你刚才是否提到了阿奎纳？

学生：……

施特劳斯：好的。由于时间关系，我们必须留下这点，作为开放问题。很幸运的是，我们有一篇文本，其中肯定地出现了关于自然法的更古老观念。我指的是面前这本书，[149] 至于由此能回溯多远，还不清楚。这篇文本见于胡克的著作（《教会政体原理》），人人文库版第150页。现在我来读给各位。

所有存在的事物都有某种并非暴力或偶然的运行方式。

——"暴力"意味着违背事物本性强加的东西，而"偶然"的含义是由机运引起。

如果没有某种事先设想的为之运转的目的，那么，任何东西都不会开始做同样的事。

——任何东西，不仅是人。

除非行动适宜于实现其目的，否则，行动所指向的目的就无法实现。因为对于每种目的而言，并非每种行动都能服务于这个目的。那种给每件事物指派其种类的东西，那种能节制力量和权力的东西，那种能够分派正式的行动手段的东西，乃是同一种永恒法。

这就是胡克的定义，据此，他此后可以谈论自然实体所遵循的法，也就是野兽、植物和无生命事物所遵守的法。与此相关，胡克还谈到了复数意义上的法律。所以换句话说，"诸自然法"这个术语已经独立于现代科学而存在。它明显并未频繁使用。这还是一个晦暗不明的故事，与我现在知道的东西相比，我还想了解得更多。但是这个观念中的关键就是，我们能由之理解法的那个术语乃是"目的"。法决定了导向这种目的的运行方式。由此能清晰地得出，对于各物种中的所有个体来说，并不会普遍地存在相同的行为。有些个体实现了其目的，有些则没有。而他们没法实现目的的方式也无穷无尽。也就是说，由于上述理由，唯一的统一性（the only uniformity）是由目的而非朝向这个目的的方式提供的。

用现代语言来说，这种语言虽然不合用，但是如今已经成为必需，唯一确定的东西就是那个"应该"。那个"是"：混乱；"应该"：几乎很混乱（The *is*: chaotic; ought; almost chaotic）。你们能明白这点吗？我的意思是，严格来说，它当然不是一种"应该"，因为，目的就像……那样，那么多地……属于"是"……这一点你们清楚了吗？没有？

学生：您可以再解释一遍吗？

施特劳斯：我会再解释一遍，但是会从某个更宽泛的基础上解释。我会用现代关于法的定义来解释。这个定义，我取自斯宾诺莎《神学政治论》第四章的开头部分。让我也读一下这个段落。①

> 法律这个词，概括地来说，是指个体或一切事物，或属于某类的诸多事物，遵同一种固定的方式而行。其中的法或是由于自然之必然，或是由于人事的命令而成的。由于自然之必然而成的法律是由自然物的性质或物的定义而产生的必然结果。由于人的命令而成的法律，是人们所设立的……例如，有一条定律，所有的物体，当碰到较小的物体时，其所损失的运动和传给其他物体的运动相等，这是一条物体普遍遵循的定律，所基于的是自然的必然性。以同样的方式，当一个人记起一件东西时，他马上便也记起与之相似的另一件东西，或记起本来同时看见的另一件东西。这是一条由人的天性而必然得出的法。

好的。所以，在这里，你们有了一条关于普遍行为的法则（如果可以这么说的话）。普遍的行为。当然，牛顿的诸条法则——关于惯性的法则，都是关于普遍行为的法。而在这里，你们看不到任何指向目的的东西。我们必须多少理解这一点，才能够——

[150] 所以，我们所采取的第一步……先生——好。所以，我们在胡克那里发现的更古老的观念（这种观念必定在其他地方也有痕迹）——我能记得阿奎那的一个段落，但是我没有办法找到。所以我必须相信，在……的帮助下，我能找到那一段。但这个观念在那里出现

---

① 施特劳斯自己的译文。

过。更古老的观念基于目的论。有一个目的。而现代的观念则基于对那个观念的否定。以任何一条牛顿定律为例：其中没有提到任何关于目的的东西。目的这个术语本身预设了其本质，因为有多种存在物——狗、猫、橄榄树，或者任何你能举出的东西，而在每种情形之下，目的都各不相同。但是，现代的观念——我要提前说——不仅基于对目的的否定，而且基于对于本质（essence）的否定。也就是说，有各种不同的本质，其间有着关键的差别。

现在，我们该如何理解"本质"？根据亚里士多德的观点——柏拉图的观点也一样——有某种称为"心灵"（mind）的东西，以及人们能够用以感知（perceives）的东西。用莎士比亚的话说，心灵有一只眼睛，不只身体有眼睛。很好。所以，用这种方式，我们就能够设想本质（essence），但是，我们也设想了某种称为"属性"（property）的东西，尤其是所谓的"本质属性"（essential properties）。例如，人是一个理性的动物，这就是他的本质。人是一种能笑的动物，笑就是一种"本质属性"。这是用实用术语所作的表述。如果你试图通过"人是唯一能笑的动物"这个事实理解人，就会卷入一个非常笨重的过程。但是，当你从"人是理性的动物"开始的话，你就会明白人是能笑的动物，也能以更合乎自然的方式理解人还能做其他的事情，笑只是其中一种属性（property）。

现在，这些属性——这乃是整件事情的起点：不可还原的诸种属性。换句话说，知道了笑是怎么产生的（在什么条件下产生），还不能真正帮你在行为的统序（economy of manners）中去理解笑。最为有名的是如下例子——因为这个例子被一个很伟大的诗人用过：鸦片的 vis dormitiva［令人入睡的力量］，出自莫里哀的——［学生回答］《想象的疾病》（Le Malade Imaginarie）。鸦片为什么能使人入睡？因为它有一种 vis dormitiva，使人入睡的力量，明白吗？这里出现了同义反复（tautology）。对于这个完美的笑话，人们笑了两三个世纪。但是当然，事情不像看起来那么简单，因为鸦片的化学成分可以很好地替代鸦片或别的东西，也许可能用于别的目的。但是，如果我们不是首先知道这种化合物——"鸦片剂"（opiate）——有催眠力的话，如果我们不知道为了让这些化学分析有价值我们该从什么东西开始的话，那么，这整段化学分析就没有什么意义。

所以，在这里，我还要为各位读另外一段非常美的文献，或者说，对于我们所讨论的这个事件，这段话是一个里程碑——也就是霍布斯《利维坦》第 46 章的开头。在那里，霍布斯对哲学下的定义是：

> 哲学就是根据任何事物的发生方式推论其性质，或是根据其性质推论其某种可能的发生方式而获得的知识，其目的是使人们能够在物质和人力允许的范围内产生人生所需要的效果。

而在 17 年后出版的同一部作品的拉丁文版中（不过，我们可以说，其间的时间间隔要更短很多），[对哲学的表述]，霍布斯把性质（properties）替换为生成物（generations）或者效果（effects）。换句话说，属性是某种与任何其他效果一样的效果。而效果是有原因的。在这里，很自然，各种"原因"只是意指质料因和动力因。已经没有了属性和本质。这是一种粗陋的（vulgar）概念——你们知道，常识意义上的那些观念 [151] 不得不抛弃了，我们必须把它们替换指涉质料因和形式因的表述。这就是核心所在。一件事物的本质，乃是该事物的生成。而事物的生成是某种形式的制作。当然，在自然物的事例中，不是人制作自然事物，而是神圣的制作或者自然的制作——总之，是某种制作。所以，理解一件事物，就意味着理解它的生成或制作。你们记得维柯的"自然"：也就是第 147 段所讲的，出生、起源。从这点出发，我们还可以得出另一个结论。很好。

现在，我先把这点讲完。首先，我们已经看到，知识意味着理解自然。此后，维柯明显迈出了一大步，不过，在维柯之前，很多人也已经迈出了这一步。知识本身是被制作的，因为，如果我知道它是怎么制作的，我就也把它制作出来。我也许没有能力制造地震，但是，我就只能对阿基米德说：给我一个支点和材料，我可以给你制造一场地震。所以，知识本身就变成了被制作的东西。但这里的困难在于：我们真的知道自然事物是怎么制作的吗？而谨慎的回答似乎是，我们不知道，这是个谜。所以，就不可能有关于自然事物的知识，因为我们并不知道他们的制作过程，关于这个过程，我们只有假设。因此，唯一真正的知识领域就是数学知识，因为数学的（mathematical）和算术的（arithmetical numbers）数字都是我们自己制作的。霍布斯把这点表述得最为清晰，他的结论是：严格来说，我们只有对数学或准数学的东西的知识，此外还有关于政治事物的知识，因为我们制作了那只巨大的利维坦。

你们能看到，我现在已是个老人，而我必须告诉你们去观察一些年轻人不知道的东西。记忆是如此不可靠，我曾经完全确信在霍布斯那里有一段话，他在那里清晰地把这两点结合在了一起——也就是说，我们只有关于数学和政治事物的知识，却没有关于任何自然事物的知识。我找不到这个段落了。我这里标记了《自然正当与历史》第172至173页的一个注释，不过这些段落中也没有涉及霍布斯的那段话。相信这一段内容可以从霍布斯的原话中推导出来，但这样一种表述本身却没有在什么地方出现。当然希望，研究维柯……的人，就需要去探究那个问题。好的。

关于真实之物/被造物，我引用过一位美国学者的研究，我从中发现了关于这个问题的引述……，在那里你们也能读到——我想他表述得更好……请讲？

学生：……

施特劳斯：是的，很好。

学生：……

施特劳斯：是的，但这对沃伦神父来说非常有益，他并不知道霍布斯的所有段落。我并没有说那是一篇好文章，它只是篇有用的文章。

学生：……

施特劳斯：我不知道……但我一直很清楚，就是霍布斯。因为我以这种形式记得——

学生：[152] 他比较了霍布斯、维柯和杜威。

施特劳斯：是的。好吧，在这个问题上，杜威没什么相干，也不合适，因为他不可能对维柯有任何影响。

现在，我认为克罗齐在他的书中曾经很好地讨论了一个难题。因为，在《形而上学》中1051a31的一个段落中，亚里士多德看起来说过同样的内容。但是亚里士多德在那里只说到了数学，而且语境非常特殊。克罗齐说，这并不是维柯所依据的源头，完全正确。这部分内容见于克罗齐著作的第288页前后。① 克罗齐也提到了一种与亚里士多德观点不同的神学遗产，也就是说，唯有上帝自己知道他所制造的东西。但是，很明显，这点从来不曾被特殊地应用于政治事物。现在，这个表述的简单基础当然是这个：关于技艺（arts）的古老故事。鞋匠懂得他的鞋，因为他知道自己用于制作鞋子的所有东西，知道自己为什么要鞋，如此等等。要点是，政治事物也有这种特点，他们是严格意义上的人造物，因此完全可知，没有任何秘密可言。换句话说，城邦并不是自然的。如果它是的话，就不会是由人所造的了，而这个论题也就不可能了。现在，维柯接过这点，并从中得出了非常可观的结论。我们后面会讨论。关于维柯，我只想提一个难点：根据维柯的观点，我们是否制作了严格意义上的政治的事物，也即 mondo civile［政治世界］，公民事物？

学生：没有。

施特劳斯：当然没有。这些可怜的野蛮人关于在他们身上发生的事情知道什么？但是，如果他们未能理解一件事物，严格地说，他们自然就并未制作它。他们当然没能"有意识地"做自己所做的事。这就是差别所在。因为，根据霍布斯的观点，我们有意识地制作了利维坦。或者说，至少我们能把它制作出来。如果它是个好利维坦的话，我们必定是有意识地把它制作出来的。但是对维柯来说，这种观点并不存在。所以在维柯本人这里，这种说法的意思毋宁说很含糊。

让我再补充一点。在学习关于"诸自然法"这样的概念时，最著名的例子是牛顿的"法则"，但是此后［它们］也被维柯这样的人用在了政治事物上。当然，肯定没法用传统，也就是亚里士多德传统来确认这种新的用法。永远不能。但是我认为，我们在文献中读到的很多错误的东西，都是因为人们所考虑到的只是这个有权威的、居于统治地位的传统。其实，同样还存在着一个非常激进的、截然不同的传统。

我们举一个简单的例子，人们说，直到16、17世纪为止，人们所

---

① 相关的文本应该是克罗齐对亚里士多德《形而上学》卷九第9章1051a23-33部分的讨论（虽然克罗齐将这段文本错误标注为卷八，1051b）。参见克罗齐，《维柯的哲学》（*The Philosophy of Giambattista Vico*），页296。

说的都是"封闭宇宙",而现在则变成了"无限世界"。仿佛不曾有很多古代思想家讨论过"无限的(infinite)……"一样,[这些古代思想家]也就是伊壁鸠鲁主义者、德谟克利特后学等等。那么问题就变成,如何把它应用于自然法:在那个传统中,我们能否发现任何属于自然法的东西?我只记得一点。[施特劳斯写板书]卢克莱修曾经频繁提到……我从来不知道如何用[153]盎格鲁-撒克逊读音来读拉丁语。你们怎么读它?…natura。是这么读吗?好的。"自然的契约"(contracts of nature)。既然"契约"在此处没有任何直接的意义,我们就可以将它翻译为"诸自然法"。但这要基于一个条件,也就是这个段落的评注者所提到的——卢克莱修所想到的,并不是一种人们在自然中观察到的统一性(uniformity in nature),他们所提到的毋宁是自然对生长、生命、权力等事物所施加的限制。换句话说,太阳没有办法走得……比它所走的更远,它的轨迹有个限制——这才是一种法,而不是那种描述其原因的东西。所以,不管怎么说,它都不是现代意义上的自然法。

那么,现在,最关键的差别是什么?我的意思是,至少就我们不用再做进一步的研究就已能理解的程度上说,关键的差别在哪里。其实,两个阵营中的古代哲人首先关心的,都是发现他们简单称为"最初事物"(first things)的东西。我们可以从这些学派中举最简单的例子:德谟克利特学派和伊壁鸠鲁派,也就是原子论者。决定性的问题是要确立如下事实:在世界上,原子(atoms)乃是最初的事物。当然,首要问题便也在于表明,任何现象——地震、日食——都能以此为基础来理解。但是,他们并不关心你用来理解例如日食现象的法则(law)。此后,在这个过程的最后,康德做了总结性的表述,他说,科学所关心的并不是"为什么"(why),而是"怎么样"(how)。康德是从这一过程的终点(end of the process)来表述的,因为人们可以说,法则告诉人们事物如何发生,却并不解释它的"为什么"。但是,这是"事后"而非"事前"的解释,并不是从"制作了这件事物的人"的角度来作的解释。我提到这些,只是为了提醒各位留意这些难题中的一个难题。从某种意义上说,我们已经想当然地接受了它,因为在我们的时代很久之前,此事已经发生了。它已经成为我们的"家具"的一部分,我们把它与其他家具一样继承了下来:我们或许享受这个结果,或许不然。但是无论如何，我们并没有反思它。对我来说，这个问题，也就是诸自然法的概念，乃是最困难的问题之一。请讲？

学生：……

施特劳斯：他并没有解释那个"为什么"（why）。同时，也很难说明白那个"怎样"（how）：运动怎样发生，运动和反应的关系是什么，等等。而他使用了关于……的微粒（particles）的说法，……的机制，以及地上的任何微小的东西。但是，为了发现每种东西由以生成的那些最初的事物——我想，这一点指导性地澄清了前现代思想，而到了现时代，这点已经发生了改变。如今貌似更加谦逊——我们仅能解释"如何"，却并不能解释"为什么"，但是，现时代同时也获得了巨大的成功。可以想一下热核炸弹，乃至现代物理学的其他成就。请讲？

学生：施特劳斯先生，在您讨论维柯关于知识的概念时，为什么会谈起霍布斯？这是不是为了展示维柯所做的更改延伸到了何种程度，或者说，是不是……——

施特劳斯：不是。我想实现的是——或者说，我的出发点是，首先，我们遇到了霍布斯以如下方式谈论自然法的第一个清晰的段落……霍布斯所提到的这种自然法不是一种规范性的法，而是关于实际行为的法，而这是一个从现代物理学那里拿过来的观念。但是，这个概念迄今都对社会科学有着巨大的影响。我想要表明的是，这是一个独特的现代概念。我的意思是说，在人们所使用的很多译本中，译者都使用"诸自然法则"（laws of nature）这个术语来翻译中世纪和古典文本，因而混淆了原初的含义。我还记得在翻译《迷途指津》时的一个案例——我与这件事情有点关系。迄今为止，《迷途指津》最好的译本是大约一百年前的法文译本。在作者只是提到"自然"的地方，译者却一直译成[154]"自然法"（loi de la nature）。不过，到了19世纪时，人们已经如此习惯于以"诸自然法则"（laws of nature）的方式来理解自然，以至于对译者来说，使用"火的自然/本性（nature）是做这个、那个"就已经说不通了。他必须使用"自然法则"的说法。好。所以，我们必须想一想这个问题。

在柏拉图那里,"自然法"的概念只出现过一次,① 而且只使用了单数形式。它的意思只是"自然的秩序",也即乾坤的秩序。"自然法"在柏拉图这里是一种故意的悖论性表达,因为 φύσις [自然] 和 νόμος [法] 是相反的东西。至于发生了怎样的变化,导致人们可以在如下意义上谈论法——例如,"重的东西会下落"这件事可以被称为一种自然的法则(a law of nature)——我并不知道。我相信,这个变化发生在亚里士多德与伽利略的时代之间。而胡克关于自然法的用法则表明,他尚未受到伽利略的影响。关于这个问题,我不够了解。……先生在关于东方法典(Oriental Institute)的问题上告诉我,14 世纪的一位广为人知的伊斯兰作家,伊本·赫勒敦就曾经以某种方式提及自然法(伊本·赫勒敦在大众神话学的意义上,被视为另一个维柯——我的意思是,赫勒敦是史学领域的第一个社会学-哲学家 [sociological philosopher of history])。赫勒敦提到了诸原则(canons),[施特劳斯写板书],也即古希腊文中的 κάνον。而赫勒敦使用这个词时指的是(如果我记得没错的话)与行为相独立的诸规则(rules apart from conduct)。例如,疾病如何起作用——所以,原则(canons)指的就是这类事情,而不是规范性的法。我会再去查证一下。这也许能对我们有所帮助,当然,这点已经太过具体了,距离文本也比较远。但是,主要的点很简单:"自然法"这个概念的起源仍然非常晦暗不明。请讲?

学生:我们有好几次都讨论到阿奎那关于法律的要求,也就是,法律必须经过普遍的宣布(univesally promulgated)。初看上去,从阿奎那的这个要求出发,我们探究古人关于自然法的概念会遇到一些困难。

施特劳斯:是的,没错。但是,"普遍宣布"的要求只有在"理性存在物"的情形下才说得通,不是吗?

学生:是的。

施特劳斯:当然,但是,为什么不能够——关键的要点是,这条法经过了普遍的宣布并不意味着它将会得到普遍遵循。而这就是对于规范

---

① 施特劳斯随后会提到,"自然法"的说法在柏拉图那里出现过两次:《蒂迈欧》83e4-5,《高尔吉亚》483e3——尽管在前面一处(《蒂迈欧》),"自然法"是复数形式。

法律的反驳。事实上，我们想要的是那种能够告诉我们"所有人都必须做什么"的法律，你们了解吗？如果你只知道"人们应该如何行动"，那么，你还不知道可以怎样操控他们。但是，如果你知道他们必然会做、不能不做的是什么事情，那么，你便可以开始控制他们了。

学生：但是，在其古典含义中，"自然法"似乎意味着——伴随着"普遍宣布"的要求，自然法看起来是给人施加一种义务，去发现其特定的卓越并实现之。看起来，自然法会对人施加一种道德义务。

施特劳斯：是的，在托马斯学说的意义上，明显是的。

学生：但我们是否可以说，情况就是如此？也就是说，每个人都清楚地知道自己特定的卓越是什么。

施特劳斯：是的。不过，那当然就是像维柯以及洛克这样的人开始面临的困难。他们否认自然法事实上获得了普遍的宣布，也因此否认自然法［155］仅仅对于研习自然法的人来说才可知，而挤奶女工和英国纺纱工却并不知道自然法（我们这里使用的是洛克很有揭示性的术语）。因此，它就是……当然，现代自然法因此是数学性的。自然法能够被推导出来，并且能以准则式的表达传达——或者你也可以采用如下说法：以自然法的欧几里得式要素来传达。你们知道，17世纪就发生了这样的事情。

学生：书上说，某种意义上，现代自然法是某种并非普遍宣布的东西，但是事实上，自然法其实又是某种得到了普遍宣布的东西，因为它是必然的。

施特劳斯：是的，不过，这个问题有很多层面，其中一个层面当然是：那些并不知道自然法、未曾学习过自然法的人们，能够在多远的程度上为之负责？这是一个非常粗朴却非常实际的问题。但是，恰恰由于这个事实，自然法的含义已经发生了根本的改变，尤其是——不，如果这么说下去，我就必须做一番长篇演讲来讨论如下二者的区别了，其一是现代自然法，不过，关于这个问题，你已经听过不止一次了……

我们再请其他同学提一些别的问题。……先生？

学生：关于……，是否有什么……的观念？

施特劳斯：就我所知，没有。不过我……今天早上——除非我忽略了最明显的东西——我今天早上查了希英词典，这当然还不够，但是我

只是查了一下 νόμος［法律］和 φύσις［自然］这两个词,但词典中完全没有涉及这个问题。所以,这个问题并不是太明显。但是,我碰巧也知道,"自然法"这个表达法——νόμος——当然在柏拉图那里出现过两次,一次是在《蒂迈欧》,一次见于《高尔吉亚》。《高尔吉亚》你们会读到,[1] 所以我不需要告诉你们,但是,那里出现的"自然法"与通常意义上的自然法没有什么关系。而在另一篇对话［译按:指《蒂迈欧》］中,"自然法"不过是指乾坤的秩序（the cosmic order）,这是一个矛盾的表述,因为,你们知道,实际上,这个短语应该根据 νόμος 的原初含义,译成"自然的习俗"（the convention of nature）。这就是我所谓的矛盾所在。

现在,你们可以从西塞罗《论共和国》那里读到,当廊下派提到"自然法"时,他们总是要指涉人,或者理性存在者的行动。而这便是一个问题。如果谁能够发现 lex naturae［自然法］（拉丁语）在什么地方并非应用于人,也即理性人的话,我会很高兴。我的确要请你们去找一找,因为我的确在查证这个问题。我作一些猜测,但是没有什么结果。米勒（Miller）先生,请讲?

米勒:……但是这很明显。

施特劳斯:对不起,请再说一遍?

米勒:你在关于自然法的讲座中提到过这点——

施特劳斯:［156］是的,不过既然你来自圣约翰学院——关于这些问题,克莱因先生（Mr. Klein）所知道的东西要无限地多于我。我曾经问过他一次,他说,在 17 世纪以前,leges naturae［诸自然法］（复数）从未曾出现过。但是,意指"整体之秩序"这个意义上的 lex naturae［自然的法］（the law of nature）却很常见。不过,此后不久,我就偶然在阿奎那的作品中发现了一个段落,其中,leges naturae［诸自然法］……就正如胡克对它的用法一样。因此,我相信,关于这个问题还有进一步研究的空间。好的,……先生,请讲。

学生:有些东西……,我自己的研究……罗杰·培根其实是阿奎那的一位同时代人,比阿奎那稍早一点——

---

[1] 本学期,施特劳斯还开设了一门柏拉图《高尔吉亚》的研读课。

施特劳斯：给我看一下文本，不是译文，而是拉丁文原文。

学生：他两个术语都使用了——法律（ius）与法（lex）。

施特劳斯：但是他用这个语词所指的意思是什么？

学生：这就是我的问题，因为我并不清楚。

施特劳斯：但是，他的意思是不是——他是否提到了雨（rain），或者氨（ammonia），或者你可以列举的别的什么东西，还是说，他有没有提到人的行动（human action）？

学生：我还没有…研究过这点，但我的印象是，他使用法（lex）这个语词时，通常的背景是——当他谈论到数学对于政治的重要性时，而政治可能会……

施特劳斯：你可以去查一下，尽量找到一个相对清楚的段落，我会很感谢你。而这就会确认……的观念，因为他有一种直觉——这与阿拉伯传统有关，而你也知道，罗杰·培根对阿拉伯传统很了解。所以，我不得不这么说。好。现在，关于这个自然法的问题，我们就讨论这么多。

接下来还有什么问题？好的。现在，由于时间关系，我们应该返回我们的……在第330段，维柯再次说到他的新科学的绝对创新性……它的标题《新科学》……已经足够了。17或者18世纪是新科学的世纪。霍布斯提到过他的——当然，伽利略也写到了新的科学。霍布斯说起自己的《论公民》，也将它说成是一种全新的（totus novus）东西。很好。

兰肯：您是否想要跳过第299至329段的所有内容？

施特劳斯：第299段——不，我没打算略过这段。你是否有特别想读的段落？

兰肯：也没有特别的段落。但是我想，我们跳过了——第326段就很有吸引力。

施特劳斯：哪一段？

兰肯：第326段。

施特劳斯：[157]第326段，但是这段之前也有一些值得读的段落。你完全——我们应该按顺序推进。你说得很对。现在，第298至301段很多次提到关于希伯来人的问题。是的，例如，所有亚洲人都保持在起初的公民状态中。维柯不是这么说的吗？这段内容是在这里，第

302 段：只有腓尼基人离开了亚细亚。但是，没有哪个民族比希伯来人更守旧（impenetrable）。其中的暗示是，因此，希伯来人也就更野蛮。但是，我们还会发现其他段落，根据这些段落，维柯是否接受圣经的讲述就变得颇为可疑。

对我们来说，更重要的是思考随后的第 308 段。我们来读一下第 308 段。

兰肯：[读文本]

迪奥·卡西欧斯（Dio Cassius）有一句话值得考虑，他说，习俗像一位国王，法律就像一个暴君。我们应把这句话里的习俗理解为合理的习俗，将法律理解为没有受自然理性贯注生命的法律。（第 308 段）

施特劳斯：好的，但问题就在于：这是不是维柯的最终结论？是否这些最早期的、自然产生的习俗，无论多么不合理性，都不是……或者相对来说。我们来读下一段。

兰肯：[读文本]：

这条公理在含义上就解决了那场大争论："法律是来自自然，还是来自人们的意见"——

施特劳斯：换句话说，那个古老的问题："正当"是自然的还是习俗的。请继续。

兰肯：[读文本]

这个问题实际上就是在第 8 条公理的系定理中已提到的"人类按本性是不是爱社交"的问题。（第 309 段）

施特劳斯：是否有人能解释一下，为什么它们是说法不同的相同定理？

学生：……

施特劳斯：不，首先你必须解释它。或者，你的意思是不是说，对这种理解的理解？

学生：是的……

施特劳斯：是的，还有呢？

学生：这些是否会是……考虑到那一点，这二者是否等同？

施特劳斯：我明白了，换句话说，伴随着……将会有自然正当。但是，在我们理解两个定理间的关系之前，即便是那个问题，也不是能够解释清楚的。这个关系是什么？

兰肯：［读文本］

> 二者的关系似乎是，既然人们总是生活在一起，共同生活就必定是他们的天性。而共同生活就意味着根据正当（right）来生活。

施特劳斯：［158］换句话说，说得更简单些：如果人出于天性是社会性的，那时——也只有那时，才会有自然正当。如果人们并非出于自然就有社会性，那么，就没有自然正当，有的只是由人所制作的正确，这就是其间的关系所在。但是，你所说的东西并不跟随这点而成立。因为，有社会性的野蛮人并没有正义，因为他们缺乏理性，这点很简单。换句话说，维柯把这些问题理解得很好。我的意思是，他并不是个困惑（confused）的人，有必要强调这点。而如果他讲话讲得困惑，我们就不得不为他讲得迷惑找一个并不迷惑的理由。请继续。

兰肯：［读文本］

> 首先，各部落自然法都是由习俗造成的——

施特劳斯：经由习俗，也就是说，习俗是国王而不是僭主。请继续。

兰肯：［读文本］

> 迪奥·卡西欧斯说，这种习俗像个国王一样，凭快乐命令我们。

施特劳斯：凭"快乐"，要记住这个说法，继续。

兰肯：［读文本］

> 而不是凭法律来指使我们，迪奥说，法律像暴君一样，凭暴力

来指使。因为法律起于人类习俗，而习俗则来自各民族的共同本性（这就是本科学的正常主题），而且维持着人类社会。此外，就没有什么比遵守自然习俗更为自然了。（第 309 段）

施特劳斯：好的，就到这里。这是维柯第一次，也是唯一一次在他的思想中提出了一种享乐主义元素。我们此前从未见过。不过，我们此前已经看到，自我利益是基础，而且是"看不见的手"。但是，这种自我利益是以如下方式运行的——就像在霍布斯那里一样，主要导向自我利益的东西要以其快乐来验证。是的。

在第 314 段，以及此后的段落，维柯明确地说，既然所有的民族都彼此独立地发展起来，因此，他们就有同样的正确。这个正确并非源于人，而是源于自然，并因此证明了神圣天意。然而，维柯一再说，这种自然正当虽然自然地发展出来，却并非哲人的自然正当。当然，这种自然正当也不等于道德神学家们的自然正当。这些就是我们此前已经看到的东西，也就是人性最原初的诸种起源。把真正的自然正当带到光亮之中，是维柯《新科学》中最重要的一个主题。现在，我们来读第 320 段。

兰肯：[读文本]

乌尔比安（Ulpian）对民政公道（civil equity）所下的定义是至理名言，他说，"民众公道是一种可然判断，并不像自然公道那样，是一切人都能自然地认识的，只有少数具备高超人品、审慎、经验或者学识的人才认识到，什么是维持人类社会所必要的东西。"这就是现在人们所说的"国家的理由"。（第 320 段）

施特劳斯：[159] 好的，他并没有说……①它自称为——用漂亮的意大利语来说——国家理由。民政公道就是国家理由。它是对此时此地就能引向公共之善的东西的审慎判断。现在，国家理由并不需要以最粗鄙的观点来理解，但是其中包含了粗鄙的可能性。因为有些时候，为了

---

① 施特劳斯纠正了课程教材译本中"现在"（nowadays）一词的译法，并随后用英语译文 in beautiful Italian [漂亮的意大利语] 解释了维柯 in bell'italiano 这一说法。

公共之善的目的，甚至有必要攻击你的邻人。这点很清楚。好的，第323段关切的就是这个问题。

兰肯：[读文本]

>聪明人把法律理解为——

施特劳斯：把"正当"理解为"正当"（right）。

兰肯：[读文本]

>聪明人在每个案件中，都把无私的公平效益所决定的一切看作正当。（第323段）

施特劳斯："公平的效益"，维柯的意思是其中没有武断的偏私。不对吗？当然，公民会比外邦人被给予更高的权利。我的意思是说，所谓的公平无私并不是在这个意义上说的。但是关于这点，你，兰肯先生，曾经提出一个论点，认为我们应该讨论一番。还是我弄错了？

兰肯：其实不是这一段，而是第321段的一个部分。那里说："在正确的拉丁语的意思中，certum [确凿可凭、确定性] 意味着经过了特殊化，或者像经院派所说的那样，经过了"个体化"。因此，在非常文雅的拉丁语词里，"确凿可凭的"（certum）与"共有的"（commue）彼此对立。

施特劳斯：是的，我不知道。尼科里尼（Nicolini）在他的评注本中总是给你提些建议，告诉你根据当前所知最好的知识，所能达到的正确的观点是什么。如果我记得没错，关于上述问题，尼科里尼也有类似的评注，但是我无法把这些都记在脑子里。我们所关心的只是，维柯是怎样处理它的，无论……

兰肯：但是，当维柯使用确定（certo）的时候，相比于考虑真实的东西，难道他不是在更多地考虑特殊性吗？而真实就是如下东西的另外一种含义——

施特劳斯：是的，在某种意义上，当然就是"确定"的东西，就像对于事实的确定一样。我的意思是说，你们知道，有些东西发生了，是件事实，这是确定的。但是，就像人们所说的，它同时也是一件原始、粗略（brute）的事实。我认为，这一点就是当维柯说"确定"（certo）这个词时的含义所在。请读一下第321段，"法律的确定性"。

兰肯：[读文本]

> 法律的确定性（certitude），是一种只凭权威支持的模糊判断。（第321段）

施特劳斯：好的，模糊性，就是要点所在——来自命令（fiat）。立法者说了那一点，这是确定的，他说过。但是他说得对或不对，却完全不清楚。请继续。

兰肯：[读文本]

> 所以我们发现，这种法律在应用中显得苛刻，可是，正因为确凿可凭，还必须应用它们。用正确的拉丁文来说——

施特劳斯：好的。

兰肯：[160][读文本]

> 确凿可凭的意思是特殊化的，或者像经院派所说的，个体化的。因此在过分文雅的——（第321段）

施特劳斯：我们也读读下一段，这段更有帮助。

兰肯：[读文本]

> 第109条公理，以及下面两个定义就构成了严格法律的原则。它的准则就是民政公道，凭它的确凿可凭性（certitude），也就是说，凭它的明文规定的具体特殊性，只有特殊具体的观念、而没有普遍抽象观念的野蛮人才能自然而然地感到满意，认为他们理应得到的就是这样一种法律。因此，乌尔比安在这种事例中就说，"这条法律是苛刻的，但是明文规定如此"（《法学汇编》40.9.12.1）。这句话也就可以用较文雅的拉丁文和较漂亮的法律用语说，"这条法律是苛刻的，但是确凿可凭"。（第322段）

施特劳斯：好的，这就是要点所在，恰恰因为缺乏理性，它才是严苛的。但是，你所需要的首先不是温和，而是确定性，是确定"要做什么"和"不做什么"。而这种确定性将会——例如，一旦你看到以儿童献祭是人们走出那种原初的、混为一团的状况的唯一办法，那么，这种确定性（certainty）就会被转变成为真实（truth），而反过来看，这条严苛的法律就会变得温和。好的。你们看到这点了吗？因为那是唯一的办法，来变得——很好。

现在，让我们转向今天的任务。时间已经有点晚了，但是我们还有些时间。

第331段：最根本的真理（verity）使人类的起源变得确切地可以理解。为何？因为这起源就在人的心智（mind）之中。最根本性的错误，则是去研究不可知的自然世界，这自然世界是上帝所创造的，对人而言并不可知。公民世界是由人所制造的，因此对人而言完全可知。所以，换句话说，我们只理解我们所制作的东西，这点我们此前已经讨论过。而维柯在这里，亦即第331段也提到，任何东西的原则，都应该在我们特定的属人心智的限定（modifacation）之中得到理解。我的意思是，这些术语和表达出现在洛克那里，某种意义上其实也出现在笛卡尔的作品中。从这个段落，我们可以获得就其本身而言的如下印象，也就是说，《新科学》并非基于自然科学，因为它是完全确定的（certain），充分清晰、确切（clear and distinct），自然科学则并不是清晰和确切的。而一种清晰、确切的科学没法建立于本身并不清晰、明确的科学之上。但是，我们也已经在其他段落中读到相反的结论：维柯只是放大了（enlarges）培根式的自然科学，以使之变成一种自然的社会科学。我们必须一直记得这个问题。

现在，我们读一下第334段。三个阶段——米勒先生已经把这个问题讲得很清楚了。三个基本的阶段：宗教、婚姻和葬礼（sepoltura）。有问题吗，米勒先生？

米勒：我想问的是，您关于……自然科学所说的东西。

施特劳斯：对不起，请重复一遍。

米勒：我想问的是您刚才所说的，"对培根式的自然科学加以放大"的问题。您上次曾经指出，至少有两个段落——我记得，在其中一个段落中，很［161］清楚，维柯曾经使用物理学的诸原则来为《新科学》奠基。但我只是在想，维柯是否需要这些原则。看起来，这或者是一种原始、明显、常识性的科学，或者——

施特劳斯：是的，但是那没有什么帮助——

米勒：对不起，请您重复一遍？

施特劳斯：那没有什么帮助，因为这个简单的事实——例如，如果维柯没有某种关于闪电如何发生的知识，他又怎么能说，闪电其实并不是宙斯的一种任意的行为呢？

米勒：看起来……已经持续了很长时间，事实上已经有两百年了，而这是很——

施特劳斯：是的，他的全部解释都依赖于这一点。我的意思是说，这种闪电的效果，也就是构成文明的最基础的一步，本可能从来未能发生。不，我的意思是说——这是一个我们现在没法解决的问题。我希望，我们此后会遇到一个段落，能够一劳永逸地解决这个问题：《新科学》是基于自然科学，还是独立于自然科学的。到目前为止，我相信，我们还不能确切地解决这个问题。

学生：看起来，在几何学是人为任意的（arbitrary）、是一种建构的意义上来说，维柯这种说法是一种几何式的论证。

施特劳斯：为什么？

学生：很简单。我不知道维柯在哪里能够找到证据说，在两百年的时间内，40英尺的水浸泡了大地，此后又产生了这些干燥的蒸气——

施特劳斯：不过，我现在所关心的，并不是维柯的教诲可靠还是不可靠——

学生：但是，至少来说，他必须要采取那种方式——

施特劳斯：是的，但是我们还没有足够的证据。我们拥有的证据彼此矛盾和冲突。那么就必须来看看，我们是否能发现某个段落，能够冲出疑惑的阴影，最终解决这个问题。否则，也许需要冲出的是任何一道怀疑的阴影，但是我们还不知道会如何。接下来，我相信第334段是个很重要的段落。

兰肯：[读文本]

请近代旅游家们不要责怪我们的基本原则是妄诞的，这些旅游家们叙述到巴西、南非以及新世界中其他一些民族都在社会中生活，而对神却毫无所知，例如安托尼·阿诺德（Antoine Arnauld）就相信安提尔群岛（Antilles）的居民不知道有神。培尔也许被这些人说服了，就在他的关于彗星的论著里也肯定地说，各族人民没有神的光辉也可以过公道的生活。这句话比珀律比俄斯说的还更大胆。这位希腊史学家提出过一种受人赞扬的看法，说如果世界有了哲学家，就能凭理性而不凭法律过公正的生活，那就不需要宗教。（第334段）

施特劳斯：[162] 你们还记得，维柯此前在179段曾讨论过那一点。而他当时宣称，自己的全部作品都是对培尔那个著名论题的反驳……但是，这当然就是问题所在。因为，如果假定，除非以宗教为基础，否则文明不可能产生，那么就仍然还有如下问题：在文明已经发展起来以后，情况如何？但是，这并不是关键的问题。请继续。

兰肯：[读文本]

　　这些都是旅游家们的故事，借叙述一些奇谈怪事来替他们的书推广销路。吕迪格尔（Andreas Rüdiger）在他的《物理学》里自命不凡地把这部著作叫做《神的物理学》（*Physica divina*），用意却在显示无神论和迷信之间有一条中间道路。他的看法确实受到国内外大学的检察员们的严厉斥责，说他的话"说得太自信了"，也就是说"有点太大胆了"。（可是在自由的民众的日内瓦共和国里，理应有相当的著作自由。）（第334段）

施特劳斯：我们到这里先暂停……是的，首先有一个民众共和国，而问题——我的意思是说，如果假设写作自由是一种好东西的话，不过，我们并不知道维柯对此事的看法，但如果（if）写作自由是件好事，这种自由就会更赞赏民主，反对君主制。但是我们不知道，毕竟，这是一个很大的"如果"（if）。因为，也许维柯对写作自由持反对态度。第二点当然是下面这个问题：维柯本人怎样呢？他并没有生活在一个民众共和国中，相反，他生活在一个绝对君主国。因此，我们必须在头脑中记住这一点：存在于那不勒斯的"不充足的写作自由"有没有影响到他的生活方式。在下一段，维柯提到了斯宾诺莎。斯宾诺莎说，一个共和国仿佛就是由商贩（hucksters）组成的社会——译文是这么说的，mercadanti 的意思是"小商贩"（hucksters）吗？还是"商人"？

学生：二者都可以。

施特劳斯：Mecatori 就会是——

学生：Mercanti——

施特劳斯：Mercanti。

学生：——就会是"商人"。

施特劳斯：我明白了。所以……小型的商人。

学生：是的，小型的商人。

施特劳斯：好的。那么，这里当然暗中提到了斯宾诺莎的功利主义……理性主义，"计算"进入了社会。但是我们的作者则否认，他认为当各种社会产生之时，并没有伴随着任何的推理或者计算。请讲？

学生：回到第 334 段……实际上，维柯难道不是在说，一个完整的人类社会永远不可能真的会是一个无神论社会、甚至也不可能真的是一个自由的大众社会吗？——这种社会是最为自由的，也就是说，它最近于一个哲学性的社会。他没有办法绕开这个问题，大学的检察官会直接找到他。

施特劳斯：[163] 是的，也许是这样。换句话说，这就意味着一条推理线索，它在这个方面回应了斯宾诺莎的说法。人们甚至可以这么说——而这也是马基雅维利《论李维》卷一第 10 章的一个段落：恰恰只有一个自由社会才需要宗教，因此也需要保护宗教……我的意思是，这就意味着审查制度。好的。米勒先生？

米勒：……

施特劳斯：是的，我明白了。换句话说，在可以有……之前，就需要有一些政治自由。是的，我们此后还会遇到另一个段落……但是现在，让我们再看一些内容。

第 336 段，这一段太长了，我们没法现在读。起初，父母与孩子之间存在乱伦，这自然会存在。就像苏格拉底认为的那样，这种乱伦并非由自然所禁止——这里引述的是色诺芬①——也就是说,乱伦并未由理性证明为错误,但是,人性证明了它的错误,也就是说,人们自然地憎恶乱伦。也就是说,不需要推理,人们就通过一个不包含推理环节的自然过程而憎恶乱伦。现在就描述了这个过程。在最初野兽性的阶段,乱伦当然并没有被人憎恶。但是在……之后……让我们来往后读一些,否则,我们积压的工作就会过多,乃至最后再也没法完成了。在接下来的第338段,维柯举出了一系列的——我们读一下这段的开头。

兰肯:[读文本]

为着完成奠定本科学所采取的那些原则的工作,本书第一卷里剩下要做的事就是探讨本科学应遵循的方法了。本科学必须从它所处理的题材开始处开始,就像我们在公理[314]条里已说过的。所以我们必须和语言学家们一道回到丢卡利翁和庇拉的石头,回到安菲翁的岩石,回到从卡德茂斯的犁沟里生长出来的那些人,或是回到维吉尔(《埃涅阿斯记》8.315)的硬橡木去找这种开始。我们还要和哲学家们一道回到伊壁鸠鲁的蛙,霍布斯的蝉,格劳秀斯的傻子们,回到没有天神的照顾而投生到这个世界里的那些人。按照普芬道夫的说法——(第338段)

施特劳斯:好的,暂停。换句话说,我们的起点必须——我们的方法必须遵循自然。我们必须回到那些开端(the beginnings)。我们必须在从人的自然天性演绎出的一些特定公理的基础上重建起源。此后则遵循自然的道路。而这些开端或者是如岩石一般无生命的东西,或者是野兽,或者是神所不关心的东西。那是很多定理中的一条——这条定理被归于普芬多夫,虽然并一定正确。

当然,这个问题为什么采取了限定定义(circumscription)的形式,当然非常有揭示性:事实上,维柯是从这些事物开始的,此后,维柯的结论就是本章的其余部分——只有迷信性的恐惧可以把这些所谓的"人们"(quote men unquote)改变为"人这种存在物"(human beings)。就这一点而言,米勒先生曾经提到了某种关于占卜(divining)的模糊性。

---

① 维柯引用并且批评了《回忆苏格拉底》卷四,4.19–23。

这里的双关语（pun）——如果我们可以称之为一个双关语的话——是这样的：神性/神占（divinity）意味着神学，而且当然也就意味着神性（the godhead）。但是维柯采用了词源学的追溯：神性（divinity）来源于神占（divining），也就是来源于鸟卜。明白吗？在异教徒、最早的异教徒当中的迷信事。

这个关于占卜的原初观念，以及与之相伴随的诸神的观念，就是此后一系列发展的开端。所以，他们并不知道神，他们只知道这些非常原始的神灵。而在所有的时候，维柯都以此为证据，证明人出于自然就有一种宗教感觉，但是，这种感觉所指向的真正的上帝则总是很含混。你可以用如下的方式说：在早期人那里，并［164］不是对上帝的思考，而是对某些神灵的思考，为激情赋予了另外一个方向，它并未使激情变得平静。我认为，这一点在第 340 段讲得很清楚。哲学家们，亦即智慧的人所做的事情，就是使激情安静下来，克服这些激情。按照维柯的说法，这些早期的立法者们所做的事情，就是给激情以另外的方向，以至于这些激情能使人的生活变得可能。这恰恰就是霍布斯的原则：激情没法克服，但是可以疏导。也就是说，可以让激情只产生与社会生活相容的结果。维柯在这里坚持认为，这件事要求的是意志的自由，从而给了激情以另外的方向。换句话说，在这个程度上，维柯再次确认了神学的教导。不过，我们必须提出如下问题：在一个只有想象和激情，理性完全没有效力的层面上，是否会有意志自由呢？在下一段、亦即第 341 段的开头，这变成了一个很明确的问题。

兰肯：[读文本]

但是，由于受到腐化的本性，人类都受制于自爱（self-love）的暴力。这种自爱迫使他们把私人利益当做主要的向导。（第 341 段）

施特劳斯：好的，他们受到了自爱的僭政。他们并不自由。他们没有可能摆脱由需求和迷信性恐惧所施加的魔咒，而做出不同的事情。从这种状态，才产生了更高的阶段——当然，这些都只是从每个人的功利中产生的。本段的中间部分：人们在所有情形下，都首先爱自己的功利。在所有情形之下都是如此，无论人们是处在社会的开端，还是处在

已经公民化的生活之中。这完全符合霍布斯－洛克式的教诲

第 342 段以一种非常复杂的方式处理了自然神学的问题。我认为，必须凭借第 331 段的眼光来阅读这一段。我们只理解自己所制作的东西，也就是说，我们并不理解自然的语言（word of nature）。因此，传统意义上的自然神学是不可能的，《新科学》并未基于自然科学，也并非建立于目的论的自然科学的基础之上。① 在第 343 段，我认为维柯提到它时……明确地说，他的新科学就是神学本身（the theology）。

但是，我们现在遇到了一个非常困难的段落，第 343 至 344 段。在此，我们必须非常仔细地读。比如说，你们可以看到，在 343 段第 4 行，维柯提到"全能"（omnipotence），第 6 行，"无限的智慧"，第 8 行，"巨大、无限的善"。而在下一段，维柯提到了"全能"，在第 127 页抬头，②"永恒的智慧"和"永恒的善"——这里的表述不再是"无限"（infinite）。这意味着什么？在某种意义上说，我要问的是如下问题：通过对人而言完全可知的各种观察到的结果，人们是否能够证明上帝的无限智慧？维柯宣称，他可以把这个从野兽式的开端到文明顶端的发展过程解释得完全清晰可知。现在，如果这个过程完全可知的话，就并不需要无限的（infinite）智慧了。[165] 因为，有限智慧中的人就能理解这个过程了。在 345 段开头这里，维柯暗示了人类心智的有限性。请读一下第 346 段。

兰肯：[读文本]

> 自然神学方面的这些崇高的论证，还可以由下面一系列逻辑的论证来证实。

施特劳斯：我们可以把开头这句话做如下解释：唯一可能的自然神学，亦即哲学的神学，就是"新科学"。以宇宙论和目的论论证为基础

---

① 施特劳斯此处讲得很快，他想说的可能是，"新科学（New Science）是建立自然神学唯一的方式"。与其说是在捍卫自然科学，施特劳斯难道不是在提议，维柯认为自然不可理解，但新科学则为一种新的自然神学提供了一种新的支持吗？参见本段全段、施特劳斯随后对 346 段的点评，以及施特劳斯在第 17 次课接近结束时的点评。

② 施特劳斯此处指的是第 344 段在意大利文版中的页码。

的传统自然神学并不能成立，因为我们并不理解它。请继续。

兰肯：[读文本]

就异教世界中神和人的各种制度的起源来进行推理，我们就达到了最初的起源，如果想找出其他更早的起源，那就是徒劳无益的好奇心了；这就是界定最初原则的特性。我们说明了最初原则产生的各种方式，这就是说明了它们的本性，说明本性便是科学所以为科学的特殊标志。最后，[这些起源]还由这些制度所保持的永恒特性来证实，那些制度如果不按它们实际产生的那些特殊的时间、地点和方式来产生，那就是不按它们的特殊性产生，那么，它们便失去它们的本质了。(第346段)

施特劳斯：好的，这段话的意思是什么？当谈到与自然神学的证据相矛盾的逻辑证据时，维柯说，我们应当从最初的起点开始，如果此外还要求比它们更早的出发点，就只是愚蠢的好奇心而已。现在，这些原则当然是对属人心智的修正。那么，对神圣天意的提及是否就超出了这些特殊的原则，也就是对于属人心智的修正？这就是问题所在。而自然——是的，我认为，我们可以把它关联于……自然神学当然基于如下假设之上：事情本可以以不同的方式发生。有人今天提出了这个观点，我忘记是谁了——埃里克斯先生，在你关于……的非常复杂的表述中（提到过），是的。自然神学所基于的假设是，一切事物本可以以不同的形式发生，否则人们就无法证明上帝的全能、全知和全善了。但是，维柯看起来否认事情本可以以不同的方式发生。这是个非常晦暗的点(a very dark point)。

好，在下一段，维柯谈到了新科学的两个方面，神学的方面和属人的方面。而在这段的结尾，维柯也提到——我们只读一下第347段的结尾。

兰肯：[读文本]

这个科学皇后，即"科学必须从其题材开始那里开始"这一公理，在第一批人开始以人的方式来思维的时候，就作为它的开始，而不是在哲学家开始去反映理念时（如布鲁克新近出版的一本博学广识的小书《理念的原则的哲学史》中所说的那样,它写下了我们这一时代两位最有心智的人物,莱布尼茨和牛顿的最近的论争)。(第 347 段)

施特劳斯:[166] 好。牛顿当然是一个自然科学式的人,至少在某种程度上,莱布尼茨也是。所以,如果维柯未曾把自然科学视为完全不可能的话,他便没法对牛顿作出这个补充性的评论。关于这一点,我们只是简略提一下。第 348 段,请读一下结尾的最后一句话。

兰肯:[读文本]

> 所以本科学中的决定性的证据就是,这些秩序既然是由神圣天意奠定的,各民族制度的进程无论在过去、现在或未来,都必然如本科学所阐明的,纵然在古往今来无穷历数中有无限数的世界曾产生过 [情形也必然如本科学所阐明的],不过无限数世界的假设当然不是事实。(第 348 段)

施特劳斯:好的。诸世界的无限性当然是个大问题。在 17 世纪,丰特奈尔(Fontenelle)曾经基于旧式的、古代的沉思写过一本著名的书。① 他径直拒绝了这种沉思方式。好的。现在,我们没法讨论所有的问题,这很遗憾。但是,也许再多读几段本节的内容要比直接进入第二卷更智慧一些,而第二卷我们也不可能读得完。现在,我们来读一下第 349 段。

兰肯:[读文本]

> 所以本科学所描述的是每个民族在出生、进展、成熟、衰微和灭亡过程中的历史,也就是在时间上经历过的一种理想的永恒的历史。说实话,我们还敢说:任何人只要就本科学深思默索,他其实就是在向自己叙述这种理想的永恒史。不过他叙述得怎么样,就要看他自己根据"它过去有过,现在有,将来还会有"的那条凭证,把这部历史创造得怎么样,因为根据上文那条公理已定下了一条确

---

① 丰特奈尔(Bernard Le Bovier de Fontenelle, 1657—1757)。施特劳斯所指的似乎是他的《关于世界多元性的对话》(*Entretiens sur la pluralité des mondes*, 1686)。

凿无疑的原则：这个民族世界确实是由人类创造出来的，所以它的面貌必然要在人类心智本身的种种变化中找出。如果谁创造历史也就由谁叙述历史，这种历史就最确凿可凭了。这种情形正像几何学的情形。（第 349 段）

施特劳斯：凡此种种。新科学的最高的地位是由如下事实证明的——新科学当然在认知上高于自然科学能达到的水平，因为我们所讲的乃是我们所制作之物的故事，所以，我们知道它的最内在的秘密。但是，我们之前也曾经讨论过一个难点：严格来说，我们没有把它制作出来。它是在我们之中、通过我们制作出来的，但并非由我们所制作。我们的祖先制作了这个世界——不过，我作为一个犹太人必须把我自己排除在外，但是你们中的大多数都……［笑声］——但是，我必须从维柯的前提假设出发，来试着加以论证。好的，请讲，……先生？

学生：我刚才曾经想澄清某些问题……

施特劳斯：对不起，请再说一遍？

学生：……关于制作（making）和发现（discovering）的问题。现在，如果你有能力针对纯粹理性建立起一种成功的批评，像康德尝试的那样，那么你就会同时拥有两个世界中的最好的东西，不是吗？你就会成功地获得最好的古典立场和最好的现代立场——

施特劳斯：在什么意义上？

同一位学生：［167］——因为你将会知道你能知道的东西，同时，你也会知道你本来无法得知的东西；你已经建立了一种批判，你……

施特劳斯：我没有太跟上你。我的意思是，我们能说的是，康德通过宣称自然科学，亦即培根-牛顿式的自然科学当然可能成立，解决了这个问题。但是这终究没有害处，因为它只具有现象性（phenomenal）：真正的属人之物是超越的。而人们也可以表明自然科学在本质上的缺陷，因此，自然科学也就并非真正是属人的。也就是说，虽然如此，但是，根据康德，真正属人的乃是道德法则，而在维柯那里，存在着一种道德法。维柯在他的公民世界史（history of civil world）中所做的，就是康德在其哲学史中所做的事，但是恰恰处在那段历史的机械性部分中。你们可以把这个有点复杂的……弄清楚。［施特劳斯写板书］：有一种道德法,它不仅规定人的私人生活,也规定政治生活和国际法,永久和平,以及所有诸如此类的事情。这种道德法不仅只能通过,也必须只能通过纯粹理性来得知,因为如若不然,经验的染污效果(dirtying effect)就会剥夺它的纯净性。好。现在,没有任何这样的东西——我的意思是说,你没有可能把它等同于维柯的理想的永恒历史——

同一个学生:不,我只是说如果康德是正确的——

施特劳斯:现在,请等一下——

同一个学生:那么他就会成功地完全取消古代和现代哲学之间的种种争论。

施特劳斯:让我首先尝试表述一下。康德当时所说的东西是这个。让我们说,这就是永久和平。举个最简单的例子:所有民族间完美的和平秩序,对于所有(民族都是如此)……但是你知道人们是怎样的……无论如何,康德说过这样的话。有一种自然的机制,它指向那个目的,也就是说,它事实上是目的论的,但是只是通过机械论的手段,唯有通过自私的计算而运行——康德的说法是,"一个魔鬼构成的民族",一种恶魔般的人类,只要他们有些理智(a bit of sense),他们就会按这种方式行动。这样的结果就是康德所建构的历史哲学。按照他的说法,从维柯也由之开始的起点,亦即那个最为野蛮的起点出发,并且在以一种复杂的方式运行之后——同时又是以渐进的方式——就会逐渐达到道德秩序。所以,维柯说的是这个,[施特劳斯指向黑板],因为维柯在根本意义上也是机械论式的,他并没有说,这是好事[施特劳斯在黑板上圈出了某些内容]。这其中有道德法则,你们在维柯那里——在他的基督教思想中——也发现了这点。但是当然要承认,这并不是一种哲学教诲。至于维柯是否相信这一点,本身是存疑的。但是我们可以将这点忽略过去。关键的要点是,这并不是一种哲学教导,而在康德这儿,[施特劳斯反复、很重地敲黑板]而在康德这里,它是一种哲学性的教诲。所以,你现在能表达出你关于康德的说法了吗?

同一个学生:我并不想占掉你所有的时间,但是——

施特劳斯:你很体贴——

同一个学生:[168]如果考虑到我们一直在讨论的这个矛盾,一方面,你知道你所制作的东西,但是另一方面,你并不知道你所制作之物的根基。结果就是，现代哲学的运行方式就是，把强调的重点放在"如何"（how）而不是"为何"（why）上面。但是，如果你知道你所能知道之物的限度，那么，通过知道诸根基（the grounds），或者通过知道你所制造的不同关联（connections），那么，你便能够拥有绝对、最终的知识——或者你至少就会知道，可以从哪里归纳以及归纳出什么。又或者，你会知道，你可以确然无误地归纳出什么、不能归纳出什么。此外还知道，为了确然无误地归纳，你需要以什么为基础，你能够期望什么、相信什么、不能相信什么，最终的结果是，对康德的问题，你会得出一个完美的解答。

施特劳斯：是的，但是你说得比较泛化。你所说的东西当然可以用来描述任何一位哲学家。如果你满足了他所有的假设，他就能解决所有的问题。

同样的学生：是的，但是柏拉图却说，你做不到。因为他曾说——

施特劳斯：是的，当然。好，因为他曾经认为——不仅是康德、笛卡尔、莱布尼茨和黑格尔——他们都说过"我找到了答案"……但是，在康德和维柯之间，我想确立某种关联，但是，那却——我相信我们最多只能说那么多了。请讲，巴特沃斯先生？

巴特沃斯：……

施特劳斯：因为，完美的知识——换句话说，你不拥有关于自然的知识本身。是否最高的事物乃是最为重要的事物，如果我能够提出这个问题的话……我们下次会讨论这个问题。

米勒先生曾经提到过那个段落——在那里，维柯区分了最高的东西和最好的东西。你是否记得自己提到过这个区分？我们只好下次再讨论这个问题。让我们再做一件事：读读第359段。在那里，维柯讨论了哲学和语文学（philology）的关系，或者说，讨论到了哲学与史学的关系。

兰肯：[读文本]

上述这些语言学的证据，可以使我们实际上见到我们原在观念上思索过的这个民族世界，按照培根的哲学研究的方法，即"思"和"见"（cogitare videre）。这就是借助前者的哲学方面的那些证

据,语言学方面的那些证据既凭理性证实了它们自己的权威,同时又凭它们自己的权威证实了理性。(第 359 段)

**施特劳斯:** 好的。所以,粗略地说,这就是现代科学的方法:理论,观察。是的。对事实加以观察,在这种眼光之下修正理论,并反向进行。在这个程度上,维柯就是一位培根主义者。下次课我们要讨论第二卷第一部分的开头。我希望我们那时会——请讲?

**学生:** ……

**施特劳斯:** …很好。

[课程结束]

# 第八讲

(缺失)

# 第九讲 《新科学》（430–500段）

（1963年10月28日）

施特劳斯：我必须说出这点，只是因为我必须说真话。① 当然……你提出了一些非常精彩的论点。首先，你说诗的历史就是与人类理智（intellect of mankind）相对立的人类感觉（sense of mankind）。我想，这点比我迄今为止亲自发现的任何东西都更好地向我们解释了"共通感"（common sense）的含义——你知道，维柯提到了人类的共通感。我想，我们必须非常字面地理解"感觉"的意思：与共同的理智相对立的共同的感觉。这点非常、非常重要。

此后，你提到了维柯的断言。他说，言辞出于自然，而非出于习俗。传统当然持相反的观点，正如你所暗示的那样。一篇立场相反的著名文献就是柏拉图的《克拉底鲁》篇。这篇对话中宣称言辞是自然的。但我的意思是，我们必须去研读《克拉底鲁》，来看看柏拉图是否真的这么认为。这个问题讨论起来话就长了，由于时间关系，我们可以跳过。现在，如果有人宣称言辞是自然的，那么困难当然就在于存在着多种语言。这个东西在英文中是桌子，用古希腊文说则是 τράπεζα［桌子］。原因是什么？是人的任意独断。现在维柯作了一个解释。他提到了不同民族的多样性，自然的多样性。很偶然地，我认为这点尤其有帮助，并且表明我们必须多么仔细地去研读维柯所下的定义。在你引用的哪个段落中，维柯提到过对"自然"的定义？

学生：我引用过两个段落。

---

① 施特劳斯回应一位学生的论文，论文在课程开始时宣读，并未录音。

第九讲 《新科学》(430–500 段) **245**

施特劳斯：但是它是否……也许来自"要素论"。① 而如果你把它——

学生：……公理 8……

施特劳斯：公理 8 和 14。

学生：也就是第 134 和 147 段。

施特劳斯：134 和 147 段。其中，你曾经朗读过一个段落，这一段其实尤其有帮助。因为其中有一处提到了空间或时间。

学生：那是第 147 段，公理 14。

施特劳斯：是的，你可以朗读这一段吗？

学生：好的。[读文本]

> 各种制度（institution）或事物的自然本性不过是它们在某些时期、以某些方式产生出来了。时期和方式是什么样，产生的制度（institution）也就是什么样，而不能是另样的。②

施特劳斯：[173] 所以，好，我认为"地点"也已暗示在其中了。

学生：……

施特劳斯：……是的，不过当然，当它出现时，个人乃是特殊的事物。所以，如果人一时有某些特殊性，一时又有另一种自然特性，那么，这就会像人们共通的东西那样自然了……当前，在此处，维柯尤其提到了气候，但是，以同样的理由，维柯当然也可以提到种族。

学生：我想，我之前没有想要太过细化，因为我认为……的例子——

施特劳斯：是的，你明白这点。不过，如果评注者尼科里尼可以信任的话，你就需要……但是，并非一定可以追溯到……因为，如下这条规则还不是一条不言自明、确然可靠的解释规则：一位作者说过一次的东西远不如他无数次说过的东西那样重要。当然，关键就是，维柯必须做出这样一种断言。他有可能不讨论气候，他可能讨论种族或者任何别

---

① "要素论"指的是《新科学》第一卷的第二部分。
② 英译本两次用的都是"制度"（institution），但这位学生留意到，意大利文原文用的是"事物"（cose）。

的东西，但是，它必定会是诸民族多样性的一个自然的基础，否则他的整个理论就无法成立。

当然，在维柯之后不久便这样做的最伟大的人物就是孟德斯鸠。他就气候谈论了很多东西，同时也讨论了其他的自然条件。现在，核心要点就在于：人类物种之所以包含着多个部分，此事并非出于习俗，而是出于自然——也就是说，在这儿生活着这个民族，具有这种品性，而在那儿，则生活着另外一个民族。这件事之所以如此，并非出于契约。并非因为这些人碰巧在自己内部建立了一个社会契约，而另外一些人……的事实，就导致诸民族被废除了。但是，"这些人要组成一个民族"这件事有一个自然的基础，这点具有绝对的关键性。

学生：……

施特劳斯：是的，没错。换句话说，一个民族是一个自然统一体，19世纪的民族主义就是以此为基础。但是他们说得更为直接，至少……但是，相比于来自意大利，……更直接地来源于卢梭。但是，从根本上说，这是同一种学说。……指出了关于如下事实的困难所在——一方面，据说，这三种语言和文字是前后延续的，但另一方面，它们又被认为属于相同的时期。你曾经尝试解决这个矛盾，通过——我不确定我们是否可以满足于你所说的解决方案，但这个矛盾的确隐藏在其中。

你曾指出，现在，在批评自然正当的三位君主时——也就是格劳秀斯、塞尔登和普芬多夫，维柯略去了神圣天意的主题。而你也提出了如下问题——在格劳秀斯那里，"神圣天意"究竟意味着什么。那么，我们总是可以按如下方式来表述困难之所在。维柯提出了如下假设：按照他的讨论，最初的人是野兽性的。然而，基于这种野兽特性，人必须在这个或那个方面发展，却没法采取别的发展方式，同时，原始人也不是通过目的论的必然性（teleological necessity）而发展的——目的论的意思是说，为了变得公民化。但是，存在着对原始人有效力的必然性，同时，这种必然性对他来说也是可知的。通过由此而导致的改变，可以说，原始人便有了新的需求，而这也引起了另一个改变。但是，在这个世界本身之中，并不存在目的论的必然性。而人们当然也可以说，基于"这些[174]野兽性的人在堕落以后也还是人"这个断言，根据官方的教义，如果所发生的这一切都是出于堕落天性的话，那么，人们在何种程度上有理由把这个过程称为一种自然的过程？以上，我以另一种方式提示了困难之所在。

关于你所提出的最后一个观点，也就是你关于维柯"名称和天性是同一回事"的说法所说的东西，我不能同意。

学生：……

施特劳斯：不仅就希腊人而言，而且普遍如此。是的。但这恰恰是早期人类愚蠢的标志：他们认为一件事物的名称就是该事物的天性。而这也与对亚里士多德和经院派的批评关联了起来，尽管这些批评并没有明确指向他们。你们知道，这是一个著名的三段论［有位学生打断了施特劳斯的发言］——不仅是唯名论者，亚里士多德也做了这件事，用霍布斯的话说……要检查言辞，而非事物。你们知道，反对的观点一直就是：语词的意思是什么？它有多种含义，以及这类的事物。同样还要注意的是，事物之中的真理当然就在于，由名称最大程度上表达出……事物的某些特定属性。当然，它并不能像培根式的科学那样揭示出事物真实的本性。所以，这并不是维柯关于"名称"与"自然"的关系的最后结论。

学生：我想说的是，维柯把这点用作分析的工具，也就是说，既然这些早期人——

施特劳斯：……在一台照相机的本性的意义上……

学生：不，问题是要去理解早期人是怎么理解的，他们怎么理解照相机——

施特劳斯：……是的，当然，这点讲得对……但是，如果他要说的是各民族最初对其观察到的各种事物所提出的种种名称，那么，根据维柯的观点，这当然并不是指向这些事物本身的一条线索。这需要借助培根的科学来完成。但是，作为揭示他们思维方式的线索，这一点是可取的。好。

现在，我们还有巴特沃斯先生所做的一条评论："第424至427段是否暗示，所有的语词……由伊索的……只是历史进程所允许的自然理性的产物……？"你能否读一下？——我有一个关键词认不出来，因此没法理解你的问题。

巴特沃斯：在第424-427段，他［维柯］暗示说，伊索的……诗歌中产生的所有观念（ideas）都只是自然理性的产物，而这是历史进程所允许的……

**施特劳斯**：是的，当然。理性的一个特定阶段。理性的一个特定阶段。让我们以伊索为例，这时，平民进入了不再被贵族的迷信所愚弄的进程。这是必要的一步。起初，他们只是比早期的贵族更加愚笨，但是，此后达到了这样一个状态：他们看到自己受到了剥削，而这是一个 [175] 必要的阶段。而且在这种意义上，在那个阶段，《伊索寓言》所传达的各种观念都是必要的，也是自然的。

**巴特沃斯**：我这么想是否正确？——这个过程的一个必然结果就是，你永远没法找到一个眼界超越其时代的人？

**施特劳斯**：我现在明白你的意思了。是的，这是对的。不过，仍然要问，为什么不会有这样一段时间，此时，绝对的……其中总是存在这种暗示。换句话说，在伽利略或者培根（如果愿意，你也可以加上牛顿）创建了新的科学以后，在第一等级中有个叫维柯的人，也有可能把这种新科学应用于属人的事物，并且在原则上理解完整的事情。现在，当然还有可能在细节上进一步展开：毕竟，这是一本非常概略性的书。但是，主要的……

**巴特沃斯**：那么，如果说维柯认为自己已经掌握了这种绝对的理解，是否合理？

**施特劳斯**：是的，但是问题在于，我相信，在黑格尔之前，没有哪个考虑过这个历史难题的人曾经把它明确表达出来。换句话说，维柯并没有解释如下的问题：为什么在第二个轮回（in that second round）中——第一个轮回乃是古典的古代和新野蛮主义的轮回，此后则是大约始于公元1500年的第二个轮回——为什么在第二个轮回中可以看到这一点，可是，这点在第一个轮回中却未能看到？维柯甚至没有提出黑格尔所提出的那个问题。而黑格尔因此说，基督教必须成为现代人的宗教，成为西方世界的宗教，从而使哲学可以达到其顶点。维柯并没有做出任何这类的——至少迄今为止，我还没有读到维柯在这个观点上的任何反思。所以在这个意义上，维柯的观点要比黑格尔天真得多。

在我们继续阅读文本之前，我想要再次表述我们总的主题：如何走近/研究维柯？有一些东西很简单，可是我很晚才注意到，不过，这在学术中是很平常的经验。你们有些人可能听过这个表达——"自然正当与历史"。这其实正是维柯的表达,自然正当与历史。并不是我发明了这个表达。从某种意义上说,我是从特洛尔奇(Ernst Troeltsch)的文章中把这个表达法拿过来的。特洛尔奇的文章有巴克(Ernest Barker)的英文译本,现在大家普遍可以读到了。我听兰肯先生说,此书已经有了平装本。本文是吉尔克(Otto Gierke)作品 Das deutsche Gernossenschaftsrecht〔《自然法与社会理论》〕的附录,不过我忘了这本书的英文译名了。

兰肯:《自然法与社会理论》。①

施特劳斯:是的,我明白了。全书最后附了一篇特洛尔奇的文章,文章写于德国"一战"战败以后。文章反思了德国与西方在政治上的根本差异。而此后呢,他说……德国人完全放弃了自然正当,并且用"历史"代替之。而在西方,自然正当或自然法的传统仍然很强。当然,在特洛尔奇写作的 1922 年,这些传统已经没有那么强了,而如果他能活到并看到 1963 年,他就会看到……不过,话说回来,无论在以大众为导向的学术〔176〕生活之中真实的东西是什么,我都认为他讲出了某些东西(there is something to that)。特洛尔奇承认了自然正当传统的政治价值,但是他自己却拒斥了它。特洛尔奇的主要作品名为《历史主义》,书中处理了历史和历史主义的问题,但是此书是基于一种历史主义的基础。② 他的观点对于我们国家的社会科学有一些影响。有一位无论在学问上还是其他每个方面都远逊于特洛尔奇的作家卡尔·曼海姆,他写过一本书《意识形态与乌托邦》,出版于 1929 年前后。这本书是对特洛尔奇观点所作的非常粗略的重述,并且,该书所基于的政治基础也颇为狭窄。③ 不

---

① 特洛尔奇(Ernst Troeltsch),《自然法的诸观念与人性》,载于 Otto Friedrich von Gierke, *Natural Law and the Theory of Society*, 1500—1800, trans. Ernest Barker, Boston: Beacon Press, 1957。

② 施特劳斯指的似乎是特洛尔奇的《历史主义及其问题》(*Der Historismus und seine Probleme*), Tübingen: Mohr, 1922。〔译按〕中译本参特洛尔奇,《克服历史主义》,刘小枫选编,陈湛等译,北京:华夏出版社,2021。

③ 曼海姆(Karl Mannheim),《意识形态与乌托邦——知识社会学导论》(*Ideology and Utopia: An Introduction to the Sociology of Knowledge*, London: Routledge, 1936),德文初版为 *Ideologie und Utopie*, (Bonn: F. Cohen, 1929)。〔译按〕中译本参《意识形态与乌托邦》,李步楼等译,北京:商务印书馆,2014。

过，特洛尔奇今天已经被人们忘记了，我想人们忘记得也很正确。因为，在特洛尔奇那里有意思的东西，被海德格尔以一种相比而言无限强有力的方式完成了。就我的研究所及，这已经体现了针对海德格尔而出现的一种反应。海德格尔接过了历史主义的立场，深化了历史主义，使之远远超出了此前的任何历史主义。对我来说，历史主义已经成为一个问题，所以，在意识到这是一个问题以后，我发现，历史主义最直接的替代者乃是自然正当。好的。

现在回到维柯。我怀疑，我们是否没法说，维柯是第一个离开自然正当而走向历史的人，或者说他是第一个以历史替代自然正当的人。我必须承认，这可能是一个很好的通盘的考虑方式。但是我们必须小心一些，因为维柯还在提到自然正当。但是，他以一种特殊的方式把自然正当历史化了。而关于这一探究的第一步，就会是对自然正当也即对自然权利的三大君主格劳秀斯、塞尔登和普芬多夫进行明确的批评，关于这一问题，我们已经不厌其烦（ad nauseum）地重复过了。但是，我们必须把所有这些所关涉的东西放在一起，相互比较。某种意义上，……先生在今天的发言开始便注意到，这些重复并非原样重述，其中有一些差别。因此，我们必须来审视这些差别。

不过，第二步是要弄清楚维柯从来没有说过的一些东西，因为，他的批评实际上也是对阿奎那、西塞罗以及任何其他自然的教师们（natural teacher）的批评。① 而在当前这个语境下，我们观察到如下事实，维柯在他所批评的对象方面是有误导性的，仿佛他只是在批评上述三个人。我们必须着眼于整个问题，来弄清楚维柯的表述在多大的程度上是在故意引起误导。用明白的英语来说，整个问题就是，从这个基础出发，将希伯来人排除于他所描述的这种发展过程，是否始终能够成立。说得简单些，也更形式化一些，我们必须反思维柯呈现事物的方式，也即反思他的写作方式。

现在，当我们已经看到这个问题以后，第三点就是要去研究维柯所教导的多种自然正当。我的意思并不是说，在异教徒之间，例如在中国

---

① 施特劳斯可能想说的是"自然法/自然正当的教师"（teachers of natural right）。

人与墨西哥人之间，自然正当会彼此不同，因为其间其实并没有差别。问题在于，在最初的阶段之间，也就是说，在维柯宽泛地划分的"神的阶段、英雄阶段和人的阶段"之间，彼此的差别何在？关于自然正当，有多种多样的展示形式，这些形式既在"如何"（how），也在"什么"（what）方面有所不同。在"如何"方面，自然正当是非理性的还是理性的？当然，还有实质方面的区分：它们是前政治的还是政治的？这个问题的一个部分体现为，这些多样的自然正当，会有怎样的必然或者自然的顺序。

[177] 结果就是——而这便是第四点——既然第三个阶段是一个政治生活的阶段，也即民政公道的阶段，那么，我们就必须来考虑，在这个阶段（也是唯一具有实践重要性的阶段），"自然正当"到底意味着什么？而在这里，我们必然会发现维柯如下宣称的充分含义，这个宣称也就是"民政公道就等同于国家理由"，换句话说，如果民政公道就等同于功利，那么就会导致上述这个结果。你们知道，"国家理由"是一个粗鄙的表达，因为每个人都会想起马基雅维利主义。而功利主义则是更美好的东西，每个人都会由此想起可爱的英国人。不过，在原则上，二者当然是同一回事儿。

与这一关联之处相关，我们就必须讨论民主制和君主制的问题，因为二者都是政治生活本身的形式。我们需要讨论民主制——我指的是这个理性阶段的民主制——尤其是要讨论"两种形式中哪一种更高"的问题。我们此前已经关于这个问题做过一些思考。

接下来是第五点。我们必须考虑如下这个根本性的问题，也就是说，维柯赋予他的《新科学》的神学形式：他的神圣天意学说。这个学说提醒我们想起斯密的"看不见的手"。它的意思当然是——而在这个方面，这个学说与此后的发展有一种完美的协调——在世界史中发生的东西就在于，个人的恶、错误，或者愚蠢、激情，这些东西不自觉地导向了公共的善。这个过程当然被认为在所有阶段都为真。

我还要提出两个必须考虑的问题。我做出这些评论时，并非完全没看到对于二者之中任何一个问题的需要。我要提出的就是如下问题：维柯的原创性究竟在哪里？人们可以说，维柯尝试对人性的历史给出一个自然和理性的解释，从何时开始，到什么时候为止。而现在，让我们首先说，这种解释包含了直至历史终点的所有时期，这样，这个过程就会是完整的了。当然，在其精确的意义上，这个观念本身并非原创性的。因为卢克莱修《物性论》的第五卷已经给过这样一种描述。但是，维柯与卢克莱修之间区别何在？我的意思是，卢克莱修的书很短，而维柯的书很长，这点我清楚。可是，为什么维柯的书长，卢克莱修的书却短？我们曾在另一个场景下讨论过短篇发言和长篇发言的区别。

学生：……

施特劳斯：我的意思是，最简单的表达法是什么？我想，如果你曾经听说过……

学生：我想到了他的一个表述，他说，某些人没有办法超出其能力……

施特劳斯：但是，这种说法的关联性在哪里？你是否相信维柯——我们是否有证据认为，维柯本会否认这一点？

学生：不，没有。

施特劳斯：很简单——请讲？

另一位学生：……这两件东西的写作形式？

施特劳斯：[178] 好的，你的意思是说，其中之一是以六音步的格律写的，而另一个没有采用六音步。不，这非常明显。如果我记得没错，在卢克莱修那里，唯一的专名就是……①唯一的专名。所以，卢克莱修的描述并不是基于任何经验的历史证据。它只是一种建构，其中人们并未感到需要有任何经验性的、历史的支撑。而维柯则非常关心他的记载中的经验证据。

还需要考虑一点：在卢克莱修那里，只存在一个从原始的野兽性的人到最终完全堕落的人的单一过程。但是在维柯那里，这同一个过程至少重复了一次，同样也存在如下可能性：也就是说，维柯也许也保留着可能有 n 次重复的设想。我不知道这个问题如何定论。但是，最重要的区别在于：维柯非常注重表明这个过程及其每个阶段的必要性和各种机制，而卢克莱修则只是假设这是一个由不同阶段构成的序列。此后，卢克莱

---

① 施特劳斯指的可能是莫姆米乌斯（Gaius Memmius，《物性论》方书春译本译为"明米佑"），虽然《物性论》中也还出现了其他专名。

修表明它们中的每一个阶段都发生了。不过，卢克莱修从未表明，某个阶段是从另一个阶段中产生出来的。简言之，卢克莱修并不关心支配这段历史过程的法则，而维柯则关心这一点。我认为，从这点出发，我们现在就能理解，当维柯谈论一种理想历史的时候，他究竟有多么严肃。我想，一种"理想的历史"首先意味着各种法则（laws），这种含义超出了其他一切含义。换句话说，所谓的"理想"并非意指道德的理想之类，而是在"数学对象才是理想对象"的意义上说的。因此"理想"的意思是：法则。

那么，我们难道不能说——而我认为，这是你的一个前提——维柯的新科学，乃是（像他们在这里多少说出来的那样，虽然他们并没有用这种方式来说）史学的第一哲学，或者像一种社会物理学一般，是史学的科学？现在，我们在哪里可以找到关于史学、关于此前的社会史学的一种哲学或科学？我的意思是说，如今，人们普遍承认《上帝之城》并不是一部历史哲学，而是一部历史神学。因此，我们就可以不顾这一点了。这点对波舒哀①来说也同样为真。我们在哪儿能找到他呢？请讲？

学生：……

施特劳斯：他们是否给出了一种历史哲学？

学生：珀律比俄斯曾经做过某种描述。

施特劳斯：珀律比俄斯②把他的事业称为一种"普遍历史"：καθόλικη ἱστορία。但是，我相信，他并没有使用这个名称。如果你的意思是指他关于各种政体的教导的话。你指的是这个吗？

学生：是这个，而且还包括——作为帝国秘密的宗教……

施特劳斯：你知道，我认为你能说的是这个观点：珀律比俄斯写了一部普遍历史，也就是关于地中海海域的普遍历史。而此后，在特定情境下，一位好的史学家就必须解释原因，因此他就必须时常——最引人注目的例子是《罗马兴志》第六卷。在那里，[179] 为了解释为什么罗

---

① 波舒哀（Jacques-Bénigne Bossuet, 1627—1704），1681 年著有《论普遍历史》（*Discours sur l'histoire universelle*）。

② 珀律比俄斯，《罗马兴志》的作者。此书思考了公元前 264—前 146 年的罗马史。珀律比俄斯于公元前 146 年见证了迦太基最后的失败，并在《罗马兴志》卷六中提出了对罗马和迦太基政体的分析。

马在公元前146年打败了迦太基，珀律比俄斯讲述了关于政体及其兴替的完整教导，从而解释了罗马击败迦太基的事件。但是，我们却不能说，在珀律比俄斯那里，存在着一种历史哲学。请讲？

学生：……马基雅维利。

施特劳斯：在什么程度上，这是一种历史哲学？

学生：因为最终表明，他基于经验的观察，发现了普遍的法则……

施特劳斯：是的，但是你必须谨慎。首先，当然，马基雅维利……缺陷。并非我所知。我相信，会有人——他叫什么名字？——……我曾经读过他写的一篇文章，文章认为马基雅维利是一位科学家，他提出了这样的观点。他宣称，马基雅维利一直都在提到普遍法则，提到在法律上普遍的东西（legally general）。我想，他曾经三次提到。而这些法则的特点是，它们都是实践性的规则，例如，一位君主或类似的人应该如何行动的规则——你们知道，确切地说，这些规则并非关于人们或社会如何行动的法则。我相信，很难得出这样的说法。换句话说，我并不会说，马基雅维利所宣称的真理，以及他频繁在《论李维》的章节标题中所表述的真理，不同于亚里士多德所做的这一类普遍表述。例如，如果你想建立一个乡村的民主制，你就必须采纳这些东西。当然，也存在着对任何政体都为真的表述，你们知道吗？我并没有特别地提出，《论李维》的这些章节标题当中，有多少标题表明了与"人们事实上做了什么"不同的"人们应该做什么"的问题。这一点很有必要。我相信，把马基雅维利的作品称为一种历史哲学（我指的是我们就这个名称所意指的意思）是有误导性的。

一旦这种"历史哲学"的概念出现，那么，你当然就可以在任何地方发现历史哲学了。我最喜欢的例子是色诺芬，他的《希腊志》开篇的语词是"从这以后"（thereafter）……这是唯一一本以"从这以后"开头的书。我曾经听过一次布道以"但是"开篇，但是，这么开篇要容易理解得多，因为……但是，一部用"从这以后"开篇的史书绝对是独特的。而关于这一事实的反思已经被这种非常深刻的推理所……因为人们说（而且说得有道理），色诺芬的《希腊志》是修昔底德史书的续篇。于是就有了一种单纯的"接着说"——"从这以后"。但是困难在于，色诺芬在前面三四页所说的东西，也出现在修昔底德那里，所以，如果他是一位如此愚笨的续写者,他本会始于——此外,从某种意义上说,我们还可以表明,色诺芬这部作品的结尾,用的也是"从这以后"——并不是字面上这么结尾,但事实上就是这个意思。而尤其从《希腊志》的结论来看,色诺芬想要说的东西是非常正当的。

在我们的时代,什么是历史?"从这以后"(thereafter),或者"此后"(then)……"此后"……"此后","此后"。而在每种情形之下,[引起的都是]困惑。人们相信,他们会通过他们着手开始做的事情来摆脱困惑。例如发动一场战争,或者做任何一件事情。那就是此书的结尾,也就是公元前362年的曼提尼亚(Mantinea)战争。希腊人发动了针对忒拜人的战争,因为希腊人有这样一种困惑,他们想要一劳永逸地结束之。而此后呢,仍然是像前面的困惑一样大的困惑。那么,我们必须用我们自身时代的有限经验来看看,[180]在经验上,这种历史哲学有多么可靠。而……历史哲学的性质,但是,它并不把自身呈现为……请讲?

学生:……

施特劳斯:是的。不过,我几乎必须完全依赖我在马赫迪(Mahdi)先生的书中读到的东西。[①] 他所做的是什么?——我的意思是,自从上次读他的书,已经过了很久。他着手做的事情是什么?……表述得很清楚。但我忘记了。

学生:我本人已经记不得了。但是看起来,他试着回过来考察历史学家,并表明历史与哲学之间的区别。

施特劳斯:我明白了。如果我记得没错,伊本·赫勒敦尝试做的是这样的事情:对伊斯兰教作出哲学或理性的描述。这种描述可以表述如下:伊斯兰教将自身呈现为神圣教义,并且高于哲学。赫勒敦在形式上接受了这一点。但是如果你满足于这个结论,就还有很大的困难。好。所以,作为一个哲学家,赫勒敦尝试对伊斯兰教做一番描述,也就是说,他必须给出某种替代物,来取代人们称之为"超理性的历史"的东西,也就是说,取代伊斯兰教的自我论证……我相信,这就是他整部作品的统一性所在。我相信,与这一点相比,其他更普泛的考虑都处在更偶然的位置

---

① Muhsin Mahdi, *Ibn Khaldun's Philosophy of History: A Study in the Philosophic Foundation of the Science of Culture*, Chicago: University of Chicago Press, 1964.

上。我并不相信——不过,既然我们二人都不知道关于伊本·赫勒敦的事实,更明智的是在这点上保持沉默。

现在,为了结束我的这番考虑,我要讲的最后一点当然是对维柯的批评:在何种程度上,维柯成功地建立了这样一种社会物理学?而且,在何种程度上,这样一种社会物理学是可能的?换个问法,如果色诺芬并不宣称找到了一种理性的秩序,那么,他的"历史哲学"难道并不是更加清醒吗?而我们已经看到并且也将看到其他的例证——维柯当然没法严肃地宣称,他所发展的这个简单的计划,也就是三阶段的划分,是充分的。我的意思是,比如说,哲学只发生在希腊,而在不同的民族之间存在巨大的不同。我们此前曾经举过一些例证,此后也会发现其他的例子。

现在,我们需要回到上次布置的作业。维柯在第四卷开头提出的核心论点是,迄今为止,所有学者都把"语言的起源"与"文字的起源"区分开。如今,普遍的观点是什么?我认为,维柯的观点如今仍然是普遍的观点。

兰肯:在有文字之前所说的东西。

施特劳斯:当然是的。语言先于文字,不仅先于严格意义上的文字,也先于任何文字符号。而维柯则拒斥了这一点。从其基础来看,主流观点没有考虑到最早的语言是沉默的,也就是说,起初人们并没有讲话,他们是通过符号来交流的。也就是说,通过某种类似于文字的东西。在此,语言和文字之间没法区别,因为最早的文字是象形文字(hieroglyphs),是符号。而符号乃是人们曾经使用的第一种交流手段——也就是说,符号是人们口头交流的手段。现在我们不需要进入这个问题的细节。

[181] 在这里,维柯提到了人们会谈论语法这个事实,并把这个例子作为证据。语法是语言的科学,维柯说,如果你从字面上翻译,"语法"(grammar)就意味着"文字"(letter),这事实上就证明了语言和文字的一致性。当然,这种观点并不正确,这只是一种纯粹的偶然。语法起初意味着认识用来写字的字母,此后才有了更宽泛的含义;语言或者语言的结构是第二位的。这个论证并不成立。

在第 430 段能发现一些很有趣的东西。我们来从头读这一段。

**兰肯**：[读文本]

现在既进入对这个问题的讨论，我们姑就对关于这个问题所持的多至不可胜数的荒谬无稽的夸张可笑的意见中举一个简短的例子：因为在复归的野蛮时期之后，由于民族的虚骄讹见，斯堪的纳维亚被称为部落的胚胎，被视为世界其他各民族的母亲，所以约翰斯·玛格弩斯（Johannes Magnus）和奥劳斯·玛格弩斯（Olaus Magnus）又凭学者们的虚骄讹见，就认为他们这帮哥特族人（Goths）从世界一开始，就把由亚当以神灵的方式发明出来的字母保存下来了。（第430段）

**施特劳斯**：我们先暂停。在这里，维柯只是概述了一种由某些学者所持的不成立的观点。但是，由于维柯提起了亚当所认识的文字的问题，我们必然就会好奇，维柯关于这个主题会怎么想。我的意思是，如果文字和语言不可分离，那么，亚当——他当然已经在讲话——所使用的是什么文字？当然，此事发生在堕落之前。亚当必然已经有了某些字母，这种文字系统远胜过原始的象形文字系统。这可以是一种暗示，而维柯也必须面对这个问题。当然，出于我们知道的原因，维柯从来未曾直面这个问题。

好的，请读433段。

**兰肯**：[读文本]

围绕着上述真相，我们还搜集到下述其他真相：在希腊人中间，"名称"（name）和"性质"（character）意义相同，所以教会神父们把"神的性质"和"神的名称"两个词看成同义，可以互换。（第433段）

**施特劳斯**：好的，但是当然，在整个传统中，神的名称的问题总是非常重要。而这些神的名字并未意味着——是的，要说这些也是习俗性的，至少会是一件很困难的事情。只需要考虑一下《出埃及记》中上帝的名字……按照基督教传统中的发音，对雅威（Jehovah，耶和华）的解释。它不仅是一个名字，因为它是上帝用来称呼自己的名字。在这一段后面的某处，维柯提到了法国人，认为他们不同于希腊人——

兰肯：[读文本][182]

> 在希腊文里，nomos [名称] 也指法律，由 nomos 派生出 nomisma，即钱币，如亚里士多德所提到的。据字源学家们说，nomos 变成拉丁文的 nummus [罗马银币]。法文 loi 指法律，而 aloi 就指钱币。在第二轮野蛮人之中，canon 这个词既指教会法规，又指封建承租佃户缴给地主的年税。这种思想方式的一致性说明了拉丁人何以要用 ius 这个词既指法律，又指献给天神的牺牲动物的油脂，因为天帝约夫（Jove）原来就叫做幼斯（Ious），后来从这个词派生出 Iovis 和 iuris 这两个所有格词。在埃及人中间，牺牲也被分割成三部分，油脂也算是天帝所应得的一份，摆在祭坛上燃烧掉。

施特劳斯：好的，再读几段。其中维柯提到并且引用了十二铜表法中的第 12 条法律，对吗？他以同样的方式考虑古代人——

兰肯：[读文本]

> 把庄园房屋叫做 poderi [掳掠品]，因为是凭势力夺得的。另外还有一个证据：在复归的野蛮制度下，土地连同它的疆界叫做 presas terrarum。西班牙人把大胆的事业叫做 prendas。意大利人把家族盾徽叫做 imprese，把 termini 用作"词"或"字"的同义词（这个用法还保存在经院派的辩证法里）。（第 433 段）

施特劳斯：辩证法。这里，维柯密集地提到了很多事情。现在，从早期对语言和文字（也就是自然地标示事物的符号）的等同开始，人们此后也高度看重语词和文字，视之为源头留下的遗迹。很早就已产生的希腊语仍然在影响着基督教教父们的表达法，也就是说影响着基督神学。而我们在这里还找到了异教徒和希伯来事物间的另一种类比——如果异教徒和希伯来人没有任何共同点的话，那么，又如何理解希伯来圣经与异教徒在这件重大的事情上的一致呢？换句话说，根据维柯自己的暗示，我们岂不是必须要把维柯的批判原则也应用于圣经吗？是的，关于权力的重要性，我们此后也要讨论。例如，这个问题在第 435 段又出现了一次，那时，他在段落的中间部分简略地提到了"犁"。

**兰肯**：[读文本]

犁指土地是由他开垦和耕种的，凭力量使他变为自己所有的。（第 435 段）

**施特劳斯**：凭力量，是的。原初的财产权就是强力。在此后，这一点会受到修正和改进。在第 437 段的结尾部分，维柯开始引用瓦罗。

**兰肯**：[读文本]

不管怎么说，在拉丁人之中，瓦罗本人却致力于研究人的语言，因为他下功夫搜集到了三万个神的名字，这就是一部很丰富的神的词汇了。有这套词汇，拉丁地区各族人民就可以凭这套词汇来表达一切生活需要，在那种简朴而节约的时代，生活需要就不会很多。（第 437 段）

**施特劳斯**：[183] 换句话说，众多的神直接对应了众多的生活需要。诸神无非就是对必需品的需要。继续。

**兰肯**：[读文本]

如我们在公理中所说，① 希腊人的神也有三万名之多，因为他们把每一个石头，水源，小溪，植物或靠岸的岩石都当做一个神。这类神包括林神（dryads），树精（hamadryds），山仙水怪之类。美洲印第安人正像这样把自己不认识或不懂的东西都看作神。由此可见，希腊人和拉丁人的神话故事一定就是些真正最初的象形文字，或神的字母，和埃及人的象形文字相对应。（第 437 段）

**施特劳斯**：所以，诸神的语言当然就不是众神所说的一种语言。这些神并不存在。但是，人的语言，早期人类的语言则是用神名来表达

---

① 伯尔金和费什的英译本经常略去维柯引述本人作品其他章节的表述，此处即为一例：这个分句见于意大利文版，英译本从阙。下文对类似的很多情况不再特别加注说明。

的——所有的东西都是神。也就是说，所有对他们有意义的东西，也即他们需要的东西，都是神。早期人所需要的所有一切，都被他们理解为一种神。19世纪的费尔巴哈所写的《论宗教的本质》，某种意义上就是对这个问题的一次重新论述。我记得在开头部分，费尔巴哈谈到为什么牛在印度是神圣的，因为牛对他们来说是最重要的东西。这些东西现在已经变得很琐碎。

第440段，维柯谈到了例如腓尼基人。他们是世界上最早进行交易的民族。此外，在另一个地方，维柯也暗示了诸民族的种种特殊性，我的意思是，这种发展过程并非在所有地方都一样……

在此处稍后，维柯开始讨论迦勒底人。请读一下这段。

兰肯：[读文本]

> 腓尼基人是把从其他民族得来的象形文字带到希腊的，而且这些象形文字只能是些数学符号或几何图形，这些是腓尼基人过去从迦勒底人那里接收过来的。迦勒底人无疑是各民族中最早的数学家，特别是最早的天文家。据博恰特（Bochart）说，迦勒底人琐罗亚斯德（Zoroaster，这个名字的意思就是"观星者"）是异教世界中最早的哲人。（第440段）

施特劳斯：所以换句话说，各民族的智慧起源于数学和天文，而二者本身是一种编年史的基础。

兰肯：在第440段，维柯似乎认为，在第三个也即属人的阶段发生了融合。这个阶段是各民族彼此交往的阶段，仿佛——

施特劳斯：但是并非到处都发生了融合。我的意思是，在第三阶段，还有一些与世隔绝的民族。我们读一下第441段的开头。

兰肯：[读文本][184]

> 许多学者争论说，因为希伯来人和希腊人都几乎用同样的名字称呼他们的村俗字母，希腊人必然是从希伯来人借来他们的村俗字母。这种论点并没有什么可取之处，如果说是希伯来人摹仿了希腊的字母而不是相反，倒还更合理些。因为人们普遍同意：自从亚历山大——（第441段）

施特劳斯：诸如此类。不，这就是要点所在。所以，希伯来的字母表——也就是说，希伯来人的通俗字母的意思就是字母表——希伯来字母表来自希腊语。这点能揭示多少东西？起初，存在希伯来的象形文字吗？希伯来语的一种突变（Hebrew mutatives）。这点如何可能发生？他们碰巧做了同样的选择。

请读第442段，也许我们能在这里找到一些有帮助的东西。

兰肯：[读文本]

> 以上这些论证就驳倒了某些人的一种意见，他们硬说是埃及人塞克罗普斯（Cecrops）把土俗字母输入希腊。另外还有一种意见，认为腓尼基人卡德茂斯把土俗字母从埃及带到希腊，因为他在希腊建立了一个城市，取的名字是忒拜（Thebes，旧译底比斯），这原是借用埃及最大王朝的都城的旧名字。这种意见在下文还要根据诗性地理的一些原则来加以反驳。根据诗性地理的原则就可看出，希腊人到了埃及，就把埃及都城叫做忒拜，因为它很类似希腊自己的忒拜，最后，我们理解到某些慎重的批评家，如一位佚名的英国作家讨论科学的不确定性时所援引过的汤玛斯·伯考（T. Baker），在《关于学术的感想》里认为《时历表》把桑库尼阿特斯（Sancuniates）的时代摆得太早，因而断定这个人过去就根本没有存在过。因此，我们虽不完全否定它存在过——

施特劳斯：[笑]多有善意啊。

兰肯：[读文本]

> 却承认应该把它摆晚些，他一定生在荷马以后。我们既承认腓尼基人在希腊人之前就已发明了所谓村俗字母（不过，我们也要考虑到，希腊人比腓尼基人有更多的天才），我们就应该说，桑库尼阿特斯比起希罗多德要稍早一点，希罗多德号称"希腊历史之父"，曾用土俗语言写了希腊史。因为桑库尼阿特斯号称写事实真相的历史家，他属于瓦罗的时代划分中所称的"史学时期"。（第442段）

**施特劳斯**：我们就先读到这儿。现在，要记住前面关于希伯来字母表的问题。如果我们记住了这点的话，谁是第一位希伯来史学家？根据传统观点，当然是摩西。当然是摩西。但从远早于维柯的斯宾诺莎的圣经批评的角度来看，摩西并非"摩西五经"的作者。那么，是谁——至少部分来说，肯定有某些人写了……简言之，我建议，值得考虑如下这个问题（当然，尽管我们当前的基础对于解决这个问题来说还太薄弱了）：摩西的例子是否类似于桑库尼阿特斯人的例子？换句话说，维柯并不会否认摩西的存在……但是，他当然会认为，归于摩西名下的书不可能是由摩西写的。

第443段——我们没办法都读——再说一次，我们要记住这个问题：既然散文起初是平民的语言，那么，希伯来散文（通俗希伯来语）是否也是希伯来平民的语言？我们必须得考虑这个问题。

[185] 现在，第444段，就像……先生向我们清楚表明的那样，文字出于自然，而非出于习俗。而这便引向了第445段开头的那个更具体的问题。

**兰肯**：[读文本]

> 不过，这里还有一个很大的难题：为什么世间有多少民族，就有多少种土俗语言呢？要解决这个难题，我们在这里就必须奠定这样一个伟大真理：因为各族人民确实由于地区气候的差异而获得了不同的特性，因此就产生了许多不同的习俗，所以他们有多少不同的本性和习俗，就产生出多少不同的语言。因为凭上述他们特性的差异，他们就从不同的角度来看人类生活中的同样效用和必需，这样就有同样多的民族习俗兴起来，大半彼此不同，有时甚至互相冲突，有多少民族就有多少语言，其原因就完全在此。（第445段）

**施特劳斯**：好的。现在，对于语言多样性的解释，或者关于不同语言之起源的解释，是否还有其他不同的可能？

**学生**：……

**施特劳斯**：是的，但是他提到的是异教各民族，不是吗？

**学生**：我不知道。

**施特劳斯**：当然，这种困惑……当然建立了巴别塔，现在……这种明确的排除让我确信，维柯头脑中所想的就是这件事。换句话说，这个而非圣经的解释，才是唯一的解释。气候的、自然的多样性，以及关于习俗和语言多样性的原因，这个问题我们此前已经讨论过了。

在同一段中，维柯也提到如下事实，在神圣历史与世俗历史中，同样的国王会有不同的名号。这至少提醒我们注意如下事实——维柯一直记得圣经的历史。在此前的各个时代中，任何一位聪明的，甚至不聪明的作家都总是了解圣经的历史。我相信没有人可以严肃地怀疑这一点。巴特沃斯先生？

巴特沃斯：维柯是否本有可能捍卫如下观点，认为历史是这样的，而并非另外那样，因为……难道圣经中关于巴别塔的章节不是说，人民被分散了，因此他们可以被不同的气候影响吗？

施特劳斯：我没有查证过，你记得这一点……他曾经查过。

巴特沃斯：我原来查了，但今天来上课之前没有再查。

施特劳斯：[186] 哦，我也没有查。

学生：为什么人民被彼此分散了？

施特劳斯：这是一种惩罚，属于因为人类的骄傲而招致的某种惩罚。

另外一位学生：在建巴别塔时，人们却无法听懂彼此说的话，他们之所以分散了，是因为他们没办法理解彼此。

施特劳斯：说得正确。所以我认为，在维柯的描述与圣经的描述之间，的确有一个明确的矛盾。这是对的。请讲？

兰肯：那么，岂不会导致下一个问题吗？维柯似乎在说，语言之间的不同某种意义上也有着某种意义。

施特劳斯："意义"是指什么？

兰肯：维柯说，差异产生于一种观点上的不同——

施特劳斯：但是，观点上的不同又是怎么产生的呢？

兰肯：他回到了各种原因（causes）。

施特劳斯：纯粹的自然原因。

兰肯：是的。

施特劳斯：所以，它并没有……对于生活、目的或目标的意义。我的意思是，人们不会承认那一点，但是……

兰肯：维柯为什么必须宣称，在语言彼此区分开来的过程中，有一个中间的、观点分化的阶段呢？为什么不简单地说——

施特劳斯：不。这种观点是由于，例如——为什么，出于各种原因，一台照相机对于使用它……以及不使用它的人来说，显得不一样。也还可以再举别的任何例子。但是观点的差异本身就是由纯然的自然必然性产生的。换句话说，观点是一个中间的阶段，但是它没有目的论的……

兰肯：不，我并未宣称它有一种目的论的——我想说的是，维柯并非绝对需要引入一种观点上的区分，如果他只是尝试将语言上的区分归于自然原因的话——

施特劳斯：不，他必须这么做，因为这点毕竟是一个关于心智的问题——言辞……让我考虑一下。

[187] 在第446段，维柯明确地判断说（又一次是……先生指出了这点），在此，这三种语言被表述为同时性的，而非前后相继的。是的，但是我相信……先生所提议的解决方案无法成立，因为，如果它们是这般沉默的存在，如果俗众的语言在理智上高于象形语言，那么，这些不虔敬的巨人，也就是这些平民，他们怎么能够在起初就已发展出了这种更有理智的表达形式呢？这点你并没有解释。

学生：我提出了另外一种选择，也就是说，也许这三个阶段并非一种严格的规则，事实上，你不需要担心这些语言——

施特劳斯：不对。你可以看到，我必须说，黑格尔的建构要比维柯的建构更易理解。黑格尔是这么说的：维柯称为父亲的，黑格尔将他们称为主人，而维柯所说的平民，黑格尔则称之为奴隶。所以，在第一个阶段发生的是什么？是纯粹的优势、身体上的优势，使一个人成了主人，使另一个人成了奴隶。但黑格尔暗示说，这并不是很正确，因为他们是为了生存而斗争，在这里，重要的不仅是处于优势抑或劣势，还有恐惧抑或不恐惧。如果有谁害怕、投降、屈从了，那么，即使他比另一个人更强壮——那么，更恐惧的人也就变成了奴隶，而对方会成为主人。在这种情形之后，发生了什么？在黑格尔那里，这当然被有意地表述成为一种建构。主人使奴隶为他工作，如果必要的话，主人会战斗。在并不战斗之时，他就要享受奴隶的劳动成果。然而，相比于主人所做的事情，工作是一种更有理智性的活动。因为，奴隶必须理解自己所耕作的土地或者用于劳动的任何材料的本性。因此，根据黑格尔的概念，人性更高阶段的发展来自更低的阶级（lower class），而不是来自主人。主人道德是一种严酷的事物，整个文明的发展就是劳动者的发展。顺便说一句，你们能看到，这是黑格尔与马克思之间的一个非常重要的关联。在他的时代，黑格尔并不是一个社会主义者，也不是任何劳工阶级的代表。但是换句话说，这也可以意味着，平民们（plebs），由于他们的屈从，由于他们"被比较"的事实——几乎与贵族的……发展同时发展出了这种更有理智性的语言。这点当然是确然的证据，可以表明，维柯关于三阶段的描述必定不能过于按字面来理解，这一点很清楚。在第447段的中间部分，还有一些与圣经有关联的部分，维柯在这里谈到了宙斯。

兰肯：［读文本］

　　拉丁人首先根据雷吼声把天帝叫做"幼斯"（Ious），希腊人根据雷电声把天帝叫做宙斯（Zeus），东方人根据烈火燃烧声，一定曾把天地叫做 Ur［乌尔］，由此诞生出 Urim［乌里姆，火力］。（第447段）

施特劳斯：乌里姆是圣经中一种用于占卜的手段，而根据维柯的说法，"神灵"（divinity）的意思就是占卜（divination）。对未来的焦虑产生了诸神，因此，焦虑就通过占卜缓解，通过占卜，通过鸟的飞翔或者别的什么东西，他就感觉到了未来会带来什么。所以换句话说，根据维柯，在这里，在异教的占卜与圣经的占卜之间，存在着一种特别的关联。在下一段，第448段，也产生了一种相似的东西。我们不能读整个段落，但是在这一点上，这个段落与这个问题是相关的。

在第461段，我们发现了关于不同民族发展之无规律性的另外一个样品。希腊人和法国人从史前的诗性时代进入了平民［188］时代——你们知道，这种无规律性解释了法国人与希腊人之间的某些相似。不过，当然，这种相似并非在任何地方都会发生。请读一下第465段。

兰肯：［读文本］

现代希伯来学者们在希伯来诗有格律或者只有节奏这个问题上，意见还是分歧的。不过约瑟夫斯、斐洛、奥里根和优塞比乌斯这些希伯来学者都赞成有格律说，而圣杰罗姆在《约伯记》的序文里则认为，《约伯记》比摩西诸书还更古老，其中从第三章开始到第四十二章末尾，都是用了英雄诗格。（第465段）

施特劳斯：好的，但这个问题再一次出现：维柯使用这些希伯来的材料来确证他的教义，有何理据？你们知道，这永远是一个问题。我们还发现了相似的东西，例如，当他使用——让我们以这点为例……请读一下第467段。

兰肯：[读文本]

埃及人把纪念他们死者的诗歌镌刻在塞壬（syringes）柱廊上，syringes 这个词就是从塞尔（sir）出来的，塞尔的意思就是"歌唱"。（第467段）

施特劳斯：这是一个希伯来语词。维柯用这个词是什么意思？是不是说，希伯来人是从埃及人那儿引入了这个词，或者正好相反？你们知道吗？如果他要说，埃及人是从希伯来人那里引进了这个词，那么，也许异教智慧就是希伯来智慧的一种退化的版本，而这也是他一直抨击的观点。这是另外一种……维柯甚至把"叙利亚人"和"亚述人"的名称追溯到相同的希伯来语词，来证明这一点。当然，维柯的这种追溯没有任何根据。请讲？

巴特沃斯：第466段岂不与维柯此前说过的东西相矛盾吗？如果维柯承认，阿拉伯人并不知道字母表，但同样也在说话，那么岂不表明，语言其实先于文字出现？

施特劳斯：是的，但这点可能也很难讲。也许在这里，维柯指的是字母表文字，而不是其他符号，因此我们还不能这么说。现在——

巴特沃斯：但是，那样我们就永远不会——根据这种解释，我们就永远不会——

施特劳斯：是的，当然。我的意思是说，这是我们在此处遇到的困难之一。在第470段结尾，维柯提出了有某种普遍性的表述，请读一下。

兰肯：[读文本]

我们且提出一个重要的看法：如果各民族都是用法律来奠定的，如果在这些民族中，法律都是用诗来制定的，如果这些民族最早的典章制度也都是保存在诗里，那么，必然的结论就是：凡是最早的民族都是些诗人。(第470段)

施特劳斯：好的。但是我们从这个观点中也看到，诗是本源，是文明最根本的底层。但是我们也曾经听说，宗教发挥了这种功能。这二者当然是相容的。维柯在此所指的诗歌以及他所意指的宗教是一回事。"神学诗人"是一个维柯不断在用的说法。请读一下474段的开头。

兰肯：[读文本]

试列举如下：(1) 在迦勒底人看，天空就是天帝，因为他们相信，凭星宿的容貌和运动可以预卜未来。(第474段)

施特劳斯：[189] 我并不想具体讨论这个段落。维柯在这里说自己要"列举"，不过他通常不会这么做。那么，[统计]数字当然就是翻译者的工作了——他们会想要帮助你们。如果看文本的话，其中没有数字。不过，如果你数一下的话，有七个国家。如果我们看看编年表（chronological table）的话，那里同样也有七个国家。"七个国家"，这与圣经非常相似。例如，在《申命记》7：1-5 就提到了迦南的七个国家。这些国家都是偶像崇拜者，因此应当被毁灭——于是就有了对其国家的征服。现在，当然，这里提到的七个民族并非迦南的民族，当然不是。因为这些都是更加文明开化的民族，也许古日耳曼和古秘鲁人除外。第481段读起来很有意思，因为，在这七个民族之后，维柯立刻转向了希伯来人。

兰肯：[读文本]

但是，希伯来人所崇拜的最高的真神比天更高，他居于圣堂的围栏里。(第481段)

施特劳斯：我们先在这里暂停，来看看，维柯在第481段关于波斯人说了什么。不，在——提到波斯人的部分在哪里？是在第457段，请只读一下这段的结尾。

兰肯：[读文本]

> 波斯人把天空看作天帝约夫的神庙。[波斯大帝]居鲁士因为这是他的宗教，就把希腊人所建造的神庙都毁掉了。(第475段)

施特劳斯：好的，现在的问题就是：关于波斯人和希伯来人，如果你除了这两段表述之外一无所知，那么，谁更加有理性？我的意思是，如果居鲁士说——当然不是居鲁士说的，但这并不导致什么差别——天空就是约夫的圣殿，天空才是，那么，人造的圣殿就配不上约夫。明白吗？而犹太人则说，上帝高于天，因此他们就建了一座圣殿。

第477段也非常有意思，因为我们已看到，……是反希腊的。请读一下。

兰肯：[读文本]

> 希腊人也相信，天帝约夫就是天空，因为他们认为，上文已提到的认识材料和计算材料都来源于天。他们相信这些都是神圣的或崇高的事物，要用人的肉眼去观照，要当做天帝约夫的法律来遵行。从计算材料mathemata这个词产生了"数学家"，这个词在罗马法里是用来指法律方面的星相家们。(第477段)

施特劳斯：是根据罗马法，而非希腊人的法。当我们看到……的时候，我们会看到，维柯把最高的称赞留给了希腊人，尤其留给了雅典人。这点我们必须要考虑在内。此后，在第482段，维柯在总结中说——请读一下第482段的开头。

兰肯：[读文本]

> 从上文我们看出，到处的法律都是天帝约夫定的神圣法律。

施特劳斯："到处都是"，维柯忽然这么说。我的意思是，这意味着，不仅仅是在异教徒那里如此。请继续。

兰肯：[读文本]

许多基督教国家的语言里都把天看作神这个习惯用法的来源，已很古老了。(第482段)

施特劳斯：[190] 好的，凡此种种。此后，维柯又列举了一些多少……的例子。但是关键在于：圣经的用法如何？当然，在圣经中，上帝有时被说成是住在天上。例如，不用追溯得过远，只需要考虑一下基督的祈祷。所以，我们应该如何解释这点呢？

在第484段，维柯提到了如下事实：人们把名字和本性视为同样的东西。我之前已经解释过这点——这当然不是真实的观点，而是……的观点。接下来，我们可以读一下第485段。

兰肯：[读文本]

到了蛮族复归时代，一切又从家族盾徽开始重新再走一个过程，一切民族又不用字母或用哑口无言的土语，因此，西班牙语、法语、意大利语以及当时许多其他语言都没有留下什么痕迹，希腊文和拉丁文只有僧侣们才懂得——

施特劳斯：好的。换句话说，关于罗曼语言的早期形式，没有流传下任何知识。当然，这完全不能证明维柯……所说的东西。请继续。

兰肯：[读文本]

以致在法国人中间，clerc［僧侣］这个词是当作"学者"来用的，而在意大利人中间，如在但丁的美妙的诗文里，laico［俗人］就是一个不识字的人。就连在僧侣中，蒙昧无知也是司空见惯的。我们看到，就像勤奋的马比隆（Mabillon）神父在《论古文书学》(*de re diplomatica*) 所说的那样，主教们就连有学问的人也不会在文件上签名，只会画一个十字或用铜板印刻的名字盖章。在那些野蛮时期，主教和大主教们在宗教会议的文件上所签的字，比今天最粗鲁无知的乡下佬签的字还难看。可是当时欧洲各国政教最高元老们（德法意每区一位），由于他们写信签字的字体都很不整齐，因而有"最高元老字体"之名。(第485段)

施特劳斯：好的，我在尼科里尼那里读到，这绝对不是真实的。我曾经非常……他完全错误。不过，他提到的另外一件事，也就是普遍来说，一个僧侣（clerc）意味着一个认字的人，而一个非僧侣则是个不识字的人，这当然是对的。请继续。

兰肯：[读文本]

因为受教育的人太少，英国还定了一条法律，凡是判了死刑的罪犯只要可以知书识字，就可以免死（excellent in arte non debet mori），也许 literate [识字的人] 后来就指有学问的人。（第485段）

施特劳斯：好的，现在换句话说，中世纪的不识字率。在那个时代，人们尤其倾向于在经院哲学中把名字和本质混为一谈。让我们来探究一下这个问题。此后，维柯就谈到了其他的中世纪事物，尤其是[191]名字……关于属性的问题以及关于属性如何产生的问题。是的。有一个段落，其中提到，劳动先于奴役。也就是说，在第一个时代（我们又回到了这个时代），贵族亲自开垦土地。当他们征服并且奴役了不虔敬的巨人们以后，才产生了奴隶。但是，再读一下487段的开头。

兰肯：[读文本]

从上文应得出的结论如下：在哑口无言的诸民族时代，徽志的最大任务是保证所有权的确凿可凭。

施特劳斯：是的，你在这里能再次想起那个表述，"沉默民族的时代"，而他们继续——请继续读。

兰肯：[读文本]

后来到了和平时代，它们就变成公众的徽志。这些公众的徽志就产生了徽章。到了战争来时，人们就发现徽章适宜做军旗。（第487段）

施特劳斯：所以，以某种方式来说，沉默先于和平，而和平先于战争。战争在这里当然意味着公共的战争。请读第489段。

兰肯：[读文本]

Ious, Jove 这个名称缩短成为 ius, 它的意义必然首先指应献给约夫的牺牲的油脂。同理, 在野蛮习俗复归时, canon [法规] 这个词既指教会法规, 又指佃农交给直接佃主的租税。这也许因为最初的租佃制度是由教会僧侣创始的, 他们自己不能耕种教会占领的土地, 就把它租给旁人耕种。(第489段)

施特劳斯: 我只是在想, 维柯这里所指的是否有些儿超出了教会法以及向高级神职人员缴纳钱财的问题。在早期现代, 这是个广为人知的问题: 教会人员对西方世界的统治为的是他们的私利——教会法服务于对……的支付。我们必须读一下第490段。

兰肯: [读文本]

关于上帝无处不在的这条理性玄学的真理被误解成为诗性玄学所说的"一切事物都充满着约夫", 于是就把人权(意指所有权)授给占领世界中最初的空地的巨人们。在罗马法里, 这种所有权确实叫做 ius optimum [强权], 但是它的原义和后来的用法却大不相同。因为它的原义是如西塞罗在演说词里一段名言里所界定的,"地产所有权, 不受任何私方或官方的妨害"(《论土地法》, 3.2.7ff)。这里 ius 称为 optimum, 意义也就是最强的, 不受任何外来妨害所削弱。因为在世界的最初时期, 权是凭力的强弱来计算的。在氏族政权下, 所有权必然属于族长们, 因此它是自然的所有权, 必然先于民政的所有权。(第490段)

施特劳斯: [192] 好的, 我们先在这里暂停。这里再次出现了财产权的起源。但是并不是非常清晰: 财产权起源于占有还是强力, 这是个很大的问题。但是人们可以假设并无诉诸强力的需要, 因为[在起源时]一切都是空的。另一方面, 财产权与权力的关系则非常奇怪。维柯说, 占领与理性形而上学是一致的, 而权力、强力则与另外一些教条相一致。在斯宾诺莎的教义中, 权利, 最初的权利就是最强者的权力, 而对斯宾诺莎来说, 这就是纯然从上帝权力中产生的权力。因此, 也就是所有存在物的纯然的权力。在第494段, 还有对此处这个问题的另一个批评——不, 我只知道, 在第491段, 维柯提到了希腊神话中的数字3,

它应用于约夫、海神内普顿和克伯鲁斯（Cerberus，守卫冥府大门的狗）。此后，维柯还在第493段提到自然正当的三位君主。在第492段，我现在看到，维柯又提到了"第三个地方"，这指的是在他的书中，也就是初版《新科学》中的第三个地方。请读一下第494段，下一章的标题很有意思。

兰肯：[读文本]

关于学者们的逻辑学的最后的一些系定理。

施特劳斯："关于学者们"，从而与诗性逻辑由以……的逻辑不同。现在，让我们读一下第494段的第一个部分。

兰肯：[读文本]

以上借助于涉及语言起源的诗性逻辑所已得到的结果对语言的最初创造者作了公平评价。他们后来一直被尊为哲人是应该的，因为他们对事物给了自然的恰当的名称，因而在希腊人和拉丁人中间，"名称"和"本性"是同义的。（第494段）

施特劳斯：我们从这段中能得出什么结论？关于他们把名称和天性等同起来的论题，我们此前已经清楚了。但是维柯在这里还做了些别的事情，他说，他们是——这些作者被称为什么？智慧者。现在，关于他们的智慧，也就是创造了最初语言和文字的早期人的智慧，我们了解了什么？他们极其愚蠢。所以我的意思是，从维柯这一方面来说，这是非常清楚的反讽的例子。我们也读一下第497段。

兰肯：[读文本]

他首先开辟出"论题学"（topics），这是一种把人类心智的基原活动调节妥当的艺术，办法是注意到所涉事物的一切普通事项，须把这些平凡事项全面省察周到，然后才能知道该项事物中什么才是我们希望熟知的，也就是要全面认识的东西。（第497段）

施特劳斯：好的，这个问题再次归于这一点……它只关乎我此前所说的东西。这一章的标题——你们将会看到，我们此后会提到本章的哲

学家们。但是，这一点竟然很重要，这是很奇怪的。我们读一下第 498 段的开头

兰肯：［读文本］

　　神圣天意对人类事务给了很好的指导，它激发了人类心智先致力于论题学，而后才转向批判，因为先熟悉事物而后才能批判事物。论题学的功用在使人心富于创造性，批判的功用在使人心精确。在那些原始时代，一切对人类生活为必要的事物都须创造出，而创造是天才的特性。（第 498 段）

施特劳斯：好的，还有一个难题，按照维柯的说法，他们的心智如此狭隘和平常。例如，为了避免忘记，请读一下第 424 段的结尾。［193］

兰肯：［读文本］

　　对尚未发达的心灵，只要提供一个类似点就足以说服他们——

施特劳斯：对"狭隘""狭窄"的心灵。请继续。

兰肯：［读文本］

　　只要提供一个类似点就足以说服他们，就像只消用伊索创造的一个寓言故事，麦尼纽斯·阿格里巴（Menenius Agrippa）就使造反的罗马平民们归顺。（第 424 段）

施特劳斯：好的。这些狭窄的心灵发明了最高级的语言，也就是字母语言。在下一章，阿格里巴会重新回来。让我们读下一段。

兰肯：［读文本］

　　这种人类思想史从哲学史本身方面得到了明显的证实。人类用过的最早的一种粗疏的哲学是 autopsia ［解剖］或感官的证据。（这是后来伊壁鸠鲁运用的。作为一个凭感官的哲学家，伊壁鸠鲁满足于事物单纯呈现于感官的证据。）我们在《诗源》（*Origins of poetry*）中读到，① 长于诗的原始民族的各种感官都极活跃生动。

---

① 这个分句为兰肯由意大利文版译出，伯尔金和费什英译本并未翻译。

接着来了伊索，他是我们要称为凡俗的伦理哲学家。（伊索早于希腊的七哲人。）伊索用具体事例教导人，因为他还生活在诗的时代，他的事例是创造出来适应当前情况的。（善良的麦尼纽斯·阿格里巴引用过这样一个事例［腹和四肢，见李维2.32］来使造反的平民们拼命。）（第499段）

**施特劳斯**：好。而这一段预设了罗马平民极其愚蠢。你们还记得这个事例，我们曾经讨论过。贵族们是肚腹，而肚腹为了其他部分的利益而得到了所有东西。好的，很好。

**兰肯**：［读文本］

像这样一个事例，或更好的真实事物的事例，也比根据格言的最无懈可击的推理对今天无知群众还更有说服力。

**施特劳斯**：好的，现在让我们只读一下段落的结尾，在那里维柯提到了亚里士多德和芝诺。

**兰肯**：［读文本］

接着就来了亚里士多德和芝诺。亚里士多德教人用三段论法，一种从共相推出殊相，而不是综合殊相来得出共相的方法。芝诺教人用复合三段论法或诡辩法，这和近代哲学家们的方法一样，使人的心思巧妙而不尖锐。（第499段）

**施特劳斯**：在这里，"现代"并不意味着我们如今所说的"现代"。你们知道，我们会认为现代是——我们将会……尤其是培根——但是在那个时代，现代人是那些多少仍然掌控着各大学的人。请继续。［194］

**兰肯**：［读文本］

无论是芝诺还是近代哲学家们都没有产生什么较值得注意的对人类有益的东西。因为作为哲学家和作为政治家都同样伟大的培根，在他的《新工具论》（*Novum Organum*）里提出、评价和解说了归纳法，英国人现在还在追随他，对实验哲学带来了巨大效益。（第499段）

施特劳斯：好的。这里展示了维柯的偏好。的确，历史上确有阿格里巴其人。我认为我们必须把这点与中世纪普遍不识字的状况联系起来。关于这种状况，维柯曾在第 485 段提到过。我们也需要考虑第 489 段，那里提到了关于这些公理的完整的论证。中世纪：重新返归的野蛮主义，平民完全被奴役。在中世纪，一位好的阿格里巴有可能再一次把人民放到其位置上。现在，没必要说第 499 段，尤其是该段的结尾，与维柯对于古代，尤其是最高古的古代（关于最古老的古代，我们在此书中已经看到了如此多的线索）的赞扬相矛盾。而我们现在理解了，为什么维柯写下了这段明显有反讽意义的段落。他实际上是与现代人——也就是我们所看到的培根和牛顿——站在一边儿的。而隐藏又暗示这一点的一种方式就是站在古代人一边，而此后却——不过，"古老的事物就是好的"这个逻辑就会不可避免地引向"最古老的东西最好"的结论。现在，最古老的人乃是那些野蛮的家伙，因此，从维柯建立的上述关联出发，他恰恰会把这些人称为最智慧的人。现在，我们也来看看下一段的开头。

兰肯：［读文本］

　　上述人类思想史就清楚地宣判了某些人的共同错误：他们在古人智慧最高超那种错误的通俗信念的影响之下，就认为诸异教民族的第一个立法者米诺斯、雅典的忒修斯、斯巴达的吕库古、罗马的罗穆路斯和其他国王，制定了普遍适用的法律。

施特劳斯：这里要顺便说，很清楚，对古代人的高估是在两种意义上，一方面是对古代哲学家的高估，但更重要的是对古代的立法者和始祖的高估。好，请继续。

兰肯：［读文本］

　　因为我们看到的是，最古的法律都只是为某一具体案件所想出来命令施行或禁止的办法，只有到后来，才让那些法律普遍应用（原始人就这样不懂共相！），再者——（第 500 段）

施特劳斯：关于这句话里的感叹号，我想可能原文就是如此。

我的意思是，我不能想象尼科里尼这样的严肃的学者会在这里插入一个感叹号。换句话说，维柯本人指出了如下信念的荒谬性：这些早期的人，除了他们已有的、诗性的普遍性之外——比如，用"梭伦"的专名指代任何立法者，还能够有任何普遍的概念。是的，或者……对于任何看透了其主人的平民奴隶来说，都是如此，因为他们并没有普遍概念。好。

兰肯：[读文本]

再者，最古的法律绝不是在需要用法律解决的那个案件发生之前就已想好了的。例如，在控诉霍拉提乌斯（Horatius）的案件中，"图路斯·霍斯提略法"不过是两人执政所宣判的刑罚，而这两人执政是国王专为处理这位显赫的罪犯才临时任命的。李维（1.26.6）把这些判决称为一种可怕的程式法律。它就是德拉古的"用血写的法律"中的一条，圣经历史就把它称为"血的法律"。（第500段）

施特劳斯：[195]你们再次看到，这里引证了那个问题——从根本上说，同样的东西对于希伯来人来说也是真实的。是的，真正的原则位于段落的结尾：人们必须通过法律而非通过例子来审断。人们应该通过事先已知而非行动发生之后才知道的普遍法律来决定一项惩罚，由此才能为一种可能发生的案件来确立刑罚。因为，如果审判是出于事情发生的当下时刻的刺激的话，那么，由于当时每个人都处于愤怒之中……所作出的就必定是一个血腥的判决。这意味着，这两种东西会汇集在一起。那么，我们是否可以说——使之成为例子，英语中怎么表达？

学生：以某人为例。

施特劳斯：请重复？不，不对。

学生：举个例子来说——

施特劳斯：举个例子来说。它的意思当然是[笑]一种特别严酷的惩罚。我的意思是，在一个案件中，唯一要做的事情就是审判，可是，审判采取了一种血腥的方式。二者彼此相属，这便是早期的法律。当然，与所有早期法律的简单批评者相反，维柯说，这些审判当然不可能是另外的样子。谴责这些人残酷是不公平的。他们没有办法以另外的方式行事，这当然是出于他们的愚蠢。而我们这些不再愚蠢的人，就必定不会再做出这样的事情，对吗？当然，我的意思是说，当你拿起圣经的时候，我很确定，他会说，在该隐杀死亚伯之前，没有任何制止谋杀的禁令。该隐受到了惩罚，而在惩罚中，就产生了在……这种意义上的……法。我确定，他还会在旧约中发现其他例子，我很确定，例如第一次不守安息日。最初，并不存在明确表明……应该怎么做的法律。安息日建立起来了，但是还没有一种刑法明确地表明，不守安息人会有什么惩罚。我的意思是说，这些从罗马法中得来的规则——没有法就没有犯罪，nullum crimen sine lege，没有法律就没有惩罚，nulla poena sine lege——这属于一种已经高度发展的法律和司法程序。请讲？

学生：……程序法。在此前的时代，当法律还不是普遍法的时候，难道没有程序吗？

施特劳斯：是的，没错。但是我认为，对于维柯来说，关键是如下的关联——由于没有普遍概念，所以就没有法、没有普遍的法。例如，要禁止自杀就自然地预设了"谋杀"这个普遍概念。但是，如果没有普遍概念——我相信，这对维柯来说是一个站不住脚的假设，但是，根据维柯的推理，如果没有普遍概念，就不会有法律。因此就只会有"A杀死了B"。甚至"'杀死'如何可能"也会成为一个问题，因为这句话首先就是一个普遍判断。我的意思是，换句话说，维柯关于语言的理论当然不可能成立。但是，如果我们暂时接受这个理论，并且承认其中可能包含着某些真理的元素——也就是说，非常早期的人不可能理解一种普遍之物——那么由此得出的是（事实上我认为这也是真实的），一套法典和严格意义上的法就预设了某种普遍化的过程。很有可能，在这种类型的法律发展出来之前，最初的人就没有这些东西。但是另一方面，他们当然有习俗，对吗？而习俗有这样一种普遍的特性，不是吗？一个人被认为应该做的事情，其实就是任何人都应该做的事。我并不相信如今还有谁会坚持维柯的教义。但对于维柯来说，基于他所看到的这些事实，关键在于：在最早的阶段不存在法律，至[196]少没有严格意义上的刑法。但是人们会在当下的冲动中倾向于违背习俗，也就是说，人们出于激情而野蛮地行动，相反，以文明的方式做这件事，则会涉及——在这个方面，尤其是罗马人就会基于"必须以法律为基础来做判断"，而不是……的原则来行动……巴特沃斯先生？

**巴特沃斯**：当你使用了……你指的是不是，在我们可以……之前，我们必须要检查的东西，也就是最后那个批评维柯的部分？有一点你没有提到……词源学……

**施特劳斯**：是的，当然，而且——

**巴特沃斯**：而我们略过了那点——

**施特劳斯**：是的，无数东西都被我略过了。但是我相信这一点尤其如此——我没觉得值得提这一点，很大程度上是因为我的懒。我从尼科里尼的评注中看到，关于这些问题的讨论都很好，他的确花了很多工夫，参考了所有16、17世纪甚至之前关于这条词源的所有相关文献。有一些作品……例如我们从瓦罗那里知道的，以及当然……但是，在16、17世纪，有那么多学识渊博的书，简直是无底的深渊。我的意思是，我想，为了看完这些东西，你可能需要花上五年的时间。所以，在这个方面，我完全满足于接受尼科里尼的观点。也就是说，有很多的词源学问题（不是维柯的发明，而是文献的一部分）听起来非常异想天开，但是在有些情况下［笑］，他们尤其异想天开。维柯为了使得事实符合他的理论，总是在建立这些词源学解释——这又是一件我们很熟悉的事情。

**巴特沃斯**：……

**施特劳斯**：是的，因为——不过，我没法判断。我必须说，他还有另一个原因：如果有人今天说，这就是其词源，那么然后呢？或者，如果有人说，这就是最新的研究成果，我并不绝对确信我能够相信他的说法。因为一代代的词源学家都在改变主意。所以，完全难以知道——

**巴特沃斯**：所以，你并不认为这一点影响了他的论证，对吗？

**施特劳斯**：从根本上，我并不认为有影响。我的意思是，没有产生根本的影响。但是，在我所提到的其他可以完成的方面，例如，对他的引文做一个完整的统计，这些事情做起来就会相对容易一些。我的意思是，可以统计他的引文和他所提到的作者。例如，如果把所有他提到自然法的三位君主的部分都收集在一起，其实会很有意思。不是吗？还可以统计维柯对圣经的引用——我们已经看到，维柯很少引用圣经。此外还有其他一些东西，例如上次课就有一个例子，就是我原来没有想到过的。你们还记得是什么例子吗？

学生：那些"金句"段落。

施特劳斯：是的，这些段落被单独挑出来，作为"金句"段落，当然。下次课，我们还会看到一些例子指出了维柯的一些独特的关切。不过，今天我们只讲了这个小问题，[197]也就是列举事物。关于这一点，我相信维柯之前从来没有列举过。此后，维柯就列举了七件事。我认为，这一点至少值得注意。我的意思是，至于是否足以……我还不能说。是的，当然。但是普遍来说，我相信，为了理解一个作者，最为重要的事情就是你在书封的各个部位所能够发现的东西。

要想获得充分和完美的理解，还有一个问题也绝对重要，就是要研究他更早期的作品。我想尼科里尼在他的评注本中列出了可以从维柯早期作品中能找到的所有引证。不过这些自然会是一些细碎的片段。你们必须研读这些早期作品中的每一部，从中得出总体的信息。而这一点——由于最简单的操作上的原因，我们自己仅限于读《新科学》的最终版本，因为我们唯一可以得到的平装本就是最后一版。此外，我们还有一个更好的理由，也就是说，根据维柯自己的说法，这一版乃是真正最为重要的版本。因此，这一版值得我们首先加以考虑。不过，[如果对比早期和最后的版本]会很有趣。因为，当你在例如克罗齐的作品中读到一些对维柯的教义，例如真理-事实之分的其他表述时，就会如此：我们只把我们所制造的东西理解为真实。可是，现在，在最后的版本中，就我所见，这个问题实际没那么重要。很明显，在《新科学》更早的版本中，维柯对这个问题必然有多得多的阐述。当我考虑这个问题的时候，我并没有认为这一点重要得不得了，因为我总是基于自己关于维柯能读到的文献来考虑这个问题。因为，在一种非常严格的意义上，我们并未制作它们，它们是自然的必然性在我们之中制作出来的。好的，本次课就到这里。下一次课，格雷先生会读他的论文。

[课程结束]

# 第十讲 《新科学》（502–569段）

### 1964年10月30日

[200]［本节课的录音稿始于录音的第6分钟，于6分15秒时开始。此前部分的录音材料无法转写为连贯的文字稿。］

施特劳斯：不，物理学——我的意思是，在转向物理学之前，他发现了……cogito［我思］，也就是灵魂和上帝。《沉思集》被称为"第一哲学沉思集"——第一哲学是亚里士多德的一个术语，此后被称为形而上学……形而上学先于所有的各门科学。此处，在维柯这里的顺序是：首先是形而上学，随后是逻辑学，此后是诸实践科学、伦理学、经济学和政治学。这些学科之后，直到在第六部分才出现了物理学，① 以及宇宙学、天文学、编年学和地理学。但是，物理学排在很靠后的位置，当然，物理学必定很靠后，因为我们已经看到，根据维柯的官方教诲，物理学是关于人们不能制作的东西的知识，所关涉的是只有上帝才制作出来的东西，而这种东西……当然要比数学的地位更低。而且——或者说，逻辑学和实践科学处理的则是人们所制作出来的东西。所以，这一点我们要再重复一遍：维柯始于道德哲学，由此推进到伦理学和政治学，这一事实……

我必须……一件……，昨天在午餐会上，一位关注当代的政治科学家……我认为，这件事与我们目前讨论的东西非常相关。也许你们有人知道（我当时并不知道这件事），在世界大战期间，在太平洋的某个小

---

① 见于《新科学》第二卷。

岛上，人们头脑中有非常野蛮的观念，此后就出现了美国登陆艇以及之类的东西……所以——你们知道这件事吗？

学生：我知道一种说法，在海军陆战队登岛的地方，并且……

施特劳斯：然后呢？

学生：然后，有一种……摧毁了那个场所。

施特劳斯：是的，我听到的也是这样的说法，也就是说，当地整个信仰和习俗的体系都完全被摧毁了。不过我听到的版本是这样的：他们把这些美国人视为神……此后，因为他们从这些新神这儿得到了所需要的一切，从旧神那儿也不再能得到什么了。但麻烦就在于，到了某些时候，这些新神就离开了［笑声］，他们此后的状况就比从前的更加糟糕。不过我却从中得出了一点……《新科学》，也就是说，它当然证明了……的合理性。我的意思是，这些新神被证明比旧神更加有效，于是他们就抛弃了旧神。他们犯了如下错误：他们没有想过，他们［美国人］可能会离开。而我们中的任何一个人都本有可能……因为他们先前没有关于这些事情的经验。换句话说，我赞赏他们的理性，而且我认为，此事以某种方式反驳了人们的假定，也就是认为他们彻底不具备理性……是的……

学生：的确存在。我听过这个故事，我…

施特劳斯：……

学生：……［201］立起了货运飞机的仿制品，希望哄骗他们……祖先们的飞机……

施特劳斯：我只能说，这是以这些反应为基础的完全理性的思考方式。不过这是另外一个问题。但这种思维方式本身……而且，就像我说的，我们中有谁能吹嘘说，基于此前的经验，自己就能采取更好的前提假设呢？现在，我们接下来转向这个新的部分。

让我们考虑……诗性的道德。在这里，"诗性"当然总是意味着……，也就是原初的道德。是的。在这里，也指普通民众德性的源头。我们此后会看到，这一点有一些重要性。现在，也许我们应该读一下［“诗性的伦理”部分的］第一段，第 502 段。

兰肯：［读文本］

哲学家们的玄学用神的观念来实现他的第一项任务，这就是澄清人心的任务，需要用逻辑来使人心有清楚的、确定的观念，来形成他的推理活动，然后从这些理性观念降下来，用伦理来清洗人心。

**施特劳斯**：所以换句话说，在第一哲学和逻辑学之后，就是伦理学。而且，……伦理。请继续。

**兰肯**：[读文本]

　　带有诗人身份的巨人们的形而上学正是如此。这些巨人们在不信神的情况下对着天帝进行战争，被对天帝的恐怖征服了，他们惧怕天帝这位雷电挥舞者。（第502段）

**施特劳斯**：好的，我们先在这里暂停。现在，哲学家们在其形而上学中使用了神的观念，此后又走向道德教导。诗人们的形而上学——他们是……无神论者，此后，就像维柯随后便说起的那样，他们同时被关于天帝约夫的可怕观念扭转了。你们看，维柯在这里说，"他们被对天帝的恐怖征服了，他们畏惧地把天帝理解为……"。① 对吗？他们通过对天帝的畏惧而理解了，而当他们理解了……，同时就对天帝产生了畏惧。在这里，认知性的（cognitive）元素是对于雷电的认识，这对应于哲学家们的形而上学。当然，我们在这里也可以看到，早期并没有严格的逻辑学的平行对应物。他们只有属于他们自己类型的形而上学，以及他们自己的道德，而没有逻辑学。与此相关的想法便是形而上学与逻辑学的关系问题。形而上学是必须的吗？我提示你们注意我们对343-346段的讨论。② 现在，在下一段，维柯又一次清楚地解释了……"诗性的伦理"。

**兰肯**：[读文本]

　　诗性伦理从虔敬开始，是由天意安排来创建各民族的，因为在一切民族中，俗谚说，虔敬是一切伦理的、经济的和民政的德行之

---

① 可能是施特劳斯自己的译文。
② 这部分讨论见于第七讲接近结束的部分。

母——（第503段）

施特劳斯：所谓"俗谚"的原文是volgarmente，也就是通俗的，它可以指谚语，也可以指……是所有民众德性之母。维柯在这里也清楚表明，哲学并不产生任何德性。我认为，这种观点必定也包含在这个段落中。不是吗？

学生：[202]……

施特劳斯：是的，我知道了，然而哲学却是……对于思考道德有好处。所以哲学并不产生任何德性。而从这个段落来看，非常清晰，虔敬的核心就是恐惧。请读一下本段的结尾，"而这仍然是一种永恒的"。

兰肯：[读文本]

因此，一切民族当中都有一个永恒的特点——

施特劳斯：你们看，一切民族，……一切民族。请继续。

兰肯：[读文本]

以畏神为手段，在儿童心中培育虔敬。（第503段）

施特劳斯：好的，的确如此……。好，现在请读下一段的开头。

兰肯：[读文本]

伦理德性必然要从动因或意向开始。

施特劳斯：是的，conatus，在这里是同一个术语，可以意指"动力"。霍布斯……通过动力……，是运动的起始和开端。请继续。

兰肯：[读文本]

由于巨人们有了雷霆所带来的那种可怕的宗教，便被捆锁在高山下面，于是学会了控制住——

施特劳斯：所以，这是什么意思？在……的语言中，是指什么？出于对雷霆的恐惧，他们藏在洞中。好，请继续。

兰肯：[读文本]

学会了控制住过去在地上大森林里浪游时那种野兽般的恶习，学得了隐藏和定居在田地里的那一种一反旧习的习俗。因此他们后来成了各民族的奠基人和最初政体中的主宰。对此，我们此前已经指出，此后还会进一步介绍。（第504段）

施特劳斯：我好奇的是，他多么频繁地提到了这个说法啊。……请继续。

兰肯：[读文本]

这种情况由村俗传说保持下来了，作为天帝授给人类的伟大福泽之一，当时天帝也就在大地上凭占卜的宗教施行统治。因此，天帝就有了"支撑者"和"奠定者"的称号。凭上述动因或意向，节制的德行（朱译本作"精神方面的德行"）也开始——（第503段）

施特劳斯：不，不该译成节制。① virtu dell'animo，精神方面的德性。我们可以说……这是对 animo 的粗略翻译，但是最为……。animo [精神] 来自拉丁文的 animus，与 anima [灵魂] 不同。我们永远不该……但是，"心智"（mind）当然……因为 animo [精神] 的意思远远不止于指人的情感生活。

学生：精神（Spirit）。

施特劳斯：[203] 什么？精神，对，可以这么说。如果你并不理解"精神"的意思，你就会……否则就没问题。现在，哪一个语词、哪一个普通的英文词汇更适合传达这个意思？不是心智（mind），我的意思是，既不可译为 soul [灵魂]，也不能译为 spirit [精神]……

学生：……

施特劳斯：……诸激情（passions），是的。

学生：……

施特劳斯：是的，脾性（temper）……当我研究马基雅维利时，我

---

① "节制的德性"（the virtue of moderation）肯定是兰肯自己的译法。伯尔金和费什译为"精神的德性"（the virtue of the spirit）。

曾经用过这个复杂的……：意志（will），脾性（temper），另外还有第三个术语来传达这个意思，我忘记是什么了——而……用普通的英文术语则没法很好地表达它。请讲？

学生：……

施特劳斯：是的，mente 的意思是 mind［心智］。但问题在于，英语既不是意大利语，也不是拉丁语，我们必须寻找一个英文中的对应表达，……简单地重复意大利语或拉丁语中的术语。现在让我们看看，还有另一个术语——是的，但是在这里，在这种特定的语境下，这个词当然意指类似"节制"的意思，对吗？但是这个语词本身并没有这个意思。现在，我们再读一遍这个句子。

兰肯：［读文本］

> 凭上述动因或意向，精神方面的德行也开始在人类中间表现出来了，他们从见到天帝的容颜所感到的安慰中，约束住他们的野兽般的淫欲，他们对天帝还有一种致命的恐怖。因此，情况就发生了这样的变化：他们每个男人就要把一个女人拖到他的岩洞里，让她留在那里和他结成终身伴侣。因此，人间爱情的动作是在遮掩和隐藏下进行的，也就是说，带着羞耻进行的。他们开始感觉到苏格拉底描绘为德行色调的那种羞恶之心（参柏拉图《游绪弗伦》12c–d）。（第 504 段）

施特劳斯：你们知道，这里所说的是一些新的东西。他们曾经有道德德性，之后有了节制的德性，然后，我们看到了德性的色调，它指的是——当然，在任何一种情况下，我们都还没有严格意义上的道德德性。这是完全不可能的，而且，整个部分的标题也已经暗示了这一点。[①] 这只是道德德性得以从中发展出来的基础而已。我们不能忘记那条伟大的公理：私人的恶，公共的善和利益。这些首先产生的德性并非普遍的德性，而是各种类型的恶，或者更一般地说，他们是某种类型的经过修正的激情。而在此处，关键的激情是恐惧，迷信……。是的，

---

[①] "诗性的伦理和由宗教通过婚姻制度来教导的那些凡俗德行的起源。"

[204] 在第 507 段，维柯在开头附近提到——请只读一下开头。"最为古老的起源。"我的意思是，你们已经看到，维柯所相信的婚姻产生的过程是怎样的。顺道说，这当然是一个非常贫乏的解释……此后，当闪电结束后……[笑声]，我的意思是，[他们]开始考虑到它。但是，要关注的是这个。不过，当然，19 世纪的很多……追随了维柯。顺道说，其中也包括弗洛伊德。如果你们去读弗洛伊德对早期道德观念的产生所做的解释，就会发现，那种解释就像此处维柯的解释一样，离谱且不合理。好的。不过，我们现在已知道了这点，由于时间关系，我们必须满足于此。现在，我们来继续读。

兰肯：[读文本]

从婚礼的这个最古的起源产生出妇女们移入夫家的家族和住房里去居住的习俗。这种部落自然习俗由罗马人保存下来了——（第 507 段）

施特劳斯：我们先在此暂停。"异教徒的自然习俗"，是的。为什么是自然的？请讲？

巴特沃斯：……

施特劳斯：是的，由于其普遍的……这点本身就证明了这个……你们还记得我们上次关于气候所说的话，因为在不同的气候之下……便也不同。如果有些东西是普遍的，当然也是自然的。是的，但是并非所有自然的东西都是普遍的。

兰肯：但是，它之所以是自然的，是因为其本源——习俗从一开始就在那里，也就是闪电。他们因闪电而震惊。

施特劳斯：是的，不过，这里提到闪电，其背后当然还有一个推论，即好几个世纪以来已经未曾有过闪电了，因此——我的意思是，这是一种假设，人们可能接受，也可能不接受。

兰肯：……

施特劳斯：不，我认为，他为了支持这个假设所依靠的证据是……某些制度，以及……例如，在墨西哥人、中国人和埃及人之中……。此后，维柯又说：你可以在任何地方发现它们，而且，既然不可能有任何……，那么，每个例子必定都是独自产生的。它必然是一种普遍习俗，而且……这仅仅是在提醒我们注意到我们已经——

现在，我们到了——格雷先生，如果我漏掉了什么在你看来重要的东西的话，请一定要打断我。

在第510段，我们再次发现了与财产权的起源有关的内容。

兰肯：[读文本]

> 婚礼的第三个隆重点也由罗马人保存住了，就是娶一个妻子要有某种凭武力的表示，令人回想起巨人们把最初的妻子拖进岩洞时所用的暴行，和巨人们凭体力所占住的土地有些类似，正式结婚的妻子据说是"凭武力夺取的"。（第510段）

施特劳斯：[205] 好的，使用……把新娘拖进房子，这是否也有宣示武力的意思？其中难道没有暗示这一点吗？我不知道。人们通常怎么解释？……[笑声]

兰肯：有些事情……

学生：……丈夫的能力的标志……

施特劳斯：我明白了，把她温柔地抱到生活之中，是的。好，现在，在下一章，我们又一次看到，最初的婚姻是乱伦性质的，其证据在于如下事实：朱诺是约夫的妹妹和妻子。我们绝不可忘记，根据维柯，这种乱伦当然也是自然权利/正确的一部分。我的意思是，传统的……是后面一个阶段的自然权利，但是，最初的自然权利包括允许乱伦。

在第513段，我们发现，维柯提到了自然状态。我们首先来读一下这段的开头。

兰肯：[读文本]

> 朱诺还有"负轭者"（jugalis）的称号，指的是受到隆重婚礼的约束 [轭]。婚姻叫做 conjugium [共轭，成亲]，结婚的一对叫做 conjuges [共轭的一对]。朱诺也有**路什娜**（Lucina，光神）的称呼，光神使婴儿脱胎见光。这种光并不指自然光，因为奴隶的后裔也分享到自然的光，而是指民政（civil）或文化的光，因此，贵族们被叫做"光彩的"（illustrious）。

**施特劳斯**：好的。让我们记住"民政"与"自然"之间的这组分别。因为此后，在段落结尾，维柯会再次提到自然状态，当他——

**兰肯**：[读文本]

> 这一切都断然证明了，在氏族情况下，父主们对家族握有一人独裁权或专制权。

**施特劳斯**：好，我们先在这儿暂停。所以，自然状态——这种自然状态明显已经包含了这种民政之光，它有别于自然之光。也就是说，在 patri [父亲] 与外来者之间，或者……虔敬的巨人与不虔敬的巨人之间的区分。不虔敬的巨人是……野蛮人的阶段，是无神论者。而虔敬的巨人则相信诸如朱庇特一样的神。那么，"自然状态"的意思是什么？当然不同于霍布斯式的含义。因为，在霍布斯那里，自然状态就不会是任何——看起来，它会是……严格来说，自然状态并非自然的，这些是清楚的，因为……之间的区分。但是，在这点上，维柯当然与霍布斯和洛克的自然状态有共同之处：它是前政治的。只有当父亲们汇聚起来，我们才能抵达政治的阶段。对我们来说，现在其实是很好的机会来查阅一下所有提到自然状态的地方。不过，很不幸的是，我没有很关注，所以只好凭运气了。现在，我可以找到的第一处提到自然状态的地方，见于第 13 段。你是否可以读一下那里？这是我们本该起初就收集的信息……好。请读一下第 13 段，第二句话。

**兰肯**：[读文本]

> 因为将来还会看到，各民族之中，先是含族，其次是雅弗族，最后是闪族，都抛弃了他们的共同祖先挪亚的宗教。而在当时那种自然状态中，只有这种宗教才能通过婚姻把人们联系在家庭社会中。（第 13 段）

**施特劳斯**：[206] 在这里，你读到的是"后来"（then）的自然状态，它的意思是自然状态的一种，并非对于普遍意义上的自然状态来说都真实有效。稍稍后一点，维柯又提到一种野兽状态。对吗？可以在同一个段落中再往前读一点儿。在这一段稍后，维柯提到了"人世的最初状态"(in quel primo stato de cose umani)。在"后来"的那种自然状态中——也就是在传统基督教意义上的自然状态中,这明显是一种堕落之后的败坏状态。在此意义上,这里强调的重点并非在于前政治,尽管其中暗示了这个含义。我是否可以提醒一下,以免你们当中可能有人不知道,根据传统基督教的含义,自然状态与"前政治"状态没有关系。自然状态区别于法律状态(也就是摩西律法治下的状态)以及恩典状态。因此,异教徒,例如墨西哥人、土著墨西哥人、印加人,他们生活于自然状态之下。并非"尽管"他们生活在公民社会这一事实,我们几乎可以说,正是"因为"这一事实,他们没有神圣法或恩典的任何一点模糊的概念。这就是要点所在。自然状态有了"前政治"的含义,这乃是霍布斯所引起的变化。而在这里的第13段,出现了一种用法上的转变。

我知道的下一个段落是第134段。

兰肯:[读文本]

> 世间事物都不会离开它们的自然本性而仍安定或长存下去。(134段)

施特劳斯:好的,自然状态。我们可以说,这里指的是老式的亚里士多德式的意思。当然,在希腊文中,没有意指自然状态的语词……亚里士多德会简单地说,κατά φυσίν,根据自然。但是在亚里士多德的译本中,出现了 status naturalis [自然状态] 的译文:自然状态。而完整、健康的存在状态,也就是自然状态。请再读一下第165段。

兰肯:[读文本]

> 圣经上的历史比起流传下来的一切最古的异教的世俗历史都较古老,因为它详细地记载了一段八百年时期的在家族父主统治下的自然体制,也就是家族体制。(165段)

施特劳斯:在这里,我们看到了前政治的状态。而在这里,你们可以看到,无论是异教徒还是犹太人,其间没有什么区别。无论发生在哪里,自然状态都是一种前政治的状态。请读一下第257段。

兰肯：[读文本]

家族这个名称和它的起源相符，只能指在当初自然状态中家族的家人们或家奴们（famuli）。(257段)

施特劳斯：这里说是"后来的"（then）状态，对吗？这里的"自然状态"是有差别的：必定还有与之不同的另一种自然状态。这里"自然状态"的意思会是什么？你们知道，这种状态当然是前政治性的。请讲？

巴特沃斯：[207]这与……属于同一类……在113段有一种最初的自然状态，此后，在转变之后，又出现了另外一种自然状态。

施特劳斯：我明白了，换句话说，你认为，我们其实可以区分两个时代，在前一个时代只有不虔敬的巨人，而在后一个时代，两种巨人都有。有这种可能，但我们要在别的场合探讨这个问题了。不过，当然，根据斯宾诺莎对霍布斯的批评，这也有可能意指别的一些东西：人们总是生活在自然状态中，他的意思当然不是说，人们生活在一种前政治的状态，那不是斯宾诺莎的意思。他的意思是指这个根本的事实：人作为一种自然的存在物，总暴露在自然的影响之下，并受到自然的激发。因此，人造的习俗本身就是人性的种种表达。换句话说，自然状态与公民状态的区别，在最终意义上并不重要。现在我不记得斯宾诺莎对霍布斯提出这番批评的具体段落了。那段话或者是在一封书信中，或是在《神学政治论》的一个脚注里。我不记得了。

学生：……

施特劳斯：……是的。第521段的开头。在这里——我还找到了其他三处。加起来，维柯一共四次提到了自然状态。你数的也是四次吗？

学生：我说的是三处。

施特劳斯：好吧，我们来看看我数得是否正确。请读一下521段的开头。

兰肯：[读文本]

关于头一部分，英雄时代家族主们在所谓自然状态中，必然是——（第521段）

施特劳斯：你们看，维柯在这里清楚表明，这种讲话方式不一定是最好的方式。请读一下552段的开头。

兰肯：[读文本]

> 语言学家们和哲学家们通常都假定，在所谓自然状态中的氏族——（第552段）

施特劳斯：这里说法也是一样的。第557段。

兰肯：[读文本]

> 受保护人或佃户们（fiefs）的最早的来源就是如此。在古代史里，我们看到所有的民族中都分布着这样的地主和佃户。

施特劳斯：还要再往后一些，是维柯提到阿拉伯的部分。

兰肯：[读文本]

> 在阿拉伯和在过去的埃及一样，现在还可以找到许多同样的事例。美洲西印度群岛大部分还都处在这样的自然状态——

施特劳斯：这样的自然状态。是的。

兰肯：[读文本]

> 由这样的氏族统治着，四周受保护的人数目之多，竟迫使西班牙皇帝查理五世要采取措施，去限制人口。圣经里亚伯拉罕一定就是带[208]这样的氏族去和一些异教国王进行战争，而帮助他们的奴仆们就叫做"土人"（vernaculos）（《创世记》14：14），这和上文所讨论的 vernae［土生土长的］也很相合。（第557段）

施特劳斯：我想，维柯在这里指的仍然是一种前政治的状态。现在，关于这个术语的这种……，而且有必要作出这个评论，因为这个术语具有极大的历史重要性。

现在，我们转向第514段，这段我们不需要读。我想，这些段落很清楚地说明，维柯对神话的解释究竟有何意指——也就是说，维柯关于这一问题的重点在于，早期神话是严峻的。而那些不那么严肃地解读这些神话的解经者和诗人们,则都属于一个解体或堕落的时代。好的,必须恰当地理解这种严峻性,因为……例如,有一些关于乱伦的神话。因为在这个早期阶段,乱伦并非出于欲望,而是纯粹出于必要性。你们知道,当时的人如此之少……,好。

接下来,我想,我们遇到了格雷先生认为非常重要的一个段落。第516段。

兰肯:[读文本]

虔敬和宗教就以这样的方式,使最初的人们自然地成为(1)谨慎的,由于听从天帝的征兆;

施特劳斯:现在,维柯表明,早期人拥有各种枢德。……审慎,等等。但是维柯也很清楚地讲到,这些德性有怎样的形式。我的意思是,审慎仅仅体现为他们听从神占。是的……等等。请继续读。

兰肯:[读文本]

(2)正直的,首先是对天帝正直(天帝把自己的名字赐给正直的人),其次是对人正直,这就是不干预彼此的事务,如独眼巨人波吕斐摩斯向奥德修斯所谈的散居在西西里岩洞的那些巨人们的情况(《奥德赛》9.113f)。(而这种情况尽管貌似正直,而实际上却野蛮!)

施特劳斯:换句话说,他们没有干涉他人事务的动机,你们知道,从别人那儿拿走些东西的念头还没有在他们当中产生。所以,从某种意义上说,他们过于愚蠢,乃至没有能力行不义。请继续。

兰肯:[读文本]

还有(3)有节制,满足于终生只有一个妻子。

施特劳斯:好的,这一点也是由于两种原因的混合:一是稀缺,二是害怕被雷电打击。请继续。

兰肯[读文本]

我们将来还会看到,虔敬和宗教还使他们(4)强健、勤劳和宽宏大量。这就是黄金时代的几种德行。黄金时代不像后来文弱的诗人们所描绘的那样，一种以快感为法律的时代，因为在神学诗人们的黄金时代里，人们对令人作呕的一切精微奥妙都毫无感觉，只在被允许的有用事物中寻求乐趣，如我们所看到的，现在农民们还是这样。拉丁语动词 iuvare 的英雄时代的根源还保留在 iuvat［它有益］里，［209］作为"它是令人愉快的"同义语。哲学家们把黄金时代想象为人们从天帝胸中去读永恒法律的时代，那也不正确，因为人们首先是从天的容颜中读天帝凭雷霆向他们宣布的那种法律。

**施特劳斯**：换句话说，这些就是他们所知道的神法。也就是说，首先（我想这是最关键的一点），这些法不是普遍法——你们还记得这点——而是针对当时情境所做出的具体命令（specific commands）。例如，在行军过程中走这条路而不是那条路。这些乃是最初的法。它们不像哲学家们谈论的那些法律。请继续。

**兰肯**：［读文本］

总之，原始时代的各种德行就是像斯基泰人所赞赏的那种，他们把一把刀插在土里，把它作为神来崇拜，这样就使他们的屠杀显得是公正的。这就是说，原始人的德行是根据感官的德行，是宗教和凶残的混合物，这种配搭在近代女巫们中间还可以看到。（第516段）

**施特劳斯**：好的，换句话说，法律……很好。现在，究竟——格雷先生，我记得你稍用了一下这个段落。那么，这段是否与我们刚才所说的东西不同？

**格雷**：不……

**施特劳斯**：好的，那么我们继续。现在，我们首先来读下一段的开头。

**兰肯**：［读文本］

从迷信而残酷的异教世界的这种早期伦理，产生了杀人为牺牲来祭天神的习俗。这种习俗来自最古的腓尼基人。每逢战争、饥荒和瘟疫之类的大难临头，腓尼基国王们就牺牲亲生子女去平息天怒，如比布路斯的斐洛（Philo of Byblus）所叙述的（据优塞比乌斯在他的《为福音所作的准备》里［1.10.40cd］所引的一段话）。

**施特劳斯**：斐洛？他怎样……斐洛——

**兰肯**：比布路斯的斐洛。

**施特劳斯**：……是的。现在，换句话说，以人为牺牲就像乱伦一样，是这个早期时代的一部分。好的，让我们也读一下这个长段落的最后一句话。

**兰肯**：[读文本]

算得上一种温和的，慈善的，清醒的，知礼守法的时代啊！（第517段）

**施特劳斯**：黄金时代，是的。而且现在又有了一种解释。所以，黄金时代的反面，当然我们还必须——关于这个段落，尼科里尼在其评注中提到了《士师记》中耶弗他的女儿的故事。我想，关于以人为祭的问题，维柯在不同于《新科学》最后一版的其他地方讨论过。不过，我们当然还必须考虑，关于亚伯拉罕献祭的故事，维柯会怎样解释。不过他并没有提及这个问题。好，第518段。

**兰肯**：[读文本]

从以上一切，我们可以断定，已往学者们关于从异教世界的原始民族所观察到的黄金时代的淳朴天真之类的讹见是多么空洞无稽。

**施特劳斯**：[210] 是的，当然。在某种意义上，他们完全是无辜的。我的意思是，他们不可能知道得更多了。请继续。

**兰肯**：[读文本]

实际上是迷信的狂热才使最初的异教人民，尽管都是野蛮的、骄横的，而且最残酷的，通过对他们所想象的天神的恐惧，还受到某种约束。普鲁塔克（《迷信》10.169EF）在就这种迷信进行思索时，曾提出一个问题：究竟哪一种是较小的祸害，是这样以不虔敬的方式去敬神，还是根本不信神呢？但是，拿残酷迷信和无神论放在一个天平上衡量轻重，这究竟是不公平的，因为从前者（以不虔敬的方式敬神）曾产生出一些最文明的民族，而世界上却不曾有哪一个民族是根据无神论建立起来的。（第518段）

施特劳斯：好的，那么这一点也与维柯的……有关，他曾经尝试——他不仅证明了神圣天意，而且证明所有民族之中都存在着根本的宗教天性。但是，这当然是一个含混的论证，因为，如果这种野兽性的东西——迷信的狂热主义——对于建立多民族是必要的，那么，这还没有回答"在这些民族的发展的顶峰，这些东西是否仍然必要"的问题。我们此前也曾看到过这种含混性。接着，我们来读一下〔第三部分（《诗性的伦理》）的〕最后一段。

兰肯：〔读文本〕

以上就是关于堕落过的（失去天堂）人类中最初的各族人民在神的时代的伦理所可说的一些话。（第519段）

施特劳斯："堕落过的"，是的。是在什么意义上呢？
学生：被遗忘了。
施特劳斯：被遗忘了，但是，当然，也是在宗教的意义上被遗忘吗？我的意思是，这件事情发生在堕落以后。请继续。
兰肯：〔读文本〕

至于英雄时代的伦理，我们在下文适当的地方再讨论。（第519段）

施特劳斯：好的，你能看到，在诸神时代发生的事情有别于英雄时代发生的事，并且尤其有别于属人的时代——毕竟，英雄时代不是最后的时代。但是你们知道，"神圣"这个词在这里被用于最低的东西，并且——从这里，我们也许应该记得"最高"与"最好"之间的区分。我们在第365段读到过这个问题。在这里，我还能引用第45段的结尾。

现在，我不记得他具体讲的是什么了。对了，当他使用罗马的或者说拉丁的术语来意指朱庇特时，他使用了 Optimus Maximus 的用法，也就是至高至大者的意思——这点当然就暗示了圣经的观念，而维柯将二者分开了。好的。

兰肯：关于人类道德的讨论并没有一个主题性的位置，这个事实对格雷的论文提供了支持。但是维柯并不会——他在这个地方讨论了英雄的道德。如果他曾讨论属人的道德，讨论在第三个阶段（也就是人到达其顶峰时）什么东西最好的话——当然，他没有这么做，他至少在这里并没有说，他在这个地方会讨论这个问题。他会在别处讨论，并且推导出——

施特劳斯：是的，首先，这是格雷先生论证的一部分吗？因为我没注意到这一点。

格雷：[211] ……

朗读者（reader）：不，我只是它作为一项证据提出来。

施特劳斯：你读过格雷先生的……

兰肯：我支持他的论证，我认为，这会支持他的论点。根据我对格雷先生论文的理解，他表明，维柯在某种意义上是一位民主思想家，他至少详细论述了很多——他在桌子底下偷着夹带了很多民主制的东西进来。

施特劳斯：是的。所以，换句话说，如果这是对的——我的意思是，我现在并不进入另一个问题，也就是说，这是否是一种对格雷先生论文很好的解释 [笑声]。但是，就维柯而言，当然有这种可能性。所以，关于民主的评论会暗示某种真正的道德，是的，但这就是问题所在。我的意思是，这个问题并非不相干，但至于这个问题是否像这里暗示的那么重要，又是另外一个问题了。我记得这里还有另外一个段落——让我们立刻转向第 565 段。如果我记得没错的话，这是你们最喜欢的段落之一。现在，关于格雷先生文中那个我没弄明白的段落，我明白其中的意思了。请读一下第 565 段。

兰肯：[读文本]

> 另一个在这些最古的人类制度中诞生的神就是女爱神维纳斯，

一个代表民政美的诗性人物性格，因此 honestas［品德］就有高贵，美和德行这些意义。这三个观念想必就是依这样的次第诞生的。第一种是"高贵"，应理解为特属于英雄们的民众的美。第二种"美"就是自然的美，这是由人用感官去领会的，但是只有那些兼有知觉和领悟的人才知道怎样辨认各部分及其整体的和谐（美的本质就主要在此）。

**施特劳斯**：换句话说，关于狗也具有的身体之美，早期人有着同样精微的区分。你们当然知道，狗在选择伴侣方面完全不加区分，我的意思是，这是漂亮母狗的主人们的一个极大的噩梦。所以，也许早期人类就是那样的，所以，也许——好，请继续。

**兰肯**：［读文本］

因此农夫门和卑污的平民们对于美懂得很少或毫无所知。这个事实就证明，某些语言学家们认为，"在这种简单笨拙的时代，国王们是凭美貌和比例适度的身躯才被选出"的那个看法是错误的——

**施特劳斯**：是的，这是一个能够追溯到古典时代的古老的故事。最早的国王是由于其英俊外表而被遴选出来的。请继续？

**兰肯**：［读文本］

因为这种传说应理解为是民政的美，而民政的美才是英雄们的高贵处。（第565段）

**施特劳斯**：意思也就是说，纯粹的血统或者高贵，而不是他们的外貌。请继续。

**兰肯**：［读文本］［212］

最后是品德的美，这就叫做 honestas，只有哲学家们才能理解。（第565段）

**施特劳斯**：好的，只有哲学家们才能理解。为了找到真正的属人的道德，我们必须去哪里寻找？在哲学家那里。是的。我们知道，维柯在这里当然也提到，在关于大众德性的道德（morality of vulgar virtues）的那一章，不同于……但是我们也应该考虑第 130 - 133 段，我们此前已经讨论过这些段落。也许我们应该重新读一遍这段……

兰肯：［读文本］

　　这条公理要求把旨在摧残感官的廊下派哲人，以及专把感官看作准则的伊壁鸠鲁派哲人都从讲授本科学的学校里遣散出去。因为这两派都否认神圣天意，廊下派把自己锁到命运上，而伊壁鸠鲁派则让自己受偶然机会摆布，而且认为身体死，灵魂也就死。这两派都应叫做僧院的、或孤独的哲人们。另一方面，这条公理只准我们的学校收纳政治哲学家们，首先是柏拉图学派全体成员，他们和一切立法者在三点上都有一致的看法：一、承认天意安排；二、主张人类情欲应受到节制，变成优美品质；三、承认人类灵魂的不朽。这样从这条公理就派生出本科学的三大原则。（第 130 段）

施特劳斯：好的。不过，我们再把下一段读一遍。

兰肯：［读文本］

　　哲学按照人应该有的样子看人，把人变成能对很少数一部分人效劳。这部分人就是想在柏拉图的理想国里生活，而不愿堕回到罗马创建者罗穆路斯的渣滓洞里去。（第 131 段）

施特劳斯：所以，换句话说，柏拉图所教导的政治哲学，具有同一种道德，关于这种道德，所有立法者在原则上都将之推行于普罗大众。但是，哲学本身，而非被政治所限定的哲学，会按照人所应该是的样子思考人。当然，这种想生活在柏拉图理想国中的人，也就是说，并非……的人。［现在我们看到］我认为，如果我们不听取任何相反观点的话，也就是说，在最高层面上，属人的道德应该是哲人所教导的哲学性的道德。对于政治目的来说，这点当然还并不足够，因此民主的问题就会产生。对，我的意思是，如果这点是真实的——关于这一点，我们现在还远没有弄清楚——那么，维柯的观点就会与斯宾诺莎的观点很类似。斯宾诺莎有一种在廊下派和伊壁鸠鲁派的基础上有所修正的道德观,……而且,相比伊壁鸠鲁派,更接近廊下派。同时,尤其在关于民主制方面,斯宾诺莎也有一种政治教导,他也讨论了民主的道德基础——当然,这种基础与《伦理学》中的道德并不相同,因为事实上只有少数人才会是哲人……但是,我们尚无充分的基础来确认这一点。巴特沃斯先生,请讲?

巴特沃斯:[213] 我有一个问题。在我们刚刚读到的这段的结尾,维柯提到了四枢德——其中的第三种是节制,而人们之所以节制,是因为事实上他们只娶一个妻子。这……,在第507段,维柯提到,人们只娶一个妻子,是因为他要把这位妻子带到家中。现在,这个原因还并不充分或者必要。

施特劳斯:在家里——

巴特沃斯:是的。

施特劳斯:我的意思是——但我相信,关键问题在于他们所产生的恐惧。我的意思是,在与一个女人——任何女人——相处时,他们被雷电所惊,于是跑进洞中,并且有了一种感觉:正是因为他们曾经需要露天做那件事,才会不知怎么回事儿地受到了威胁。

巴特沃斯:是的,只是还有一点,就算进了洞穴,他们也可以有不只一个女人吧。

施特劳斯:是的,在那种恐惧的状态下[笑声],我相信这会……米勒先生?

米勒:虔敬和宗教影响到亚伯拉罕的方式,不同于影响到这些——

施特劳斯:根据维柯的正式教导,当然没有。异教徒的宗教完全不同。而且我们必须弄清楚,维柯会怎样恢复旧约中这些原初的野蛮主义的遗迹。我的意思是,维柯并没有帮我们做这件事。我们必须亲自来……现在,在522段,我们读到了政治哲学的一个片段。

兰肯:[读文本]

这种村俗传说加上相信古人智慧无比的讹见,引起了柏拉图徒劳地想望哲学家们掌政权或国王就是哲学家的时代,而事实上,家族父主们必然就是些专制的家族国王,地位凌驾于其他家族成员之上,他们只服从天神。他们的权威由可怕的宗教加以巩固,由残酷的刑罚加以支持，独眼巨人们的权威就曾经如此。柏拉图也承认这些独眼巨人就是世界上最早的氏族生父。这个传说遭到了误解，导致政治理论家们犯了一个共同错误，认为世界上民事政府的最初形式是独裁制。这样他们就堕入邪恶政治的错误原则：说民事政府的产生如不是由于公开的暴行，就是由于欺诈，后来就导致暴行。但是真相却是在那些时代，人们由于刚从兽性自由中涌现出来，浑身是专横和野蛮，[214] 而且生活简陋，满足于自然野生的果实，喝山泉的水，睡在岩洞里，享受自然的平等生活，在这种情况下，每个户主在自己家族里都是太上皇，我们不能想象到某一个人能凭欺诈或暴行，使所有其他人都受制于一种民政方面的君主专制。（第522段）

施特劳斯：好的。现在，什么是所有政治思想家共同的错误？让我们看看实践上的结论。那种共同的错误导向了对暴力和欺诈的正当化证明，而维柯的观点却不然。但是，这一点并未混淆如下事实，在维柯所谈论的第一个阶段，暴力以及与其说是欺诈、毋宁是自我欺骗完全占据了上风。但是，你们能看到，如果不考虑其他问题、直接来读的话，这是为黄金时代辩护的段落之一。这在维柯的教导的背景之下不可能成立。而在第一个阶段尚没有任何劳动。你们可以看到这个关于自然的……的观点，此外没有别的什么东西提及了对黄金时代的描述。好。但是，维柯关于柏拉图所说的东西，显得要么是柏拉图本身就有的一种自我矛盾，要么是他关于柏拉图而陷入的自我矛盾（either a self‑contradiction in Plato or regarding Plato）。一方面，柏拉图说，由哲人统治或者国王变成哲人的时代发生在过去，而另一方面，维柯又说，最初的统治者是像玻吕斐摩斯一样的独眼巨人。那么，维柯关于"柏拉图认为，起初是由哲人在统治"的论断是否有任何基础？

兰肯：在《治邦者》中，当世界经历这些巨大的变迁时——

施特劳斯：但是，其中的统治者是哲人吗？

兰肯：在第一个地域（in that first realm），我想，你曾经说过，人们经过了哲学化。

施特劳斯：是的，人们哲学化了吗？柏拉图把它保留为一个开放的问题。我们并不知道。请讲？

巴特沃斯：……在《王制》中，……哲人们统治……

施特劳斯：是的，但是这一点……先生……

学生：是的……我认为，不可能……

施特劳斯：是的，但是至少……不，在《王制》中唯一的段落——米勒先生？

米勒：……亚特兰蒂斯神话，提到了……

施特劳斯：是的。有些内容提到了这个，还不错。但是，这还并非同等为真，因为在那儿并没有提到哲人的统治。不过，很简单的是……当柏拉图提到衰败时——你们知道这个下降的序列。亚里士多德所说的荣誉制、寡头制、民主制、僭主制和……也就是说，我认为——这当然并非只是偶然，尽管这并不能证明柏拉图……这是那个问题唯一的基础。好的，现在到了第 523 段，不过我们只需要读第二句话。

兰肯：[读文本][215]

　　因此就还有这样一个永恒的特点：还有比起柏拉图所设想的政体较好的另一种政体。其中，父主们只传授宗教，作为哲人，父主们就为儿辈所欣羡，作为司祭，他们就为儿辈所尊敬，作为国王他们就为儿辈所畏惧。（第 523 段）

施特劳斯：好的。所以，在表面上，这里当然与柏拉图所说的东西直接相反。并非哲人在统治，而是说，这种野蛮宗教的统治才是政治幸福的前提。我认为，这就意味着，维柯认为哲人的统治完全不可能。因此的替代选项是什么？——一个并非由哲人统治的社会，在这个社会当中，宗教至少是其底层。至于这点在多远的程度上可以延伸到那种社会的顶峰，我们尚且不得而知。现在，我们转向第 525 段。

兰肯：[读文本]

　　就在家庭经济的产生中，他们就本着最好的想法来实现天神的意旨。这种想法就是：父主们应凭劳动和勤勉为儿辈留下一份家产或祖业，以便在对外贸易，甚至一切民政生活的果实，甚至城市本身，都无济于事时，后代人还可以有一份舒适而安全的维持生活的必需品——

**施特劳斯**：这点可能被解读为支持民主制的段落。在这种状态下，所有人都为自己的生计劳动。废除所有的特权。［是否如此，］我们并不清楚。请继续。

**兰肯**：［读文本］

以便不幸遇到上述紧急情况时，家族至少还可以保存住。有了家族，就有希望使民族复兴。他们所留下的这份家产应包括有好空气的地方，有自己的经常不断的水源供应，预防万一需放弃城市时，还有形势险要的地方可以退守，还要有广阔的平坦土地，以便在城市万一陷落时，还可以收容来逃难的穷苦农民，凭着这些逃难者的劳动，还可以维持自己的贵族地位。

**施特劳斯**：你们看，这是一种新的情况。第二个阶段，有些人开始劳动，他们做一些艰苦肮脏的工作，而另一些人则统治着他们。在第一个阶段，每个人都为自己工作。请继续。

**兰肯**：［读文本］

这就是天神一直为氏族政体所奠定的一些制度——

**施特劳斯**：在本段的最后，还有另一处关于神圣天意的表述，他在那里提到了柏拉图。

**兰肯**：［读文本］

柏拉图把这种由天意安排来为异教人类文明奠基的一切事实，看作最初城市奠基者的人道的先见和预谋。（第525段）

**施特劳斯**：好的。现在，换句话说，这是对柏拉图的批评：并没有像柏拉图所说的"属人的神圣意旨"（human providence），只有神圣天意，也就是说，在奠基时，并不存在来自人的神圣意旨，因为人缺乏理性，只被想象和激情所控制。因此，如果产生了一些理性的东西，它只可能是由于神圣意旨。我们还记得这点，这是一个要点。好，当然，我们此前也已经提到过这个要点：首先是父辈［216］自身的劳作，唯此之后，才有被奴役的农民的劳动。现在，我们来看第 532 段的结尾。

兰肯：[读文本]

> 李维还把庇护所说成是"诸城市奠基人的会议场所"，这种错误与上述错误是分不开的，因为最初的城市奠基人都是些头脑简单的人，他们是凭自然本性而不是凭会议商议（counsel）来实现神圣天意。（第 532 段）

施特劳斯：是的，并不是任何理性，而是自然的……类型。好的，我们从头读一下第 526 段。

兰肯：[读文本]

> 不过，政治理论家们尤其联系到这些长年不断的水源，才肯定便于分享水是使各家族团聚在水源附近的原因。

施特劳斯：顺便说，维柯从来没有说过"政治理论家"——拉丁文中的 politici 最多意味着政治作家。我们不应该说——而是说政治作家。今天，政治理论家（political theorists）一词尤其意指观察政治社会的、与人民（people）有别的理论家，这是一个非常错误的含义。马基雅维利就是一个 politico（政治作家）的简单例子，或者说——请继续。

兰肯：[读文本]

> 因此希腊人把最初的群众集团叫做 phratriai [共井户]，而拉丁人把最初的土地叫做 pagi [村庄]，类似道里亚区希腊语用 paga 来指泉水。这都说明，水是隆重婚礼中两个重要事项中的第一项。罗马人用 aqua et igni [水和火] 来庆祝婚礼，因为最初的婚姻是在自然由分享同样的水和火，也就是在同一家族中的男女之间结成的。因此，婚姻必然是在兄弟姊妹之间开始的。每家的护神就是上文说过的火神，因此 focus laris 就指炉灶。家族父主们在炉灶旁向家神献牺牲。在十二铜板法里，关于弑亲条款下越韦尔德（J. Raewaerd）的解释，这些神就叫做"家神"。类似的表达方式也常出现在圣经里，"我们父族的上帝"，或是说得更明确些，"亚伯拉罕，以撒和雅各的上帝"。（第 526 段）

施特劳斯：好的。在这里，我们看到，异教的例子很容易过渡到了圣经中的例子。这点总会抹杀如下问题：在圣经时代，传统社会是否也有一种家庭性的起源？接下来，请读一下第529段的开头。

兰肯：[读文本]

后来，定居在高山上的畏神的巨人们必然开始感觉到附近土地上腐烂着的死人尸体的臭气——

施特劳斯：所以，这里就是埋葬的起源，换句话说，这是第三个基本制度的起源。好的，你们看到，维柯在这里对这个制度做了非常实践性的解释。好。

兰肯：[读文本][217]

于是开始埋葬死尸。因为已经发现到、而现在仍在发现巨大的头盖骨和其他骨骼，地点一般在高山顶，这就很明确地指示出，许多不虔敬的巨人们的尸首在山谷和平原的地上也到处散布着，必然在未经埋葬的情况下腐烂掉，而他们的头盖骨和其他骨骼被河水冲到海里，或是被风吹雨打而完全腐蚀掉。他们围绕着这些坟场有很多宗教仪式或对神的恐怖，所以拉丁人把这些埋葬场所特地叫做"宗教的场所"，从此就涌现出人类灵魂不朽这个普遍的信念。我们把这种信念定为本科学所根据的第三条大原则。死人的灵魂叫做dii manes，在十二铜板法中"弑亲"条，叫做祖魂。（第529段）

施特劳斯：好的，我们已经看到，在526段已经讨论过这个术语。那里提到了一条关于神圣历史的拉丁语表述，提到了"我们父辈的上帝"，"亚伯拉罕、以撒和雅各的上帝"。现在，因为尸体的臭气，有必要埋葬死者。那么，这些死者是谁？通常是父母。他们往往会在孩子之前死去。你们知道，孩子们会认为父母是仍然活着、只是已经看不见的人。这就是"灵魂不死"信念最初的来源。对于死者的崇拜——这很容易变为将死去的父母当作神来崇拜。换句话说，你们这样一类神……死者。简单来说，这里提到了一种观点：宗教的起源是祖先崇拜。此后，这种观点被更有力地表述了出来，至少所有印度-日耳曼民族都包括在内。但是，当然，问题总是在于，这个原则可以在多大程度上适用于希伯来人。在530段，我们发现了希伯来人与异教徒之间的另一个平行之处。请读一下这一段。

兰肯：[读文本]

filius [子孙，后裔] 这个词一定来自与此相同的起源，这个词如果冠上父主的名字或家族的名称，就标志出贵族，正如罗马元老的定义是一个"能称他父亲名字的人"。罗马人的名字实际上是父祖名。父祖名也是希腊人常用的。例如荷马称呼英雄们为阿凯亚人（Achaeans）的儿子。圣经里"以色列的儿子们"也指希伯来民族的贵族们。（第530段）

施特劳斯：好的。当然，所谓"他们是希伯来民族中的贵族"的说法在此完全没有任何根据。再说一次，在这个特定的问题上，并不存在希伯来人与异教徒之间的区别。好，但是，既然他们被视为严格的对比，那么，其中还可能暗示了什么呢？以色列，根据……仿佛对应于阿凯亚人，他不可能是一个个体，就像……也就是说，就像我们已经看到的那样，是一个如同……与梭伦一样的诗性人物。那么，在19世纪所说的……部落——你们知道，雅各的十二个儿子，也即这些支派的先祖，他们并不是个人（individuals），而是相反：他们的支派角色被投射到这十二个个人身上。他们此后被赋予了一位神话性的先祖。无论维柯是否这么认为，这些类型的东西在其中当然都有所暗示。其中的后果在19世纪开始显现出来。

请读一下第531段的开头。

兰肯：[读文本]

因此，巨人们凭他们埋葬死人的坟墓来表示他们对他们土地的管理。而罗马法就要求死人的埋葬要在恰当的地方才显出它的宗教意义。[218]他们声称："我们是这块土地的子孙"，"我们是从这些栗树出生的"，他们的确是道出真相的。拉丁人确实称呼自己为"种"和"枝"，"树干"或"根株"。

施特劳斯：我指的是第 532 段，对不起，请读一下 532 段。

兰肯：[读文本]

上段中的一些问题前已提出，但是在这里又复述了一遍是适合的，用意在揭示李维（1.8.5）歪曲了罗慕路斯和他的伴侣氏族父主们的英雄式的辞句。（第 532 段）

施特劳斯：我们先在这里暂停，"在这里复述是适合的"。所以这可能是一个比较重要的短语。每个人都应该讨论氏族的产生问题，或者说，伟大的著作都应该在其适合的地方讨论这个问题……起源。但是，这个短语非常怪异，我碰巧知道马基雅维利的例子，他曾经用过一次这个表达——他说：在另外一个地方，为了另外一个目的，我已经讨论过同样的东西，而这也导向了非常有趣的进一步的观察结果，你们知道，他为了不同的目的而探讨了同样的对象和主题，而这种情况之下，也的确证明，这些目的是截然相反的。现在，在第 566 段的结尾，也有一种平行、相应的内容——"已经观察到这一点"。

兰肯：我还没有——566 段。

施特劳斯：是的，第 566 段的结尾，"在另外一个时间，为了另外一个目的，已经观察到这一点"。① 这几乎正是马基雅维利式的说法。我提起这些内容，只是就这种性质的说法举一个例子。现在我们转向段落——

兰肯：你刚才不是说第 526 和 527 段就是这样的例子吗？此处重复了同样的拉丁语表达，deivei parentum [祖先神]。其中一处所使用的拉丁语的奇怪或夸大让我感到惊讶。另一处表述则把古代的死者说成是诸神本身。维柯在第 527 段告诉了我们这一点。在第 526 段，维柯看起来提到了父亲们的神，而不是先祖本身成为神。直到 Deus Abraham [神明

---

① 此处为施特劳斯的翻译，伯尔金和费什的译文是"正如安托尼·法弗尔（Anatoine Favre）在他的法学著作 *Iurisprudentiae Papinianeae scientia* [《帕皮尼亚诺的法律科学》]中注意到的那样，他们在罗马法中仍然继续被这么称呼，人们这样称呼他们是完全恰当的。在前文中，我们也已经在另外一处指出了这一点。"（《新科学》第 566 段，英译本页 204）。

亚伯拉罕]的说法为止,维柯都保持了这个意思,这里用的不是属格(即"亚伯拉罕的神")——

施特劳斯:是的,这一点是——我还没想到这一点,但是这很简单,因为在希伯来语中没有这种属格的用法。希伯来语与拉丁语的结构不同,其中没有印度-日耳曼语中的属格。但是当你看——我没有通行拉丁文版圣经(Vulgate),但是我曾经查过新约,它是用希腊文写成的。那么,例如,在《马太福音》12:32,其中当然就完全一样:① ……基于希腊语,[其意思]有可能是"亚伯拉罕神"。但是,在这个语境中,这个表达当然有一种非常明确的含义,对此不可能有任何疑问。无论有什么……关于维柯的想法,我完全没有任何概念。好的,现在,请读一下533段。在这里,我们又遇到了这种类型的另一个例子,533段是一个简短的段落。

兰肯:[读文本][219]

> 想象在这里创造出所谓头等部落的第四尊神,即阿波罗,即被看作文明光辉的神,因此希腊人把英雄们称为 kleitoi [光辉的],这个词是由 kleos [光荣]派生的。拉丁人把英雄们称为 cluer,即盾牌和武器的光,因此,天后朱诺也就是以光神的身份是高贵后裔从脱胎时就见到的光。这样,在乌拉尼娅之后就产生了缪斯这位女诗神,荷马把她称作善与恶的知识或占卜的知识——

施特劳斯:顺便说,《荷马史诗》中没有关于乌拉尼娅的这种说法。而尼科里尼则提醒读者注意开头部分出现的圣经中的话,你们知道吗?善与恶的知识,对吗?好的。所以,当然,从维柯的观点来看,这当然会是善恶知识的早期形式:关于占卜的知识,也即关于特定占卜实例的知识,也就是说,基于神的原始意义,通过占卜,人们现在应该怎么办。而在这里,维柯……,而荷马则将之定义为善恶的科学,或者是

---

① 《马太福音》12:32 的希腊文原文中用了一个短语,通常译为"人子"(the son of man),这个短语也可以译为"这位儿子,这个人"(the son, the man)。这一点有助于思考维柯的意思是"亚伯拉罕的神"(the god of Abraham)还是"亚伯拉罕神"(Abraham the god)。

占卜的科学。

兰肯：[读文本]

> 就因为她的这种身份，阿波罗成了诗的智慧或占卜的神。在缪斯之后，英雄们一定就构思出第二个缪斯 Clio [克利娥]，即英雄历史的叙述者。最初的这种英雄历史必然从英雄们的谱系开始，正如神圣（宗教）的历史从主教（或族长）的后裔开始。（第533段）

施特劳斯：你们看，这里又是一处平行对应的地方。如果其间存在的是一种绝对的差异，那么这种平行对应就无法解释了。在希伯来人的历史中，从来没有发生过这样一种降到原始形式的衰落过程。但正如我此前提到的，维柯的断言甚至与圣经的记载本身都不相符。换句话说，它……比圣经本身更虔敬——如果可以这么说的话。因为毕竟存在着——我的意思是，……是一个岛屿。此后，直到亚伯拉罕时代，都没有一个岛屿可言，此后，在亚伯拉罕与——那么，首先有亚伯拉罕、以撒和雅各，此后是埃及时期，后者也是一种形式的衰败。而我提出的观点是这样的：圣经的普遍性是否与异教英雄的普遍性具有相同的地位？这将是问题所在。将下来，请读一下第537段的结尾部分。

兰肯：[读文本]

> 这种人道起源于 humare，即"埋葬"。这就是我们把埋葬看作本科学第三个大原则的理由。雅典人，作为各民族中最人道（文明）的，据西塞罗（《论法律》2.25.63），他们是最早的埋葬死人的民族。（第537段）

施特劳斯：你们看，雅典人是所有民族中最有人性的，不仅仅是在异教民族中间如此。好的。我上次就想到了这点，但我忘了维柯具体是在哪里提到的。我想起来了，当维柯谈到"七个民族"的时候，你们记得吗？七个民族与希腊人，你们还记得吗？好的。（我们来讨论）第547段。格雷先生，如果我略过你认为重要的东西，请你要像我之前说的那样阻止我。顺便说，在第542段有一句引文，其实是化用了圣经中的话，来自……我这里顺便提一下这个问题。好，现在我们来读一下第

544 段，其中也包括了一段圣经中的内容。

兰肯：[读文本]

> 再者，当英雄们把谷穗称为金苹果时，谷物一定还是世上唯一的黄金。因为金矿当时还未开采——

施特劳斯：[220] 这个论断的意思在于，黄金（gold）的原意不是金属，而是颜色和价值，也就是说，它更多是指谷物，用于指称金属的用法是由原意派生出来的。原因是，"黄金"这个词在每一种语言中都是一个原有词汇……可是在没有任何黄金痕迹的社会中，这个词又怎么可能出现呢？这就是问题所在，也就是大的背景。现在请继续。

兰肯：[读文本]

> 因为金矿当时还未开采，人们还不知道怎样从粗矿石里炼出黄金来，更不消说把金子磨光擦亮。而且当时人们还喝泉水，金的使用价值也不会受到重视。只有到后来，根据金属矿物在颜色上类似当时人们最重视的谷粮，人们才以比喻的方式称金属矿物为金。因此普劳图斯在他的谐剧（《金罐》）里不得不区分金库（thesaurum auri）和粮仓。旧约里的约伯（《约伯记》31：40）在他因失去天堂而失去的贵重事物之中确曾提到他已往常吃谷粮制的面。而在——（第 544 段）

施特劳斯：所以，你们又看到了对圣经段落的应用；根据维柯在第 465 段的说法，约伯是最古老的希伯来作家，甚至早于摩西。因此，在这个方面，希伯来人的早期历史、早期语言、文学等等也与异教文学一致。现在，我们转到第 547 段。

兰肯：[读文本]

> 从上述一切，我们得出这样一个重大的系定理：把世界分为金、银、铜、铁四个时代，是由退化时代的诗人们创造出来的。因为谷粮这种诗性的黄金，在希腊人中间把它的名称借给了"黄金时代"，这个黄金时代的纯朴天真不过是独眼巨人们的极端野蛮残酷。我们在上文已屡次谈到，柏拉图曾认出这些巨人们就是最初的家族父主，

他们分散、孤独地和妻子儿女同住在一个岩洞里,彼此互不干涉,就像在荷马史诗里波吕斐摩斯说与尤利西斯的那种情况。(第547段)

**施特劳斯**:好的。所以,维柯在这里同意柏拉图的意见,反对诗人们。但他也反对圣经,因为圣经以乐园的故事开始讲述人类的故事。在第548段接近尾声的部分,我们发现了更长的一段圣经引文,来自《诗篇》第122篇。第550段进一步描述了异教民族的自然权利/自然法,讲述了其特性。我们来读一下段落开头。

**兰肯**:〔读文本〕

土地的疆界就是以这种方式定下来和维持住的。法学家霍莫格尼弩斯(Hermogenianus)(《法学汇编》1.1.5)把这种疆界划分过于笼统地想象为凭人们的审慎的协议,凭公道去执行,凭守信的精神去敬重。其实当时还没有公众的军队,因而也没有法律规定的民政权。要理解这种疆界的划分,就必须知道它是在一些极野蛮的人中间发生的,他们只遵守把他们固定在某些土地的圈定范围之内的那种可怕的宗教,而且已用血的典礼使他们最初的城墙成为神圣不可侵犯的。(第550段)

**施特劳斯**:〔221〕我们先在这里暂停。还有全段的倒数第二句话——"就从这里"。

**兰肯**:〔读文本〕

我们在本书所要说明的一条原则就从这里开始:部落自然法是由神圣天意为每一民族分别安排的,只有等到这些民族都相识了,他们才承认这种法律是对一切人都是共同的。因为由这些药草圣化的罗马传令官们如果在拉丁区域罗马人以外的各民族中都是不受侵犯的,那就只能因为前一部分民族(罗马人)虽毫不认识后一部分其他民族,却都在遵行同样的习俗。(第550段)

**施特劳斯**:这就是格雷先生提到的、被我忽略的那段话,也就是说,这里以一种更微妙的方式对"私人"与"共同"进行了区分。我们首先看到的是私人的激情/共同的利益,但现在我们看到了一种私人性质的起源，也就是说，这个或那个民族在起源上是私人的，但整个人类有一种共同利益，虽然没有人知道这种共同利益。这种总结很正确。请读第 551 段。

兰肯：[读文本]

> 氏族父主们就是这样通过宗教向他们的氏族提供一种生计。而这种生计又是他们须通过宗教来维持下去的。从此虔信宗教就成了贵族们的一种永久的习俗，正如斯卡利格（J. C. Scaliger）在他的《诗学》（*Poetica*）里所说的。等到贵族们蔑视他们本土的宗教时，那就是那个民族衰亡的征兆了。（第 551 段）

施特劳斯：嗯。在斯卡利格的《诗学》第八章似乎找不到这句话；① 至少尼科里尼是这么说的。但是，话说回来，这个观点的证据何在呢？仅有的证据是，当贵族不再尊重其本土宗教时，前民主制的共和政体，亦即旧的贵族制共同体就会瓦解。现在，的确，你曾经想——

学生：您认为，维柯的"各民族的自然权利/自然法"与罗马的"万民法"（ius gentes）之间有什么联系？

施特劳斯：正确的说法是 Ius gentium［万民法］——我们今天要读的后续内容中，会有一处提到这个问题。

学生：甚至在第 550 段的结尾，也就是你选读的那一节，其中似乎也混合了描述性和规范性的东西，也就是——

施特劳斯：是的。我们［会］遇到一个段落；如果有耐心，你们就会发现那个地方。接下来，请读一下第 554 段的开头。

兰肯：[读文本]

> 这里值得思索的是：野蛮状态的人们既然凶残而又未经驯化，究竟有什么办法才能使他们由野兽般的自由转到人道的社会呢？

施特劳斯：在这里，你们看到了明显的区别：兽性的自由，人道的社会。

---

① 斯卡利格（Julius Caesar Scaliger, 1484—1558），古典学家，其《诗学》（*Poetice* 或 *Poetics*［英译名］）于 1561 年出版。

兰肯：［读文本］［222］

因为要使那些原始人达到原始的社会，也就是有婚姻制的社会，他们就既要有野兽般淫欲的刺激，又要有可怕的宗教来加以严厉的约束。（第554段）

施特劳斯：是的，你们看，这里又有一组对应关系：兽性的情欲，可怕的宗教。从兽性状态到人类社会的过渡当然不是由于兽性的欲望，因为兽性的欲望是……一次又一次地，特属于人类的东西是宗教。在第555段，我们发现了这个结论：第一个社会、那个贵族社会是高贵的，因为它的基础是宗教，也就是说，它有——先祖们……由于他们对神性的了解，便要求……；他们行使鸟卜。第二阶段的社会，即农奴制的社会，只起源于功利，……起源于自我保护，因此它是卑劣的。这种说法见于第555段。维柯非常有趣地引用了后者，具体在全段第二句话。你可以读一下这句话。

兰肯：［读文本］

进入这第二种社会的第二批来人只是为着最不可缺少的生活必需品——

施特劳斯：你们看，这……就是严格理解的社会。请继续。

兰肯：［读文本］

动机主要是利益，因而是卑贱的。（第555段）

施特劳斯：好的，你们是否还记得维柯此前提到斯宾诺莎的地方，说他的社会概念是小商贩式的（a huckster's）？那意味着，这种社会乃是基于计算，将之作为公民社会的基础。对维柯来说，问题的关键是宗教，也即高尚的东西。但我们已经逐渐看到，维柯所指的是怎样的宗教。维柯是在第335段偶然提到了斯宾诺莎。此后，在同一段落，维柯还说，"神圣的历史……大洪水之前的巨人们联合了起来"。① 你们知

---

① 施特劳斯自己的译文。《新科学》第555段。

道，巨人是在大洪水之后才有的，是大洪水的后果，这点要记住，原因是"极其潮湿"。人们变成了八英尺多高，或者无论具体的高度是什么。第556–557段是整部作品的中心段落，但数字不是维柯数出来的，那是尼科里尼的功劳。不过，维柯有可能确实数过，但没有记下数字。这一点我就不知道了。我从来没有见过维柯的手稿。请讲？

学生：尼科里尼有没有改变过分段？

施特劳斯：不，我想没有。

学生：在……的开头……

施特劳斯：……

学生：是的……

施特劳斯：是的。现在，在这里（第556段），儿子和奴隶之间并没有自然的区别——我是说，在这些贵族的儿子们和奴隶之间，他们当然没有区别。我们知道，他们都是人。这种区别是由异教民族的那种自然权利/自然法造成的，我们之前已经看到，异教自然法并非纯然自然的。在第557段的末尾，维柯似乎暗示，[223] 以法莲的家族与早期异教家族属于同一类。在第556段，维柯谈到了patria potestas，即父亲的权力；根据这一点，人们当然必须思考，维柯怎么看待以撒的献祭问题。只是，在第557段的末尾，我从尼科里尼那里得知了一件有趣的小事。请读一下，"（亚伯拉罕）一定就是带这样的氏族——"

兰肯：[读文本]

> 圣经里亚伯拉罕一定就是带这样的氏族去和一些异教国王进行战争，而帮助他的奴仆们就叫做"土人"（vernaculos），根据——（第557段）

施特劳斯：好的，诸如此类。你们觉得，这些希伯来学者是哪些人？你们大概会认为是一些17或16世纪的作家。不，是通俗版拉丁文圣经（*Vulgate*）。这是我从尼科里尼那里学到的。换句话说，维柯引用了杰罗姆的话，这就是那位"希伯来学者"，这很令人惊讶。在第558段，也有一些——在这里，我们也许可以读一下后半段，维柯提到安蒂驽斯的部分。

兰肯：[读文本]

这种情况说明了尤利西斯怎样几乎把他的社团（socii）首领安蒂弩斯（Antinous，即攸里罗库斯［Eurylochus］：《奥德赛》10.438 ff）的头砍掉了，因为后者凭好意说了一句对尤利西斯不中听的话。虔诚的埃涅阿斯在需要宰一个人供牺牲时，就把他的社团成员米色弩斯（Misenus）宰掉了。这段故事是由民间传说保存下来的，但是维吉尔（《埃涅阿斯记》6.149–189）生当温文的罗马人的时代，不便直说埃涅阿斯竟干出这样严酷的事，而且这位诗人自己就在歌颂埃涅阿斯的虔敬，于是他就小心翼翼地说了一句假话，谎称米色弩斯是由海神的儿子特里同（Triton）杀死的，因为米色弩斯胆敢和他比赛吹号角。同时，维吉尔却给了明显的暗示，使人对这段故事有个正确的了解，把米色弩斯的死当作西比尔仙子向埃涅阿斯预言过的隆重典礼之一。（第558段）

**施特劳斯**：所以，维吉尔做了什么？他根据更高的道德观念改进了传统，但仍然让人们可以见到神话的原始形式，对吧？维吉尔影射了这件事，所以读者便可以看到，这是维吉尔的改动。至于是否……属于维吉尔，我不知道。我们再读两段话，就下课。请读第562段。

**兰肯**：［读文本］

涉及这一点时，异教的诗性想象创造出另外两个大神，即战神和女爱神。战神代表英雄们的诗性人物性格，首先而且正当地"为他们的祭坛和家灶"（pro aris et focis）而战斗。这种战斗总是英雄式的，因为他们为之战斗的是他们自己的宗教，人类在对一切自然救济都绝望时，总要求助于宗教。因此宗教战争总是最血腥残酷的。（第562段）

**施特劳斯**：我们先在这里暂停。而另一个……所以，你们看，维柯这里指的显然不是具体的异教民族，而是在人类当中普遍存在的东西。宗教战争——维柯实际上就生活在极其野蛮的宗教战争时代或者随后不久。对所有人来说，为自己的宗教而战是英雄式的，当然反过来也成立。例如，穆斯林反对基督教，异教的萨克森人反对查理曼，等等。至于尼科戈斯基（Mr. Nicgorski）先生的问题，我想我们大概会在本节末尾即第569段末尾读到。兰肯先生，请只读一下第569段的最后7行。

兰肯：[读文本][224]

由于所提出的这些理由，根据能作诗的拉丁人的理解，秀美（gratia）和"因由"（caussa）与涉及英雄城市中的平民所遵守的契约时的意义相同。同理，后来根据部落自然法（de iure naturali gentium）而新添的那些契约，乌尔比安（《法学汇编》，1.1.1.4）主张在部落之前加上"人道"（humanarum）字样，称之为人道的部落自然法，这时 caussa [因由]和 negocium [交涉]意义就相同，因为在这类契约里——（第569段）

施特劳斯：这部分我们不需要[细读]。这一点，即 ius naturale gentium humanarum（人道的部落自然法/自然正当），当然不是维柯在此处所关心的自然法/自然正当，即最野蛮的国家的自然法/自然正当。换句话说，法学家们制定的罗马法是一种非常晚期的法律，是文明的。所以，不可能由之推断出……因此，对维柯来说，十二铜表法的问题就变得非常重要。它将是真正的古物（real old stuff），不幸的是，十二铜表法如今只剩下了残篇。此外，……头脑中还有另一个……，我——

学生：在第9段中似乎有一处地方，另一处是在550段的结尾，在这两处，在维柯对这一历史性的法律以及这则罗马法法条的讨论中，似乎仍有一些模糊不清。在第9段，当维柯谈到占卜时——

施特劳斯：让我看一下，请读第9段。

兰肯：[读文本]

不过这里有前已说过的一种基本差异，即我们的这门科学所显示的希伯来人的自然法和其他各民族的部落自然法的差异，由本科学所说明的其他一些重要差异都是由上述那个基本差异派生出来的。罗马法学家们把部落自然法规定为既是由神圣天意安排的，却也受到人类习俗本身的影响。因此，上述那种签也代表诸异教民族的世界通史的开始。（第9段）

施特劳斯：是的，你这里指的是，希伯来人的自然法/自然正当与异教民族的自然法/自然正当之间，存在着本质区别。这当然非常关键，因为如果维柯想做一番区分的话，他应该提到的是希伯来人的神圣法/神圣正当与自然法/自然正当之间的区别。但是，对于这种有些奇怪的用法，我们该如何为它辩护呢？很简单，因为有——诚然，一部分旧约法是自然正当/自然法。但这不可能是维柯所讨论的异教自然法/自然权利。按照传统的用法，它应该是哲人们的自然法/自然正当，而不是异教民族的自然法。你们看到了吗？我想，这是一个非常暂时性的区别，此后，这个区别会变得很清楚。而在第550段，你曾说——

学生：那么，这里，在第9段，当维柯提到希伯来人的自然法/自然正当和各民族的自然法/自然正当之后，他说："罗马法学家们把后者定义为，神的旨意与人类习俗本身一同规定了他们的自然法。"现在，维柯所说的似乎就是这种万民法（ius gentes）——

施特劳斯：Gentium。

学生。是的，一种形式的——

施特劳斯：[225]是的，这是一件非常复杂的事情，因为在罗马法文本中存在着很不同的东西，你知道这点。根据乌尔比安一个非常著名的表述，事实是这样的：自然法本身被称为 natura omnia animalia docuit，即自然教给所有动物的东西。所以从这个角度来看，万民法是一种具体的……也就是生育和抚养后代。它是自然的，因为所有动物都这样做，包括人类。但任何专门属于人类，同时不是因为这个或那个城邦的实定法的法，就是万民法（ius gentium）。可是，在其他段落中，这两件东西似乎又是相同的。这就很模糊了。例如，在梅因的《古代法》中，对此有很长的讨论。不过，梅因的实证主义偏见破坏了这种讨论。因此，我认为不能从字面上来理解。关于罗马法中的万民法（ius gentium）概念，我不了解最新的研究。不过，我们可以很容易地请教一下……先生。我想是这样。我不知道。不，法学院当然没有谁教罗马法，不过，我想，你可以去圣母大学（Notre Dame）找人请教。教会法学者们会熟悉这些问题。在这点上我帮不了你什么。

不过，无论如何，当维柯谈到自然法/自然正当时，他总是在补充一些东西。维柯关注的是：异教民族的自然法。这意指的是异教民族

（当然是在堕落之后）以及生活在兽性状态的人。而自然法/自然正当将是在跨出这种状态的第一步时——也就是当虔敬和不虔敬的巨人之间有了区分时——出现的东西。各民族的自然法主要是指虔敬的巨人的自然法。不虔敬的巨人们当然没有自然法，他们也没有权威的概念。

不过，这些父主们有了自然法，而且……他们就是维柯所理解的自然法的承载者和执行者。而问题就在于，在后来的阶段——例如，在父主们集合起来并形成元老院和贵族共同体的阶段——是否也有一些自然的东西。对吗？而且，当此后有了民主制度时，自然法也已在那里了；大众的自由当中，也有一些自然的东西。但是，迄今为止，这一点还没有明确获得说明。我唯一能清楚发现的是，在第三个阶段、也即维柯所称的、有别于神圣和英雄阶段的"属人阶段"，有了民政公道。而自然公道就不再有任何地位，而超越了实定法的民政公道的原则当然就是"功用"（utility）。这样，毕竟就有了判断法律的标准。如果你从这个民政/实践的标准出发，那种自然法就是……使你能区分法律之好坏的最低限度的原则，但也是一种非常重要的"最低限度"——现在，维柯说，这个标准是功用。我确信，我并不知道维柯的意思是否与后来边沁的意思等同。因为维柯称之为国家理由，而这［施特劳斯笑］看起来不像边沁。我们得看看，关于这一点，事实上是否会有任何进一步的说明。

现在，格雷先生，我是否充分理解了你？我是说，你做了很多评论，但并没有出现在我们当前的讨论当中。在你看来，在你有不同阅读见解的段落中，最重要的是哪一段？你当然完全有可能说得正确，不过，是在哪一段？

格雷：你知道，这只是我在阅读时……在我自己的发言中，这些内容是模糊的。所以，其中没有什么本质的区别。

施特劳斯：你不是说……提到维柯的一种享乐主义吗？

格雷：我的确是这么提的——对。

施特劳斯：［226］……但这种宣称的依据是什么？

格雷：有几句断言……

施特劳斯：你能告诉我在哪一段吗？

格雷：好。［长时间停顿］第554段……

**施特劳斯**：这本身……回到了亚里士多德《伦理学》第一卷……可敬的、有用的与最好的。你们看，在此处这句话里，naturale［自然的］的意思有所不同：它带有传统的含义。真正的友谊是合乎自然的。它所以是真正的友谊，是因为在婚姻中，所有美好事物的三个目的——可敬的、有用的与…①——自然地彼此交融在一起。但这并不是维柯所说的主要问题。在这里，维柯用的是传统意义上的自然，我指的是完成的（completed）和完美的（perfect）。是的，而这里，维柯指的是罗马法，也就是……婚姻是圣洁生活的联合体。而这是……的目的，并非早期阶段。而在这里并没有什么特别属于维柯（peculiarly Vichian）的东西。艾默特先生？

**艾默特**：……

**施特劳斯**：什么？

**艾默特**：婚姻的目的高于公民社会的目的……

**施特劳斯**：不一定，因为毕竟，为什么只能在一男一女的层面上，而不能在城邦中也实现这些目的呢？并非必然如此。如果你阅读《尼各马可伦理学》第一卷的语境，就会发现，政治社会是为了在整个公民体中，而非仅仅在单个的男女之间实现这些……

**学生**：……

**施特劳斯**：是的，但是在这里，维柯说的是传统意义上的婚姻关系。如果你愿意的话，毋宁可以说是婚姻的更高形式，在不同于神圣和英雄阶段的属人的阶段，它到达了……但是，全书的首要主题当然是最初状态，婚姻的最初状态。但是，我们当然必须提出一个问题，为什么了解第一阶段是如此重要，如果不是因为它对现在有一些影响的话。换句话说，维柯关于真正道德的教诲，难道不应该与传统的道德教导不同，难道不应该是他的起源观念的一种产物吗？当然，对于这个问题，我们还没有一个完全明确的答案。但这只是对传统观点的一种重述。而这是维柯所处理的一件……的事情——我想，对于维柯交替采取的立场，我并没有列出一个完整的清单，但其中一项很简单，就是他从传统

---

① ［编者按］施特劳斯所说的大概是"最好的"（best），此处的录音异常含混难辨。

中接受下来的用法,此后,你又突然会遇见一些关于黄金时代……的表述,这些表述并不是我们所看到的那些普遍接受的说法,这些说法会赞扬早期人本身,而且并非基于圣经的基础,此外还有其他种种方面。我们必须加以区分。这句表述本身并没有就维柯说什么。那么,下一次——谁会接着格雷先生做下一次的发言?

[课程结束]

# 第十一讲 《新科学》（575–612段）

## 1963年11月4日

**施特劳斯**：[229] 这是一篇非常好的论文，① 我认为这是你迄今为止提交的最好的论文，不过，我的意思是，有"相对好"和"绝对好"的区别。而且，我相信你是个非常谦虚的人。结果是，你宣读得很不满意，因为你不相信自己已经做得足够好，所以读得太快了。从心理学上讲，这是……

**学生**：好吧，可能的确是这样。

**施特劳斯**：是的。好，……在论文的最后，关于民政公道，你是怎么说的？因为我想，在那个部分我很难跟上你的思路，很多人都会同意这一点。现在，你关于民政公道所说的内容是什么？我没有跟上。

**学生**：好的，我说的是，在早期，民政公道被用作区分一个时代和另一个时代的手段。也就是说，民政公道的时代与自然公道的时代不同。

**施特劳斯**：是的，但是你把民政公道放在什么位置？

**学生**：我会说，我们会期望，这将是一个民政公道的时代，也即英雄共同体的时代。

**施特劳斯**：你是这么认为的。我的意思是，如果我记得没错，它的意思恰恰是属人的时代，而不是英雄或神的时代。公民时代是严格而言的功用（utility proper）的时代。在某种程度上，功用在此前已经存在

---

① 施特劳斯点评魏斯（Mr. Weiss）的论文。论文于课程开始时宣读，并未录音。

了，诚然。但是，不加掩饰地以功用为导向，则是属人时代的一个特征。……先生，你似乎同意我的观点。

学生：其中的意思是说，英雄时代是一个自然的时代……

施特劳斯：是，到了民政法律接过［统治权］的时代，这些法律就变得更加理性了。这个时代不一定是民主制，也可以是开明类型的（enlightened type）绝对君主制。

学生：不过，民政公道的时代是特殊法的时代，而非施行普遍的法律。如你所说，法律是特殊的，而不是普遍一律的。

施特劳斯：不，那是早期的时代，其中适用的是先例，而不是法律。

学生：好吧，我好像记得，维柯用了这个例子，也就是如下说法："法律是苛刻的，但修辞也是如此。"而且，维柯还说，法律是困难的，因为它处于特殊判例之中。

施特劳斯：是的，但即使这种无情的、在字面上——我不相信，［它］属于人类已经充分发展起来了的阶段。它仍然是早期野蛮特性的遗迹。

学生：那么，充分发展的人性是……

施特劳斯：［230］不，我不记得这段了，但我有理由相信，民政公道与国家理由（reason of state）一样。① 也就是说，在这里，在立法时，立法者关注的是在这种情境下有用的东西，或者至少有能力在立法时关注这个目标。是吗？

学生：功用本身。

施特劳斯：是的，但在这里，［立法者］为的是整体人民，你知道。因为现在，人们的平等已经获得承认。不再像早期社会特有的那样，依照天性，实施上层和下层等级的二分。至于这种二分是由民主制的公民大会还是由绝对君主来完成，则没什么区别，因为他们都属于更高的阶段。在这里，我相信你犯了错误，但请查一下这段话。试着找到这个段落，我们下次来讨论。

---

① 维柯的这个说法在《新科学》第 38 段。施特劳斯在第四次课上讨论了这个问题。在第十二次课的开始部分，施特劳斯还会回到这个主题。

学生：好的。

施特劳斯：还有一件事，当你提到 hostis［敌人］的时候，你应该向全班同学解释一下。公民和 hostis——hostis 是个拉丁语词，这里不是每个人都懂拉丁文。

学生：……

施特劳斯：是的，但是，在古典拉丁语中，它的普通含义当然是"敌人"。不过，它原来的意思则是"陌生人/异乡人"，这也意味着，起初，所有异乡人都是敌人。这就是问题所在。而这与你也已提到的一个事实有关，维柯提出了这个奇怪的词源溯源［施特劳斯写板书］：polis 来自 polemos［古希腊语 πόλεμος］。我必须说，在我从维柯这里读到这个词的很多年以前，我曾经……不过，那种用法见于柏拉图的某些段落。我不记得这个荒谬的词源是在哪儿提出的了。你们知道，polemos 与 polis 的词干不同。现在，这则笑话有了这样一种严肃的含义：城邦必定是一个特殊的社会——其中有边界，于是就有可能发生战争。我的意思是，没有哪个城邦不面临着战争的可能性：［战争］就是属于城邦的。在这个意义上，我们可以说——那么，很讽刺的是，这种词源学不可能成立，却很有帮助——城邦源于战争（polemos）。而将 hostis［敌人］理解为"我们和他们"的方式，也是这样的。这就是基本的区别所在……

现在，你在论文的开头谈到了平民的某种优越性，以及最高意义上的自然权利——我的意思是，在此，它变得与理性权利/正当相等同。这属于平民的阶段。我不知道你是否提出过后面的这条评论，但你肯定说到了平民的优越性，提到他们是……

学生：是的。……平民在任何时候都是相对愚蠢的——

施特劳斯：但是，后来出现了那位伊索——你知道，他是那种能够看穿骗局的平民。你还记得维柯对伊索的评价吗？他是一个驼背的奴隶，可是却非常聪明。但是，伊索不能表达对统治者的批评，于是只好使用寓言……

学生：[231] 他用伊索的例子来解释……

施特劳斯：是的，但维柯是在先前的段落提到了这一点。我们已经看到这句话的政治含义……但仍然非常强大，可是他看清了情势：他们没有统治的权利，因为所有人都平等。在那个阶段，平民们以这种变相的、寓言的形式表达了批评。但是，当然，到了下个阶段，他们就会采取行动了。所以换句话说，在这个过程中，平民变得合乎理性了（reasonable），在某种程度上［变得］优于贵族。这让我们想起我先前提过的那种黑格尔式的建构：理性的中心是奴隶，而非主人，因为主人们会战斗，并享受战利品；劳作者则必须把思想运用到所生产的东西当中，这成了历史进步的因素。

所以，有了——好的。现在，以一种不同的形式，我们在托克维尔那里看到了这种思想——形式上非常不同，但政治结果相同：在很多世代之前，平等的进程就已经开始了，并在法国大革命中达到了惊人的高潮。但这种进程还在继续，并将取得胜利。现在，维柯如何看待这个观点呢？他认为，这是一种从原始贵族制——而且是非常严酷的贵族制——到最终的民主制的必然进程。黑格尔当然不赞成民主，但从某种意义上说，他的构建还是民主式的。换句话说，没有民主的……但有民主的精神，如果可以这么说的话。我的意思是，黑格尔事实上承认机会的自由平等，而不是政治权利的平等，因为两者不是一回事。

那么，现在，对于一种民主的、终究走向民主的前景，维柯的立场是怎样的？

学生：有这样一种倾向，我认为，也就是……与永恒的原则之间的冲突……

施特劳斯：是的。让我们用一种非常简单的东西来说明这件非常复杂的事情。维柯所提出的计划是什么？当然，首先有了前政治的父权秩序，然后有了早期的贵族，此后，当这一切瓦解时，当平民——

学生：共同体——

施特劳斯：民主制，然后呢？绝对君主制。然后呢？衰落；衰落……所以换句话说，并不存在一种简单的进步。事实是这样的：从早期兽性的野蛮种族主义到这种解体之间，有一种……即便民主是最可取的，也只是在其中某一阶段。

现在，你此后提到了第585段。你还记得你在这儿说了什么吗？那段表述是关于——请再读一遍。

学生：我引用了这一节的内容——

在一切人类所有的可能性之中,一旦看出了民政统治权既不是由某一个人凭欺诈得来的,也不是由某一个人凭暴力产生出来的,我们就不可能想象出除掉我们所描述的方式之外,还有什么其他方式能使氏族权力中涌现出民政权力。

施特劳斯:是的,换句话说,因此——

学生:[232]因为这是自然的方式。

施特劳斯:是的,没错。而且我相信,你后来还补充了一些自己的批评意见——但让我们首先看看,维柯是怎样得知这一点的。最初的社会是家庭,这已经被接受了下来。这是传统,维柯直接接受了这个观点。但是,为什么不是如下的可能性?——独立的家庭在平等的基础上联合起来,形成第一个公民社会,也即政治性的社会?为什么不能像霍布斯、洛克所设想的那样——当然,亚里士多德也想到了这点——也就是说,这些家庭由于无法充分保护自己,于是结成联盟,组建了最初的社会?这些家庭可以采用任何方式来这么做:以民主、寡头或君主的方式,这当然是传统的观点。现在,维柯为何对此并不满意?

学生:嗯,维柯似乎认为,现阶段最大、最重要的斗争,乃是统治者和被统治者间的斗争,是人与人之间的——

施特劳斯:但为什么不把这些人放在霍布斯的自然状态中——举个最简单的例子,让每个人都坐在他的藏身坑洞(foxhole)里,互相呼唤,有些……[施特劳斯笑]:让我们离开这里,和平生活,进到房子里,等等……为什么不是这样?

兰肯:一方面,维柯认为,最早的家族父主——独眼巨人——彼此隔绝开来,保持着距离。

施特劳斯:当然,好吧,远离另一处悬崖——

兰肯:最早的父亲们的前政治状态相对稳定,因为父亲们在统治家庭时并无政治权威,也不需要政治权威。因为他们与其他家庭没有那么多对外关系。后来,有了这些家人(famuli,即家仆)后,由于他们生活得很紧密,家庭的基本隔绝状态便被打破了——所以,有些人生活在家庭中,但并不属于家庭——这便造成了一个问题,独眼巨人只能应对这些家仆的反叛,这些家仆并非家庭中的子孙——

施特劳斯：让我们假设一下，假如有野蛮的野兽入侵，而个体的独眼巨人们发现，即使有儿子们相助，他们也没法摆脱这些野兽；他们同时也看到，如果另外五位独眼巨人能帮忙的话——他们毕竟也受到这些狮子的威胁——他们能过得更好。让我们先来听听巴特沃斯先生的意见。

巴特沃斯：……我想，这只是因为，每个人都认为别人与自己平等，因此就不会与另一个人较量体力——

施特劳斯：是的，不过他们仍然可能要跟第三方角力。毕竟，这件事情很简单：两个独眼巨人比一个人强。但是，维柯在原则上反对这种看待问题的方式——例如霍布斯的方式，在这种情况中，人们在藏身坑洞里互相喊话？

学生：……

施特劳斯：[233] 对不起，请重复一遍？不，他们不能交谈。他们没有理性。这是件很简单的事情。霍布斯假设他们比实际上更加理性，而且他们首先必须要变得理性才行。现在，当然，他们在很长一段时间内都不会变得理性，但是，为了转变为公民状态的人／文明人（civil beings），另外还有一些东西也是必需的，这件东西本身不是理性的，却是理性的一个条件，它乃是某种约束。这些野兽性的民族和个人必须获得最低限度的约束。而由于他们完全没有理性，这种约束也就必然是完全非理性的，这便是那种迷信的恐惧。

现在，这种迷信的恐惧首先击中一些人，此后又击中了另一些人。那些首先被它击中的人就是贵族，他们是有一定克制力的人。克制带来了优势，这种优势不仅是身体上的。举个简单的例子，惯于醉酒的人总体上会比不醉酒的人更虚弱——即便他是个拳击手。因为他在大多数时间都会睡着，所以，在这种状态下，他可以很容易地被……也就是说，克制不仅在身体上给人更多力量，也给人以道德上的力量，让人感觉到自己比那些不克制的人更加优越。这些人就是贵族。而从这一点出发，公民社会可以第一次生长出来。

……先生，在这个方面，你也提到了自然的社会性。关于这一点，我也没有听清楚。

学生：哦，因为共同体（commonwealth）是以其自身的方式产生的；维柯说，共同体的产生方式乃是自然的方式。

施特劳斯：是的，但是，这种自然的社会性当然与亚里士多德非常不同——

学生：维柯之所以说人们出于自然就有社会性，原因在于人们遵循自然的习俗。同时，维柯也说，这也正是早期共同体被治理的方式——

施特劳斯：是的，但这说得还不够。因为，我的意思是，当亚里士多德说人在天性上就有社会性时，他的意思是，无论人在早期是多么原始和愚蠢，他都是一种社会性的动物；毕竟，还有其他像蜜蜂这样的社会性动物。但人在本性上就是一种社会性动物。没有任何机制使一个此前非社会性的人变成一个社会性的人。现在，维柯所谓的"人的自然社会性"，其含义是，有一种必定有效的机制会使人成为社会人。因此，维柯事实上说的是，人在天性上是非社会性的，但这种机制必定生效，从而让人成为社会性的。两者非常不同。

当然，与此相关的事实是，维柯认为人可以没有语言，而亚里士多德则否认这一点。如果没有一种语言，人就不可能成为人。这语言可能是一种非常糟糕的语言，仅限于"杀"——我想，当丘吉尔在西线指挥一个他不懂得其语言的部落时，他唯一知道的词就是"走"和"杀"。① 但是，这两个词是绝对必要的，所以他学会了［笑声］。

学生：施特劳斯先生，在维柯那里，使人有社会性的东西是必需（necessity），是吗？

施特劳斯：是的，但维柯还从未充分展开论述这一点。我的意思是，比如说，人是一种两条腿的动物，这是预设在其中的；或者［他有］两只眼睛，这属于他的原初构成。但是，从他的最初构成中发展出了一种机制：社会性。这是派生的。我的意思是，在这方面，斯宾诺莎也很有帮助，他在某个地方说——我是［234］很久以前读的——其论证最后的结论是，人可以说是一种社会动物。可以说，社会性是一个过程的结果，而不是人的自然构成。而在这个意义上，我认为维柯像……一样，把人的社会性看作是后天获得的。

---

① 此处的"西线"指当时英属印度的西部边境（也即如今的巴基斯坦西部和阿富汗东部地区）。

关于维柯对永恒一词的使用，我会说：当维柯说到永恒的属性时，是什么意思？比方说，这种贵族—平民间的关系就是一种永恒的属性。

学生：嗯，……的永恒的共同体。

施特劳斯：也包括这一点。

学生：或者统治者与被统治者［之间的关系］？我的意思是，这……在我看来，我们很可能会认为维柯提出的是一种永久性的划分，认为这是一个事实——

施特劳斯：但维柯所说的肯定是早期社会才特有的东西。例如，［封建制中的］效忠（fealty），或者诸如此类的东西的永恒属性。在这里，"永恒"意味着什么？不存在一个永恒的封建式忠诚的社会，它只是一个阶段。我认为维柯所指的不过是一种有如下性质的基本属性：并非一定会有封建主义，但如果封建主义［存在］，那么它必定会有这些品质。我不相信维柯还有更多的意思。

学生：但是，维柯提到共同体的永恒原则，如果有共同体的话，就必定有统治者和被统治者。

施特劳斯：是的，但这并不意味着总会有共同体。

学生：……

施特劳斯：对不起，请重复一下？

学生：不，不是这样。

施特劳斯：我想，它没有超出必要含义之外的意思。我的意思是，我愿意看到这个观点被反驳，但就我能看到的东西来说，维柯并没有更多的意思。

此后，你反思了维柯谈到政治科学的这个段落，这理应让你印象深刻。我想，等我们读到这段话时再来讨论吧。在你关于这个问题的发言中，你说，即使霍布斯也对政治科学有一种更广泛的看法，你忽略了也许跟政治科学没有直接关系的一点，但它肯定不是完全不相关。也就是说，维柯并不拒绝道德哲学，也即区别于野人的智慧者的生活方式。那么，智慧者并非指愚蠢的贵族，而是指真正的智者。此后，维柯接受了某种观点，从根本上讲，这种观点……或其他类似的人所说的东西，乃是合理的。对于这一点，我想维柯也承认。但事实上，这点与政治没有直接的关系，因为这些智慧者非常罕见，以至于从所有实际的目的来说，你们可以完全不考虑他们。在这个方面，我认为维柯的观点与斯宾诺莎非常接近。不过，重申一遍，我对你的论文特别满意。

［235］我们现在转到［上次留下的］任务，"诗性的经济"……请讲？

学生：我有个问题。您是否同意……先生关于民政公道的归属问题的观点？民政公道属于英雄阶段还是第三阶段？起初，您难道不是说，您觉得民政公道是在第三阶段，而非——

施特劳斯：属于属人的阶段。

学生：属人的阶段。但是第38和39段非常明确地说——民政公道是在英雄阶段。

施特劳斯：哦——第38段说，"罗马法学家所谓的民政公道（aequitas civilis），即我们所谓的国家理由"。

学生：对。

施特劳斯：请注意"我们"；而且，就属人阶段的罗马国（the human state of Rome）而言，罗马法学家们是非专业的法学家，而当时的罗马则是一个绝对君主国。

学生：维柯难道不是说——维柯指的不是第二阶段，也就是英雄阶段吗？

施特劳斯：好吧，让我们请罗特拉先生逐字翻译一下第38段。

罗特拉："第二种就是英雄时代的法律，言辞方面精审、注重细节（在这方面，审慎的尤利西斯显然是个专家）。这种法律追求罗马法学家们所谓的民政公道，即我们所谓的国家理由。英雄们凭他们有限的观念，认为他们自然地拥有那种权利，也就是我们用言辞所解释的权利。"

施特劳斯：是的，我承认，那段话并不像——

罗特拉：这段话需要仔细研究，切分开来——

施特劳斯：是的，那么，你想到的另一段话是哪一段？

学生：第39段。

兰肯：［读文本］

> 最后一种类型的法律就是自然公道的法律，即自然流行于各种

自由政体中的那种类型。在这种类型里,人民每人都为着他自己的特殊利益(并不懂得这对一切人都是一样的)而被引导去主宰普通的法律。他们自然地都善意地倾向于遵守要求平等利益的一切最细微的细节。这就是拉丁词的 aequum bonum [平等利益],这就是最晚的罗马法学的主题——(第39段)

施特劳斯:这是哪一段?第39段吗?

读者:[236]是的,第39段。维柯似乎暗示提到民政公道的乃是早期的罗马法学家。所谓的 aequum bonum 就是自然公道,也就是……的那种。

施特劳斯:是的,维柯把它称为自然公道吗?

兰肯:译文——

施特劳斯:但是你看这里,维柯在第39段末尾讲到,哈德良皇帝(Hadrian)用各行省的人道自然权利(the human natural right)改革了整个罗马的自然权利,而"人道的"自然权利当然是基于平等的。不过,还有一段话,我不知道具体在哪里了——要在很后面才出现,维柯在其中也谈到了这一点。第322段?

兰肯:"严格法律的原则——"

施特劳斯:[3]22段。

兰肯:的确是322段。这段谈到了"严格法律的原则。它的准则是民政公道,通过其确定性,也就是通过其明文规定的具体特殊性",等等。

施特劳斯:是的,我明白了。不过,我想另外还有一段;让我们看一下第329段。自然公道(natural equity)。维柯在这里称之为自然公道:"诸异教民族在他们最初创始时就已懂得其(即自然公道)最完备的观念。"而这当然是一个基本的错误……但我认为此后还有一段话,维柯在那里的某个地方提到……,但维柯有好多次都提到了他。不对,不是那个地方,对不起。所以,由于时间关系,我先收回我所说的话,但如果我的想法中有些真实依据的话,我希望它会在自然的过程中再次自动地得到确认。请讲?

兰肯:此前……看起来,"永恒"的意思少于"本质的"。也就是说，本质的属性会永恒地呈现出来——

**施特劳斯**：如果这件东西存在的话。

**学生**：是的，如果它存在的话。但维柯却用"永恒"代替了"本质"。他没有使用"本质"，他有意作了一个更弱的论断，……对本质的讨论。

**施特劳斯**：这我就不知道了。可能是这样。但相反的是，这个论断更强了，因为当维柯说到"永恒历史"时，这种说法听起来比"本质上的历史"（essential history，关键的历史）更充分。我们是否应该推迟一下，直到我们读到某个对此做了解释的段落，再来讨论？

现在转向我们上次留下的任务。让我们首先考虑一下第 575 段。

**兰肯**：[读文本]

> 这也许可以说明东佃制（emphyteusis）为什么是属于民法（de iure civili）的一种契约。根据本科学的原则，这种契约就是属于英雄时代的罗马法的一种契约（de iure heroico romanorum），"而乌尔比安却拿人道的诸民族的自然正当/自然法（natural right）来区别——"①

**施特劳斯**：[237] 我几乎要把它翻译成"人道/良善的"（humane）诸民族的。请继续？

**兰肯**：[读文本]

> 来区别于前此野蛮的民族的自然法，并不是和他当时罗马帝国以外的野蛮民族的部落自然法相对立，因为这是罗马法学家所不必关心的。（第 575 段）

**施特劳斯**：这里也涉及第 561 段。现在，让我们看看维柯的意思。

---

① 关于本段最后半个分句，伯尔金和费什译本作"而乌尔比安却拿 ius naturale gentium humanarum（人道诸民族的自然法，英文为 the natural law of human nations）来区别——"。[译按] 兰肯在朗读过程中略过了英译本中的拉丁文，并根据施特劳斯的理解方式，用 natural right [自然正当/自然法] 的译法更换了英译本中的 natural law [自然法]，来翻译拉丁文中的 ius naturale [自然法]。

罗马法学家宣布为民法（de iure civili）的东西使它脱离了公民权利。维柯认为，英雄时代的罗马法与诸人道民族的自然权利相对立。那么问题来了：英雄时代的罗马法难道不是自然的吗？它当然是自然的。但它是一种与人道民族的自然法不同的自然法吗？不过，当然，这些早期的罗马人、希腊人或任何其他异教民族并不知道，他们所拥有的这种英雄时代的法权是自然的，他们只知道，这是自己从祖先那里继承下来的权利/法。只有后来的哲学或史学才能将它视为自然的。这一点清楚吗？我们有一段话，……先生也提到过，在这段话中，维柯指出了"私人"和"公共"之间的平行关系。这是罗马人的私法——我是说，独属于罗马人的法权；另一种则是独属于希腊人的法权。但是，当我们翻阅证据并审视它时，我们看到，所有这些早期的法权都有一些共同的典型特征，因此，我们看到，存在着一种英雄时代的自然法/权利。所以，我相信这点并不难理解。接下来，我们读一下第 578 段。

兰肯：[读文本]

但是，到了英雄部落法被乌尔比安所界定的人性的部落自然法所取代时——

施特劳斯：也即人道的（humane）各民族。

兰肯：[读文本]

——人道的各民族的自然法所取代时，就有了一次革命性的变迁。在古代，如果买卖契约不预先规定加倍偿还，就不保证偿还。现在，这类契约之后（queen）叫做"守信用"（*bonae fidei*），偿还权自然地通用，纵使没有先规定。（第 578 段）

施特劳斯：当然，文明化的法权/权利中有一种自然的元素。而且在某种意义上，它更为自然。我想，这就是……先生的意思，也就是说，自然的公道，也即仅仅基于自然理性的公道，属于人道的诸民族。这是你刚才试图说的吗？

学生：是的。

施特劳斯：是的，好。让我们看看第 582 段，接近结尾的部分。

兰肯：[读文本]

　　这句明显的假话起于学者们在解释上文引语时所犯的通常的凡俗错误，因为这句引用是罗马法官们涉及被罗马人征服的那些民族时所说的。[238] 这些被征服的民族被罗马人凭征服权力而剥夺掉全部民法权，只剩下他们的自然的父主权力，因而只剩下自然的血统纽带，叫做同族纽带，因而也只剩下自然的财产权，叫做凭占领时效的所有权。由于这两层原因，只有自然的义务才属于诸民族的自然正当/自然法，① 而乌尔比安进一步加上一个更明确的形容词，把它称为"人道"的自然法。② 但是这些被征服的民族已丧失的制度（所有权）在罗马帝国以外的各民族还在他们自己（行省）内部的民法里保存住，正如罗马人自己还保存住他们原有的那些制度。（第582段）

施特劳斯：好的。所以我们也许可以这样说——我的意思是，我猜这里是否与魏斯先生的发现相一致。明确的合乎理性的法权，如果我可以这么说的话——也即属于人道的或文明的民族的法权——乃是被罗马人征服的诸民族所拥有的法权，它与罗马人以及未被征服的民族都有区别。你是这样理解的吗？

学生：……这些民族，但他们并不总是拥有……

施特劳斯：是的，不过，维柯还是在这里说，他并未把神圣天意的问题……这些就是自然权利本身，因为他们已被剥夺了这些公民/民政权利，而且，他们（这些野蛮人）甚至可能未曾知道这些权利。但罗马法学家们是已被启蒙的人，他们看到，这些权利（我指的是这些自然权利）属于他们这些被征服的人。所以换句话说，自然权利的真正所在，在于纯然的臣民（subjects），也即纯粹的民众（plebs）。

学生：……

---

① 兰肯所读的"诸民族的自然法"（by the natural right of nations），其拉丁文原意为"诸异教民族的自然法"（de iure naturalis gentium）。

② 兰肯所读的"人道的"（humane），其拉丁文字义为"人类的"（humanarum）。

施特劳斯：在他们的情形下，不需要任何特殊的外在形式，只需要一个单纯的承诺，单纯或坚定的承诺——比如说一个单纯的合同，就有约束力。换句话说，如果我与某人订立了契约——我找你或者你找我签订协议，那么，即便没有在签名线上签下名字，你也会理所当然地遵守它，对吧？这就是在有理智的人中间有效的东西。但我不知道自己是否看透了维柯的意思。我们必须暂时回到本部分的开头——第570段。我们来读一下段落开头。

兰肯：[读文本]

英雄时代的诸民族只关心生活的必需品。他们所摘取的唯一果实只是自然的果实，因为他们还不懂得金钱或货币的用途。他们——

施特劳斯：在这里，维柯以英雄时代异教民族最古老的法权开始，除了关心生活必需品等东西以外，他们什么都不关心。请继续。

兰肯：[读文本]

他们仿佛只有身体。英雄时代诸民族的最古的法律确实不能承认今天所谓单凭同意制定的各种契约。（第570段）

施特劳斯：换句话说，也就是信用协定（contracts of good faith）。

兰肯：[读文本][239]

他们极端粗鲁，所以多疑或易引起猜虑，因为粗鲁生于无知。人性有一个特征，凡是无知的人就经常多疑。由于这些理由，他们不承认信用。他们通过现实的或象征性的物体转手（或交换），来使一切义务得到保证。此外，在执行过程中就通过隆重的规定，有往就有来，使交易成为确定的。因此，《十二铜表法》里就有一个著名的条文："如果任何人要定一项契约或转让，只要他用舌头宣布过，它就具有约束力。"从这种人类民政制度的本性中，就涌现出下列一些真理。（第570段）

施特劳斯：好的。这些是英雄时代的异教民族最古老的法/权利。

他们是最高程度的野蛮人。这难道不意味着，英雄时代与有时被人们称作的神圣时代是一样的吗？因为它似乎是……的开始。在神圣的时代，人们是……但在这里，这被描述为英雄的时代。毕竟，就像我此前说过的，这两个时代之间的区别只是由埃及神话证明的。请讲？

学生：维柯此后提到了一些由神学思想（theological thought）所创造的神明，而另一些则是由英雄时代的思想创造的。维柯说密涅瓦是由神学思想创造的，而在另一个地方，维柯则说，约夫是由英雄时代的思想创造的。

施特劳斯：是的，但由于约夫是第一个神，困难就在于，是谁创造了这些神。如果你假设诸神是真正的代理人——我的意思是，诸神与人一起生活，正如维柯在起初表述的那样。而此后，在诸神之后出现了英雄，他们是诸神的后代。但是，这点当然没有被维柯接受。这些神都是人类想象力的产物。对这一点，你看到了吗？

学生：是的，但我没弄明白……

施特劳斯：好吧，最初的时代的原意是神与人共同生活在大地的时代；在第二个时代，英雄，也即神的后代，与人一起生活。而在第三个时代，大地上便不再有任何神或英雄，而只剩下了人。只有人。这就是维柯所采用的学说和神话的含义。

当然，对于维柯来说，以上观点不可能字面上为真，因为存在的始终只是人类。这点已经清楚了吗？第一批想象宙斯的人自然是人类。那么你便不得不说，第一个时代是人们相信朱庇特的时代，但这种说法并不正确，因为后来到了共和国中，人们也相信朱庇特。那么，这三个时代的区别是什么意思？其间明确的区别便是，那个时代（指最初的时代）是一个人们相信不平等的时代，人们相信根本的不平等。贵族被认为在出身上完全不同于平民。而从某个时刻开始，人们不再相信这种出生的不平等了……我相信，这是唯一真正重要的区别。

那么问题就来了：怎么理解这个最早期阶段内部（within）的发展？现在，我们已经有了一个明确的区分，一方面是前政治的时代（也就是维柯所说的家庭状态、自然状态），而在下一个时代，人们建立起了第一个贵族制的共同体。你们看到这一点了吗？这种区别是非常清楚的。[施特劳斯写板书]你有了早期的贵族制，此后有了民主制和君主制。

现在，这些都是属人的时代……所以问题就是［施特劳斯写板书］——让我们把这称为人类的阶段。但是，要说这个是神圣的时代，这个是英雄的时代，能够说得通（make sense）吗？而这就是问题所在。不过，如果是这样的话，那么，［240］那个区分就会与维柯自己的教导之间存在直接的差别——当然不再是在埃及神话的意义上，而是在维柯的意义上。但迄今为止，我还没有看出，如果维柯把第一个时代亦即独眼巨人的时代称为神圣的时代，把独眼巨人联合起来的时代亦即贵族时代称为［英雄的］时代，会有什么道理。也许他的确是这个意思，但我没有证据。我所见到的更多证据，是将这两个阶段彼此融合在了一起。魏斯（Weiss）先生？

魏斯：我想说的是，当维柯［讨论］诸神的创造，并说是由人创造了诸神的时候，他也显出了一种混淆，将神圣时代和人类时代混淆在了一起。因为维柯说的是神学的诗人，但英雄的诗人也做了同样的事情。

施特劳斯：但是你看，我相信，这是一件非常混乱的事情。维柯充分意识到了这种混乱的特点。一方面，他说到了神圣意旨，因此整件事情是由神来统治的。但随后，他又从这些野蛮人实际信仰的神明（例如朱庇特）的方面谈到了神圣意旨，而维柯本人并不相信由朱庇特、墨丘利或密涅瓦所行使的神圣旨意。你们看到了吗？因此，这些人相信他们愚蠢的神灵，这点毫无疑问。但是维柯并不相信这些神，对吧？那么，此后，你要么必须以基督教神学的方式重写整件事情，要么必须以他的新科学（作为自然科学）出发来完全重写这件事。你面临的困难是什么？

魏斯：看起来，在使用"神学诗人"一词时，维柯似乎是指神学时代的诗人。而当他使用"英雄诗人"这个词时，他指的是英雄时代的诗人。只是问题在于，在他所使用的语词的背景下，两者被混淆了。而在某些情况下，被说成是英雄时代的诗人的行动，其实早于被说成是神学时代的诗人的行动。

施特劳斯：对，这就是我的意思，维柯混淆了——我是说，我已经通过这个简单的方案（schema）达到了某种理解：如果维柯的意思是这样的，即神学时代是孤独的独眼巨人（即家族父主）的时代，英雄时代是聚集起来的独眼巨人（即早期贵族）的时代，那么，维柯就会有一个与神学时代－人类时代的两分法大致相应的两分法。但是，由于维柯如此频繁地混淆了神圣和英雄时代的二分法——你现在又举了另一个例子，神学诗人在时代上晚于英雄诗人——那么，我便认为……最好不去考虑它。但是，我并不声称自己已经充分理解了这一点。当然，我们不能将其停留在简单的埃及方案之上。我想，就目前这个程度而言，问题是清楚的。

我们现在转过来看看第583段。

兰肯：[读文本]

> 再回到我们的论证：氏族中儿子们在父亲们死后就从这种父主私方专制统治下解放出来了，每个儿子把这种统治完全拿到自己手里了，所以每个罗马公民在从父权中解放出来之后，在罗马法中仍被称为一个"氏族父主"（pater familias）。另一方面，"家人们"（famuli）却仍旧在奴隶情况中生活。过了长时期以后，家人们自然地（naturally）对奴隶情况感到愤怒，根据"受统治的人自然希冀自己从奴隶地位中解放出来"那条公理。

施特劳斯：[241] 这个"自然地"在每个场合中都非常重要。它不能轻易地理解为一种必然会发生的事情，因为整个过程是自然的。请继续。

兰肯：[读文本]

> 这想必就是平民派坦塔拉斯的情况，他白费力用嘴去够那个果实（这就是在英雄们的土地上栽种的黄粮金苹果），而且口渴像火烧过一样也喝不上一口水，那水一到他唇边就落下去了。伊克什安（Ixion）也是如此，老是绑在车轮上旋转。西绪弗斯也是如此，老是把石头推上山，刚推上去就又滚下来了（像卡德茂斯所播下的龙牙一样，这块石头由坚硬的土构成；它上了山顶又滚下去，这在拉丁语句里保留了下来——拉丁语的 vertere terram [翻动土地] 表示耕种它，saxum volvere [滚动岩石] 表示痛苦地完成一项漫长而艰巨的任务）。

施特劳斯：换句话说，所有早期神话都反映了政治的境况。这些神话没有宇宙论的意义或者……但是这种政治关系，犹如一种前马克思主义。请继续。

兰肯：[读文本]

由于这一切缘故，家人们（famuli）势必要起来向英雄们造反。这就是我们在"诸原则"中部分猜测到的那种"必然性"，它在氏族政体下普遍地由家人们强加给英雄父主们，其结果就是各种民众政体的诞生。(第583段)

施特劳斯：所以，再说一次，这种"必然性"当然也是一种自然的必然性。维柯先说的是自然，在这里则说到必然性。他提到的两则公理，首先是——好吧，在这里我必须遵照尼科里尼的说法，但我还没有全部看完他的评注。[维柯]并没有像他可以很容易地做的那样，明确指出它们究竟是哪两条公理，因为各条公理是有编号的。那么，尼科里尼应该做了这项工作，他首先提到了第292段，该段与这里的说法全然不同。这里的这种说法似乎根本就没有出现[在第292段]……

学生：伯尔金和费什认为是第261段。

施特劳斯：嗯，他们的说法也都是来自尼科里尼。是的，这件工作没法在你翻译的时候就完成，这是要花费一辈子的工作。这里，让我们先看看第261段，让我们来试着——

兰肯：[读文本]

强者的特征就在于他们既凭英勇获得东西，他们就不肯通过懒惰把获得的东西丧失掉。纵使他们让步，也是出于必要或方便，而且尽可能少让步，一点一滴地逐渐让步。(第261段)

施特劳斯：好的，维柯在这里省略了功用（utility）。这是平民的纯粹压力。必要性中隐含着对功用的考虑。如果我们不……我们就会失去自己所拥有的其他一切。你们明白了吗？我认为这很有揭示性。所以，如果我们在每一种情况下都考虑维柯所指的公理，或他所指涉的任何东西，那么毫无疑问，我们一定会有所收获。但是，既然维柯没有给出［具体出处］，这就需要——这个不厌其烦（ad nauseam）重复自己的人，却不肯花费一点小麻烦，为我们提供他所使用的公理的正确出处。［如果提供了出处］，那么我们理解起来就会容易得多——这是个奇怪的过程。好的。

［242］现在，我们转到下一段。

兰肯：［读文本］

因为到了这种时候，英雄们迫于紧急应变，势必凭自然本性，要把英雄们自己联合起来，抵御——

施特劳斯：维柯在这里说——维柯换了一种表达方式：不再是凭自然心智（naturalmente），而是凭借自然本性（per natura）。这是一样的；自然的发展。请继续？

兰肯：［读文本］

为了抵御造反的家人大众，他们势必在自己阵营里选出一位比旁人都较勇猛较有镇定精神的父主作为他们的首领。这类人就叫做 reges 或国王们，这个词是由 regere 派生的，本义是支持或指导。（第584段）

施特劳斯：好吧，对于维柯的词源溯源，我永远不会做评论，因为它们有时是错误的，有时与当时人们认为的真正词义相一致，有时又与如今被认为的真正词义一致。这便成为一个无限的问题。请继续？

兰肯：［读文本］

以这种方式，用法学家滂波琉斯（Pomponius）的名言来说，"到各种制度本身指令要有国家时，国家就建立起来了"。（《法学汇编》，1.2.2.11）

施特劳斯：这是对自然和必然性的另一种表述：rebus ipsis dictantibus［事情本身提出了要求］。请继续？

兰肯：［读文本］

这句话正符合罗马法的原则，这原则宣称：部落自然法是由神圣天意来制定的。(《法学阶梯》1.2.11)

施特劳斯：你们看，神圣天意，自然，res ipse［事物本身］：这都是同一个东西。因此，它总是可以用两种方式来指称：它既可以被赋予一种虔诚的表达，也可以赋予一个非虔诚的表达。你们必须自己来决定二者中哪一种更符合维柯的意图。请继续？"凡是——"

兰肯：［读文本］

凡是英雄王国都是这样产生的。父主们在自己的氏族里既然就是些拥有主权的王，诸父主们的地位既然平等而巨人们生性又凶猛，谁也不肯让谁，于是由许多家族王组成的执行统治的元老院就自动地产生了。(第584段)

施特劳斯：顺便说，这现在可以证实一些东西。英雄的国王是已经建立的共同体的国王。而这些神圣的国王就将是前政治家族中的父亲。

兰肯：他们会有……

施特劳斯：是的，……是，很好。请继续。

兰肯：［读文本］

他们发现到，不经人意或人谋，他们就把各私方利益联合成一种共同利益，这就叫做 patria［国家］，它的——

施特劳斯：［243］你们知道，"共同"不是——，罗特拉先生，［请翻译一下］i loro privati interessi a ciascun loro comune.

罗特拉：对每个人来说都是共同的。

施特劳斯：对每个人都是共同的，这是一种非常有趣的表达。对每个人都是共同的。我稍后会谈到这个问题。而这个东西被称为 patria［祖国］。请继续？

兰肯：［读文本］

各私方利益联合成一种共同利益，这就叫做 patria［国家］，意义就是"父主们的利益"。

**施特劳斯**："父主们的利益"，事务，res patria［国家的事务］就是 res patria［父主们的事务］，父辈的利益。而祖国（patria）指的就是父亲们（按：维柯指的是 patria 与 pater［父亲］的词源关联），父主们的利益。而私人利益绝对会存续下来。请继续？

**兰肯**：［读文本］

> 贵族们就叫做元老们，而贵族们就势必成为最初的"国家"或"祖国"中仅有的公民。在这个意义上，我们可以把传下来的一种传说看成真实的，那就是——（第584段）

**施特劳斯**：以及诸如此类。在这里，你们可以看到维柯对传统做了怎样的处理。当维柯基于对人性的洞察，得出与传统相一致的结果时，那么，这些传统就是可靠的（sound）。否则，传统就必须从根本上做出重新解释。所以，关于西绪弗斯的一些传统……是错误的，但是，如果经过正确的解释，也就是说，这个故事反映了贵族和平民之间的斗争，那么，它便能说得通了（make sense）。但是，维柯现在所说的这个传统在其传播的过程中变得有了意义。所以，"必然性"与"自然"是一样的，与 res ipse［事情本身］是一回事，也与事物的情况本身（situations themselves），以及神圣天意（providence）是一样的。是的。但是，正如我们所看到的，由于这是在没有任何来自人的意见（counsel）和属人的意旨（human providences）的情况下形成的，那么，这便使我们有理由来研究神圣天意，如果我们想要谈论起神圣天意的话。

现在，说起这种表达方式，它本身很奇怪：这些是他们的私人利益，他们把私人利益与公共利益结合到了一起。但维柯又增加了"为了每个人的共同利益"的说法。我碰巧知道与这句话类似的两句话。一句来自马基雅维利：在《论李维》第一卷的序言中，马基雅维利说，我相信，这些东西会为每个人带来共同的利益。换句话说，共同利益也必定是每个人的私人利益，否则，私人就缺乏致力于共同利益的激励。自我利益得到了完全的保留。我发现的另一句表述则在一个偏僻的地方，来自洛克的《论自然法》，（莱登［Leyden］编本，第 206 页）①：commune cuiusque utilitas——每个人的共同功用。当然——没有人会提到每个人自己的共同利益，它的意思其实是，如果它（共同利益）不能对每个人保持为有利，它就永远不会被人尊重。请讲？

兰肯：在维柯书中的某个地方已经举过一些例子，维柯贯彻了这一点，把共同利益解释为包含着——

施特劳斯：［244］是的，当然，每个人都知道这一点。关于看不见的手，我们早在《维柯自传》中已经看到……。但是，尽管如此，如果我想到一些似乎有特点的东西，我也会提到并指出来。很好。现在，在下一段，有——我们不能读所有的内容。在这一段的中间部分，维柯谈到了在那么多……当中的同一位荷马——

兰肯：［读文本］

> 荷马本人在他的两部史诗里每逢指名提到英雄们时都加上"王"这一名号。《旧约·创世记》里也有一句名言/金句（golden passage）与之惊人地一致——

施特劳斯：这是第一次，我相信［施特劳斯笑］。请继续。

兰肯：［读文本］

> 在这一段里，摩西历数以扫的子孙们都称他们为王，或者如拉丁文本（vulgate）译文所用的"军长"（duces）。（第 585 段）

施特劳斯：我们先在这里停一下。所以这是第一次——当然，维柯为什么可以这样做？我想，在某种意义上，维柯提到的这种不合常规（irregularity）本身完全不合常规，② 因为摩西在那里说的不是选民，而是异教徒以扫。至于为什么摩西在这里说到王，这就很难说了。因为在这种情况下，通行拉丁文版圣经按字面做了翻译；希伯来文提到的根本不是"王"。但这是……当然，我们关于维柯取得了一些进展，因为我

---

① 洛克，《论自然法则》，Wolfgang von Leyden 编译，（牛津：牛津大学出版社，2002）。

② 施特劳斯也有可能说的是"完全合乎常规"（perfectly regular）。

们看到他开始讲到摩西的"金句"。很好。此后不久，维柯谈到了自然状态，但我们还会遇到更重要的段落。在这一段末尾——我想就是魏斯先生引用的那段话。"在一切人类可能性之中——"

兰肯：[读文本]

在一切人类可能性之中，一旦看出了民政统治既不是由某一个人凭欺诈得来的，也不是由某一个人凭暴力产生出来的——

施特劳斯：是的，但维柯一直不厌其烦地说这句话，来回交叉引用，却就是不给我们一点最起码的帮助，这帮助就是：在哪里？［笑声］好的，请继续。

兰肯：[读文本]

我们就不可能想象出，除掉我们所描绘的方式之外，还有什么其他方式能使氏族权力中涌现出民政权力，或是能使父主的自然的财产管领权变成民政国家的对一切国家财产的支配权。(正如我们在前文指出的，这种支配权来自最完备的法（ex iure optimo），不受任何私方或公方干扰)。(第585段)

施特劳斯：好的，现在我们转到下一段。我们不必全都读。维柯首先谈到了朱庇特的妻子奥普斯（Ops，"权势天后"，得名于optimates），然后补充说到了这些英雄的统治秩序。你能找到这个部分吗？可以从"自大地据为己有"部分继续读。

兰肯：[读文本]

（他的妻子即把诸天神的名称）自大地据为己有的那些英雄们的统治阶层的妻子。(因为朱诺凭占卜的法律，原是被认为发雷霆的天空的天帝约夫的妻子)。上述诸天神的母亲原是地神（Cybele，西贝勒），地神也叫做巨人们即贵族们的母亲，她后来被认为是——（第586段）

施特劳斯：[245] 魏斯先生，你现在看到了吗，我们如今已经获得了我试图得出的等式。独眼巨人们，这些前政治的家伙——他们是贵族，因此，这是维柯式的对古老的埃及方案的正当性证明。重复一下，埃及人向我们讲述了神的时代、英雄时代和人的时代［施特劳斯写板书］。这种划分的原意是，在起初的时代，神与人共同生活在大地上，此后，英雄与人们在地上生活，最后，只有人自己生活在大地上。但维柯当然不能接受这个解释，因为这些神对他而言并不存在，他们是异教神。所以，维柯就必须重新做出解释，而这种新解释乃是理性的解释。有一个由家庭构成的时代，其中，独眼巨人们每个人都各自统治着自己的群体，他们是诸神。此后，当他们形成了公民社会、第一个公民社会以后，他们就成为英雄；而当平等时代到来时，他们就是人类。就是这样。我相信，这就是维柯的解决方案。到目前为止，我没有看到对这种解释的反驳意见。好的，顺带说，在第606段，我还发现了一段平行的说法。

兰肯：[读文本]

> 这里开始了世界上最初的交易或商业，墨丘利的名字就是从商业（merchantry）这个词得来的。他后来被视为商贩的神，而从他的第一次使命来看，他也被视为外交使节的神。据说他是诸神派来的（正如我们所看到的，这一称谓适用于第一批城市的英雄）。（第606段）

施特劳斯：好的。你们看，这里又混淆了，因为这里的父辈们，亦即独眼巨人们，已经聚集在城市里，他们仍然被称为神。在这里发生了混淆。不过，无论如何，这——你们看到其中的混乱了吗？但是——所以，关于这两个时代发生了混淆的印象仍然有道理，而在其间进行区分也确实有道理。毋宁说，这的确是前政治时代和第一批政治社会之间的明显区别。好的。请继续读，读一下这一段话的结尾，也就是586段的最后一句。

兰肯：[读文本]

> 另一个主要的护卫对象就是疆界范围。涉及这一方面，罗马人直到毁灭科林斯时，在战争中都曾非常公道地谨守这种疆界范围，用意是不让平民们军事化，在打胜仗时也极端宽大，用意在于[施

特劳斯笑]免使平民们致富。(第 586 段)

施特劳斯：好的。你们看，这很美，不是吗？换句话说，罗马人有最高的美德，但这种美德计算得很精明。如果用马基雅维利的语言，可以说，维柯在这里揭示了罗马美德事实上的意思，也即实际的真理（factual truth）——verità effettuale。

[246] 马基雅维利当然也做过这样的事。但他做得非常简单。在谈到佛罗伦萨和皮斯托亚之间的关系时，他首先谈到罗马人对皮斯托亚人的兄弟友爱（fraternity），然后说："在另一个地方，为了另一个目的。"（这是马基雅维利的原话）。他表明了这种"兄弟友爱"的真实含义：分而治之（divide and conquer）。我的意思是，"兄弟友爱"（表面上）指的是，罗马人与皮斯托亚所分裂的两派都保持良好的关系，但在事实上，这种友爱就意味着，他们要让这种派系分裂继续下去。[笑声]，所以……所以，最后表明，看似友爱的东西只是精明的计算。在这里也是同样。我们接下来还会发现更多这类马基雅维利式的踪迹……

在下一段，维柯谈到了这个事实：人类最初是平民，不同于神或贵族。维柯在此所想的是一个相当明显的区别。在希腊语中，也就是 anthrōpoi [人] 和 andres，也就是 he-men、hombres [男人] 之间的区别，可以说，他们是不同的品种。而激进的表达方式当然会是，他们是神，是人类以外的人。在这里，我认为维柯已经触及了一些东西，这些东西……存在。顺便说，我认为现在维柯的确也与对埃及故事的解释相合。接下来是第 588 段，我想我们应该读一下。

兰肯：[读文本]

上述神话故事接着就叙述地神（Cybele）或权势神（Ops）的司祭们（因为在所有地方，最初的国王都是祭司），把约夫隐藏起来。拉丁语言学家们从这种隐藏——

施特劳斯：是的，这个词……Latium 来自……好，请继续。

兰肯：[读文本]

而拉丁语将还在 condere regna [尊重王权] 这个词组里保存住

这段故事，正如我们之前所说。

**施特劳斯**：对，是的。[施特劳斯笑] 好的，维柯现在来到了严肃的问题上。

**兰肯**：[读文本]

> 因为父主们结成了一个排外的阶层来反对家人们，而这个阶层的保密就是政治理论家们所谓 archana imperii [帝国的秘密] 的起源。（第 588 段）

**施特劳斯**：是的，这就是政治理论家。你可以举出提比略皇帝这样的人，所以，让我们简单地说，他们是政客（politicians）或政治家（statesmen）。这是维柯一直在做的事情。在拉丁语中，politici 指的不是国务理论家或政治哲学家，他们是政治人物。我相信这个词是提比略创造的，我记得不确切了，而塔西佗则提到过这个词。请讲？

**学生**：这种人指的是属于国家的人（men of state）吗？

**施特劳斯**：是的，这是——我们先停在这里。现在的关键点是城邦的宗教基础：贵族们是祭司。只有凭借这种宗教主张，他们才能保持自己的权威。但是，正如我们从这一段的结尾看到的，城邦的起源是战争。这里也就是指贵族和平民之间的战争，此后，马克思称之为阶级斗争。请读一下第 590 段的开头。

**兰肯**：[读文本][247]

> 哲学家们后来把他们自己的最崇高的玄学默想加到密涅瓦（Miverva）的诞生这个神话故事上去，说永恒的观念是由天神在他本身里生育出来的，而创造出的观念是由天神在我们（凡人）身上制造出来的。

**施特劳斯**：好的，换句话说，那些表达了非常清晰、简单的政治状况的神话，被赋予了一种早期神话学家完全未曾具有的形而上学解释。好的，请继续。

**兰肯**：[读文本]

但是，神学诗人却是以民政秩序的观念来看密涅瓦的，因为"秩序"（order）这个拉丁词是人们爱用来代表元老院的（这也许导致哲学家们把秩序看作天神的一种永恒观念，天神不是别的，他就是永恒秩序）——（第 590 段）

施特劳斯：好的。现在，这岂非一个了不起的——问题在这里：永恒的秩序是否就等同于上帝的永恒理念，或者说，永恒的秩序是否就是上帝？在某种程度上，这个问题当然会有一种简单的传统含意，根据这种含意，上帝当然就是神圣的法律，是 lex divina ［神圣法］——对不起，（我要说的是，上帝就是）lex æterna ［永恒法］。这是传统的教导。但一位神学家要这样说时，不会不增加一句"在某种意义上"这样的限定。因为如果简单将两者认定为一，当然就意味着用一种非人格的秩序（impersonal order）代替一种人格化的存在（a personal being）。至于维柯的意图是什么，我并不——罗特拉先生，你如何理解这句话的结构，idea eterna di Dio, ch'altro non è che ordine eterno ［上帝的永恒观念，这 ch' 无非就是永恒的秩序］，句中的 ch' 是指 idea eterna di Dio ［上帝的永恒观念］还是指 Dio ［上帝］？

罗特拉：……

施特劳斯：什么？

罗特拉：指的是理念（idea）、永恒的理念，而不是上帝。

施特劳斯：对，它不可能——我是说，ch'不会只是指上帝，idea eterna di Dio, ch'altro non è che ordine eterno。

罗特拉："这不过就是永恒的秩序。"

施特劳斯：如果它是——

罗特拉：……上帝的理念，它不可能也是……

施特劳斯：也就是说，ch'不能仅仅指 Dio ［上帝］，对吧？

罗特拉：……

施特劳斯：它可以。是的，我就是这么想的，这是个模棱两可的表达。好的。

罗特拉：不可以。

施特劳斯：不可以。那，如果它只是指代 Dio ［上帝］，会怎么样呢？

兰肯：那么是否就应该用 chi？ch′ 是中性还是阳性？

罗特拉：[248] 什么？

兰肯：ch′。

施特劳斯：带撇号的 ch。

Rotella 先生：……我认为 ch 指的是"永恒的"。

施特劳斯：指的是"永恒的理念"。

罗特拉：上帝的永恒理念（Idea eterna of God）。

施特劳斯：我明白了。

罗特拉：因为 Dio 修饰了理念 eterna；它就是一个复合词——

施特劳斯：如果要说"上帝，它无非就是永恒的秩序"，用意大利语怎么说？Dio——

学生：……

施特劳斯：[它] 也可以指上帝。是的，这……。但这一点并不重要。巴特沃斯先生？

巴特沃斯：似乎还没弄清楚，因为其中有一个形容词，这个形容词是 altro，是阳性。

罗特拉：不，不是。对 idea 来说，词性是一样的。这并不意味着……

施特劳斯：好，是的，这就是我所想的。[学生之间有一小段课堂交流，辨识不清]。我们接着读下一段。在这段中，我们只需要读最后的部分，也就是维柯谈到德尼斯·彼陀（Denis Petau）的内容。

兰肯：[读文本]

> 从我们在卷首时历表里已提到的那两大古代文物片段之一，也可以得出同样的结论。对我们很有利的是，德尼斯·彼陀曾发现，这些古代文物片段埋藏在希腊史里，已远在希腊的英雄时代之前，即在我们现在探讨的埃及人所称的神的时代之前。（第 591 段）

施特劳斯：那么，换句话说，对于埃及人所称的"神的时代"，希腊人称之为"英雄的时代"，是这样吗？这当然会很大程度上解释这种混乱，因为这样就追溯到了源头，对吗？但如此一来，这点其实就并不是那么重要了。在第592段，维柯不止一次地谈到早期诸民族的愚蠢，而现在，在下一段，维柯又发出了对这些早期政权的赞美，对吗？维柯在第592段的最后提到了修昔底德，修昔底德说——

兰肯：［读文本］［249］

> 这一点已由修昔底德证实了。他告诉我们说，雅典城邦在由严厉的元老院中最高立法者统治的时期，一直焕发着最美的英雄品德的光辉，执行了最有价值的艰巨工作，正如罗马过去处在贵族政体时期一样——

施特劳斯：等等。让我们继续，在关于罗马的引文之后，他说"人民只由贵族组成"。

兰肯：［读文本］

> 罗马人民本来就叫做"战神马尔斯的人民"，因为他们生下来就是贵族，贵族才有带兵器的权利。但是雅典被迫从伯里克利斯和阿里斯提德两位首领那种崇高地位抛下来，来拥护平民自由了，而罗马从塞克斯提（Sextius）和卡纽利阿（Canuleius）两位当了护民官之时起，也遭到同样的命运。（第592段）

施特劳斯：好的。所以在这里，你们看到，维柯又采用了贵族立场的判断形式，认为平民的发展是一种从更高的德性阶段的下降（decline），这显然与他之前说过的话——例如在第191段，关于这个早期时代的极端愚蠢所讲的内容——相矛盾。请读一下第594段的中间部分。请讲？

学生：……

施特劳斯：我们已经发现了很多这样的形式，这是维柯对早期人——比如说罗马人、雅典人，或者无论是谁——的判断。维柯以传统的说法对最古老的古代（引用马基雅维利的说法）提出了很高的评价，但他此后也说，这是人类最愚蠢的时代。这乃是贯穿全书的矛盾之一。

学生：您是否看到任何——

施特劳斯：不，这相对来说很好理解。我相信这是维柯对传统的一种顺应，此后，他又只会更明确地提出对传统的反对；一种……这件事并不太重要，因为维柯本可以很容易地攻击早期的异教徒。但我认为，这是维柯的一种把戏，为的是让人们注意到他对所有传统而不仅仅是异教传统的立场。请讲？

学生：这是否可以回溯到先前的那个段落？——在那里，我们曾谈到最好的和最高的东西？因为人类的善——

施特劳斯：是的。不，那是另外一点。我明白了，我相信，并非在这一段，而是在其他段落中，还有其他的矛盾。例如，维柯曾经以如此否定的方式谈到斯宾诺莎对贸易社会也即小商贩社会的同情。此后还有——我们当然会来到……在第594段中间，维柯说，法律的最高统治权（imperium）紧密跟随在武器的最高统治权之后——你们看到这段内容了吗？在第594段的中间。

兰肯：[读文本][250]

因此，在古日耳曼人中间，流行的习俗容许我们推测到一切最初的野蛮民族都会流行同样的习俗。在日耳曼人中间我们再度看到埃及的司祭王国，我们发现武装僧侣们的王国——

施特劳斯：不，在此之前。也就是维柯以塔西佗的论述为基础，谈及日耳曼人本身的那段话。请读一下？

兰肯：[读文本]

这就显示出一种处理事物的适宜感，这些英雄式的议会陈列武器来判决刑罚，因为法律的最高权威须伴随着兵器的最高权威。（第594段）

施特劳斯：这是否让你们想起之前的一个说法？

巴特沃斯：强权即公理？

施特劳斯：不。(你说得)也对，但准确的说法采取的是这种特殊形式：先有武器，法律就会跟随而来。这句话来自马基雅维利的《君主论》，说得非常清楚。我忘了原文的说法——但要点就是这个。马基雅维利说，哪里有好武器，哪里就会有好法律。所以你不必操心法律，但必须确保武装的首要地位。是的。而第一个共同体……再次，武装的先知。所以，光靠先知是不行的，他们必须有武装。我们翻到第 597 段，请读一下开头。

兰肯：[读文本]

从此可见，最初的城市只是由贵族们组成的，是贵族们在统治。但是，因为贵族们还需要旁人为他们服役，凭利害计较的常识，他们就被迫要满足向他们造反的平民大众。

施特劳斯：你们看，这里说的就是功用的通常含义。这就是我们所发现的术语，在第 602 段和 603 段的开头，维柯还会再次提到它。请只读一下第 603 段的开头，来看看维柯对"功用"的真正解释。

兰肯：[读文本]

罗马人有一种直觉的感觉（The Romans had an intuitive sense）——

施特劳斯：不，不，不应该这么说。如果不是"理解了"（understood），就要译成"感觉到了"（sensed），对吧？我的意思是，你在某种程度上去掉了其中的力量，就像……先生在他的论文中清楚说明的那样，按维柯的理解，常识与理智、普遍的智识不同。好的，我们已经看到——在这一段中间，当维柯提到谷神塞利斯（Ceres）之后，他说："这项法律根据的是诸民族的下列自然法。"——你们看到这些内容了吗？在第 597 段。总是同样的……

兰肯：[读文本]

这项法律根据的是诸民族的下列自然法：因为所有权是跟着权力来的——

施特劳斯：这与武器和法律的关系是一致的。请继续？

兰肯：[读文本]

因为家人们（famuli）的生活要依靠赐给他们住收容所来救活

他们的那些英雄们，他们就应拥有一种同样［251］不稳定的所有权。这种所有权他们能享有多久，就要看英雄们让他们保持赐给他们的土地是否适合英雄们的利益而定，这种情况就是合法的和正当的——（第597段）

施特劳斯：好的。这是……因为它再次表明了维柯对自然正当/自然法的理解：自然法总是具体的。这个时代的自然法与另一个时代的自然法不同，所以（才提到了）异教诸民族的这种自然法。权力先于财产。当然现在的问题是：这种特殊的自然正当/自然法是否仅限于英雄时代？或者说，在文明社会中，通过一种修正后的方式，不也同样可以说，权力先于财产（power precedes property）是一个事实吗？我的意思是，这里的权力是"公共权力"意义上的权力。换句话说，在文明社会中，是否有什么财产不事先预设了一个民政的主权者，由后者来保障财产权？这里就涉及这个问题。我们来看下一段，第599段的开头。

兰肯：［读文本］

以这种方式，部分地根据强人们要维持他们的所得财产的本性，部分地根据在民政生活中可望得到的利益的本性（根据这两种人类制度的本性就建立起封建制的永恒原则），世界上就产生出三种封建所有权——（第599段）

施特劳斯：诸如此类。是的——三，在这里，一切都是三；也就是……所以，在封建主义的永恒原则的底层，是人类事物的两个性质。其中暗示的是，封建主义当然是一种典型的而非独特的现象。请读一下第601段。

兰肯：［读文本］

第二种是贵族的英雄们或掌握武器的封建主们的武装骑士（现在叫做军事的）所有权。因为这些英雄们把自己团结在武装阶层里，就保住了他们的农场的主权。这就是过去在自然状态中所谓凭权势的所有权——

施特劳斯：是的，现在你们可以清楚地看到这里"自然状态"的含义。现在,请把这句话读完。

兰肯:[读文本]

西塞罗在他的《星相家们的回答》里曾认出——(第601段)

施特劳斯:好的。后面不必再读,太长了。

兰肯:田产的所有权。

施特劳斯:在自然状态中,曾经存在着充分、完整的所有权;此后,在自然状态中,这些所有权就不再存在了。自然状态是前政治的状态;我相信,这可以经过——。前政治状态。但这并不意味着,根据其各自的特性,政治状态、政治状态的各阶段并不像自然状态那样自然。这就是关键所在。

你曾经提到过,斯宾诺莎与霍布斯的对比……?是的。好。现在我们继续,略过西塞罗的引文。

兰肯:[读文本]

涉及这一点,圣经里有一段金句(《创世记》47:26),摩西在这里叙述到,在约瑟时代,埃及祭司们对所掌管的土地不向国王纳税。(第601段)

施特劳斯:好的。这是我们第二次从圣经中引用"金句"。但我再一次说——请讲?

学生:……

施特劳斯:[252]是的,异教民族。维柯提到了埃及人,但没有提到选民。所以到目前为止,维柯一直绝对地坚持了他的规则,不引用圣经,而我们迄今为止发现的两个例外也仍然证明了这一规则,因为这些段落并非圣经中关于选民的段落,而是关于维柯所关注的同一些异教民族的段落。请讲,巴特沃斯先生?

巴特沃斯:为什么维柯在这里说的是摩西五经,而不是——比如《创世记》,对于《创世记》,他……

施特劳斯:我不知道;我也对此感到疑惑。因为这段话当然是在《创世记》当中。我不知道为什么。

巴特沃斯：因为维柯上次说得很清楚，当他提到——

施特劳斯：是的，的确如此。我的意思是，这是无数我回答不了的问题中的一个，但肯定是一个合理的问题。好。现在，我们来看下一段。

兰肯：[读文本]

  第三种所有权完全正当地叫做民政所有权。诸英雄城市原先全由英雄们组成的，他们凭神圣的封地而从神圣天意接受到特权，在家族体制中成了最高君主，接着在城市体制中，他们团结在一起，就成了城市中的统治阶层，这样他们就成了一些拥有主权的民政王国首脑，都受制于一个最高主权即天神或上帝。所有的最高民政权力都要承认神圣天意。

施特劳斯：好的。但现在，我们已经知道这意味着什么：法律上的（de jure），而不是事实上的（de facto），因为异教徒并不承认作为唯一最高主权者的上帝，而是……朱庇特，或者不管是谁。请继续？

兰肯：[读文本]

  对于人的理智来说，这种公开宣布就便于使人很清楚地懂得——

施特劳斯：不是对"人的理智"，而是通过"人的感官"（sensi umani）——也就是人的感觉，而非智力。

兰肯：[读文本]

  这些民政权力掌管者上任之初即须公开宣布他们是"奉神圣天意"才接受到他们的那些王国的。这种公开宣布就便于使人很清楚地感到，他们的王国都是由天神封赐的。

施特劳斯：你们于是知道，它之所以在感官上可见，因为它被公开宣称了。请继续。

兰肯：[读文本]

因此,如果禁止崇拜天意或神旨,自然的结果就会是那些王国的倒塌。因为世界上从来没有哪一国是由命运主义者、偶然机会主义者或无神论者来组成的。世界上所有国家都只凭靠四大首要宗教(异教、犹太教、基督教和伊斯兰教),都信仰有预见的天神。(第602段)

**施特劳斯:**[253]好。这里的四种宗教当然是异教、犹太教、基督教和伊斯兰教。现在让我们继续看第二个——大约在段落中间,具体是在维柯用拉丁语引述的部分,"受压迫者求援求助"——

**兰肯:**[读文本]

受压迫者求援求助,则呼吁 pro deum atque hominum fidem imploro [求神和人的力量!],意大利人把这话译为"求世界的权力"。

**施特劳斯:**好的。换句话说,"世界的力量"意味着"神和人的力量"。好。接着,在下一句很长的句子中,维柯讲到"对这种力量的中心,希腊人感觉到了,尽管还未理解到",对吧?后文还有,"那么,这就是表示民政权力,我们必须说,它就是人民财产的主宰",你们看到这句话了吗?

**兰肯:**[读文本]

对这种力量的中心——

**施特劳斯:**不,后面,更往后。"那么,这就是表示民政权力,我们必须说,它就是人民财产的主宰"——请继续。

**兰肯:**[读文本]

那么,这就是表示民政权力,我们必须说,它就是人民财产的主宰——

**施特劳斯:**换句话说,在民政社会中,potestas publica [公共权力]确实先于财产。请继续。

**兰肯:**[读文本]

它支撑、包容和保持一切在它上面或安顿在它上面的事物。由于它是这种财产中的一部分——一个整一而未经分割的部分（用经院派的话来说，这一部分和其余部分只在理或法上分开，而在事实上却不分开）——在罗马法里，每一家族父主的家业就叫做父业（substantia patris）或父的财产（paterna substantia）。最高民政权力对属于臣民所有的任何财产都可任意处理，包括臣民的人身连同所得财产，他们的工作成绩和他们的劳动都在内，任何时候只要有必要，就可以向他们征收赋税或对他们的土地行使管领权——

施特劳斯：换句话说，完整的霍布斯式的主权。是的，完整的霍布斯式主权，无论它投注在民众身上，还是在君主身上——这点无关紧要。请继续。

兰肯：[读文本]

伦理神学家们以及民法著作家们现在把这种管领权称为对产业的支配权或征用权，根据的是不同观点，而意义在实质上还是一样，正如他们现在提到关于这个领域的法律时，把它称为国家的根本法律。（第602段）

施特劳斯：好的。不过，现在应该看到，所有这些都是传统的术语、霍布斯之前的术语，"基本法"（fundamental laws）。而从霍布斯的观点来看，严格说来，并没有基本法，也就是主权者受其约束的法……更早在博丹那里，"主权者"的意思是，主权者在国家基本法的范围内是绝对自由的，例如，法国的萨利克法就是这样的基本法——妇女不可以成为国王——此外还有其他这类法律。但是，霍布斯所提出的严格的主权学说则认为，除了[254]包含在主权者之内的基本法——也即主权者必须保持主权的完整（这点被霍布斯完整地采纳了）——以外，根本没有任何基本法。请继续，兰肯先生。

兰肯：[读文本]

因为这种管领权既然涉及土地本身，君主们自然不能随便行使它，除非是为着保持他们的政权的财产。国家政权的维持或破产就

连带地形成人民私产的维持或破产。(第602段)

施特劳斯：换句话说，他（君主）不能仅仅为了自己的私欲而夺走土地。这是不可能的。但为什么这是一个无关紧要的限定呢？谁是法官？没有任何法令可以反对主权者，因此，它绝对是——国王拿走了一块土地，到底是为了，例如是要为自己一座花园或游乐苑，还是为了建一座堡垒，只有国王本人才能说得算数。他是这个问题的法官——要由他来决定，根据严格的教义，这是否合乎公共利益。现在，维柯并没有充分讨论其中的细节。我们已看到，维柯在此再次谈到诸民族或城邦的必要的宗教特性，这种宗教特性起源于自然状态下的前政治生活，因为这些人，这些父主（patres）把宗教带入了公民社会。现在，这种宗教特性是基于情感，而非理性。好的。现在，在第603段，在这个很长的段落的中间⋯⋯先生，你曾说第602段是最长的一段⋯⋯

学生：我说它是最长段落之一。

施特劳斯：最长的段落之一，当然。

兰肯：我可以补充一点吗？

施特劳斯：可以。

兰肯：从第600到602段的进展——它似乎在朝着一个非常不寻常的方向发展。它从人的采邑开始，结束于这个最高的发展阶段，谈到了"被神的恩典统治"。

施特劳斯：是的，但其中有这样的意思：由于宗教是所有文明且因而也是所有公民社会的起源，所以，[宗教]将保留在所有的阶段当中；因此，权力的神圣起源仍然可以在"由上帝的恩典"这样的说法中识别出来。我认为，维柯没有更多的意思了。换句话说，在属人的阶段，权力的神圣特性和神圣起源仍然受到承认，就像维柯说的，在所有时候都能得到承认。维柯通常会反对培尔的论断，后者曾提出，有可能存在一个无神论的社会。我认为，这点已经没有什么新鲜的了。现在，请读一下第603段，从这个长段的后半部分开始，"每一份私人的祖业"这句话以后。

兰肯：[读文本]

> 因为原先在创建罗马政体的过程中创建出罗马法的那些人们，

已把凡是私方的祖遗财产定为若干封地或采邑了，如关于封建法的著作家们描绘为 ex pacto et providentia，亦即全都来自公众遗产，根据民法的契约和规定——

施特劳斯：你们看，这里不是［神的］意旨（providence），而是民政法的亦即人的意旨。民政社会中的财产所依据的意旨，乃是民法的意旨，对吧？再往下读一些，从塔西佗的拉丁文引文之后读起，tamquam omnium parentem［全体人民的父母］——

兰肯：［读文本］

> 这位深刻的著作家用这一名称来说明从远古人类始祖占领最初的空地以来的全部失效刑罚条款的理由。这种对空地的占领就是一切所有权的最初来源。（第603段）

施特劳斯：你们在这里可以看到这个表述的普遍特性：全人类最早的祖先，而不仅仅是异教民族的祖先。这里放弃了对希伯来人和异教民族之间的区分，这当然不是偶然的，因为正如维柯逐渐显示的那样，在旧约法和异教法之间，有相当多的对应之处。请读第609段，还有几处——

兰肯：［读文本］

> 第一批城邦就是在贵族和由平民组成的军队的命令下以上述方式建立的。从本书正在研究的这种人类文明机构的性质上，衍生出了两个彼此矛盾的永恒属性，即（1）平民总是希望改变政府形式，事实上，他们这种变革也往往确实取得了成功。(2) 贵族却总是希望保持现状。（第609段）

施特劳斯：目的是继续保持。换句话说，保守的上层阶级和进步、革命的下层阶级——令人惊讶的是，维柯使用了这种非常现代的说法。现在，关于这个问题，关于"上层阶级总是在维护既得利益，因而保守，而下层阶级总是一心想变革"，之前的政治思想家是怎么说的？

学生：关于富人和穷人的情况，更古老的思想家们是否曾经……？

施特劳斯：是的。首先，他们说过，没错。但我的意思是，关于这个问题的经典讨论是在亚里士多德《政治学》的第五卷，那里讨论了变革的问题。那么，在那里，是否有任何暗示提出，变化的因素在于下层阶级，保守的因素是上层阶级？不，两个方向都有变化的可能。毕竟，在有些情况下，恰恰是普通人想要保守，民主制中就是如此。相反，想要改变的人却是些有僭政倾向的家伙，此外——例如，在公元前5到4世纪的希腊史中，这是常出现的情况，在罗马也是如此。毕竟，由凯撒开始并由奥古斯都完成的并不全是一项民主的使命。不，这是维柯用这份由各个阶段构成的简单模式（schema）而引入的……的一部分。当然，这个总结还太过粗疏，不足以与维柯所说的东西相应。不过，维柯自始至终还保留着一种更为精确的模式（schema）。所以这其实是一个很好的例子。请读一下第610段，这是魏斯先生经常引用的段落。

兰肯：[读文本]

这里出现了两种区别。头一种是智慧和凡俗的区别，因为英雄们是在占卜的智慧基础上创建出他们的王国。正如我们在公理中所说——

施特劳斯：[256] 好的。魏斯先生，你必须看到，这是怎样的一种智慧，它不是维柯所理解的智慧。

学生：在当时，……是可得的（available）。

施特劳斯：在当时，的确。但它当然只是一种非常粗糙的智慧。请继续。

兰肯：[读文本]

作为这种区分的结果，凡俗者就得到"不虔敬者"这种固定的形容词，因为英雄们或贵族们都是英雄城市的司祭们，在罗马人中间得到十二铜版法颁布之后一百年内确实还是如此。因此最后的各民族在剥夺公民权时，就运用一种开除出教的方式，例如罗马人中间的禁用水火。各民族的最初的平民们都被看作外方人或"客家"，从此就出现了一种永恒的特征：不许外教中人享有公民权。（第610段）

施特劳斯：好的。现在我先在这里暂停。第一个等式是贵族与祭司之间的等式——前者是智慧的，而且有的是神圣的智慧。在某种程度上，在每个时代，这一点都在持续着：正如我们之前看到的，政治社会总是宗教性的，也就是说，它有一种建制宗教。用现在的语言来说，它把不同宗教的人排除在外，使之不具有公民身份。好的。现在，让我们来看看第 611 段，然后就下课，下次课再继续。到时我会给你们布置一类问题。接下来，维柯谈到了另一个区别，即公民和异邦人的区别，异邦人等同于敌人。随后，维柯举了一些例子：帕里斯，以及忒修斯。请继续，从"他本是客人"这里。

兰肯：[读文本]

与此类似的还有忒修斯本是阿里阿德涅，一位克利特岛国的公主的客人，伊阿宋本是美底亚一位柯尔齐斯国的公主的客人，两人都遗弃了女主人而不和她们结婚。他们的行为在当时是被认为英雄式的，而就我们近代人的情感来说，却好像是——其实就是恶棍勾当。

施特劳斯："罪犯们的勾当"——uomini scelerati。所以，我们在这里看到了维柯的说法，这是他对英雄时代的判断。请继续？

兰肯：[读文本]

埃涅阿斯的虔敬也应以同样方式来辩护，因为他在诱奸狄多之后遗弃了她——（第 611 段）

施特劳斯：诸如此类。所以换句话说，这当然是一种犯罪行为，但它可得到辩护，因为它是一种符合那个时代的英雄行为。但从一种合理的角度来看，它是……现在，我认为，这也必须应用于维柯在前一段和第 562 段所说的话。也就是说，如果在前一段中，我们已看到宗教不宽容对社会必不可少，那么，宗教的不宽容也有程度之别。在第 562 段，我们发现了一句评论——我们来读一下第 562 段的开头。

兰肯：[读文本]

涉及这一点时，异教的诗性想象创造出另外两个大神，即战神和女爱神，战神代表英雄们的诗性人物性格，首先而且正当地"为他们的祭坛和家灶"而战斗。这种战斗总是英雄式的——

施特劳斯：[257] 好的，但是，不要忘了我们如今关于"英雄"所学到的东西。请继续。

兰肯：[读文本]

因为他们为之战斗的是他们自己的宗教，人类在对一切自然救济都绝望时，总是求助于宗教。因此，宗教战争总是最血腥残酷的。（第562段）

施特劳斯：好的。换句话说，我想，这与维柯在第611段所说的东西相吻合：英雄的行为是犯罪行为。这似乎导致了这样的结论：宗教不宽容和宗教战争也应该受到谴责。我在这里还有一处可以参考，但我不知道它是否非常重要——当然，在18世纪，也就是17世纪可怕的宗教战争之后的一个世纪，这句话并非十分令人惊讶。是的，但这段话太长了，你们可以参阅一下第191段，维柯在那里批评了卢克莱修。

现在，在这里，我们已经对维柯的做事方式有了一些了解。他经常赞美英雄时代；我指的是关于共和时期的古罗马人的美德的那些常见内容。但这掩盖了维柯对英雄时代非常激进的批判。我相信，到了这里，这种批判已经比此前更清楚地显现出来了。不过，在某种程度上，维柯的这番批评在此前已经出现了，因为他一直提到，这些人（英雄们）特别狭隘、愚蠢和非理性。我相信，这是我们所发现的针对英雄时代的最为激烈的表述。而且，我们必须记住这一点。当然，我们要解决的问题是：维柯为什么采取了这种方式来推进？他为什么不直接提出对英雄道德的攻击，而是通过部分的赞美来掩盖这种批评？无独有偶，其中一处……出现在第612段接近开头的部分。在那里，维柯引用了此前发表的《普遍法律的原则》，"这些东西对我们所说的话提供了画龙点睛的佐证——"，请继续。

兰肯：[读文本]

而且，（这些东西）对我们多年前在《普遍法律的原则》一书中关于十二铜版法是由雅典传到罗马那种神话所说的话,也提供了画龙点睛的佐证(那番话是使我们相信该书并非完全无用的两段话中的一段。)(第612段)

施特劳斯:任何关于维柯《普遍法律的原则》的解释当然都要考虑这一点。除了这两段话,维柯否定了那本书中的一切。尼科里尼完全没有考虑这点,但我想其他维柯学者也会这么做的;不过这是我们不可低估的真实信息。我想今天就到此为止吧,因为现在已经5点40分了。我们下次再讨论完这个问题。还有,下次谁来宣读论文?哦,……先生,好。

[课程结束]

# 第十二讲 《新科学》(629–663段)

## 1963年11月6日

**施特劳斯**：[260] 我已经读了你的论文,① 目前也没有什么要补充的。只是,我的意思是,我们必须先去看一看你所提到的文本。只有一点我完全没有想到,而你很可能是对的:维柯的学说意味着对内生观念(innate ideas)的否定。现在,谁是否认内生观念的古代……? 我的意思是,在普通的神话学当中。你知道我说的神话学(mythology)是什么意思。你认为——是谁?

**学生**:洛克?

**施特劳斯**:当然,洛克。当然,也包括霍布斯和莱布尼茨。但是,亚里士多德有一句名言(或者这句名言被归于亚里士多德),如果我记得没错的话,他说——(我记不得……与维柯,以及我们已在读的维柯这部著作的……):没有什么理智中的东西此前未曾在感官中出现过。维柯岂不是在某处引用了这句话吗? 是的。②

**学生**:是的,他引用过。

**施特劳斯**:是的,所以这点也会证实你的观点。现在,这句话适用于亚里士多德,但它并非完全是亚里士多德字面上的原话。我们也可以说,莱布尼茨恢复了亚里士多德原来的意思,以之反驳洛克的如下观点: nihil est in intellectu quod non fuerit in sensibus nisi intellectus ipse [除了理智本身以外,理智中没有什么东西未曾在感觉中出现过]。所

---

① 施特劳斯回应一位学生的论文,这篇论文似乎没有在课上宣读。
② 这里涉及的内容摘自《新科学》第363段。

以换句话说，矛盾律不是来自……，也就是来自理智本身。我自始至终都很清楚洛克的重要性，但这点对我来说并不清楚，所以我非常感谢你提示我注意到了这点。现在，你还想补充什么吗？好吧，你应该试着找到这句话。而且如果查一下索引的话，你会找到的。不过，我相信书里可能没有索引，只有一个人名列表①——亚里士多德，当然，书中会有很多提到亚里士多德的地方；你恐怕要花一个小时找到它。但是，这些东西……

不过，首先，我急于恢复我在你们这里的声誉，在这个问题上，我[施特劳斯笑]上次认输了……我后来花了些功夫找了一下，找到了。这部分内容与民政公道有关。请读一下第 320 段。

兰肯：[读文本]

> 乌尔比安对民政公道所下的定义是至理名言，他说："民政公道是一种可然判断，不是像自然公道那样，是一切人都能自然就认识的——"

施特劳斯：所以，可以说，自然公道并不要求任何智识训练。请继续。

兰肯：[读文本]

> 只有少数资禀高超的人，凭审慎、经验或学识才认识到什么是维持人类社会所必要的东西。这就是如今（nowadays）一般人所说的"国家理由"（reason of state）。②（第 320 段）

施特劳斯：[261]……其原文是，"用好的、漂亮的意大利文来说"，被称为"国家理由"。所以，这就是我此前想到的那段话。接下来的三个段落发展了这个主题，但我认为，这就是我头脑中所想到的说法：无论如何，在最高层次上，民政公道就是国家理由。在较低的层次上，这种"国家理由"，也即社会的功用（utility），被非理性地、基于

---

① 施特劳斯显然指的是课程所用的伯尔金和费什英译本。
② 意大利文原文不是"如今"，而是"用漂亮的意大利文来说"（in beautiful Italian），施特劳斯也即将指出这一点。

非理性假设的基础而做了解释。其中，主要的假设当然是人的不平等。在英雄社会中，社会的功用实际上就是贵族的功用。在维柯意义上的人类社会中——非英雄社会——所有人的平等都获得承认，它将是整个社会的功用，而非仅仅是统治阶级的功用。这就是其间的区别所在。这就是我上次没能找到的那段话，但我记得有这么一段。请讲，米勒先生？

米勒：……

施特劳斯：莱布尼茨，来自莱布尼茨。我现在甚至不记得莱布尼茨是否曾经宣称要恢复亚里士多德曾经说过的东西了。事实上，莱布尼茨的确这么做了，这便是他对洛克的批评。洛克说得很对，只是忘记了最重要的事情。请讲？

学生：亚里士多德的这段话是在——

施特劳斯：在《论灵魂》（De anima）中？

学生：在 263 段①……

施特劳斯：我明白了。谢谢你，……先生。要注意到这一点。请讲，巴特沃斯先生？

巴特沃斯：我记得，上次我们在讨论民政公道时，你曾认为民政公道只存在于自然状态当中。

施特劳斯：不，不是，我——

巴特沃斯：所以你当时的论点是，它出现于自然公道之后。

施特劳斯：不，基于上次讨论的段落，我必须做出的纠正是：在更早期的诸阶段，也存在一种民政公道。但是，就这位著名的罗马法学家乌尔比安所定义的完整意义来说，民政公道属于人类阶段。

巴特沃斯：我弄不明白这点。因为维柯在你刚才读的那段话中所说的东西，似乎与他在第 38 段中的说法完全一致。

施特劳斯：不，如果你比较一下，[就会发现]还不是那么清楚，并非那么清楚。为避免忘记，[我们重复一下]，我们所制定的框架是这样的。[施特劳斯写板书] 埃及的模式（Egyptian scheme）：神的时代、英雄的时代和人的时代。现在，基于我们所学习到的，这个模式必

---

① 提到亚里士多德的相关内容是在《新科学》第 363 段，也许这正是这位学生要说的意思。录音文件的音质很差，难以听清。

须重写。自然状态——我们可以称之为独眼巨人的时代，也就是家庭的时代。然后，这个英雄阶段就是维柯所定义的贵族阶段，[262] 独眼巨人的集会。你知道，独眼巨人组成了一个贵族社会。由贵族（patricians）构成。这个时代是基于如下前提，即贵族与平民属于不同的种群。他们是诸神的后裔。其他人只是人类、蹩脚的生物。而在这里，到了人的时代，才认可了所有人亦即人类物种中所有成员之间的平等。这里有一个两分（bifurcation）：首先是民主制，然后是君主制。我想，我们现在可以忘记那个埃及神话了；现在这个模式显然更容易理解。我想，我们应该始终牢记这一点。好的。

现在，我们还没有完成上次的任务，所以必须回到——第 611 段。在这里，我们发现，这些犯罪的行为被明确等同于英雄的行为。现在，这当然意味着，在英雄时代，英雄们不知道自己是罪犯。那是他们的虔敬和道德。但是，当人的理性得到发展时，这些行为就被视为，而不仅仅被相信为犯罪的行为。而这与宗教不宽容的状况有关。宗教不宽容是一个英雄时代的概念，也就是说，到了人类的阶段，它便不再能获得辩护了。但这并不意味着宗教不宽容不会继续保持强大。

这里，我们也可以提到第 109 段，其中说到，各民族的自然法/自然正当允许异邦人享有民事的财产权。它允许民事财产，也就是说，允许异邦人享有完全的财产权，而非仅有受益权、无所有权（merely bonitary）——这在英雄时代当然是不可能的。

在第 109 段提到的这种自然法/正当，当然是属人阶段的自然法/自然正当。在每个场合中，维柯绝对都只是让我们自己去发现他所指的是哪种自然法/正当。这是谁跟我说的——是兰肯先生吗，还是谁上次在回家的路上跟我提起的？是谁跟我讲的？哦，尼科尔斯基先生，很抱歉我忘记是你了。——维柯这个部分的目的论当然来自传统。而 16 世纪的罗马法则以一种非常复杂和不明确的方式谈到了自然正当和万民法（ius gentium）的关系。这些是［施特劳斯写板书］……，一方面有……，一方面还有……。当然，这些东西之间的关系非常模糊。最有名的是乌尔比安的说法——他说，自然法/正当是自然教给所有家庭的法权，比如生育和抚养后代的权利。而万民法（ius gentium）则总是属于人类的，特属于人。也就是说，它有不折不扣的自然属性，但只限于人类。你们可以在阿奎那的《神学大全》第二卷问题 57 中看到，阿奎那努力调和这种由罗马法做出的区分，以及亚里士多德关于自然正当的教导。这也许是最为重要的文本。

现在，维柯是怎么做的？维柯接过了这个术语……如果你们将意大利语重新翻译回拉丁语，那就是"万民法"（ius gentium）。维柯说，它们是同一回事。但他是怎么做的呢？首先，维柯以不同的方式翻译了"诸民族"（gentium）。这里不再指各民族，而是指异教民族……第二件事，在某种程度上……很重要，他说，这些是异教民族的多种权利。[施特劳斯敲黑板] 在这里、这里和这里。但是，维柯选择了一个传统术语——用传统的术语来唤起回忆，这当然是一种小把戏。塔西佗在某个地方提到过这句话，培根也在一个非常明显的地方引用过：eadem magistratuum vocabula [官员们仍旧使用相同的名字]。① 此后，奥古斯都做出了彻底的改变，把前共和国（pre-commonwealths）转变成了[263]君主国（principate）——我们几乎可以说，转向了专制主义。但是，官员们还保留了相同的名字。所以，名字不变，但含义已经有了根本的不同。

所以，我们必须时刻保持清醒。甚至当维柯说到民政公道时，我们也要问：他现在指的是哪种民政公道？我们可以这样说：民政公道总是指国家理由，但它既有可能指经过非理性解释的国家理由（就像在这里[施特劳斯敲击黑板]），也可以指经过理性解释的国家理由，就像帝国时代的罗马法学家所做的那样，而维柯本人也倾向于这样来理解。

现在让我们来看看第 629 段，或者，……先生，你是否还有别的观点？

学生：我在《剑桥史》中查阅了关于万民法（ius gentium）的两个方面。在讨论这整套罗马法律的发展时，作者们指出，万民法之所以发展起来，是由于总督（Praetor）……试图找到一套处置外国人的法律——

---

① "官员们的名字相同"，或者更宽泛地说就是，"官员们保持了相同的名字"。塔西佗在《编年史》中使用了这个短语，施特劳斯在《迫害与写作技艺》（Westport：Greenwood Press, 1976）中讨论了培根对这个短语的使用，页183。

施特劳斯：处理罗马公民与外国人之间的事务，还是外国人之间的事务？

学生：结果，随着时间推进，这套法律影响了罗马的民法（ius civile），所以，在某种程度上，当维柯谈到英雄阶段的法律时，这种特殊的法律随着时间推移被扩大，并且受到了第三阶段的异教自然法的影响。看来这个 ius gentium［万民法］的概念对维柯来说非常重要，这是——

施特劳斯：当然，这是毫无疑问的。好，但是，这组非常简单的区别——我的意思是，中世纪对 ius natura［自然法］和 ius gentium［万民法］之区别的解释当然已经不一定是原来的意思了。原意还是你说的那个意思，不过尽管如此，中世纪的解释还是与原来的意思有关系。因为，总督在裁决外国人之间，或者罗马公民与外国人之间的事务时（当然大多是在贸易问题上），不会那么拘泥于形式。他以自然公道为指导——指导他的是公道（equity），而不是复杂的罗马法条。所以，关键问题就是关于合同的部分。君子协定式的（bona fide）合同也是一种契约，可它在旧罗马民法中是不被承认的。所以，自然公道比罗马法、比民法本身更合理。在这个程度上，将 ius gentium［万民法］和 ius natura［自然法］相等同是说得通的，因为它只以事情本身所决定的东西为指导，而不是以复杂的神圣天性（sacred nature）的概念为指导。

我们来看第 629 段。这段很长，但我觉得我们应该读一下。

兰肯：［读文本］

> 我们已见到各种政体的生长是从神的时代开始的，其时凡是政府都是神道的，也就是神圣的——

施特劳斯：你们看，这里有一处含混的地方：他们在何种意义上是神圣的。他们相信诸神，这些神被认为是统治者，尽管事实上他们的政府只是一个人类的政府。请继续。

兰肯：［读文本］

> 后来它们发展成为最初的人道的即英雄式的政府，其所以称为"人道的"，是表示与"神道的"有别。

**施特劳斯：**［264］换句话说，根据最后的术语，他们不是真正"属人的"。你们看，我们必须一直留心观察。根据最终的术语，神的政府当然不是人的政府，因为它们并非基于"所有人都平等"的看法。请继续。

**兰肯：**［读文本］

在这些人道政府之内，正如由国王们组成的一条大河所形成的汹涌澎湃的浪潮，一直流到大海里很远还保持着它原来的动力和甜味一样，其中神的时代也还同时在向前流去，因为那里还保持着宗教的思想方式，根据这种思想方式，凡是人自己所做的事都归之于神。（第629段）

**施特劳斯：**我们先在这里暂停。顺便说，这个比喻也出现在第412段的开头。至于为什么会这样，我也不清楚。所以，"宗教的思维方式"——一种非常现代的表达方式。"宗教的思维方式仍然持续着。"它仍然持续着。问题是：它将永远持续下去吗？这种宗教式的思维方式当然影响了维柯呈现事物的方式。宗教思维方式所断言的是什么？诸神创造了万物。但是，根据维柯一条众所周知的原则，这个前提会引起什么结论？如果诸神创造了一切的话？

**兰肯：**只有诸神才能理解。

**施特劳斯：**对不起，请再说一遍？是的，或者，你换一种正面的说法？

**兰肯：**新科学就变得不可能了。

**施特劳斯：**是的，没错，不可能有任何知识了，因为我们只能知道由自己制造的东西。如果诸神创造了一切，我们就无法理解任何东西。但维柯同样也宣称，人已经创造了共同体（commonwealth）。所以，与自然科学不同，新科学是可能的，但正式地说来（officially），自然科学则不可能。可是，宗教思维方式却把共同体的创建归于诸神。对吧？现在，维柯自己也是这样做的，他把共同体的建立归于神圣天意。我想，在这里，我们可以很清楚地看到［维柯在做什么］。好，现在，请继续读。

**兰肯：**［读文本］

> 在这些地方，神圣天意应受到最高的崇敬，因为在人的意图和神圣天意背道而驰时，神圣天意就首先引起人们对天神的畏惧，对天神的崇拜就是各种政体的最初的首要基础。（第629段）

**施特劳斯**：是的，这点我们已经知道了。你们看，这是在古老故事背景下的一个提醒，私人的恶引向公共的利益，这是对"看不见的手"的证明。稍后，在这一段中间部分之后，当维柯讲到——这就是魏斯先生上次所讨论的关于政治科学的段落。如果我没记错的话，这里是全书中第一次提到政治科学。而你对此发表了相当多的评论。

**魏斯**：是的。

**施特劳斯**：[265]请原文照读一下这个段落。

**兰肯**：[读文本]

> 这种形式，像政治理论家们所指出的，完全在于——

**施特劳斯**：不，不是。（要读的句子是）"从此就涌现出政治科学的题材，政治科学就不过是政权机构中发号施令和服从命令的科学"。好的。魏斯先生对此曾作了评论，我不记得所有细节了，但他的评论忽视了一件非常简单的事情。因为你可以说，政治科学的这个含义是原初的含义。在柏拉图的几部对话中出现 politikē epistēme［政治科学］这个词时，除了科学、除了治理社会的知识（knowledge）之外，它没有别的意思；而这种知识当然也包括如何让人们服从的知识，因此也派生出关于服从的知识。这个术语没有任何困难。你从中得出的结论需要更多证据的支持才能被接受。现在，人们可以这样说：既然维柯对"政治科学的最初含义"这个古老的问题并不是特别感兴趣，并且，既然这门"新科学"在某种程度上与传统上被称为——不是起初，而是传统上被称为——"政治科学"的东西有所重叠，那么也许你是对的：通过这些说法，维柯在断言，传统意义上的政治科学必须被新科学所取代。我相信这是你所说的话。

**魏斯**：嗯，维柯说，政治科学无非就是……，这显得是个很强的说法，于是我就在想……

**施特劳斯**：哦，我明白了你说的这点。哦，我明白了！我没有联系——当然，这完全是正确的。换句话说，你可以说，维柯重述了一开始就存在的那种最为粗糙的概念，而不是亚里士多德在［《政治学》］的开头所提出的更高的概念——没错，你说得很对。但人们当然可以说，维柯用新科学取代了传统意义上的、包括霍布斯意义上的政治科学（你指出得很正确），而新科学则并非一门政治科学。为什么它不是一门严格意义上的政治科学？

魏斯：因为它是……

施特劳斯：它是——？

魏斯：一种探究。

施特劳斯：是的。更简单地说，它不是规范性的（normative）。政治科学，包括霍布斯的政治科学，当然还有马基雅维利的，都是规范性的。它展示了一个人应该如何在政治上行动，应该如何治理。而在这里，维柯只说了人们在不同的制度（dispensations）中实际上是如何治理的。这没错，不过当然，这并不完全是——这个说法绝对站得住脚，只需要补充一个推论。如果你已经知道哪些东西属于这些每个具体的阶段，比如说属于人类阶段而非英雄阶段，那么，你当然可以对此前阶段的任何遗迹都提出批评，说它不属于后面的阶段。你能明白这一点吗？

魏斯：可以。

施特劳斯：［266］所以我的意思是，单纯的描述性科学（descriptive science）事实上是不可能的，因为这种描述性科学（或行为科学）总是讲给政治性存在者的，他们必定会从中得出些结论来。想想任何实际的陈述，……种族歧视、贫民窟等等——它们都是实际的表述，但它们通过这些简单的事实，……击中了利益相关的人，他们……。所以我的意思是，如果认为可以有纯然的事实认定，同时不带有任何政治后果，那么这简直就是一种欺骗或天真。当然，在这个程度上，维柯……但是，维柯教诲的核心仍然是一种非规范性的教导，亦即一种描述性的教导。

后来，在这一段的末尾，他谈到了波吕斐摩斯和尤利西斯，"在其中，巨人认识到了"——

兰肯：［读文本］

在这种巨人身上，柏拉图就曾认出在民政或文明状态之前的所谓自然状态中的氏族父主们。(629)

**施特劳斯**：你们看，"所谓的"：这指向了如下事实，即"自然状态"这个词在维柯写作的时候并非像后来那样理所当然——现在，特别是在教科书中，人们会毫不犹豫地比如谈起伊壁鸠鲁关于自然状态——你们可以去读读伊壁鸠鲁，他当然从没提到过这个词。再举一个例子，有些个人（individual）——对不起，有些作家……（虽然我认为"个人"是一个完全正当的术语，但如今它有了这种特殊内涵），他攻击我对洛克的解释，理由是这些关于洛克的解释都来自胡克以及自然状态。他甚至提到了胡克的一段话，所以这段话当然很容易找到。我以前也读过这段话，但我又去查了一下，结果当然是，胡克从来没有提到过自然状态：那是政治神学中的一个创新，自然状态。当然维柯也明白这一点，所以他说，"所谓自然状态的那种状态"。通过使用这个术语，对维柯来说，这些便都是自然状态，因为每个阶段都是由自然的必然性而产生的。

现在，请读一下这段的结尾。

**兰肯**：[读文本]

所以，神圣天意用上述他们政府的贵族形式引导他们把自己结合到他们的祖国上去，以便保存住像他们的氏族专制君主那样巨大的私人利益（因为这就是他们全神关注的东西）——

**施特劳斯**：是的，当然是这样。我的意思是，这就是贵族们关心的问题——维护他们的私人利益。请继续。

**兰肯**：[读文本]

于是，超越于他们自己的任何计划之上，他们便被结合在一种普遍的民政的善之中，这种善被称为"共同体"。(第629段)

**施特劳斯**：是的，但这种共同利益全然就是私人利益的结果……我们经常听到这句话；我们在这里看到的，只是对这句话的再次确认。

现在我们转向下一段。我们不能全都读。你大致可以从段中谈到伊壁鸠鲁和芝诺的地方开始。

兰肯：[读文本][267]

在涉及这些起源的人类是否如伊壁鸠鲁所说的是由偶然机缘产生的，还是如芝诺所说的是由必然命运产生的？

施特劳斯：芝诺指的是廊下派。请继续。

兰肯：[读文本]

可是偶然机缘也好，必然命运也好，都没有能使人类背离上述自然的秩序。因为自从各种政体一旦开始要涌现时，所有的内容条件都已准备好去接受那种形式，从此就产生出各种相应的政治体制，所包含的既有心灵也有物体。所谓准备好的物质（materials）条件就是——

施特劳斯："准备好的质料"（matters），更准确的译法是"质料"。请保持这个一贯的译法。请继续。

兰肯：[读文本]

——这些人自己的宗教，自己的语言，自己的土地，自己的婚姻，自己的名称（部落或氏族）和自己的武器，因此他们有自己的领土权和行政官，最后是自己的法律。因为这一切都是他们自己的，他们都是完全自由的，所以能建立真正的政体。这一切所以发生，是因为上述各种制度原先在自然状态中就已属于作为专制君主的氏族父主。这些父主到了这个节骨眼上，就把他们自己结合成为一个阶层，就创建成最高的民政权力，正如他们先前在自然状态中曾掌握住氏族权力，除天神以外，不隶属于任何人。这位掌管最高民政权者是由心灵和身体两方面组成的。心灵这一方面是一个哲人们的阶层，具有在那种极端粗浅时代可以自然存在的那种智慧。（第 630 段）

施特劳斯：你们看，你们要多么小心才行：维柯说的是贵族们的智慧。当然，他们是有智慧的，但是……智慧。现在，人们在这里会期待着如下想法：共同体的问题是私人的，也就是维柯在这里所说的"自己的"。我们已经看到自己的土地、自己的宗教、自己的语言，重复了七八次。共同体中的东西都是私人的，或者添加到私人的东西之列。但是，相反，维柯却说，其形式则是由父主们非常简单的人类智慧得出的。所以在这里，我们有了一种完全非神学的表述。你需要质料和形式……质料就在这里：这些家庭，每个家庭都有自己的权利，等等；此后，形式是由那时可以获得的那种智慧得出的。有了这些，已经完全足以理解最初的公民社会。在下一段，我们还发现了一些非常有趣的关于自然状态和自然法/正当的评论。我们也应该读一读。

兰肯：[读文本]

> 可是还有一个比上述四大原因更大的原因更值得惊赞。神圣天意通过造成诸氏族的诞生（这些氏族全都生下来就感觉到一种天神，尽管由于无知和混乱，他们全都理解不到真正的天神），由于每一氏族各有自己的宗教、语言、土地、婚礼、名称、兵器、政府和法律，于是神圣天意同时也造成头等部落的自然法，具有上述全部那些——

施特劳斯：是的，然后……此后，维柯又说到了大的民族或家族的自然法/自然正当。好，请继续。

兰肯：[读文本][268]

> 神圣天意在创建各种政体之中先从贵族政体的形式开始时，就把头等部落的自然法（他们前此在自然状态中所遵守的）转变为次等部落的自然法，来供城市时代的人们遵守。因为诸氏族父主们对他们的受庇护者原已享有上述那些权利，到了诸氏族父主把自己结合成为一个自然阶层来和受庇护者相对立时——（第631段）

施特劳斯：我们先读到这儿。你们又一次看到了自然正当的多样性、多种类型或者多个阶段。每个阶段都是自然的，和其他阶段一样自然。贵族制度的秩序也和自然状态一样自然。我的意思是，这句话我们经常听到，但不能过分强调它。

在下一段，维柯提出，诸民族的自然法实际上与民政的、主权的权力是一致的，其中不仅包括政府及其权力，还包括土地和宗教。我们可以通过如下方式将这些内容与此前所说的东西达成和谐一致：我们可以说，维柯以一种在根本上是霍布斯的方式所说的"主权者的法"（rights of sovereignty），其实就是自然公法（natural public law）。但是，在有公民社会之前，这种自然公法当然不会存在；但一旦有了公民社会，就自然有了这些权力。这是一种自然公法的理论。这一切都包含在自然法/自然正当中。你甚至可以说，从根本上，维柯的自然法学说是一种自然公法学说；至少其强调的重点更偏向公法，远多于私法。

在第 633 段，看起来，异教民族的自然法也被理解为神圣法。我们来读一下第 633 段。

兰肯：[读文本]

> 我们在上文所提出的以及最初城市中英雄们都自称为天神这一事实，就会说明"由天神制定的法律"（iura a diis posita）这一词组运用于来自诸部落自然法的各种制度时的意义了。但是等到人道的部落自然法产生出来了（关于这方面，我们不止一次援引过乌尔比安的话）——

施特劳斯：是的，人们甚至可以说，"属于人道（humane）民族的"，这样就很清楚了。请继续。

兰肯：[读文本]

> 关于这方面，我们不止一次援引过乌尔比安的话，而且，哲学家们和伦理神学家们都将他们关于具有充分展开的永恒理性的自然权利和理解，奠基在人道的部落自然法之上。于是，上述词组就已更恰当地重新解释为由真神制定的部落自然法了。（第 633 段）

施特劳斯：好的。当然，这里翻译的是"诸民族"，译者也应该翻译成"异教民族"。我的意思是，要么各民族（gentes）意味着异教民族（gentiles），而且应该永远是这个意思，不需解释——当然，在后一种情况下，这个词自然指所有的民族；这里面显示出了模糊性所在。哲学家和伦理神学家所处理的,只是人道诸民族的自然法。是的,这很清楚。但是,其他的法权,例如前述的英雄时代的法权,也同样是自然的。当然问题就会是:尤其是在宗教方面,人道国家的自然法在多大程度上也包括了更早时代的自然法?

[269] 现在,我们来看看第 636 段,关于抢劫和海盗行为的古代教导。根据英雄时代的观点,这不是犯罪:此事有来自柏拉图、亚里士多德和修昔底德的证明。你能读一下这段的结尾吗?

兰肯:[读文本]

> 更值得注意的是,高度文明的希腊人在人道修养最高的时代,竟流行提供几乎全部题材于希腊谐剧的那样野蛮的习俗。也许就因为希腊居民至今仍然通行这种野蛮习俗去反对基督徒们,我们所面对的非洲海岸一带至今仍叫做蛮区(Barbary)。(第 636 段)

施特劳斯:是的。现在的阿尔及尔和其他地方。好,但问题在于,既然现在的共和国是基督教共和国,即 respublica Christiana,那么我们就必须考虑,基督徒与非基督徒之间在"什么被认为正确"的问题上的区别,较之意大利人与法国人之间的区别,究竟有何不同。换句话说,这事实上难道不正是现在的法权吗?在针对非基督教政府的抢劫和海盗行为上,那些基督教政府的立场是怎样的?或者不必走这么远:在新教徒与天主教徒之间?想想德雷克,那位著名的德雷克,他对西班牙舰队采取异端行为时,被视为犯罪了吗?不,没有。所以你们看,这些英雄式的东西仍然有所存留。请读下一段的开头。

兰肯:[读文本]

> 这种最古老的战争法律的原则就是英雄时代的各族人民对外方人不以宾礼相待。(第 637 段)

施特劳斯:好的。你们还记得这个讨论;我们曾遇到过。尤其考虑一下第 396 段,维柯特别谈到了犹太人的不好客。对吧?现在,从犹太人的这种不友善来看,这必然也反映出,早期异教民族也有这种相似的不好客的制度。我想,这一点很清楚。请读一下第 639 段。

兰肯：[读文本]

　　这种把外邦人看作永恒仇敌的英雄习俗原是由每族人民在和平时期私下遵行的。等到扩充到国外，它就采取永远互相战斗、互相劫掠的形式，这种形式是英雄时代各民族都承认和遵循的。因此，战争是从创建城市开始的，柏拉图就告诉过我们，说城市是凭武器的基础才产生的——（第639段）

施特劳斯：所以我们可以跳过这部分。所以——现在，让我们转到第644段。

兰肯：[读文本]

　　只有通过理解人类民政制度的上述性质，此外别无他法，我们才能解决——（第644段）

施特劳斯：不，我的意思是，重点——我们可以用简单的话重述一下。早期的民族是独眼巨人的集体，集体的波吕斐摩斯。我的意思是，他们几乎就像我们之前听到的那样，"是食人族"……。是的，但在第645段，维柯提到了修昔底德关于这段早期时段的评价，并称他是最敏锐、最有智慧的作家。我相信，此前没有人被赋予这样的称谓，摩西肯定没有过。[笑声]对吧？很好。我想，这很好地说明了，维柯实际上的目的究竟是什么。

　　[270]现在让我们来看看第655段，或者说——维柯在这里解释了一些神话，比如关于佩涅罗珀（Penelope）的神话。我们来读一下第654段的结尾，佩涅罗珀把自己卖给了……你们的说法是什么？请讲，巴特沃斯先生？

巴特沃斯：我只提一个问题。维柯从来不曾盛赞过，从来不曾用形容词最高级称颂过摩西，尽管这是因为摩西有一个不同的称号，但这个事实——

施特劳斯：是的，当然；我们知道这点。所以，还是有可能对如下事实做一番完全清白的解释：维柯引用了很多其他作家的"金句"，却只提到了摩西的两个金句，因为，从某种程度上说，赞美神圣的作者是失礼的。对吧？所以维柯这个做法是可以辩护的。的确，但是，为什么维柯还是在两段话中说，摩西的说法是"金句"？我的意思是，如果把任何圣经段落称为金句都是失礼的——因为这就犹如让自己成为神圣命令的裁决者——那的确会是个好的论点。可是，这两条例外则显明，事情没有那么简单。请讲？

巴特沃斯：你可以把这一点推广到任何一种赞美或不赞美摩西的情形吗？

施特劳斯：是的，我是说，一旦——是的，通过这一步，通过这一步。维柯毕竟赞美了摩西，［因为］一些说法——虽然是关于不相关的材料，也就是说，从圣经的角度来看是不相关的：摩西关于亚当的后裔和埃及人的说法。但这些并非唯一的原因。我们还必须考虑……先生所提到的事实——你们知道，也就是圣经的年代学和史学问题，以及所有诸如此类的事情。是的，……先生，请讲。

学生：……相比于瓦罗。维柯一直称赞瓦罗，并曾称他为"西塞罗时代最聪明的人"。

施特劳斯：是的，我明白了。的确，对维柯来说，瓦罗作为一位古文物学家当然是无价的，但他不可能把瓦罗看成一位有最佳、超凡判断力的人；维柯选择让修昔底德处于这个最高位置绝对是有道理的。我的意思是，这在某种程度上是现代的传统，在这个现代时代的末期，人们几乎可以说——尼采在生命的末期曾经说过很长的一段话。柏拉图、修昔底德乃是高峰，他们都属于那个现代传统。……不是人应该是的样子，而是像他们（柏拉图、修昔底德）一样的对人的分析者（analyst of men）。好的，现在，请读第 654 段的结尾。

兰肯：［读文本］

> 在其他一些传说里，佩涅罗珀却和求婚者奸淫过（意指正式结婚权推广到平民们），生下了林神潘，就是一种半人半兽的怪物。

施特劳斯：换句话说，从贵族制的角度来看，这种平民和贵族的结合是畸形的。贵族制的视角自然会如此。即使在今天，也有不少人认为混杂联姻（mixed alliance）是畸形的。

兰肯：［读文本］

亦即李维所说的混血杂种，因为罗马元老们告诉过平民们，说如果让他们分享贵族的结婚权，就会生下像潘那样由佩涅罗珀和平民们通奸生下来的杂种怪物。（第 654 段）

施特劳斯：[271] 好的，请读下一段。

兰肯：[读文本]

帕西法厄（Pasiphae）和一匹公牛同睡，就生下了半人半牛的杂种怪物米诺陶。这个故事一定是指克利特岛人把正式结婚权推广到外邦人。他们来到克利特，一定是——（第 655 段）

施特劳斯：我们可以先读到这儿。这些段落中有很重要的含义，如果不联系另一段话，就不可能弄明白。第 657 段，维柯在后半段谈到法国的皇家武器徽章的部分。

兰肯：[读文本]

因此，法兰西王徽（意指排除女性继承王位的萨利克法）由两位身穿长袍、用长矛武装起来的天使支撑，并装饰着英雄时代的格言：Lilia non nent［百合花不纺线］。（第 657 段）

施特劳斯：好的。维柯立即想到的只是妇女在英雄时代的较低地位。但什么……怀疑？我的意思是，关于……百合花的事情，我知道得根本不够多，不知道这句话里是否有"百合花纺线"（lilies spin）或"百合花不纺线"（lilies do not spin）的限定。我根本不知道。我原来没有听说过，而且也没有简单的方法去了解法国的纹章学。所以如果谁了解这方面的情况，会对我们很有帮助。但无论如何，维柯称这个词是一个"英雄时代的词"。现在你当然知道这个语词来自哪里——新约圣经。

学生：……

施特劳斯：是的，当然。在这里，这句话只是明确用于指出这句关于法国王室武器的说法，无论这种说法是人们宣称的，还是确有其事。但是，如果我们注意到它的出处来自新约的话，那么新约本身就是一份关于英雄时代的道德的文本。这种说法非常有趣，我必须说，我在这里没有找到任何证据,如果说得上是证据的话。但是,我从马基雅维利那里得知了这点,他又是维柯非常熟悉的作家。现在,我们至少可以说,马基雅维利《论李维》中的一个主要的,如果不是最重要的主题,是如下这个:从他的政治智慧的角度解释圣经。我为此写了一整本书,所以我不能——非常简短地说,李维取代了圣经的位置。李维就是马基雅维利的圣经。而他,李维,有两个功能。首先当然是作为一种"反-圣经",因此他有权威。另一方面,正如马基雅维利在书中拆毁了李维的权威一样,拆毁圣经权威的目的也贯穿在马基雅维利的全部作品之中。而他对李维的所作所为、对李维权威的拆毁,与他不成文地拆除圣经权威的做法之间,也有着对应的关系。或者说,马基雅维利在《论李维》中用看不见的墨水写下了拆除圣经权威的内容。

现在,关于这点,有不少这样的样本。例如……有两种类型的士兵队长。如你所知,"恶"在基督教神学中就是以"士兵队长"的形象而呈现的。我不知道这种说法可以追溯到多久以前,但在马基雅维利的时代很常见,我碰巧是从萨沃纳罗拉那里得知的。我不知道可以向前追溯到多久。现在有两种类型的士兵队长。一种是像[272]曼利乌斯(Manlius)那样的,……此人率领着……特别严厉。① 根据李维的描述(马基雅维利也延续了他的说法),此人有一个缺陷:他是个拙口笨舌的人(he was of heavy tongue),就像圣经里的摩西一样,后者因此让亚伦作他的发言人。

还有另一种年轻温和的队长。科尼乌斯(Valerius Corvinus)就是其中之一,我认为这与……相对应。换句话说,他以惊人的聪明才智使用了李维书中描写过的各种手段,这些东西当然与犹太教和基督教的问题无关……而且有一段话特别有意思。卡皮托利努斯(Manlius Capitolinus),一位为平民而战的贵族,被贵族扔下了塔佩亚(Tarpeian)悬崖。这件事情令人难以置信。在谈到这一点,谈到卡皮托利努斯的遭遇时(他当然受到他试图帮助的平民的尊敬),李维使用了 sanguis salvatoris——"救世主的血"的说法,这是非常、非常聪明的。简而言之,

---

① 曼尼乌斯的儿子骄傲地向他讲说自己单打独斗地击败了一个敌军士兵,他听后竟以作战未经授权为由将儿子处决了。

我相信这是维柯的一部分背景。后来，通过马克思主义，这些东西当然变得非常流行——把耶稣与犹太社会中平民反抗祭司的行动关联起来。

无论如何，对于维柯来说，因为如下原因，这一定是个大问题。此后就是中世纪，而你们也知道，中世纪建立在北方日耳曼部落的新野蛮主义之上。正如早期罗马有一种封建主义一样，在中世纪也有另一种封建主义。但中世纪的情况当然非常不同。因为还有来自其他文明的传承，特别是基督教，它并非源自北方。而这对维柯来说是一个非常大的问题。现在，我相信，在我们之前读过的这段话中，在第159段，当维柯谈到中世纪的情况时，一方面，你有类似荷马所说的那种英雄式的东西——你们知道，其中包括中世纪的传奇（romances），对英雄的赞美和诸如此类的东西，查理大帝和亚瑟王的传说，或者任何你们能想起来的东西。同时，你们还能看到最复杂的经院主义，而经院主义完全不合乎中世纪的英雄特征。我认为，这些都是维柯关于中世纪的真实想法的要素，当然，中世纪时期在某种程度上一直延续到了他自己的时代。

我相信下面的段落中也提到了这个问题。让我们看看——也许我们可以读一下第658段。

兰肯：[读文本]

> 最后，赫库勒斯由于身染半人半马兽涅苏斯（Nessus）的毒血而发狂怒，涅苏斯代表平民，就是李维所提到的那个杂种怪物——这故事的意义就是在民政骚动中，他把正式结婚权推广到平民们，染上了平民的血液，因而就死去，正如信义神，即罗马的赫库勒斯，死于由培提略制定的"债务奴役法"（de nexu）。由于这项法律，"信义的约束就遭到破坏了"，不过李维把这句话联系到比制定这项法律晚十年才发生但实质仍相同的一个事件上，在这个事件中，有必要去实施上述债务奴役法而不仅是制成新条文。李维一定是在［273］某一编年史家的著作中看到上述"信义的约束就遭到破坏"那句话，由于无知和轻信，他就采用了。（第658段）

施特劳斯：我相信它有不止一种含义，因为——我们先读完这段再说。

兰肯：[读文本]

因为平民债户虽已不再因负债而遭到贵族债主的私刑囚禁，但凡是债户却仍被法庭裁决要还债。不过债户们不再受封建法律的约束，即所谓"赫库勒斯的结子"（the Herculean knot）那条法律约束，那条法律的起源就是世界上最初的收容所，也就是罗穆路斯在他的收容所创建罗马时所凭借的那种约束。所以很可能编年史家写的是信义之神的约束，而瓦罗《论拉丁语》把这位信义之神就看成罗马的赫库勒斯，而后来的史家们不懂上述那句话的意义，就把信义之神当作 fidei［约束］来理解。同样的英雄时代自然法在美洲印第安人中间也可以看到，而在我们的世界里，这种自然法在非洲阿比西尼亚人、欧洲和亚洲的莫斯科人和鞑靼人中间还在流行，希伯来人运用这种自然法时就比较温和，债户服役不超过七年。（第 658 段）

施特劳斯：我想这点相当清楚：维柯当然是在赠予一些小恩小惠。希伯来人就算做得更温和，但也同样这么做了。现在，如果希伯来人也有一段英雄时期，那么其他一切结论都会随之而来。我认为，这整段话都给人以一种……的印象，表明他会如何阅读圣经，特别是旧约。旧约是非常晚的创作。摩西比《约伯记》的作者约伯要晚得多，这一点我们在前文中已经看到过。但这当中包含着非常古老的数据，旧约的编纂者已经不了解了。而在第 660 段，维柯明确指出，英雄的竞争，亦即贵族和平民之间的竞争，当然也存在于腓尼基、埃及和弗里吉亚。

那么埃及的犹太人呢？这难道不是一种埃及平民对埃及统治者的反抗吗？难道不能用同样的方式来理解吗？当然，这些只是建议，要使这一点［成为］真正的论证，我们必须比现在了解得多得多才行。

请读一下第 663 段的开头。

兰肯：［读文本］

对"人民"或"民族"这个词取近代意义来理解，而把它运用到最早时期的城市世界（由于哲学家们和语言学家们都无法想象到当时竟有那样严格的贵族制度），这就导致了误解——（第 663 段）

施特劳斯：是的，你们看，维柯清楚地表明了他宣称为其关键创新的东西究竟是什么。迄今为止，无论是哲学家还是语言学家，没有人对早期贵族制度有任何了解。但是，当然有一个问题：他本人提到了柏拉图在《法义》第三卷关于波吕斐摩斯所说的东西，认为柏拉图描述的就是第一阶段，也提到最早的城邦如何从这些早期社会中发展起来。但可以肯定的是，被维柯设定在社会最初阶段的东西，这当然并不是柏拉图从这些公理的基础上发展起来的。

[274] 而且，我们可以再次重复这一点：其间的差别在哪里？对柏拉图来说，很明显，人始终是理性的存在者——也许人们所基于的是非常糟糕的数据，也许将理性运用得很糟糕，但人始终是在运用理性。而事实上维柯则说，在一个阶段，人只有感觉、想象和激情，没有理性，没有普遍概念。对柏拉图来说，从来都不可能有不会说话的人类；这是不可能的。对维柯来说，则存在过这样的哑人。这是一个根本的区别——当然也是维柯与亚里士多德的区别。

现在，在第 665 段，罗马的传统观点预设了罗马人——这一段对……先生非常重要。……而且我认为，的确如此。现在我来试着读一下我的解释，……先生，你来纠正我。罗马的传统看法预设了罗马人有来自神的特权，也就是说，他们是被选中的民族。因为即使希腊人——具有杰出智慧和人性的人——也不了解他们的古代，所以，除了基于这种特殊的特权以外，罗马人怎么可能拥有（对古代的认识）？犹太人对他们的古代（事实上，对于创世）有完美的了解，这是来自神圣恩典的特别行为。这与如下可能性完全相容：犹太人可能是一种野蛮、粗野、远逊于希腊人的民族。你们知道，罗马人尽管是一个如此粗鲁野蛮的民族，却对他们的往昔有如此完美的认识。所以，这一点明显也可以应用在犹太人身上。维柯以这个被自己认为荒谬的假设为基础，论证罗马人的确对其古代有着完美的了解。但这是不可能的。

你对这一段做过不少评论。其中，对于被我遗漏的那些更为重要的意见，你可以再重复一遍吗？

[录音结束]

# 第十三讲 《新科学》（689–809 段）

## 1963 年 11 月 10 日

施特劳斯：[276] 这是一篇非常好的论文。我想这是你为我读的第一篇论文。①你提到了很多关键点，我将只限于讨论其中形成了一种统一体的那些观点。你在开头部分关于你写作论文方式的说明非常明智：如果你还没有看清楚前面的道路，那么唯一可行的方式，就是至少尽可能去看得清楚些。

你谈到了维柯对神话的处理。那么根据维柯本人的说法，在维柯之前，人们是怎么对待神话的呢？你提到了一件事，即简单地拒斥神话，称之为无稽之谈，而维柯也拒绝了神话。但这是最无趣的。还有另一点，也被维柯拒绝了。这点你也提到了，那么，另一种维柯也拒绝的理解神话的方式是什么？

学生：嗯，宗教的——

施特劳斯：其中包含着深刻的哲学智慧。是的。维柯也拒绝了这种方式。从某种程度上，对维柯而言，这种观点比那些仅仅把神话当作无稽之谈而加以拒绝的观点重要得多。如果维柯不满意前人对待神话的方式，那么，他是怎么对待神话的？

学生：我认为，在某种程度上，维柯是想通过给神话以不同的解释来恢复它的可信度。

施特劳斯：是的，什么样的解释？我是说，为什么神话对他如此重要？毕竟，维柯并不相信这一切。

---

① 施特劳斯点评一位学生的论文，论文在课程开始时宣读，并未录音。

学生：因为神话提供了信息……早期的信息……

施特劳斯：所以换句话说，神话的重要性不在于字面意义上的真实，也不在于其中包含着哲学智慧，而在于，它是早期人类思想的文献。为什么维柯就像他说的那样，对早期人类思想或英雄时代的思想如此感兴趣？

学生：维柯想了解文明的起源，也即文明如何出现，这样他就可以……

施特劳斯：既然他是一个哲学家，那么，他为什么如此强烈地关注人们无法做哲学思考的那个早期阶段？这部作品的大部分内容都是关于早期时代的人。

学生：……

施特劳斯：在维柯的时代，能替代政治哲学的最明显的选项是什么？他一直在使用这个词：自然法/自然正当。为什么自然法/正当的问题会引向他的探索目标？是否有人——我的意思是说，我希望班上至少有一个人可以回答这个问题，我们已经不止一次地讨论过。

学生：[277]……

施特劳斯：是的，但我们仍然还没讨论到制（institu-）——是的，请讲？

另一位学生：当我们面对自然法/正当时，我们发现，自然法/正当并非一种，而是有很多种自然法/正当。

施特劳斯：是的。换句话说，研究自然法/正当的整个方法都是错的，因为有 n 种自然法/正当，而《新科学》中也提供了对这一点的证明。

现在——维柯对神话、对早期人类思想的研究，尤其成为他寻找真正的荷马时的基础前提。你指出了这个事实：关于真正的荷马的这个章节要么不存在，要么在此前部分对维柯学说的介绍中只发挥了非常微不足道的角色。而到了这里，这些内容则发挥了相当大的作用。那么，如何才能更简洁地说明这一点，说明这段内容发挥着相当大的作用？

学生：[1] 如果荷马的确呈现——

---

[1] 即课前宣读其论文的学生，有别于前一位学生。

施特劳斯：不，我的意思是，首先，对真正荷马的探索，乃是维柯学说最终版本中的一个非常重要的部分。虽然这个部分初看起来只是一个相当外在的事实。

学生：……

施特劳斯：不，是非常表面的东西，但也非常惊人。

学生：……

施特劳斯：讲得很好。是的，我甚至没有想到这一点。但是，因为卷首插图也是一件非常神秘的东西。但是，其中有一点非常明显：这本书由五卷构成。第三卷，也就是中间一卷，专门讨论了荷马。我的意思是，如果这个位置对维柯的写作方式有一定重要性的话，对此，我相信——但是，这个问题还没有充分解决。因此，从外部看，它确实是维柯教诲的中心部分。

现在，维柯关于荷马发现了什么？你提到了这一点。荷马不是一个个人，一位诗人，毋宁说，真正的荷马乃是民众的思想。是的，人们可以这样说，而且这的确是一件划时代的事情。整个19世纪——在某种程度上，甚至20世纪——都受此影响。民众思想。浪漫主义——主要是德国浪漫主义，但是，也有别的一些东西由这种民众思想的观念表达出来。

不过还是要问，维柯是个浪漫主义者吗？我的意思是，在这个意义上：我们几乎可以说，相比于思考、理性的思考，维柯更偏好的是民众（folk），民众的情感。我们可以这么说吗？我想，你已经对你自己的问题给出了答案，但让我们把它说清楚。

学生：我不确定……强行在其中一边。因为在最后一节的第一部分，维柯表示，存在着两个荷马。

施特劳斯：[278] 是的，但你们看，这不会对此产生什么影响；我的意思是，我不知道如今……到底会怎么说。当我在求学的时候，有一些大胆的人说，《伊利亚特》是一个人写的，《奥德赛》是另一个人写的。你们知道，我想当时只有斯科特，[1] 一位美国学者……敢于说，

---

[1] 施特劳斯指的是《荷马的统一性》(*The Unity of Homer*, Berkeley: The University of California Press, 1921) 的作者 J. A. Scott。

同一位诗人荷马同时创作了《伊利亚特》和《奥德赛》，这差不多就是传统观点。而通常的观点则认为，这些部分是由不同诗人在非常不同的时期写的，然后在……的时代把它们放到了一起。所以，的确，可能编纂者是一个很平庸的家伙，因此整件事情中有很多愚蠢的地方。但斯科特的回答非常简单，在修辞上也很有力。他说，谁能更好地判断一首好的史诗……还是其他著名的古典学者，或是弥尔顿、歌德、维吉尔？而答案就隐含在这个问题当中。但是，荷马史诗批评方面的这个巨大变化——顺便说一下，这也是维柯在一般的史学史（historiography）中成名的头衔之一，也就是说，是他通过发现民众的思想（folk mind），把荷马批评，并由此从根本上把对所有早期诗歌（其中也暗示可以推广到所有诗歌）的理解，都放置在了一个全新的基础上。但我重复一遍我的问题：维柯是否向下站到了那些更喜欢民众情感（sentiment of the people）而非少数人的思想（thought of the few）的人们那一边？

学生：正是在这里，我认为，他没有坚定地朝下走向……

施特劳斯：好吧。……先生……

学生：就其自己的理论而言，维柯看起来并没有。他把诗歌说成是人类的感觉，把哲学说成是理智，这种理智——

施特劳斯：是的，但是——

学生：而通过遵循感觉……更好，所以——

施特劳斯：是的，这点可以接受。你完全可以在感官和理智之间做同样的区分，并且说，那种感官比这种苍白的派生性的理智要好得多。在我们这个时代，以及 19 世纪，很多人都这么说。

学生：……

施特劳斯：不，是的，我认为人们甚至可以证明这一点。换句话说，维柯可以说发现了浪漫主义的可能性，但他并不认同这种可能性。我认为，他非常清楚地站在理智这一边。

现在，在这方面你提到了他偶尔做过的声明，即诗人像哲学家一样，数量很少。这怎么能与一个诗意世界、诗意民族的观念相合呢？显然，即使在这里也有一个困难。好，我认为困难仅仅是这样的：当维柯谈到神学诗人亦即最早的诗人时，他的确是指不具体的众人。但荷马不是一个神学诗人，他是神学诗人们的继承人。我们后面会谈到这个问题。

[279] 而我想立即提出的最后一点是：你提到了维柯提及基督的地方。这是整部作品第一次提到耶稣，此外仅有一处，我们下次课会遇到。就像我们能发现两次明确提及基督的地方一样，全书中也有两处提到了摩西的金句。所以，对于一个自称严格天主教徒的人来说，不使用圣经是很不同寻常的。当然，事实的确如此。

现在，关于这种荷马式的问题，还有一件事、一件重要得多的事情，早在维柯开始其工作之前就已经得到了讨论，这就是关于摩西的问题。请讲？

学生：……

施特劳斯：你得说得大声一点儿。

学生：……那是一种平行对应……在维柯的荷马批评和现代圣经批评之间，以及——

施特劳斯：也就是（namely）？

学生：——当维柯到了……并且与前后两种《以赛亚书》（two Isaiahs）的概念相对应。

施特劳斯：是的，两种《以赛亚书》的理论是后来的事情，但摩西问题才是最重要的事情。如果——我的意思是说，斯宾诺莎曾经宣称，有证据表明、根据古文学的证据，摩西不可能写出了摩西五经。而根据摩西（编者按：施特劳斯疑有口误，应指斯宾诺莎）的说法，是谁写了五经？以斯拉。那已经非常晚了：公元前5世纪。所以，你们知道，这里有一个类似的问题。在"摩西五经的作者"意义上的摩西，并不是摩西五经所描述的摩西。你们知道，这中间有一种很大的平行对应关系。甚至克罗齐在关于维柯的著作中也提到，对维柯来说，斯宾诺莎对旧约的批评肯定起到了相当大的作用。但克罗齐认为维柯只是例如在方法上受其影响，但在关于旧约本身方面，并没有受到实质上的影响，但我不能相信克罗齐的话。我相信，在维柯对荷马的讨论中，关于圣经问题的内容远比我们想象的要多得多。这并不是说荷马对维柯不重要，但圣经当然重要得多。因为毕竟，没有人代表荷马提出，由荷马来提供关于人类生活的指导。在这个意义上，荷马还不是一位权威。好的。

我们上次课还积压了一个问题，那就是——我们将尽力而为。现在，我们上次读到第688段，现在应该读第689段。我这里只提醒你们一下第 688 段的内容。诗性的神学家——也就是说，早期人、在早期可以被说成是人的人（你们知道，我的意思是说，独眼巨人就是这些诗性神学家）——他们有着和维柯同样的主题：人的世界。但他们缺乏自然学（physics），因此不理解他们在某种意义上亲自创造的诸民族的世界。现在，我们转向第 689 段。

兰肯：[读文本]

> 后来天空闪起雷电——

施特劳斯：第 689 段，是的。

兰肯：[读文本][280]

> 天帝约夫就这样唤起人类心灵自由所特有的动因或动力，使人类世界有一种开始，正如凭物体作为必要的动因所特有的运动，天帝约夫就使自然世界有一个开始。因为看来像是物体中的动力仍不过是一种不可感觉的运动，像我们在讨论方法时已经说过的——（第 689 段）

施特劳斯：我们先读到这里。现在，还是要问问你，罗特拉先生，你手头有［意大利文］文本吗？

罗特拉：有。

施特劳斯：那么，cominciò［使开始］的主语是什么？是 Jove［约夫］还是 il monde della natura［自然世界］？①

罗特拉：不，我认为它可以是一个独立的句子，和……一样。

施特劳斯：那你怎么翻译 siccome dal moto？

罗特拉："自然的世界开始了。"

施特劳斯：是的，我也是这么理解的。至少说，这句话有些模棱两可——

---

① 伯尔金和费什译本将 Jove（约夫）理解为两个行为——"人的世界的开始"和"自然世界的开始"的原因。施特劳斯则让罗特拉确认，第二个分句可以表示下述意思：自然界是从运动而不是从约夫开始的。施特劳斯认为 cominciò 是不及物动词，"自然世界"是其主语。

罗特拉：是的。

施特劳斯：谁开始了这个运动？约夫还是自然世界？或者说，主语是"运动"还是"约夫"？

好，现在，关于有别于必要的行动者（agents）的心灵自由的这番说法，我们此前已经讨论过了。在人只是想象与激情的绝对玩物却没有理性的阶段，怎么可能有心灵的自由呢？我们此前已经讨论过这个问题。

现在，我们来看看第692段的开头。请讲？

学生：什么是……这种动力是惊奇（wonder）还是恐惧（fear）？

施特劳斯：Conatus, conatus［趋力］——最初的运动，但维柯试图将之限制在心灵上。他说的是conatus，这是心灵自由所独有或特有的。我们之前见过类似的与此对应的情况，你们知道其区别所在。好的，请讲。

巴特沃斯：那么，情况是否就是，moto这个词……那么，是什么造就、赋予了运动的冲动（impulse）？因为维柯多次使用了这个词，这件东西，那件东西——

施特劳斯：是的，那么，你怎样才能把他的思想用一句话表述出来？只用主语和谓述？

巴特沃斯：[281] 就好像通过运动，也就是——

施特劳斯：以此类推——

学生：……

施特劳斯：自然世界始于运动。句号（period）。

巴特沃斯：哦，是的。

施特劳斯：句号。这正是我的意思。但人们不知道朱庇特或约夫是否像参与人的世界的创造那样，参与（在自然世界的运动中）。

巴特沃斯：但人们之所以不知道，是因为不知道运动是从哪里开始的。

施特劳斯：是的，但这是——我们还曾见过一个类似的含混之处——

学生：还有一件事：闪电也是独立于朱庇特的。

施特劳斯：什么？

学生：Finalmente fulminò il cielo［后来天空雷电大作］。

施特劳斯：是的，的确如此，没错。更不用说在最正统的句子结构中，维柯将用朱庇特取代上帝。是的，最正统的说法也是非常奇怪的说法。当然。现在，请读一下第 692 段的开头。

兰肯：［读文本］

> 但是，物理学的最大、最重要的部分是对人的本性的观照。

施特劳斯："物理学的"，也就是说，除非以物理学为基础，否则你不可能能有新科学。你们知道，这是一个我们经常遇到的问题。现在让我们读一下整个第 692 段。

兰肯：［读文本］

> 我们在上文《诗性经济》部分已提出异教人类怎样在某种意义上在他们自身生育和制造出两方面的特属于人的形式：这就是他们怎样通过可怕的宗教和父权以及斋戒沐浴典礼，从他们那样巨人身体里制造出我们现代人类的正常的体格形式，其次就是他们怎样通过家庭经济（家政）的训练，从原有的野兽心智制造出我们人类心智的形式。（第 692 段）

施特劳斯：好的，你们在这里能看到，我们人类思想的形式，是由人类，由人类（by humans），用兽性的思想形成的。这就是我们在这里需要的东西。

［282］第 695 段：是的，但这段必须与 694 的部分内容一起读。但让我们看看。灵魂的另一部分，神学诗人们则把它归于空气中。由此读一下这段的结尾吧，"而神学诗人们也很正当地"，再次说，要译成"用公正的智识"——

兰肯：［读文本］

> 而神学诗人们也以公正的智识，把生命的进程放在血液的进程中，因为生命就依靠血液的正常流动。

施特劳斯：好的。你们看，这些神学诗人当然是唯物主义者，或者也可以说是身体主义者。如果读一下第694段，你们会发现，那段话只会证实这一点。

还有几点，在第701段的末尾。

兰肯：[读文本]

> 巨人普罗米修斯曾把其他动物的情欲（取每种动物的主要情欲）都放在心胸部分，原始人以大致不差的方式了解到——

施特劳斯：这是在哪里？701段？

兰肯：是的。

施特劳斯：我看到了，我现在明白了。[请继续] "以大致不差的方式"——

兰肯：[读文本]

> 原始人以大致不差的方式了解到，性欲是一切情欲的母亲，而情欲都寄托在我们体内汁液里。（第701段）

施特劳斯：好的。这当然是一个有些含混的句子，但它也可能提出了对激情的一种非常肉身性的解释，就像笛卡尔和霍布斯此前所做的解释一样。好。关于物理学本身的内容，我们就读这么多。现在我们来看第703段；这是个非常奇怪的段落。我们读一下整个段落。

兰肯：[读文本]

> 异教世界的原始人的心对事物都一个一个地单独应付，在这方面并不比野兽的心好很多。就野兽的心来说，每一种新的感觉都把前一种感觉消除掉（因此不能进行比较和连贯的推理），因此，它们说的语句必是凭亲自感觉到而用单数词来形成的。因此，朗吉弩斯在《论崇高》里对由卡图卢斯译成拉丁文的萨福的颂体诗，特别欣赏情夫在情妇面前用比喻说出的那一句话，"他对我就像一个神"，但是毕竟还没有达到最高度的崇高，因为情夫并没有使这句话显得是单独就他自己来说的，例如泰伦斯在他的谐剧《折磨自己者》中"我们达到神仙福分了"那句话就比较好。

施特劳斯：换句话说，维柯并没有说"喜欢"，请继续。

兰肯：[读文本]

不过还有一点普通情感的味道，由于拉丁语用第一人称复数来代表第一人称单数的习惯用法。但是，[283]泰伦斯在另一部谐剧《婆母》里"我成了一个神啦！"那句诗由于用了单数词，只适合说话人自己，就达到最高度的崇高了。

施特劳斯：是的，我已经成为一个神了。这句话是什么意思？维柯在这里指的是亚里士多德所说的那个事实，即孩子们称所有男人为父亲、所有女人为母亲。换句话说，他们无法——孩子们没有男人和女人的概念，他们只知道"爸爸""妈妈"这些几乎没有表达功能（almost unarticulate）的声音，只能用这些词来代替男人和女人。这肯定是维柯论点中的一部分。但还并不清楚。那么，这三段诗歌引文是什么意思？维柯的意思是说，神就是被爱者（beloved），不管被爱者是谁？我不知道。我并不理解这一段。它也是书中很多谜一般的段落之一。

学生：在提到崇高的程度和"古代神学诗人被称为崇高"这一事实时，在"崇高"与"诗人是创造者""他们……被神……"之间，似乎有某种联系，在这一点上——

施特劳斯：是的。在某种程度上，这也是我摸索的方向。维柯后来说（他以前可能也说过）——你们知道，他把第一个时代称为神的时代，这既意味着人们创造了诸神，也意味着人们就是诸神。我想，这一点与之相关。而诗歌在某种程度上似乎保留了这一点。因为泰伦斯当然不是一位早期诗人、神学诗人，他是一位更晚近的谐剧诗人。请讲？

学生：这让我想起了一件我一直好奇的事。维柯一定知道……的理论……

施特劳斯：你会告诉你那些不那么博学的同事，什么是……的理论吗？

学生：诸神乃是人们当中的伟大英雄——

施特劳斯：神化的人类。好吧，它至少以……的名字为人所知，但我认为那比他要更早很多。是的。我认为维柯从未提到过他，没有。但原因可能是，他比那些把这称为……的人更有学问，那些人因此会用一种比较狭窄的眼光来看待它。这一点的确如此。

是的，现在让我们转到第708段。读一下该段的中间部分，维柯在那里说到"达到德性最高理想的那种英雄品质"。

兰肯：[读文本]

> 因为达到德性最高理想的那种英雄品质属于哲学——

施特劳斯：是的，德性的最佳理想；最佳理念，idea optima。你们还记得维柯如何区分高和——

兰肯：是的。

施特劳斯：请继续。

兰肯：[读文本][284]

> 那种最高理念属于哲学，而不属于诗。（第708段）

施特劳斯：好的。我们需要读的就是这些。维柯并非此前那种宽泛定义下的浪漫主义者。是的，但你们也不要忘记另一个含义，因为直到维柯的时代，温和一点说，人们的教师不仅有哲人们，还有圣经。当维柯在此毫无保留地说"德性的英雄主义"以最好的理念即哲学家的理念为模本之时，他至少应该说到这与圣经的关系，但他没有。随后，维柯明确指出，另一种英雄主义——英勇（gallant）的英雄主义——属于腐败的时代。那么，这种"英勇的英雄主义"是什么？肯定是荷马，但它指的也是中世纪的英雄主义（虽然维柯在此没有明确说出来）——我认为这是"英勇"（gallant）一词的特殊指向，你们知道：骑士，中世纪的骑士。所以这个词也适用于中世纪的……好，请讲？

学生：你提出了中世纪的问题。我们是否可以说，在荷马和但丁之间有一种平行对应关系？

施特劳斯：维柯提到了但丁。

学生：是的，我读到了。维柯是否多少会以看待荷马同样的方式来看但丁，并主要把但丁视为一个时代的表达？不过但丁实有其人，这个，这是——。

施特劳斯：是的，当然，但我认为——我们可以等读到这段话时再说，但我想说的是，在维柯的意义上，但丁不能简单称为一位诗人，因为他也是位哲人。人们都知道这点，维柯也知道。

学生：……

施特劳斯：除了人们熟悉的作品以外，但丁其他的著作也是如此。我的意思是，《论君主国》（*Monarchia*）不是一部诗歌性质的书。除非你在非常宽泛的意义上使用"诗性"这个词，而这种宽泛意义其实并不常见。好的，请读709段。

兰肯：［读文本］

> 我们在上文英雄的语句、描绘和习俗的三种系定理里所提出的看法都特别适用于我们下文接着还要讨论的《发现真正的荷马》。（第709段）

施特劳斯：好的。好吧，维柯有很多这种类型的引述，这是其中之一——其中，维柯一方面极为清晰，当然，另一方面，这样的引述又表明他极为奇怪地缺乏秩序，对于这样的主题来说，如此缺乏秩序绝对没有必要。好的，请读第715段。

兰肯：［读文本］

> 实行埋葬死人以后，下界观念就扩充了，诗人们就把坟墓称为下界（这种表达方式在圣经里也可以找到）。（第715段）

施特劳斯：好的。但这里当然不是具体的引用，只是泛指圣经中的用法。现在，的确有一个旧约术语指代这个冥府——希伯来语中的 she-ol——在拉丁通行版圣经（*Vulgata*）中被译为 infernum 或 inferni ［地府］，所以……是正确的。不过，此处的背景是什么？诗性的宇宙观。天堂、大地和地狱。这自然使我们考虑到［285］圣经中的宇宙观问题。维柯没有明确讨论过这个问题，但是——我想指出的一点是：当读到关于宇宙学的这一节内容时，你们会看到，从第714到721段讨论的是地狱，第711至713段讨论天堂，第722段是对大地的讨论。也就是说，地狱的讨论比天堂和大地的讨论要长得多。这与维柯之前谈到的恐惧问题有关系。

第 727 段。我们不能全都读，只读——好吧，读一下整段吧。

兰肯：[读文本]

> 但是，随着人类心灵的无限力量不断向前发展，随着观天象来占卜未来的需要迫使各族人民不断地仰观天象，在各族人民心思里，诸天就日益升高，而神们和英雄们也就随着诸天而日益升高——

施特劳斯：这里不就是维柯说"[民]族"（nazioni），而不说"[外]族"（genti）的许多情况之一吗？当然，genti 可能只指外邦人，nazioni 没有这样的意思，因此这个问题很明显。换句话说，关于这种发展过程——从把天理解为"比最高的山峰略高一点"的粗朴概念到所谓的"真实的距离"的发展——圣经不是也注意到了吗？所以——好的。请继续。

兰肯：[读文本]

> 这里为着确定诗性天文是怎么回事，对我们有教益的是利用语言学的广博知识中的三条要义。第一条说，天文是由迦勒底人带到世界来的，第二条说，腓尼基人把象限仪的用法和南北极星高度的知识从迦勒底人学来，把它传给了埃及人，第三条说，某些从迦勒底人受过教的腓尼基人把星象神学传给了希腊人。（第 727 段）

施特劳斯：你看，没有提到犹太人。这种科学的发展绕过了犹太人。当然，维柯总是可以说，摩西通过神圣的启示知道了所有这些事情，但是——好的。继续。

兰肯：[读文本]

> 在这三条语言学知识之外，我们还可以加上两条哲学真理。第一条是民政真理：各民族如果还没有解放到极端的宗教自由的地步（这只有在颓废时代的最后期才到来），就自然而然地当心不接受外族的神。第二条是物理方面的真理：由于眼睛的错觉，行星看来要比恒星大。（第 727 段）

施特劳斯：是的。换句话说，极端的宗教自由毕竟是可能的，但只能在极端颓废的状态下才能存在。现在，我们转向第729段。

兰肯：[读文本]

诸原始民族就是这样从村俗天文开始，就诸天体编出了他们的神和英雄们的历史。其中保存了这样一种特性：凡是充满着神性或英雄性的人物的记忆，都是值得历史叙述的题材，有些作品值得叙述，因为它们是显出了天才和深奥智慧的作品，有些值得叙述，则因为它们是显出英勇和村俗智慧的作品——（第729段）

施特劳斯：[286] 我们只需要读这么多。你们看，这里仍然保持着理论生活相对于实践生活的优越性，这与秘密智慧相对于俗众智慧的优越性相呼应。智慧（ingenium）、心灵的工作以及隐微的智慧，不同于德性的工作和俗众的智慧。正如秘密智慧与理智相关联那样，俗众的智慧则与德性相关联。

第736段，现在，在这里——我们没法读这一长段，但你们看，维柯在这里又提到了不虔敬的闪（Shem）的民族，也提到了含（Ham）和雅弗（Japheth）的后代。这里再次出现了我们此前遇到过的问题：维柯的年表如何与正统年表相吻合？搞清这个问题需要花很长时间。我只能转述一下——在某种意义上非常保守的尼科里尼说，两者并不吻合。但这需要长期的计算工作，而我目前还没有办法做。我只是提醒你们这个问题。

第737段非常有趣，因为……对于我们的目的来说，只读后半段就可以。

兰肯：[读文本]

因为这两个民族都是内陆民族……因为，我们下文还要说明——

施特劳斯：是的，[从这里开始即可]。

兰肯：[读文本]

因为，我们下文还要说明，君主专制政体不能出现，除非作为人民享有不受控制的自由制度的结果。权贵们只有在内战过程中，才让他们的权力受制于人民的自由。等到权力在人民中间划分为许多最小的部分时——

施特劳斯：换句话说，在这里，每个人、每位公民都只是共同体权力的十万或百万分之一。这就是维柯的意思。一个民主政体。请继续？

兰肯：[读文本]

权力的整体就容易为一些站出来拥护民众自由的人所接管。最后，专制君主就涌现了。

施特劳斯：所以，我们现在知道了君主制肮脏的秘密。读完下一句话。

兰肯：[读文本]

不过腓尼基作为一个航海的民族，由商业致富，始终停留在民众自由阶段。民主自由是人道政府的第一个形式。（第737段）

施特劳斯：好，这点我们知道；一个商业民族可以保持民主。在维柯的时代，有一个事实可以向每个人证明这一点。

学生：荷兰？

施特劳斯：当然，是荷兰。自然还有关于迦太基的记忆，所以还有——还有西顿（Sidon）和推罗（Tyre）。但荷兰当然是最著名的例子了。是的，非常有趣。所以换句话说，民主制度有可能持续下去；如果有一个商业民族，它就不一定要转变为君主制度。

在这里我们也可以看到，维柯先前提到的斯宾诺莎的政治学说是多么复杂，即小商贩的学说（huckster's doctrine）。斯宾诺莎的学说是基于荷兰的经验，描述的正是这个贸易民族。因此，这一点相当值得注意。好的，请读739段接近结束的地方。

兰肯：[读文本][287]

这门科学还保留着原来的完全正确的名称：天文学（astronomy）即星辰规律的科学，天象学（astrology）即研究星象语言的科学。

**施特劳斯**：这是对希腊语的字面翻译；至于这些术语的起源是否真的如此，我们不感兴趣。请继续。

**兰肯**：[读文本]

> 这两个名词都指占卜，根据前已提到的公理就产生了神学这个名词，神学这门科学就是研究诸天神在预言里、预兆里和征兆中的语言。（第739段）

**施特劳斯**：你们看，神学（theology）像占星术（astrology）一样，都是说话。占星术说的是星辰，星辰告诉人们的是什么。神学不是关于诸神的科学，而是关于诸神所告诉人们的东西，说出其神谕。

关于这一整节，我们或多或少已经读到了结尾，我们必须仔细考虑第688段。我们可以用如下方式陈述本节的总体论点："整体"（the whole）最初是家庭，或者到了一个阶段就是城邦，城邦当然总是指个人所属的这个城邦——柏拉图称之为洞穴。这种柏拉图式的思想就在这里，隐含在其中。而只有当哲学出现时，才能从这个初级整体上升到真正的整体。

所以，这是我们上次课遗留的问题。我们现在转向第十一节，诗性的地理。是的，这里也有——让我们看看。可以慢慢地读一下。另外罗特拉先生，你来看一下[意大利文的]原文。

**兰肯**：[读文本]

> 我们现在还有一件事情要做，就是要清洗诗性历史的另一只眼睛，那就是诗性地理。通过诸公理中所包含的那种人类的特点——（第741段）

**罗特拉**：……

**施特劳斯**：我们所具有的人性中的诸属性——

**罗特拉**：……凭借那种属性。

**施特劳斯**：不过这对我们的着眼点来说并不重要。你可以略过这一点，只读他提到那些公理的部分——

兰肯：[读文本]

人们在描述未知的或辽远的事物时——

施特劳斯：是的，未知和辽远的事物，请继续。

兰肯：[读文本][288]

若自己对它们没有真正的了解，或是想对旁人不了解的事物作出说明，他们总是利用熟悉的或近在手边的事物的某些类似点——（第741段）

施特劳斯：好的，不过在这里是一样的：sconosciute。

罗特拉：Conosciute。①

施特劳斯：如果前一个词译为"未知"，那么后一个就必须也译为"未知"。不过当然，文本——可能有印刷错误，这点我不知道。译者之所以译得不一样，是因为他查了第122段，也就是这里所说的那条公理，当然，维柯在那里所说的似乎更合理：我们通过与已知和切近事物的相似性来解释未知和外来的事物。但据我们所知，维柯可能改变了想法，将其变得更微妙了，因为人们如何真正了解切近的事物呢？这就是人们必须返回去看的东西之一——在这种情况下，恐怕甚至要回去找到手稿，我想这并不困难，因为手稿保存下来了，我想它在那不勒斯。可以从一个基金会弄到些钱[施特劳斯和学生笑]，然后去拍张照片。

那么，维柯在此展开的东西是这样的：诗性地理源自希腊。而维柯所讨论的替代方案则是，在新的土地上，城镇、山脉等地点的名字是由移民按照原先的国内习俗命名的。(比如)纽约，以及许多别的例子——新阿姆斯特丹，或者你们能举出的其他例子，等等。也就是说，这些地方被赋予了希腊和腓尼基等地的名称，这便导致了一些困难。在第742段——请讲？

巴特沃斯：我只提一个问题……把这句没有被直接引用的话放到引

---

① 读到下文会更清楚，似乎罗特拉的文本是 conosciute [已知]，而施特劳斯的文本是 sconosciute [未知]。

号里，说："就像诸公理中所说的那样。"

施特劳斯：是的，你看——好，如果维柯做了这么有趣……他甚至完全有可能引用自己的话，只是没有逐字引用。我的意思是说——

巴特沃斯：……

施特劳斯：是的，但我们不知道这里是否印错了。在另一个例子中，我发现了尼科里尼的评注本里有这么一句话：据说这是个印刷错误。所以有过一种情况，文本上写的是"哲学的"（philosophic），但实际上却是"语文学的"（philologic），而尼科里尼把这个错误纠正了过来。是在后文中，而不是这里。换句话说，我们手里所拿的不是一个完美的文本。

巴特沃斯：是的。但有一点非常明显，因为第一个 *conosciute* 在第122段被翻译为……

施特劳斯：在第122段，我认为唯一的区别是，这个词在第122段第二次出现时——

罗特拉：[289] 第122段用的词是 conosciute。

施特劳斯：我指的是在这段里第二次出现时。

巴特沃斯：而第一次出现时，用的是 non conosciute［并非已知］。

施特劳斯：是的，那点我们很清楚。当然，这里也不完全是原文：原文说的是 conosciute e presenti，而这里说的则是 conosciute e vicine。所以，维柯当然不会——如果在引用时逐字引用，反而不是正确的程序。这个基本规则在1740年和如今一样广为人知。

学生：在我的文本里……

施特劳斯：是的，这么识读可能是正确的。此处也可能是编辑时而对文本做过的修正之一。

学生：……

施特劳斯：什么？

学生：……尼科里尼。

施特劳斯：这一本也是尼科里尼注本，我们手头也有尼科里尼版……

学生：我想这一本，也就是米勒先生的那本，更可靠一些。

施特劳斯：哦，我明白了。好吧，无论如何，如果有人真的对维柯感兴趣,他就必须得看一下手稿了。

学生:但,……的后果是什么……

施特劳斯:这不是很重要;我只是把它作为维柯写作过程的一个小样本。我们后面会读到一段话,其中,我相信维柯差不多说了那么多话,来表明如下意思:引文中的改动可能是有效的。不过,我们应该继续了,我们来读下一段。

兰肯:[读文本]

> 因此,在希腊本土以内就有本来的东方(the original East within Greece),叫做亚细亚或印度,在西方就叫做欧罗巴或赫斯庇里亚(Hesperia),在北方就叫做忒腊克(Thrace)或斯基泰(Scythia),南方就叫做利比亚或毛里塔尼亚(Mauretania)。

施特劳斯:换句话说,很明显,这些都是原本就有的名字,被用来称呼如下这些——[施特劳斯写板书]如果这是希腊……这是亚细亚。当他们开始旅行,发现了对面的海岸也即我们现在说的小亚细亚时,他们……亚细亚。如果他们继续[290]往东走,发现更远处还有更辽阔的地方,他们就把那片新的地方称为亚细亚,把原来这里称为小亚细亚,等等。

现在,这个原则与维柯所认识的一位圣经批评家观察到的一样,你们可以从索引中找到[施特劳斯写板书],这位批评家就是拉·佩雷尔(Issac de la Peyrère)。拉·佩雷尔在1655年用拉丁文写作。是他发现了亚当之前的人(pre-Adamites)①——维柯在书中提到了他们;关于亚当之前的人——有这样的理论,即亚当只是犹太人的祖先,是人类的一部分,但在亚当之前还有其他人。你们知道,犹太人只是一个特殊的民族,而不是最古老的民族。拉·佩雷尔非常重视这样一个事实:同一个希伯来语单词既指"土地"(the land),对犹太人来说,就是巴勒斯坦,也指大地(the earth)。所以"整个大地之神"(按照通常的翻译),也可以指"整片国土之神",也即巴勒斯坦的神。这种早期民族的地方性,也正是维柯在这里提出的相同的思想,而他也知道这一点。后面,

---

① 参见第五讲,第六个注释(参本书页147的注释)。

我们还会读到另一段佩雷尔的引文。

现在，在第 743 段，维柯说，文明是由西边发展到东边。而在 736 段，他又说了正好相反的东西。是尼科里尼向我指出了这个矛盾。所以我们来看看第 752 段的结尾。我们必须做一些——好吧，我们读完第 752 段整段吧，这段很短。

兰肯：[读文本]

> 太阳神（法厄同，Phaethon）落水的那条埃利丹那斯河（Eridanus）一定就是希腊忒腊克境内流入黑海的多瑙河。后来希腊人看到波河也和多瑙河一样，是从西流到东入海，就把它称为埃利丹那斯河，因此，神话家们就认为太阳神在意大利境内落水。但是那只是根据他们自己的，而不是其他民族的英雄史中的故事，希腊人才把河流联系到星辰，其中就有埃利丹那斯河。（第 752 段）

施特劳斯：好的。维柯这么说是什么意思？我只是想知道，他的意思是不是说，与希腊神话有别的圣经是否也体现了埃及人的记载，以及其他问题。我不知道。请读第 756 段。

兰肯：[读文本]

> 莱斯特里干人在荷马时代一定是希腊的一个民族。荷马说他们的日间时间最长（《奥德赛》10.80ff），他一定是指在希腊而不是在整个世界日子最长的地方。

施特劳斯：是的。这是否让你想起了什么？"最长的日子"。我碰巧记得——

学生：《约书亚记》？

施特劳斯：没错。《约书亚记》的第十章，13 至 14 节。我给你读一下翻译。"日头在天当中停住，不急速下落，约有一日之久"，"在这日以前，这日以后，没有像这日的"。对此，拉·佩雷尔做了如下评论（我只能转述给你们，因为我手头没有拉·佩雷尔的书）：基遍之战的那一天是基遍有史以来最长的一天，但不是在整个大地上——例如，不是在极地地区，那里的白天有好几个月之久。我的意思是，佩雷尔在

1655 年所掌握的这则物理学知识，维柯在 1740 年肯定也 [291] 掌握了。好。从……的东西来看，在这三段编号的内容的第二也即中心项里所提到的东西，你可以……查到。请读一下第 758 段。

兰肯：[读文本]

按照上述诗性的希腊地理的这些原则，就可能解决东方古代史中的许多大难题——

施特劳斯：东方的。是的，请继续。

兰肯：[读文本]

这些难题的起因在于许多本应住在近东本身的一些民族过去却被认为住得很辽远，特别是过于偏北或偏南。（第 758 段）

施特劳斯：换句话说，我们必须把维柯的这些发现也应用在古人的东方史中。第 761 段。

兰肯：[读文本]

现在我们既已从谈拉丁人转回来谈希腊人，我们便可以顺便提到，随着希腊人在世界上到处往来，他们就到处宣扬（他们本来就是些好名的人）特洛伊战争以及英雄们的浪游经过，既谈到特洛伊方面的安特诺尔（Antenor）、卡庇斯（Capys）和埃涅阿斯（Aeneas）等人，也谈到希腊方面的墨涅劳斯（Meneleus）、狄俄默德（Diomed）和尤利西斯（Ulysses）等人。他们看到散布在世界上的一种民族创建者的典型，像他们自己的第伯斯型的赫库勒斯，所以他们就到处宣扬他们的赫库勒斯的勋名，因此瓦罗就可以在古代各民族之中数出足够四十名的赫库勒斯，并且断定拉丁人的赫库勒斯就叫做信义之神。结果就发生了这样一种情况：希腊人本着和埃及人比得上的好名成癖的特性（埃及人误认自己为世界上最古老的民族，说他们的天神阿蒙 [Amon] 就是世界上最古老的天神约夫）。

施特劳斯：在世界上所有其他民族中最古老的；维柯带着非常强调的语气。请继续，"而所有的赫库勒斯"。

兰肯：[读文本]

而其他各民族的所有的赫库勒斯都从埃及的赫库勒斯得名——（第761段）

施特劳斯：在世界所有其他民族中：他也用了强调语气。他们的神是所有神中最古老的；他们的民族最古老。好吧，我想可以说，维柯在这里讨论的是在他看来"选民"观念背后的错误，以及这个错误的由来：每个民族都声称自己最古老，也宣称自己的神是最古老的。

在第770段中，也有一些非常奇怪的事情。请只读第772段的结尾。

兰肯：[读文本]

从此可见民族虚骄的两种不同的表现，一是希腊大肆宣传特洛伊战争，一是罗马人夸口他们来自显赫的外国祖先；希腊人便把他们的埃涅阿斯硬塞给罗马人，而罗马人终于接受了他作为罗马的开国祖宗。（第772段）

施特劳斯：[292] 好的。上帝才知道这意味着什么，一个双重的故事。有可能对此做出非常有限的解释。不知这是否是对"出埃及"和"摩西立法"都源于犹太时期的亚历山大城这种说法的检查——不过可能还有其他东西；这个问题非常复杂。我们看一下第776段。

兰肯：[读文本]

凡是古代地理都散布着这种祭坛。从亚细亚开始说起，据克洛（Keller）在他的《记古代寰宇》（*Notitia orbis antiqui*）里说，凡是叙利亚的城都在专名之前或之后放 Aram [祭坛] 这个词。因此叙利亚本身被称为 Aramea [阿越米] 或 Aramia [阿越米亚]。（第776段）

施特劳斯：再读一下第778段，从该段中间他谈叙利亚语言的地方读起。

兰肯：[读文本]

但是在叙利亚语里，ari 这个词指狮子。

施特劳斯：在希伯来语中也是如此，维柯肯定知道。不过，维柯稍后又说。"这个词——"

兰肯：[读文本]

ara 这个词在许多彼此在空间、时间和习俗上都隔得远的民族中发音和意义都一致——（第778段）

施特劳斯：维柯这里用的是民族（nations），而不是外族（genti）。民族。维柯在这里使用了一个肯定是希伯来语的术语，而且——是的，这意味着——如果你们考虑整个上下文的话，因为这是一个如此基本的词——ara，ari，或者无论维柯的说法是什么。维柯所建立的是一个非常宽泛的结构，但我们首先关注的不是维柯讲得可靠与否，而是他的意思所在。所有民族的共同起源，所有民族的。

第779段，这是这个部分的结论，它之所以值得注意，是因为其中还有一条与常识的含义有关。只读一下这段的后半部分。

兰肯：[读文本]

从这些神话故事中，仿佛从胎盘中我们发现到全部深奥智慧的大轮廓。可以说，各民族在这些神话故事里通过人类感官方面的语言以粗糙的方式描绘各门科学的世界起源，后来专家学者们的专门研究才通过推理和总结替我们弄清楚。从这一切我们可以替本卷下结论说：神学诗人们是人类智慧的感官，而哲学家们则是人类智慧的理智。（第779段）

施特劳斯：好的。我们现在又一次看到，考虑到维柯在此前相当多的地方谈到的共通感（common sense）——"感觉"（sense）这个词必须在字面上理解。共通的感觉与共通的理智是对立的。所有深奥的智慧（recondite wisedom）都起源于维柯在各异教民族的源头发现的这些东西。启示的位置在哪里？或者说，若要为维柯的正统思想辩护，可以采取这种形式，可是为什么维柯自己从未解决这个问题？当他谈到所有深奥的、隐藏起来的智慧时，必要要把这种深奥智慧理解为与启示智慧相抵触吗？……人们可以这样说，但奇怪的是，维柯从来没有把这个问题提出来过。

[293] 第 780 段。现在我们读到了第三部分，也即中心的一卷：你们会看到，(780 段) 是第二卷结尾和第三卷开头之间的密切接合部。

兰肯：[读文本]

> 我们在第二卷已证明：诗性智慧是希腊各民族的民俗智慧，希腊各民族原先是些神学诗人，后来是些英雄诗人。这种证明的后果必然是：荷马的智慧绝不是另外一种不同的智慧。但是柏拉图（《理想国》，598ff，606f）却坚决认为荷马赋有崇高的玄奥智慧，其他所有的哲学家们都在附和柏拉图的意见，认为荷马赋有崇高的深奥智慧，最先是普鲁塔克写了一整部书来谈这个问题。我们在这里要特别研究荷马是否算得上一个哲学家。(第 780 段)

施特劳斯：好的。我们先读到这里。所以，我们首先看到的是，所有的深奥智慧都包含在早期希腊思想中间。现在，维柯在此却用这么多话表明，在诗性智慧中没有什么深奥智慧。你们必须——那句很粗俗的美国话是怎么说的？"你造的东西，你来修——"

学生：你花的钱——

施特劳斯：你花的钱，你来选 (you place your money and you make your choice)。是的。

学生：不过译本中是这么翻译的："深奥智慧的纲要——"我是说在上一段，第 779 段，我……

施特劳斯：是的，只是大纲。是的，不过，这种完整深奥的智慧仍然被勾勒出来了。所以，通过聪明的理解，你当然可以从神话中阐明这种深奥智慧。可是这里的情况恰恰相反，我的意思是，不仅荷马不是——荷马肯定不是一位哲学家，这点很清楚。但是，你们会看到，在希腊人的俗众智慧与崇高、深奥的智慧之间，存在着明显的对立，这时——

学生：您想说的是不是，包括荷马在内的诗人们的各种感觉 (senses)，完全与理智 (intellect) 没有差别，或者没有对立——

施特劳斯：是的，人们可以这样说，而且很多人都这么说。不过，我认为维柯恰恰否认了这点。请讲？

另一位学生：……

施特劳斯：是的，这也是一种说法，但是低估了其中的困难。不过，其他说法则非常清楚：野蛮——只就事情的道德方面来说——早期人野蛮（savagery），后来的人则温良（gentleness）。你当然可以说，在这种野蛮中已经隐含着温良，因为人、人类，不可能长期生活在这种野蛮的基础上。对吧？可是，尽管如此，仍然很难说出你更明显地看到的东西……

学生：[294]……

施特劳斯：是的，我相信他们的变化很深刻——但不是很多；我的意思是，他们当然没有从野兽变成天使，但是从野兽变成了人，这很重要。请读一下781段的开头。

兰肯：[读文本]

> 让我们把荷马本来确实有的东西记在荷马账上吧，荷马要遵从他那个时代的野蛮的希腊人的十分村俗的情感和习俗，因为只有这种情感和习俗才向诗人们提供恰当的材料。（第781段）

施特劳斯：好。我想，现在这一点已经很清楚了：俗众的特性与哲学的特性在根本上彼此对立。在782段，维柯对传统关于诗歌的观点提出了批评。我们来读一下。

兰肯：[读文本]

> 然而诗的目的如果在驯化村俗人的凶恶性，这种村俗人的教师就应是诗人们，而一个熟悉这种凶恶情感习俗的哲人就不能起这种作用，即引起村俗人去羡慕这种凶恶的情感和习俗，从中感到乐趣，从而让这种乐趣去加剧这种凶恶的情感和习俗。同时一个哲人也不应引起凶恶的村舍人去对神和英雄们的丑恶行为感到乐趣。例如战神在争吵中骂密涅瓦是一个"狗虱"，密涅瓦打了狄安娜，阿伽门农和阿喀琉斯相呼为狗，而阿伽门农还是希腊联军的最高统帅，阿喀琉斯也是希腊方面的最大英雄，就连在今天通俗谐剧里，仆人们也少有这种下流表现。（第782段）

**施特劳斯**：所以换句话说，这里维柯反驳了传统的观点，即诗人们是教师，特别是美德的教师。维柯在这里提供的关于荷马的事实，只有一部分是正确的，我们不考虑这点。我怀疑，这对于任何想思考维柯的学生来说都是个非常有趣的问题：既然维柯了解荷马，那么可以看看，他为什么用各种方式改动了事实。在这个问题上，我没法提供任何帮助。请讲？

**兰肯**：我认为，关于荷马，可以得出一个迥异的结论，而且倾向于——荷马在嘲弄英雄和神明时，更为接近人类时代的人——

**施特劳斯**：是的，当然。我们稍后会讨论这个问题。但我只想提一点：这是不是传统的诗歌观，也就是说，诗人是俗众的老师，因此他们的主要功能是驯化俗众的凶残野蛮？柏拉图当然是维柯攻击的目标，那么，柏拉图怎么理解诗歌？恰好，当柏拉图讨论这个场景，也就是阿伽门农和阿喀琉斯相争的这个很精彩的场景时——你们知道，下属阿喀琉斯以一种完全悖逆的方式告诉他的长官阿伽门农：你有狗的眼睛和鹿的心。这当然是人们能想象到的最完美的洞察。因为狗的眼睛看起来很怯懦，可狗会咬人。另一方面，鹿是一种非常美的生物，然而只能通过逃跑来自救。所以，对于一位战士来说，把这两种动物不同寻常的品质结合起来，是一种完美的洞见。在谈起这件事的时候，柏拉图[295]——或者毋宁说是苏格拉底——说，这些内容必须剔除，恰恰因为它是如此有诗性。换句话说，柏拉图认可怎样的诗、认为城邦中该运用什么样的诗，是一回事，而他认为怎样的诗本身中有诗性，则完全是另一回事。所以对柏拉图来说，荷马当然是位非常不尽人意的人民教师，毫无疑问。如果荷马有任何优点的话——柏拉图肯定会这么认为，那么这优点也必须以完全不同的方式来界定。不过，我想，当时学术界粗糙的教导是——不仅限于当时——诗仅仅具有教化指导功能，当然，不是所有的诗都适合教化。

我在尼科里尼那里了解到，维柯所提到的这些对荷马的批评是由这些法国人提出的，我忘了他们的名字——特别是在这一段，但也包括其他地方。那个写了这个……的人，他叫什么？①……不，我不知道他的

---

① 施特劳斯可能指丰特奈尔，他在 1688 年写了 "Digression sur les Anciens et les Modernes"［《闲话古代人与现代人》］一文。

名字。有一次著名的"古今之争",即发生在法国古典派与现代派之间的争论,争论的主要目标就是荷马。荷马是——当然还有古典肃剧和谐剧;[古人]被现代人攻击了,因为他们不够文雅(indecency)。自然,法国古典文学——我指的是肃剧和谐剧——要比希腊古典文学文雅(decent)得多,这一点是毫无疑问的。现在,维柯暗中向……发起论战,反对这些法国的荷马批评家,不过我从来没有读过他们的作品。但我知道,他们在17、18世纪的批评中发挥了巨大作用。此后,就是18世纪的后四分之一在德国的大爆发——你们知道,从中发展出了浪漫主义运动。法国古典诗歌的狭小范围及其严格的规则是——时间要统一,地点要统一。从字面理解的话,整件事情[必须]最好是在同一个地方、在一天之内发生,你们知道,这是一种神话的理解……。这是一件很大、很大的事;此外,还对可以使用的词语进行了严格的限制。而野蛮的莎士比亚当然成为那些攻击法国古典主义者的人所援引的权威,你们知道,原因在就在于对时间和地点的统一性的关注。好的。请继续读,第783段。

兰肯:[读文本]

但是,天底下有什么名字比用"愚蠢透顶"来称呼阿伽门农的智慧更为贴切呢!阿喀琉斯逼他做理应做的事,把劫来的女俘克律赛伊丝送还她父亲,即阿波罗的司祭。这位阿波罗神正为他的司祭的女儿被劫掠而用残酷的瘟疫使大批希腊军队死亡。阿伽门农却认为自己受了侮辱,而他挽回荣誉的办法也和他的智慧相称,也就是偷偷地把阿喀琉斯的女俘布里赛斯弄到自己身边。

施特劳斯:等等。可以只读这段的结尾,"荷马在这里以无比的才能——"

兰肯:[读文本]

荷马在这里以无比的才能创造出一些诗性人物性格,其中一些最伟大的人物都和我们现代人的这种文明的人道的性质毫不相容,但是就当时斤斤计较小节的英雄气质而言却完全相称。(第783段)

**施特劳斯**：好的。现在这里的问题当然是——按照你所说的，……先生，维柯显然不考虑如下可能性：荷马并不崇拜他笔下的英雄和诸神。维柯绝没有[296]这样考虑。当然，如果必须考虑这一点，将从根本上改变问题的表述。对维柯来说，《荷马[史诗]》是英雄道德的文献就够了，我想，如果说得简单些，这就是如今荷马研究的论题，难道不是这样吗？

**学生**：规则就是如此。

**施特劳斯**：是的。你们看，克罗齐说得多对：维柯，那就是20世纪。不，他说的是19世纪，但我们可以在此基础上改进一下[笑声]，说：以及19世纪。很好。第788段。顺便说一下，为了满足尼科戈斯基先生的要求，在第787段，维柯提到"因此，我们否认荷马有任何（哲学家才有的）深奥智慧"。我们必须否认它；如果把这段和第一段一起看，就会看到一个明显的矛盾。你们知道吗？每一个——换句话说，即使是那个起源或胚芽，也不是……先生……

**学生**：我对这点，对"任何一种"的说法，也不太满意；因为此前，比如维柯还谈到诗人对……的理解，也就是说，天帝约夫是诸神的……的诗性……。

**施特劳斯**：是的，但他——我的意思是，维柯用这个做了什么？他提到了这点；的确，但约夫的确就是这样吗？我指的是诗性神学家所理解的约夫：他是以太或者空气吗？

**学生**：不是，但对于他的……过程……

**施特劳斯**：是的，我们要做的是，在这种以及其他情况下，要把维柯所有的陈述——所有关于这个主题的陈述，以及完整的——然后，我们将看到一幅完整的彩虹，我们必须看看，这种中间的解决方案是否真正与整件事情的内容相符。尼科戈斯基先生？

**尼科戈斯基**：是否可以这样说，如果就最正确的理解来看，比如智慧、深奥的智慧，就是必然性和功用；但诗人看到或者呈现的，乃是在当时来说可能的对必然性和功用的理解。而在这个意义上，深奥智慧的纲要——

**施特劳斯**：是的，但维柯的意思甚至还不一样：的确曾经有秘密（我们此后，在下一次布置的任务中讨论这个问题）——在那个早期时代，曾经有秘密，但却是完全不同的秘密，也就是平民在任何情况下都不能知道的秘密。

学生：但是，为什么？

施特劳斯：是的，在其他方面也是如此；你知道，那种带有政治性质的秘密，不完全是这里所说的深奥智慧。还有人在举手，请讲，米勒先生？

米勒：……尼科戈斯基先生对它的表述……此前说过，哲学家不能比诗人走得更远。这并不意味着诗人充分领会了他们所说的内容，他们的头脑没有能力掌握——

施特劳斯：[297] 是的，但然后你看到，维柯明确地……我们今天看到了这一点。但严格地说，他们当然没有看到由诸民族构成的世界，他们只能看到自己所属民族的那个世界。所以，只要你看到多个早期民族都有维柯所描述的那种结构，那么你当然就可以完全脱离诗的元素，脱离这种早期的诗，以及早期的诗人神学家们。

学生：……

施特劳斯：是的，他们只知道自己的——我的意思是，诸民族组成的世界。那么，首先，我们有 n 个世界。第一个是任何早期民族所生活的世界：只有自己的世界，完全不知道任何别的世界。我们已经读到了这个意思的表述。当然，早期人逐渐熟悉了其他的民族，但这并不导致——他们相互影响，但这并没有导向一个"诸民族世界"的概念。后者是一个哲学概念，它预设了对自然世界的知识，而基于这种知识，才产生如下观念：我们必须研究诸民族的世界。正如我之前所说的，"社会物理学/自然学"不同于"物理学/自然学"本身。

米勒：是的，我看到了这个论证，但我一定是错过了什么。您在前面提到了一个段落，维柯在那里谈到了科学的传播……我于是意识到一个严重的问题：各个民族如何彼此影响。可是您刚才那些话让我感到困惑，就像您之前说的关于 n 种不同的自然法/正当的内容一样。在我看来，有一种自然法/正当——

施特劳斯：是的。

米勒：在维柯头脑中，当你发现他的——

施特劳斯：是的，没错。可是，由于这些不同的自然法/正当——

如果你们还记得这点，［施特劳斯写板书］有了独眼巨人，这是家庭阶段；然后到了贵族阶段；再之后，有了人的国家，它又细分为民主制和君主制。在这三种情况下的自然法/权利，都完全不同。

米勒：我明白这一点。我想到的是自然的……

施特劳斯：是的，不过在这个阶段有一种自然法，但人们并不知道它是自然的；他们认为它是由众神强加的，或者继承自诸神。他们并不知道它合乎的是自然。这的确与前者有区别。

米勒：那么他们就无法质疑——

施特劳斯：当然，他们无法质疑——

米勒：……而贵族们大概——也许他们不知道自己有这个秘密，只知道——

施特劳斯：[298] 哦，贵族们以一种非常实际的方式知道这一点：他们不承认平民可以自己占卜，而既然他们无法占卜，也就不能拥有真正的财产和真正的婚姻——也就是说，贵族们非常清楚地看到这种东西对自己的功用。我的意思是说，某种低级别、精打细算的审慎，超不出大部分人的能力范围——

米勒：不，不是——

施特劳斯：以及大多数的发展阶段。

米勒：不，他说罗马人是……由于他们如此急于获取，他们——

施特劳斯：罗马人特别善于获取，但这并不意味着他们很智慧……好。

巴特沃斯：当您把……写在黑板上时，就改变了刚才所说的内容。我以为您早些时候说过，有 n 种自然法/正当；而现在，当——

施特劳斯：哦，当然是的；很容易，有三种基本的——是的。你知道，我们可以把三称为"n"——不对吗？n 可以等于三。［很多笑声］根据现代数学，这没有问题。甚至根据亚里士多德的说法，也能成立。如果你说"3"在这个意义上就是第一个数字，那么，那就是当你们看到"所有"（all）时所指的第一个数字，这个数字肯定超过 2。如果要说 1 或者 2，你肯定不会说"所有"。试试吧——来这么描述两个人：大家都在（all were there）。你没法这么说。

巴特沃斯：我希望您能以另一种方式回答，并且说，在这些阶段中的每个阶段,都有 n 种(自然法),可能有任何数目的次级时代(any number of sub-ages)。

施特劳斯:是的,当然;我以隐含的方式处理了各种复杂性。但这些是其中有趣的情况。请讲?

学生:可是,维柯的全部努力当然是为了把所有这些民族还原成一种模式,那么,其中有一个关于犹太人的奇怪问题,他们是如何——

施特劳斯:是的,那就是——按照我读这本书的理解,这是维柯向读者提出的一个大问题。你们可以自己想一下,在这些原则的基础上,维柯将如何解释犹太教和基督教。第788段,我们读一下。

兰肯:[读文本]

过去人们把深奥——

施特劳斯:这个章节涉及荷马的祖国的问题。荷马的祖国。请读一下。

兰肯:[读文本]

过去人们把深奥智慧归到荷马身上,现在让我们先研究荷马出生的地方。

施特劳斯:所以,换句话说,没有什么深奥的智慧。这是最清楚明白的表述了,因为虽然有想象力和激情,但还没有理性以及其他东西。请继续。

兰肯:[读文本][299]

几乎所有的希腊城市都声言荷马就生在它们那里,还有不少的人断言荷马是一个生在意大利的希腊人。亚拉契(Leo Allacci)在他的《荷马的故乡》一书里枉费了许多气力。但是,传到我们的古代作家没有一个比荷马更早,像约瑟夫斯(Josephus)强烈反对语法学家阿庇安的主张所持的论证,既然这些作家们——(第788段)

施特劳斯:我们先在这里暂停。犹太人约瑟夫斯说,没有哪位作家比荷马更古老,他在这里省略了"希腊作家"之类的任何限定条件。

我没有查过约瑟夫斯的原文，约瑟夫斯完全有可能说的是"没有比他更早的希腊作家"。我会这么假设，但是，这里的话是维柯讲的。他通过暗示的方式提出，荷马早于摩西。好的，请继续。

**兰肯**：[读文本]

> 既然这些作家们出生都比荷马晚得多，我们就——

**施特劳斯**："作家们"，对吧？在荷马之前没有作家。请继续。

**兰肯**：[读文本]

> 我们就不得不运用我们的形而上学方法，把荷马看作一个民族创建人，从荷马本人著作里去发现荷马的年代和祖国。（第788段）

**施特劳斯**：你们看，在这里，维柯有什么权利说荷马是一个民族之父？这不是关于荷马的传统。（荷马是）最伟大的、第一位希腊诗人，是的。他也是所有诗人中最伟大的，但他并非一个民族的父亲。但如果你们看看摩西，就会立即明白：摩西的立法。顺便说一下，荷马的祖国：这也导向了摩西的祖国问题。现在，马基雅维利这个家伙、这位维柯的同胞，在《君主论》中（我想应该是在第六章）这样说过，他说摩西让他的祖国变得高贵（nobilitated）。① 马基雅维利在这里所说的"祖国"是什么意思？这就是马基雅维利提问题的方式。埃及？因为如果你把祖国理解为一个人出生的地方——或者，你是否可以把一个人的祖国说成是他引领着自己的民族走向的那片土地？这一点不是很有帮助。不过我却把这些东西放在一起，是因为马基雅维利对"祖国"这个词的用法非常引人注目。关于这个主题的另一个观点在第794段。

**兰肯**：[读文本]

> 当时浅浮雕和金属镌镂两门艺术已经发明了。许多例证之中有阿喀琉斯的盾牌。绘画当时还未发明，因为浮雕把事物的表面抽象出来，镌镂也是如此，只是刻得较深一点，而绘画却要把事物的表

---

① 施特劳斯所选用的奇特的词汇，受到了马基雅维利在《君主论》第六章中使用的意大利语单词 nobilitata 的影响。

面全部抽象出来,这要求最高度的精巧手艺,因此,无论是荷马还是摩西——(794)

施特劳斯:你们看到了吗?我是说,他们在这里被一起提到了,这非常奇怪。但是维柯当然没有加上引文。第 797 到 798 段。好,在这里,维柯又一次做了他在本书中经常做的事情:给章节编号。你们知道,我从巴特沃斯先生那里得知,这些段落编号是尼科里尼加的:维柯的原始文本中没有这些。尽管,如果原文就是这么分段的,那么维柯本人当然可能给它们编了号,只是没在写下的文本中加上数字。[300] 但这些[段落的划分方式]显然是维柯自己的意思。① 现在,从第 797 段到——这十段是本卷的中心。我们读一下这两个段落。

兰肯:[读文本]

> 普利阿摩斯坐着去见阿喀琉斯的乘舆是用雪松木做的,而卡吕普索的岩洞洒了香料,满洞香气,这种感官方面的精细讲究到后来罗马人最爱在奢侈方面花钱的尼禄等皇朝也望尘莫及。② 我们还读到基尔克的奢华的浴室。(第 796—797 段)

施特劳斯:好的,很好。现在,我不禁再次想到旧约中的一个平行问题:著名的《利未记》问题,《利未记》即摩西五经的第三卷,其中详细描述了祭祀法——当然,馨香祭起了很大作用;而这条法律也被介绍为是在旷野中制定的。迁徙。这是 19 世纪的一个主要问题;我不知道你是否听说过韦尔豪森。③ 他是最(怎么形容他呢?)好、最有诗性的旧约批评家,而这个问题对他来说正是一个关键:这些活动必定发生在旷野时期很久以后,因为所描述的情景不像是在旷野行程期间。我认为,我们不能完全忽视这些可能性。让我们转向第 806 和 807 段。请讲?

---

① 即第 792 段和 803 段之间带有罗马数字序号的十段。
② 此处为第 797 段的结束,798 段的开始。
③ 韦尔豪森(Julius Wellhausen,1844—1918),德国圣经学者,写作了关于摩西五经、伊斯兰教和新约的多部作品,其中最著名的是《以色列历史导论》(*Prolegomena zur Geschicte Israe*),1882 年出版。

学生：……

施特劳斯：好吧，如果你恰当地考虑一下，"奢华"的一种意思是财富丰厚，这在荷马那个早期时代是不可能的，是吗？——维柯就是这么说的。这也与（旧约中）旷野的段落平行对应，那也是非常严酷和困难的环境。

好的。第 806 到 807 这两段涉及荷马的技艺，也涉及非哲学家。也许我们应该把这两段都读一下。

兰肯：[读文本]

> 上文已说明荷马完全没有深奥哲学，此外，我们对荷马故乡和年代的发现——

施特劳斯：换句话说，（荷马）没有明确可识别的祖国，也没有一个明确的时代；人们不知道该把荷马放在哪里。请继续。

兰肯：[读文本]

> 都使我深深地疑心，荷马也许只是人民中的一个人。这种怀疑——

施特劳斯：Uomo volgare——意思当然是说，荷马是一个民众中的人，但当然也有凡俗（vulgus）的含义，对吧？好。

兰肯：[读文本][301]

> 贺拉斯在《诗艺》（128ff）里的一番话使这种疑心得到了证实。他说到在荷马以后极难创造新的肃剧人物性格，因而规劝诗人们最好从荷马史诗中借用人物性格。这里所说的"极难"还应联系到另一事实来看，希腊新谐剧中的人物性格全是人为的虚构。雅典就有一条法律，规定新谐剧的人物性格必须是完全虚构的才准上演。希腊人在这一点上做得很成功，使不管多么骄傲自大的拉丁人也无法和希腊人比武，昆体良在《论修辞术》里就承认过，"我们在谐剧方面无法和希腊人竞赛"。（第 806 段）
>
> 除贺拉斯所指出的困难之外，我们还要加上两种范围较广的困难。其一是荷马既然出现最早，何以竟成了一个不可追攀的英雄诗

人?肃剧的出现本来较晚,开始时很粗陋,这是人所熟知的,我们在下文还要详谈这一点。另一困难是:荷马既然出现在哲学以及诗艺的批评的研究之前,何以竟成了一切崇高诗人中最崇高的一位,而在哲学以及诗艺和批评的研究既已发明之后,何以竟没有一个诗人能远望荷马的后尘而和他竞赛呢?我们且把这两种困难暂时放下,只从贺拉斯所说的困难,以及我们关于新谐剧所说的事实来看,这些问题就曾引起帕特里齐、斯卡利格和卡斯特尔维特罗那些论诗艺的大师们去研讨上述差别究竟原因何在。(第807段)

施特劳斯:因此,换句话说,这里是对问题的明确陈述,不是吗?现在,读一下维柯提出的解决方案,在下一段的开头。

兰肯:[读文本]

理由只有从上文《诗性智慧》部分已找到的诗的起源中去找,也就是从已发现的诗的本质即诗性人物性格中去找。(第808段)

施特劳斯:好的。这是一句关键说明。换句话说,如果你理解了什么是诗性的性格,并且——或者——记住了它,那么,我们就有了解决问题的办法。请继续。

兰肯:[读文本]

因为新谐剧所描绘的是当前的人类习俗,即苏格拉底派哲学家们所思索的人类习俗,因此,希腊诗人们深受这派哲学关于人类道德的学说的浸润(例如米南德,和他相较,拉丁人把他们的泰伦斯称为"半个米南德"),因而能创造出一些"理想的人"(ideal man)[译按:朱译作"观念中的人物典型"]的光辉的范例——

施特劳斯:更贴合字面地说,是"属乎观念的人"(men of idea)。形容词"理想的",我相信,作为形容词——是的,在历史上,典范人物(ideali)会出现,但不是在此处。所以换句话说,有一种后哲学的诗,关于这种诗的主要文本是"新谐剧",即使在今天看来,它们也不是太糟糕。但《荷马史诗》肯定是前哲学的。是的。它们当中有理想的人的类型。例如,忒奥弗拉斯托斯(Theophratus)笔下的《人物素描》，在整个时代的谐剧中都起到了这样的作用。请继续。

兰肯：[读文本][302]

> 用来唤醒一般村俗人。这些村俗人最擅长向说服力很强的具体范例学习，尽管他们不能根据推理所得出的箴规来理解。旧谐剧都从现实生活中取来剧中情节，使所作的剧本就按照事物本来的样子。例如邪恶的阿里斯托芬就曾这样描绘过老好人苏格拉底，造成这位谐剧角色的身败名裂。（第808段）

施特劳斯：这段讲得不只是好：非常好。Buonissimo[好极了]。是的。而且毁掉了他，这是一句过分夸张的说法。好。

兰肯：[读文本]

> 但是肃剧展现在剧场上的却是英雄们的仇恨，侮慢、忿怒和复仇这些都起自英雄们的崇高本性。这些本性自然而然地发泄于情绪、语言方式和行动，通常都是野蛮、粗鲁和令人恐怖的。这类情节都带有一种惊奇色彩，而在题材安排上彼此之间具有紧密的一致性。希腊人只有在英雄体制时代才能创造出这类作品，所以荷马只能出现在这个时代的末期。（第808段）

施特劳斯：是的，荷马出现于英雄时代的末期。是的，我想我们可以把这个问题留在这里。解决办法是，诗性角色本身并不是忒奥弗拉斯托斯所描述的那些人物，……，① 等等，你们知道，也就是可以用抽象名词称呼的人物，相反，诗中的人物都是只能用一个专名来称呼的人。阿喀琉斯、奥德修斯等等：这些都是诗性人物。但他们也是其中一种类型。维柯在下一段中把同样类型的人称为"想象的一类"，即由想象或幻想而不是理性所创造的人，例如厌世者（misanthrope）、贪婪者（the Avare），或者想象出的病人。可以想想莫里哀的典型人物：这些名字都不是专名。而在谐剧中，他们自然必须被赋予一个特有的名字，因为他们那时（在剧中）都是（具体）人物；但你不能把，比如说《安提戈

---

① 这句话几乎听不出来，其中，施特劳斯似乎列出了忒奥弗拉斯托斯所描述的几种类型，如"嘲讽者""野蛮人"或者"包打听"。

涅》的主角，描述为"英雄处女"；如果把这个作为《安提戈涅》的标题，会很欠缺。你会如何称呼俄狄浦斯？你不能——用这种方式，你们会怎么称呼《包法利夫人》，或者《安娜·卡列尼娜》？尝试一下。那么，在另一个案例中，托尔斯泰确实找到了这样一个标题，《战争与和平》，但这件事也非常有趣：你们知道，它的结尾像一篇关于人世生活的论文。托尔斯泰经常因为《战争与和平》的这个结尾而受人指责。请讲？

兰肯：我对第 808 段中的时间顺序有点迷惑，它似乎是这样的：肃剧、旧谐剧、新谐剧，这些东西先后发展起来。但荷马是在肃剧之后出现的吗？肃剧是英雄的——

施特劳斯：我们先来看看。维柯首先谈到的当然是荷马，然后转向新谐剧，作为与前者截然相反的类型。对吗？然后，维柯从米南德的新谐剧回到阿里斯托芬的旧谐剧，此后又进一步回到肃剧，然后又进一步回到荷马。而你没有认出最后一步，因为他——

兰肯：[303] 当维柯说"希腊人只有在英雄体制时代末期才能产生这种作品"——如果没有"这种作品"，意思则是——

施特劳斯：是的，但"作品"不是 operi [作品]，而是 lavori——"这样的努力"，这么理解可能会更好吧，罗特拉先生？以免让我们想到肃剧本身；我想，维柯的意思是——

兰肯：肃剧的主题——

施特劳斯：是的。

兰肯：好的。然后是荷马，然后才是——

施特劳斯：这里描述的肃剧主体当然也是荷马笔下的人物，你们知道吧？凶猛，凶残，残酷。而维柯在这里没有提出的问题会在后面讨论：《伊利亚特》和《奥德赛》之间的区别，他断言《奥德赛》比《伊利亚特》晚得多，因为它更人性化。我们会谈到这一点，我们不能——

好，在第 809 段，维柯谈到了想象出来的类型（generi），它的意思不是概念。请接着读后面的内容，从"这两种人物性格"开始。

兰肯：[读文本]

这两种人物性格由于都是全民族所创造出来的，就只能被认为自然具有一致性（这种一致性对全民族的共同意识［常识］都是愉快的，只有它才形成一种神话故事的魔力和美），而且由于这些神话故事都是凭生动强烈的想象创造出来的——

施特劳斯："凭最为生动强烈的"。
兰肯：［读文本］

由于这些神话故事都是凭最为生动强烈的想象创造出来的，它们就必然是崇高的。从此就产生出诗的两种永恒特性，一种是诗的崇高性和诗的通俗性是分不开的，另一种是各族人民既然首先为自己创造出这些英雄人物性格，后来就只凭由一些光辉范例使其著名的那些人物性格来理解人类习俗。（第809段）

施特劳斯："最光辉的范例"，好的。所以换句话说，诗如果不是民间思想的创造，就什么也不是。不过还不清楚，这与存在着个体诗人这个事实有什么关系。请讲？

兰肯：这似乎是一个相当惊人的论断：性格中的一致性这个事实表明，在创作过程中，有很多人参与其中。

施特劳斯：不，就其本身而言，它只透露了共同体［的特性］；换句话说，［共同体］是一种古怪的怪物，理解它的只有极少数碰巧拥有——这些怪物不是好的东西。必须是由……理解的典型英雄……［比如］一部莎士比亚的戏剧。莎士比亚的历史剧是一个好例子，可以说明维柯的意思。人人都知道亨利五世，知道他身上有什么值得钦佩的地方，也知道理查三世身上有什么不值得钦佩的地方，等等。

现在，有一个困难，我相信在后文中会变得更清楚。这些想象的［304］类型（generi fantastici）到底是什么？这些具有强大吸引力的"想象的观念"究竟是什么？在最高的情况下，它们是什么？或者换一种说法，第一批创造了所有这种"崇高"的诗人是怎样的人？维柯如何称呼他们？"神学诗人"。他并没有称荷马为神学诗人……换句话说，这些"想象的类型"的最高情形是诸神。你不可能用抽象的名词来翻译宙斯、赫拉或者阿瑞斯，但你可以说阿瑞斯是战神，赫淮斯托斯是铁匠之神，或者你还可以举出别的例子。但是有些东西仍然还是缺失的：为什么铁匠之神是瘸子？这个问题不能一眼就看出来，肯定还有些别的东西。我的意思是，有一些普遍的东西明显可以注意到，这是真的——我的意思是说，如下事实肯定是真的：人们在理解宙斯时，当然会把他理解为诸神和人的统治者，而且，他比任何其他统治者都更为高居在天上，或更加算是整全的统治者。但宙斯有一个专名，这表明，他就是这些"想象的类别"中的一位，而不是一个理性概念。在第819段，你们可能会发现——但让我们先考虑一下第800段。我想今天已经很晚了，不是吗？我的手表显示——

学生：现在是五点三刻。

施特劳斯：好的。我们是否应该——我想如果我们现在下课，对你们比较合适，也许对我也一样。再问最后一个问题，巴特沃斯先生？

巴特沃斯：您能告诉我幻想的想像（fantastic imagination）的逻辑必然性在哪里吗——那种非常强烈的想象力可以创造出崇高的形象？不知何故，我却觉得，强烈的想象力创造出的总是非常粗糙的形象。

施特劳斯：是的。……关于这个效果，有一条公理是这么说的，即人的心智在某种意义上是无限的，可以超出所有已知的范围。那么，根据这则公理，心智对未知的东西会怎么做呢？

巴特沃斯：我不记得那是什么——

施特劳斯：它使之比崇高更伟大。

巴特沃斯：但维柯指的不是我们通常使用的那种崇高的……的意义。

施特劳斯：不，我不相信维柯心里指的是这个意思，将它理解为压倒性、令人敬畏的。

巴特沃斯：因为维柯所举的两个例子，奥德修斯和阿喀琉斯——

施特劳斯：阿喀琉斯不同于——阿喀琉斯是一位真正的英雄人物。而奥德修斯则涉及一个不同的故事了；按照维柯的说法，奥德修斯属于一个后来的、更精致的阶段。我们必须看到这一点。

但有一点我想提一下：这里提到了新谐剧，绝非偶然；新谐剧是后来出现的，但也成为一种非常重要的东西。我从尼科里尼那里得知，维柯非常仰慕罗马谐剧诗人普劳特斯和特伦斯。米南德……当时还没有为人所知，留下的只有残篇。对维柯来说，这是属人的、在人类阶段最高的诗；这一点非常有趣。新谐剧从根本上说，完全是非—神话的，你们知道吗？如果你们知道为什么它们是谐剧，这就会是最容易理解的例子，因为它们以非常优雅的方式展示了恶行的荒谬性，并且制造了——我的意思是，它们不会制造轰堂的笑声，而是以一种人性化和［305］温和的方式赞同诗人的教诲。对这一点，维柯非常钦佩；荷马是更伟大的诗人，但由于这种诗从根基上缺乏反思、缺乏理性——这又是维柯所做的断言。而由于理性高于单纯的感觉，所以就可以有这个结论。所以，尽管维柯要去"发现真正的荷马"，但我认为，他的品味还是相当古典主义的。无论维柯所发现的是否就是真正的荷马——换句话说，至于荷马的诗是否有可能是在没有思考和理性秩序的情况下创作出来的，这当然是一个直到今天还在问的问题。你们知道，如今仍然有人认为，荷马史诗只是一系列的吟游诗歌（rhapsodies）——一段是在这儿唱的，一段来自那里，等等。我不知道尼采关于荷马问题的演讲是否有英文版本。那是一本非常清晰的——有英文版吗？你们应该买一本。这本书很短，30 多页，但它非常清晰地说明了大约 1870 年代的"荷马问题"的情况。① 不过我相信，尼采的书还没有过时，因为尼采说……一个时代，人们会对"民众思想"（folk mind）的观念持批判态度。你们知道，每个人都在唱歌［笑声］，并产生一些东西。对尼采来说，这点已经变得非常可疑，尤其是荷马史诗是否可以被理解为源于——但是，你们会看到，尼采仍然接受了浪漫主义观点的基本主张。这是哪个版本？它是否在——

学生：……

施特劳斯：我不知道——可能我还不知道这个。所以，现在，……先生……

［录音结束］

---

① 施特劳斯所说的是尼采的《荷马与古典语文学》，是尼采发表于 1869 年的一篇演讲。英译本可参见 http：//www.perpustakaan.depkeu.go.id/FOLDEREBOOK/Project%20Gutenberg%20（Friedrich%20Nietzsche）.pdf.。［译按］这篇演讲的中文译文参尼采，《荷马的竞赛——尼采古典语文学研究文稿选编》，韩王韦译，上海：上海人民出版社，2018。

# 第十四讲 《新科学》(816 – 934 段)

### 1963 年 11 月 12 日

[308] 施特劳斯：结论绝对真实，也合理。①［无论是］理性、明智的立法者，还是任何理性的个人，都没有通过契约理性地建立一个共同体。这是完全正确的。你还做了其他一些评论，讲得都很好。我相信你肯定不是想说，维柯头脑中所想的其实是资产者（bourgeoisie）。

学生：不是。

施特劳斯：也许——当然，贵族不是资产者，但两者有某种类似。维柯的同情心毋宁是在资产者一边。我的意思是，如果你使用这种后来的语言的话，那么，也许维柯的确是这样的。

我想简单讨论几点。你澄清了相当多重要的点，我要提出的自然是不太同意的地方。比如，你在这里的意思我就不太同意："理性的善意，在民众共同体中既公开又宽宏大量。相比于民政公道在贵族制中的严格性，以及在神权制度中的排他性，这种（民众共同体中的）理性的善意在任何意义上都并非更好或更自然。每个阶段都有自己的天性，因此，该阶段都与其他阶段一样好。"每个阶段都和其他阶段一样自然，但并不是说，每个阶段都像其他阶段一样好。比如，就好像婴儿期和成年期一样自然，但并不意味着婴儿期和成年期一样好。

学生：……

施特劳斯：是的，可是还是要说，如下这一点不是很清楚吗——理性、合理性只有在属人的社会阶段才会出现，而非在神圣的或英雄的阶

---

① 施特劳斯点评一位学生的论文。论文在课程开始时宣读，并未录音。

段就会出现?

学生:我在想,维柯是否会说,人类的理性……

施特劳斯:是的,如果你是指这个,那么维柯肯定不会认为它是万能的。但我认为,按照维柯的说法,人类社会中的最高形式还是人类社会。

在这里,你在同一页的这个表述是什么意思?"获得神明认可的说法是:为了维持自己的权力,必须维持其他人的想象力。"我一听就听懂了。但你还是要解释一下。也许还有别的人理解不了这句非常简洁的话。

学生:我所想的是,如果每个人都……

施特劳斯:是的,可是,当我读了第二遍时,就不是这么理解了——换句话说,欺骗或者其他人的自我欺骗,乃是统治者的权力基础。这是我在读第二遍时的理解。对不起,我没有听清?

学生:我指的是欺诈(fraud)。

施特劳斯:[309] 好吧,不管你说的是欺诈还是欺骗,都没有重大的区别。请讲,兰肯先生?

兰肯:……我想,我明白原因在哪里了,关于所缺失的"第三个理由"(the missing third reason)的问题。

施特劳斯:你的意思是?

兰肯:您宣称,他跳过了第三条理由。

学生:……

兰肯:第 951 段的后半段。我认为,这一段被掩盖的原因是,英雄时代是拥有最卓越的国家(state *par excellence*)的时代。民政公道就是国家理由,而在第 951 段的……中说,这种 aequum bonum [平等的善],或自然公道,适合于大众。国家的君主们在此基础上继续……

施特劳斯:我们到时必须研读一下这段话,特别是因为,这个"平等的善"或自然公道的问题已经困扰了我们一个学期了。

这里还有一段,让我先把这段读完。"因此,荷马正是维柯最初要建立的东西。古希腊风俗的民政历史所记载的不是诸神,而是英雄。而且就其本身而言，荷马是无可比拟的。"① 这当然意味着——我认为你始终都在暗示这一点——荷马不是一位早期诗人。我的意思是，荷马这个符号并不代表一位早期诗人。因为，荷马之所以是一个如此重要的来源，恰恰因为他反映了从一个阶段到另一个阶段的变化。荷马这个人身上包含了历史，特别是，如果你假设《奥德赛》是在《伊利亚特》出现之后的四五百年之后才作成的话。

你的这句话是什么意思："维柯那里的'理想的永恒历史'与'诸民族间学问的前后继承'无法相容，因为它破坏了把每个民族的进程视为自主案例的那种统一法律"？

学生：我认为，维柯的基本前提是，尽管每个民族都有一些特殊的差异，外部环境也可能不同，但如果你把某些民族放在特定环境下，却会出现统一的结果。而其中的公分母就是各民族之间的共同本性。我是在这个意义上理解的。

施特劳斯：我的理解有点儿不一样，而且我认为，你所用的表述，至少既可以支持你的解释，也可以支持我的解释。维柯的永恒历史与学问在民族间相继承的过程（scholastic succession of nations）并不相容，也就是说，与知识、智慧、学术从一个民族向另一个民族——比如说，从迦勒底人到希腊人或腓尼基人、埃及人等等——迁移的事实并不相容。因此，（维柯的永恒历史）并不是一种自主的发展过程。我想的确如此。自主的发展是一种理想类型，必须根据经验性事实来加以修正。

[310] 那么，这里有两点值得讨论。你引用了柯林伍德的话：

> 在原始人的时代，维柯像是得到一种预感或感到一种能量一样，在一瞬间就察觉到了远远超出寻常肤浅观念范围的一种力量体（a body of power），而在如今，这种力量体被隐藏和削弱了。

在这里，我们绝不能忘记这一点，这里面当然有一些真实的东西。不过，维柯的主要论断，即"早期人是多神论者"的观点，也是柏拉

---

① 施特劳斯朗读学生的论文，本段、下一段以及后面两段中加了引号的段落，均来自该篇论文。

图在《法义》卷三中的论断。维柯知道这一点，他做了说明。好的。

在这里，你引用了一位当前的黑暗时代的诗人，我猜想：在黄金时代，神话并非"一则开放的、空洞的寓言，而是一种活生生的力量"。而当"万物仍然充满上帝"的时候。你能否告诉我，谁——？

学生：……

施特劳斯：我明白了，你记得这点。好的。这是一篇非常好的论文。谢谢你。

我们还有一些上次积压的内容没有读。我想我们上次读到了第810段左右。我们现在来到了"发现真正荷马的哲学证明"。这部分内容也是由编号的段落组成的，这次有28段。我们没法——我们来读一下第816段，这是维柯第二次提到耶稣的段落。好的。

兰肯：[读文本]

> 神话故事的精华在于诗性人物性格，产生这种诗性人物性格的需要在于当时人按本性还不能把事物的具体形状和属性从事物本身抽象出来。因此，诗性人物性格必然是按当时全民族的思维方式创造出来的，这种民族在极端野蛮时期自然就有运用这种思维方式的必要。

施特劳斯：关于这一点，我们在上次课已经知道了。我们上次课讨论过。没有概念，只有形象（images），但那是有普遍含义的形象。所以，阿喀琉斯不仅是指这位作为个体的阿喀琉斯，也指其英雄身份。而德拉古（Draco）并不是指这位特定的雅典立法者，而是指早期的野蛮立法者。

兰肯：[读文本]

> 关于这一点，亚里士多德在《修辞学》（2.21.1395b1 – 10）里就说过，心眼儿窄狭的人爱把每一种特殊事例提高成一种模范。其原由必然是人的心智还不明确，受到强烈感觉的压缩作用，除非在想象中把个别具体事物加以放大，就无法表达人类心智的神圣本性。也许就是由于这个缘故，在希腊和拉丁诗人的作品里，神和英雄的形象总是比人的形象大，到了复归的野蛮时期，特别是上帝、

耶稣和圣母玛利亚的画像都特别高大，也是由于上述缘故。（第 816 段）

施特劳斯：好的，那么，维柯这么说是什么意思？诗性思维方式属于处在野蛮状态的所有民族，也就是说，它不是天才们的特权。而在这个阶段，人们以特殊物的形式呈现普遍性。他们想说的是英雄，但所说的是阿喀琉斯。但原始民族如何处理这些特殊事物呢？他们不会完全不管不顾。我的意思是，他们看到了阿喀琉斯这样杰出的战士，但他们并没有让阿喀琉斯的这种经验只是留在他身上，而是将之普遍化。他们在想象中修改他。他们是怎么做的呢？他们放大了他。是的。他们[311]夸大了这些［杰出人物］，是的。他们把这些英雄变得比生活更高大。他们将其神化。上次有人提到了欧赫墨儒斯（Euhemerus），① 是谁提到的？哦，是米勒先生。没错，这就是一种欧赫墨儒斯式的（Euhemeristic）做法。他们放大人类，使之成为神。换句话说，这些神代表了人。维柯必须把神和英雄重新"翻译"回人，才能理解他们。与此相关的是，维柯第一次提到了基督，我们已经看到了。维柯在这里只是提出了一个外围的观点：画像要比实际的人更高大。

下一段似乎也尤为重要。

兰肯：［读文本］

　　野蛮人缺乏反思能力，而反思力用不好就会成为谬误之母。最初的英雄时代的拉丁诗人们都歌唱真实的历史故事，即关于罗马人的战争的故事——（第 817 段）

施特劳斯：好的。换句话说，不可能有真正的欺骗，因为——而且理由不是很恭维人：简单地说，他们太笨了，不会撒谎。不过当然会有客观的虚假，如果可以这么说的话，也就是说，他们会因为头脑简单而犯错。请继续。

兰肯：［读文本］

---

① 欧赫墨儒斯在公元前 4 世纪记录了神话，他被认为是将神话解释成了人类历史的放大版。现存的前一次课程录音稿中没有提到他。

到了复归的野蛮时期，由于这种野蛮的本性，一些拉丁诗人例如耿特（Gunther）和阿普里亚（Apulia）的威廉等人都还只歌唱历史故事，同时期传奇故事（romance）的作者们也都自以为在写真实的历史故事——

施特劳斯：这些诗人真的相信自己是在写真实的——你们看，维柯在这里说得很清楚：他们认为在写真实的历史，也就是说，他们声称——他们相信自己是在陈述发生过的事实，但只是相信如此。请继续。

兰肯：[读文本]

就连博雅多（Boiardo）和阿里奥斯托（Ariosto）虽出现在受哲学教养的时代，也都还取材于巴黎主教杜尔邦主教所著的历史书——

施特劳斯：换句话说，即使他们被启蒙了，这件事也是源于一个未启蒙的时代。不过，至于博雅多和阿里奥斯托在多大程度上修改了来自中世纪的传奇故事，维柯在这儿没有说。你们会看到，维柯接下来会立刻谈到但丁。

兰肯：[读文本]

由于处于同样野蛮时代的本性，他们也都还缺乏反思的能力，不会虚构杜撰，因此，他们的作品自然真实、开朗、忠实、宽弘。就连但丁，尽管他有博大精深的深奥哲学，也还是用真人真事来塞满《神曲》的各种场面，因此把他的史诗命名为谐剧/喜剧（Comedy），因为希腊人的旧谐剧也描绘真人。（第817段）

施特劳斯：（真人）也就是同时代的人。同时代的人是新的——而不是，例如，苏格拉底就不是一个诗性人物。这个人……每个人都知道，或者……或者他所给予的任何人。请继续。

兰肯：[读文本][312]

在这一点上，但丁还是像《伊利亚特》中的荷马。朗吉弩斯曾指出过《伊利亚特》全是戏剧性的，或再现性的，至于《奥德赛》则全是叙述性的（《论崇高》9.13）。再如彼特拉克（Petrarca），尽管是一位渊博的学者，仍然用拉丁语歌唱第二次迦太基战争，至于他的《凯旋》是用塔斯康语（Tuscan）写的，虽具有英雄诗的色彩，却只是一部历史故事辑录。从这里可以得到最初的神话故事都是历史这一事实的最鲜明的证据。因为讽刺诗所讽刺的人物不仅是真实的，而且还是人所熟知的，肃剧则取诗性人物性格放到情节里；旧谐剧把还活着的著名人物放进情节里，新谐剧则由于出现在反思能力最活跃的时代，终于创造出一些虚构的人物性格（正如在意大利语言中，新谐剧是随着学问渊博的十五世纪而重新出现的）。无论希腊人还是拉丁人，都没有用过完全虚构的人物性格作肃剧的主角。群众趣味也有力地证实了这种分别。群众趣味不肯接受写肃剧情节的音乐剧，除非所用的肃剧性情节来自历史。但是群众趣味会容忍谐剧中的虚构情节，因为采用的不是人所共知的私人生活，群众就较易信以为真。（第817段）

**施特劳斯**：好的，这是一个非常复杂的段落，你们肯定已经看到了。所以，野蛮人时代的历史当然不是纯然为真，只在相关的野蛮人看来会是真实的，因为他们还不能作假。但是，启蒙后的时代的诗人们，他们的情况如何？他们接过了这些早期的、流行的故事。他们是否像古老的讲传说故事的人那样，相信这些故事的真实性？我想我们可以——虽然维柯没有这么说，但推论很清楚：这些诗人并不相信。所以，阿里奥斯托或彼特拉克的情况就与中世纪作家的情况不同。但同样的情况似乎也适用于但丁，因为他很懂得那种最高的、深奥的科学，也就是隐微的学问。

维柯如何解释但丁主要作品的标题呢？他说，但丁呈现的是死人——当然是死的，因为他们身处地狱或天堂——但故事却是真的，因为诗中所讲的都是真实的人，而不是诗性人物。这就是但丁称其为谐剧的原因。这是一种非常复杂的解释……请讲？

**学生**：……

**施特劳斯**：作为一位当代人。我们的朋友维柯当然知道。我是说，他了解但丁。但他可能使用了一个缩写；在许多情况下，我的意思是，如果不考虑例外情况的话，这是一种——怎么说呢——一种松散的方式，但并非完全不合理。正如希腊肃剧中从来没有非神话人物一样，当然，这么说并不是字字真实。我们通过亚里士多德明白，后欧里庇得斯时代的肃剧诗人阿伽通（Agathon），就曾设计过这种纯粹虚构的人物。是的，请讲，……先生。

学生：我不明白……

施特劳斯：是的，现在这是一个非常复杂的句子。不，维柯说，由于缺乏反思，野蛮主义的本质阻止了有意识的虚构，对吧？可是但丁本不属于［313］野蛮时代，也就是说，他本来有能力进行有意识的虚构，却没有这样做。是的，现在我明白维柯的逻辑了。这不是因为但丁不能进行虚构，而是因为他恰恰做了《新谐剧》所做的事——或者说谐剧所做的事，也就是说，他取材于真实的人，取材于个人。这并不显得——但它是其中一步。从这里出发，我们如何充分解释维柯关于但丁的说法？换句话说，但丁对应于旧谐剧，旧谐剧的角色是以名字闻名的个人……而但丁采用的则是佛罗伦萨人和其他意大利人、佛兰切斯卡·李米尼（Francesca di Rimini），以及任何可能的人物的名字。可以说，但丁所对应的是阿里斯托芬，而不是新谐剧。看起来就是这样。请讲？

学生：……魔鬼取代了他的位置……

施特劳斯：是的，当然，这肯定是——谐剧，尤其是新谐剧的主题。我们后面将会讨论这个问题。巴特沃斯先生？

巴特沃斯：我只有一个问题。是不是因为但丁也用诗体写作，所以才有资格获得谐剧的这个属性？因为如果只是因为他的剧中有已死者的角色，为什么不能——尽管维柯没有意识到这一点，我们不能把卢梭的《忏悔录》归为……谐剧？

施特劳斯：嗯，这不太相关，不过仍是我们理解维柯的一种训练，把维柯的概念应用到他自己因为不知道所以没有应用的现象上。那么，现在你的观点是什么？《忏悔录》，哦，谐剧——

巴特沃斯：一定不仅是因为他所采取的人物角色，一定是因为使用了诗体（verse）。

施特劳斯：诗体。但《忏悔录》的体裁并不是——

巴特沃斯：不。这就是你可以称但丁的戏剧为谐剧的原因，因为它不但是用诗体写的，还取用了真实的人——

施特劳斯：是的，但我认为比是否用诗体更重要的问题是，作家是否将其主题理想化。我确信卢梭将其理想化了……而歌德把他的自传称为《诗与真》(Dichtung und Wahrheit)，虚构与真实，这不仅意味着他讲述了自己的虚构，亦即诗歌的历史（他肯定这样做了），而且，他的整个表述，亦即他的自传，也是一篇虚构。我想，卢梭肯定也是这么做的。

好，我们继续看下一段，也来读一下。

兰肯：[读文本]

> 既然诗性人物性格具有上述性质，涉及他们的诗性寓言故事就必然要对希腊最早期才有历史意义，如我们在上文《诗性智慧》部分一直在说明的。（第818段）

施特劳斯：在阅读这两段时，我想到的问题还是但丁。但丁，在……前一段中已经谈到了。但丁呈现了真实的人物和事实；但另一方面，在但丁身上，欺骗、虚构的要素出现在哪里？我想这[314]会是问题所在。因为在第817段整体论证的背景下：在野蛮的时代不存在虚构，没有虚构的可能性；但是，到了启蒙时代，则有可能存在虚构。但丁属于一个更加启蒙的时代，虚构就有可能。他做了什么？如果你们从阿里斯托芬开始看：阿里斯托芬取材于活生生的人物……克里昂，或别的什么人物，但他所讲的故事肯定不是取自雅典的治安档案（police records）。我的意思是说……继续往下看，我们也许会认识得更清晰一些。

我们来读下一段。不必都读，只读段落中间部分就可以。稍等，……先生……

学生：……第817段。维柯说，在这方面（in this respect），但丁就好像写作《伊利亚特》的荷马，而不是写《奥德赛》的荷马——维柯所指的是在什么方面？是说但丁来自一个启蒙的时代，还是——

施特劳斯：当然，维柯说"在这个方面"，他的意思并不简单。那么，在什么方面？——的确，维柯说的是什么？因为他把真实的人放进了寓言之中。我并不了解维柯头脑中想到的朗吉弩斯的说法，可能朗吉弩斯说的与维柯说的很不一样，所以，并没有什么不可弥补的伤害。但我们必须看看维柯的话在上下文中的意思。现在，但丁与《伊利亚特》的相似性大于《奥德赛》，这能说明什么呢，这是什么意思？

学生：……戏剧性的或代表性的，而不是叙事性的。维柯在前面说过，"虽然但丁生活在一个反思的时代，但选择了不去思考"——我想知道，在被这样描述的但丁与写作《伊利亚特》的荷马之间，是否有什么关联。

施特劳斯：我没有看到，但你可能是对的。这段话很难懂。我不知道维柯的意思是不是说，传统上有一种非常粗糙的比较：一边是《伊利亚特》和肃剧，另一边是《奥德赛》和谐剧。现在，也许维柯希望在这里也强调其标题的奇怪特性，因为《神曲》更让人想到谐剧而非肃剧。至少前两部分肯定是如此，我不知道。请讲，米勒先生？

米勒：在特洛伊战争的真实性、事实性方面，难道他不是……？……

施特劳斯：是的。维柯提到了这点。是的，但那么一来，将会应用……但丁的……

米勒：是的，我知道；我还没有完全想清楚——

施特劳斯：好吧，你知道的，简单地说：如果但丁和荷马之间有一种平行对应关系，那就意味着，相比于荷马笔下的苦难而言，但丁并不相信基督教中的那种对应物。我不知道维柯是不是这个意思。请讲？

学生：维柯在这里不是说，但丁的《神曲》之所以与荷马的《伊利亚特》对应，是因为朗吉弩斯说那是一部戏剧作品，而《奥德赛》是一部叙事作品？那么——所以维柯是说，《神曲》并非一部叙事性作品？

施特劳斯：是的。但还要问，这意味着什么？我的意思是说，真正的历史是叙事性的，而非戏剧性的。

学生：[315] 是的，但是……荷马的两部作品中，但丁的《神曲》更像哪一部。因为一部作品有某种戏剧特征，也就是那部——

施特劳斯：好吧，也许我们会回到这个话题，等我们弄清了荷马的……你到时能提醒我们讨论这个问题吗？

学生：……但丁有一部 [类似]《奥德赛》[的作品] 吗？……

施特劳斯：是的，可能有。因为他谈到自己的时候，更多是在——可是在《神曲》中，他关于自己的评论只出现在开头。我不知道。不过我建议，等读到维柯对《伊利亚特》和《奥德赛》的看法后，我们再回来。里昂斯先生？

里昂斯：……

施特劳斯：我不明白你的问题。维柯说，根据朗吉弩斯的说法，《伊利亚特》完全是戏剧性的，而《奥德赛》则完全是叙事性的。

里昂斯：……

施特劳斯：那么，《伊利亚特》就会更早——《伊利亚特》的主题比《奥德赛》的主题更早；这很清楚。但是，这个区别如何与"戏剧"和"叙事性主题"之间的区别相容……因为，如果前面的表述正确、字字不差的话，那么在神学诗人看来，它们应该是叙事，而非戏剧。我不知道，但我会这么解释。…先生？

学生：……

施特劳斯：是的，但是……神学诗人……

兰肯：有一位19世纪的思想家澄清说——拉格朗勋爵（Lord Raglan），在他相当有趣的《英雄》（这本书研究神话和仪式）中，他推进了这个观念，即戏剧表现（dramatic representation）是第一位的。在任何像"有顺序的讲述"这样的东西出现之前，存在的是表演——

施特劳斯：就好像说，[把事情]重演出来。

兰肯：是的。

施特劳斯：所以仪式——-

兰肯：所以，仪式剧是最古老的形式……对于解决这个难题来说，很有必要。

施特劳斯：也许吧。不过，由于维柯在说出这个特别的观点时，本可以不用——在某种程度上，仔细想过以后，他确实说出来了。你是否还记得维柯谈到象形文字的时候？他是什么意思？你不是谈论它，而是把你的意思做一番事实性的（factual representation）再现。而这 [316] 当然既可以是行动，也可以是事物。这是真的，人们可以把这联系起来。不过，这么说还是比较单薄，我建议我们先往下读。请读第819段，从段落中间开始。

兰肯：［读文本］

在人类还那样贫穷的时代情况下，各族人民几乎只有肉体而没有反思能力，在看到个别具体事物时必然浑身都是生动的感觉，用强烈的想象力去领会和放大那些事物，用尖锐的巧智把它们归到想象性的类概念中去，用坚强的记忆力把它们保存住。这几种功能固然也属于心灵，不过都植根于肉体，从肉体中吸取力量。（第 819 段）

施特劳斯：是的，这就是我的意思。现在，如果这些至关重要的心智能力有一种身体的基础，那么我们就不能像维柯所建议的那样，把它仅仅作为一门关于心智的科学，我们再次回到了我不止一次提出的主张，即新科学必须以一种身体的物理学和科学为基础。请读一下第 821 段。

兰肯：［读文本］

按照诗的本性，任何人都不可能同时既是高明的诗人，又是高明的形而上学家，因为形而上学要把心智从各种感官方面抽开，而诗的功能却把整个心灵沉浸到感官里去。形而上学飞向共相，而诗的功能却要深深地沉浸到殊相里去。（第 821 段）

施特劳斯：从表面上看，这与维柯第 818 段关于但丁所讲的话相矛盾，但如果我们强调的重点集中在"平等"上（不可能成为一位同等崇高的诗人和一位同等崇高的形而上学家），那么，我们当然就很熟悉其中的总体想法了：想象力和激情占据压倒性优势的时代，不同于由理性占据主导地位的时代。这一点已经说过很多次了。

第 824 - 825 段，我们也可以读一下——

兰肯：［读文本］

我们已看到，亚里士多德认为没有人能比得上荷马那样，把谎说得圆。贺拉斯称赞荷马的人物性格没有人能摹仿，这两人的意思正相同。（第 824 段）

施特劳斯：你们看，不可模仿的谎言与不可模仿的人物相同。诗性人物是谎言，这并不意味着欺骗，但这些人物是不真实的。我们此前也读过一段这样的文字。现在我们来看下一段——

兰肯：[读文本]

> 荷马在他的诗的语句里象星空那样崇高。诗的语句必须是真实热情的表现，或者说，须凭一种烈火似的想象力，使我们真正受到感动，所以在受感动者心中必须是个性化的。因此，我们把一般化的生活格言称为哲学家们的语句。凡是对热情本身进行反思的作品，只能是出于既虚伪而又枯燥的诗人们之手。（第 825 段）

施特劳斯：现在，我们又必须把这句话和前面的说法放在一起。奇妙的谎言同时也是真实的，即对激情而言为真，而非在认知上为真。这些谎言完美地表达了激情的体验。我认为，对于维柯谈到这些早期言说的真实性时的很多自相矛盾之处，以上就是其解决方案。只有在真实地表达了激情的意义上，它们是真实的。[317] 在第 829 段，维柯得出了一个结论，这对于理解我们所读的内容非常重要。

兰肯：[读文本]

> 因为荷马所写的英雄们在心情轻浮上像儿童，在想象力强烈上像妇女，在烈火般的愤怒上像莽撞的青年，所以，一个哲学家不可能自然轻易地把他们构思出来。（第 829 段）

施特劳斯：所以，是的，荷马不可能是一位哲人，没有哪位第一等级的诗人能成为哲人，原因就是，这种在激情上的身份定位，与哲学的本质不相容。第 838 段，……其中最后一部分。

兰肯：[读文本]

> 但是正因为深奥智慧只属于少数人，所以我们刚才看到：英雄的神话故事精华在于英雄的诗性人物性格，这种人物性格的那种合身合式（decorum），绝不是今天擅长哲学、诗学和批评技艺的学者们所能达到的。就是根据这种合身合式，亚里士多德和贺拉斯才都把锦标交给荷马，前者称赞荷马把谎说得圆，他人无法和他相比，

后者称赞荷马的人物性格是旁人摹仿不到的。这两种说法其实是一致的。(第 838 段)

施特劳斯：在意大利文的原文中，这句话说得更清楚。因为，在每个半句的最后，关键词都会出现一次。亚里士多德提到的是荷马的谎言。贺拉斯所说的是荷马的人物形象。这些形象就是谎言。但是，用平白的英语来说（in plain English），荷马或者早期诗歌所创造的是什么形象？

学生：诸神。

施特劳斯：诸神……诸神是谎言，是诗性的人物形象。现在，我们开始遇到语言学上的证明。而这儿正是你今天［在论文］开始讨论的地方。请讲？

巴特沃斯：只提一个问题……第 829 段……。这是否意味着，哲人们不能认识到——

施特劳斯：哦，哲人能认出他们，但不能把自己视同于他们（identify with them）。

巴特沃斯：没法认出（identify）它们——

施特劳斯：把自己视同他们（himself with them）。哲人没法像诗人们那样，用同样有力的方式把它们表达出来。你们能看到，当你阅读柏拉图时，很难说，柏拉图能够或不能做到什么。那么，柏拉图在多大程度上以一种动人的方式呈现了非哲学的情感？一位哲人的情感——你们知道，《斐多》是一部非常感人的作品……苏格拉底……。但哪些人物是——如果你以《会饮》结尾处（《会饮》212d 及以下）的阿尔喀比亚德为例，他是个活力的化身（vitality incarnate），或者无论你们怎么称呼他。（柏拉图）非常有力地呈现了他。但是，阿尔喀比亚德能像苏格拉底哪怕用一个词就能打动人的那种方式来打动别人吗？至于说柏拉图是否没法用一种莎士比亚戏剧的方式，展现一幅阿尔喀比阿德与——比如说波斯国王——［318］之间的场景？我想他可以，但他从未尝试过。维柯说哲学家做不到这点，可能说得太过了，毋宁说，哲学家不愿这样做。

巴特沃斯：但是……处理对激情的描述。

施特劳斯：不，那是完全不同的一些东西。这可以用一种极其冷静、精确的方式做到——可以去读读《修辞学》。不过，这肯定不是为了煽起激情，或者让我们对激情发生共情，相反，这只是为了把我们必须了解的激情告诉我们，以便在公共集会的适当场合唤起激情，而这并不是诗所做的事。请讲？

学生：……

施特劳斯：哦，那是因为他（阿尔喀比亚德）喝醉了，完全喝醉了。这也不是一个英雄人物带着全部的英雄气概登场的样子。其次，阿尔喀比亚德关于他的欲望、他的不雅之举被苏格拉底拒绝的故事所讲的东西极其荒谬。这些并非能让人敬佩阿尔喀比亚德的东西。你唯一可以钦佩他的是，尽管他专注于所选择的重大事务，却还仍然保留着对苏格拉底的非凡存在的意识。这是唯一的一点，但我们通过阅读就能获得这种意识。我的意思是，为此我们并不需要一位阿尔喀比亚德。

现在，来看另一个场景。有什么比一位妻子在心爱的丈夫去世那一天更感人的呢？当你们读到《斐多》中的克珊蒂帕（Xanthippe）时，却只会让人发笑（《斐多》60a）。苏格拉底实际上是对斐多说：送她出去，[笑声] 我们还要继续谈话呢。这不是一个很动人的人物……请讲？

学生：……

施特劳斯：对，在某种程度上是这样。但它当然也是在整件事情的背景下宣读的。它当然是一个反高潮（anti-climax）。我们绝不能忘记这点。我的意思是，在听过关于英雄的这些非凡的演讲，特别是苏格拉底自己的演讲后，当我们读到这些据说是关于爱的真实评论以后，其中更深层次的暗示含义就已经非常清楚了。人们有时认为，柏拉图意在让阿尔喀比亚德作为爱若斯（eros）的化身。这么说是错的。我的意思是，如果说那部对话中有哪个人物［说得上是爱若斯的化身］的话，便是完全不起眼的阿里斯托德莫斯（Aristodemos），他在那里陪着苏格拉底，而且——你们知道吗？他被描述为……他们惊人地相互对应——阿里斯托德莫斯——惊人的平行对应。① 这是柏拉图一种测验——他不是在欺

---

① 录音文件不清楚，但施特劳斯可能暗示的是，并非阿尔喀比亚德，而是阿里斯托德莫斯，才更真实地代表着与爱若斯的相似性。参见施特劳斯《论柏拉图的〈会饮〉》，Seth Benardete 编，Chicago：University of Chicago Press，2001，页29。

骗,而是在检验人们是否上当了。阿尔喀比亚德肯定是个杰出的人,这毫无疑问,极具天分。可柏拉图说,阿尔喀比亚德用自己的天分做了什么?那是……

[319] 好吧,我现在当然没法记住柏拉图那里的所有内容,但我想知道,是否有哪个让人深为感动的场景,却与苏格拉底本人没有关系。还有一个问题是,柏拉图是否写不出欧里庇得斯式的肃剧。我认为他完全可能有此能力,但他肯定没有这么做。他没这么做。在谈到戏剧时,柏拉图在某种意义上向我们交代了自己没这么做的原因。你们明白吗?在那种意义上,柏拉图的这些说法是相当严肃的,我的意思是说,尽管这些话被故意夸大了。

可是,不管怎么说,维柯说过,这[译按:即诗与思想兼得]在身体上(physically)是不可能的。顺便说一句,维柯所举的但丁的例子(也许还可以想到别的例子)可以证明他是错的,最高等的诗和最高等的思想可以一起出现。二者兼得可能非常罕见。我不是很能想象亚里士多德写肃剧或谐剧,但觉得柏拉图可以。

学生:萨特(Jean-Paul-Sartre)……

施特劳斯:我不认识他。是的,不过,他和亚里士多德不在一个量级[笑声]。请讲?

另一位学生:维柯自己也写韵文,写诗。那么,如何看待这件事与他关于新科学的深奥知识(recondite knowledge)之间的关系?

施特劳斯:我没有读过他的那首诗,但是——

学生:写得不错。

施特劳斯:是的,但他们说,诗中仍然是相当学术化的东西。我想在这点上,人们的常识会同意维柯的观点。一般而言,这肯定是真的。请讲?

巴特沃斯:您是否要讨论,为什么这些哲学证明的确是哲学证明?在其中,是什么东西使之成为哲学性的,而不是……?

施特劳斯:这是个很重要的问题。很抱歉,我没有考虑过,但肯定应该考虑它。换句话说,你有一种印象,这个印象我在读的时候隐约也有。也就是说,在某些时候,哲学证明有可能出现于语文学(philology)证明中,反之亦然。这点非常正确,但需要特别进行深入的研究。

巴特沃斯：我试图用那个早期……的眼光来看待这些问题，哲学是确定性，而语文学则是权威性。您还记得这点吗？

施特劳斯：对，当然，我还记得。

巴特沃斯：……

施特劳斯：是的，但让我来……

兰肯：[320]……

施特劳斯：是的，那么，这种"真实"与"确定"之间的区别是什么意思？［施特劳斯写板书］真实的东西，在理性上是明显的。而确定的东西，则是在事实上的确定。所以你们知道，比如，我知道兰肯先生在这里……但是，在当前情况下我不知道他为什么在这里，所以这是个坏的例子。例如，我知道这个东西是干什么的，但我不知道它是怎么工作的。这个……这个"为什么"，这是事实。但是，维柯是如何处理这些事实的呢？通过在全世界范围内观察它们，维柯发现了原因。他把原本只是确定的东西，即确定的事实，加以改变。维柯看的是它的内在原因，它的必然性。就此而言，《新科学》的末尾取消了这种区别：语文学被吸收到哲学性的东西当中了。这当然是对你所说的内容的一般解释。可是，至于维柯是否还在分配事物时用一些有趣的东西引起我们的注意，我就不知道了。但我也有这种模糊的印象，也就是说……

当然，问题不能这样留下来。你们早先讨论过一次，讨论了哲学与语文学的区分究竟在哪里。这个问题我忘记了。不过你们得拿它与这里比较一下。还是说，我在事实方面是否犯了错误？

巴特沃斯：我记不得了。

施特劳斯：让我看看。我想，我曾在某个地方发现了这种区别。

学生：第一个哲学证明——

施特劳斯：是的，我们没法儿在课堂上解决这个问题；我们需要真正研究一番。我希望，我们在此提出的所有问题，都对每个人有点儿用处，但是对……神父则有特殊的用处。现在，还有人——哦，……先生。

学生：您不是说过，哲学性的东西会从语文学出发吗？我的意思是，他四处活动，然后——

施特劳斯：不，不。维柯有他的哲学前提。它们在先，cogitate［思考］……，思想在先，感觉经验在后。对吧？

学生：不过，在黑板上，当您说，维柯察看了"确定"的东西，然后由此行进到——

施特劳斯：不，这还没说完整。首先，关于人的天性，维柯有其想法。[这些哲学上的]公理。不过，他还有着大量完全未消化、完全模糊的事实。此后，维柯把基于这些公理的眼光应用到这些事实上，这些事实起初只有一种性质，那就是"确定性"。然后，通过应用这些公理，"确定性"（certainty）被转化为"真实"（truth）。这就是维柯的步骤。米勒先生？

米勒：在812段，看起来很清楚，第一个哲学证据的内容是：最先出现的必定是历史，然后才是诗……然后，维柯讲出了另一个哲学证据……如果[这另一个证据]成立的话，[321]那么，维柯是否是在第814段中交代了寓言从怪异可怕（monstrous）发展到暧昧不明、无法置信的自然过程？

施特劳斯：我不明白为什么它们明显是在语文学（philological）意义上的。

米勒：哲学上的（philosophical）。

施特劳斯：语文学上的（philological）。除非我们可以说，例如第五个证据，这应该是在——第815段。我认为，这段内容是语文学而不是哲学性的。但它肯定值得研究，严格来说，必须研究它。

学生：那么，听起来，好像只有两个哲学上的证据。

施特劳斯：在哪里？

学生：……以及第812段的结尾。"足见这位学者……没能——"

施特劳斯：不，他说的是准哲学的[证据]。这条哲学证据是由下一点确立起来的。至于这一点是否还能沿着……，有更多的意义，并不好说。我不知道。我们必须深入了解。不过无论如何，我们现在没法研究这个问题，否则会被困在这里，无穷无尽。我们现在必须转向语文学的证据。

兰肯：那些公理不是分为哲学的和语文学的吗？

施特劳斯：我记得比较模糊了。换句话说，这里不是第一次出现这个区分。

巴特沃斯：是在第138段。

施特劳斯：我们真应该深入了解一下——巴特沃斯先生，非常感谢你提出了这个问题。现在，我们读一下第839段。

兰肯：[读文本]

上述大量哲学证据——

施特劳斯：顺便说，我现在想到了一点，不管是否有价值。如果我没弄错的话，维柯两次提到耶稣基督的内容，一次出现在哲学证明中，另一次出现在语文学证明中，二者也是平行的。现在我们来读下一段。

兰肯：[读文本]

上述大量哲学证据都是从对异教诸民族的创建人进行形而上学批判得来的——

施特劳斯：你们看，这个问题已经非常复杂了；这些哲学证明已经预设了对并非全然哲学式的作家的批评。请继续。

兰肯：[读文本][322]

我们应把荷马摆在这些民族创建人之列，因为我们确实找不到其中哪一个世俗作家比荷马还更古老（如犹太人约瑟夫斯所坚持的）。我们还可以加上下列一些语文学的证据。（第839段）

施特劳斯：好的。你们看，这很有意思。我们在第788段读到一句话，维柯说荷马就是"第一位作家"，并且在引用了约瑟夫斯的说法时，没有加上"犹太人"。换句话说，我想知道在这里，摩西的问题会不会再次出现，这可能就是区别所在。也就是说，"语文学证据"其实就是关注圣经中的问题的那部分。还有一个类似的问题——我只能为巴特沃斯先生提一下——在伊本·赫勒敦（Ibn Khaldun）那里。你已读过马赫迪（Mahdi）先生的书。①

巴特沃斯：读过。

---

① Muhsin Mahdi, *Ibn Khaldun's Philosophy of History: A Study in he Philosophic Foundation*, Chicago: University of Chicago Press, 1964.

施特劳斯：但是伊本·赫勒敦试图基于一种阿维罗伊主义哲学来解释伊斯兰教。你们知道，同样也是先有哲学，然后应用在其主题上。可能就是这样，但我并不确知。好，现在请读一下第 842 至 843 段。

兰肯：[读文本]

> 开始写罗马史的就是这些诗人。（第 842 段）
>
> 在复归的野蛮时期，一些历史都是一些用拉丁文写作的诗人们写的。（第 843 段）

施特劳斯：好的。现在，这意味着什么呢？与中世纪作家相反，罗马人用其母语写作。这很清楚。拉丁语并不是这些拉丁诗人的母语。或者更简单地说：我们已经看到，没有图式主义（schematicism）。你们知道，那种简单的图式，即所有民族都经历了同样进程的图式并不充分。我们必须特别理解中世纪的特殊性，就其特殊性而言，古代世界中并没有什么东西与之对应。请继续。

兰肯：[读文本]

> 埃及的高级司祭曼涅陀把用象形文字写的古代埃及史解释为一种崇高的自然神学。（第 844 段）
>
> 我们在"诗性智慧"部分已说明，希腊哲学家们也曾对在神话故事中叙述的古代希腊史进行了类似的解释。（第 845 段）

施特劳斯：好的。在第 361 段中，也就是维柯在此暗中提及的那段，维柯在曼涅陀（Manetho）的例子中谈到了自然神学，在希腊哲学家的例子中则谈到了哲学。现在，维柯把自然神学与哲学相提并论，而他在 361 段则没有这么做。第 848 段。

兰肯：[读文本]

> 我们在第二卷里还说明了，无论在古代还是在近代，各民族中最初的作家们都是些诗人。（第 848 段）

施特劳斯：维柯现在说的是各民族，而不是各外族。同时，维柯还加上了"现代"各民族。这能说明什么？如果所有民族最初的作者都是诗人,那么犹太人最早的作者、最早的史家,必定也是诗人们。

[323] 那么,新约呢?新约是现代民族的原创作品。当然,在先前的语言中,"现代"从来没有今天的"自从1500年以来"的意思。它在这里是指整个后古典、后古代世界。在17、18世纪,这种用法仍然相当普遍,当然,这……我相信,这就是问题所在。第851段。

兰肯:[读文本]

说书人周游希腊各城市,在集市或宴会上歌唱荷马史诗,这个人歌唱这一段,另一个人歌唱另一段。(第851段)

施特劳斯:好的。不知为何,我提到的是这段,我相信自己本来是指第850段;请读一下,第850段很短。

兰肯:[读文本]

根据犹太人约瑟夫斯反对语法学家阿庇安时所坚持的意见,荷马不曾用文字写下任何一篇诗——(第850段)

施特劳斯:好的。你们知道,这里维柯使用的还是第839段里的语言。但第856段似乎特别重要,而且又是极为难懂,和他提到……的那段一样困难。请继续。

兰肯:[读文本]

根据这个理由,曾用文字写出作品的赫西俄德就应在庇西斯特拉图王朝之后,因为没有证据使我们相信赫西俄德像荷马一样,是由说书人凭记忆把他的作品保存下来的,而编年纪事史家们却白费力地把赫西俄德摆在荷马之后三十年。(第856段)

施特劳斯:换句话说,这个论点在维柯之前或之后都没有人坚持:赫西俄德的年代在公元前500年左右,对吧?一般的看法是他比荷马晚了一代。好的,请继续。

兰肯:[读文本]

可是像荷马的说书人那样的"歌咏诗人"(cyclic poets)竟能把全部希腊神话史从诸天神的起源到尤利西斯回到故乡伊塔卡,都保存下来了，这些"歌咏诗人"（cyclic poets）的名称是从 kyklos〔圆圈〕这个词来的，他们不过是些平常人在宴会上或庆祝会上向围成一个圈子的老百姓们歌唱神话故事。这种"圈子"正是贺拉斯在《诗艺》里所说的"卑贱的大圈子"。关于这个圈子，达西尔对那些评注家很不满意，他们说，贺拉斯这里指的是长篇的歌咏——

**施特劳斯**：是的，这里展示的是当时法国一位著名学者达西尔的学识和辨析。① 请继续。

**兰肯**：〔读文本〕

而他不满意的原因也许是这样的：一个情节，没有必要仅仅因为它很长就认为它很鄙俗。〔笑声〕

**施特劳斯**：〔笑〕一个深刻的观察。请继续。

**兰肯**：〔读文本〕〔324〕

举例来说，里纳尔多（Rinaldo）和阿米达（Armida）在魔法花园里的欢乐情节，以及老牧羊人与埃尔米尼亚（Erminia）的对话，的确都很长，但并不因此而显得鄙俗；因为前者华丽，后者是精致、细腻，两者都很高贵。但在这段话中，贺拉斯建议肃剧诗人从荷马的诗中汲取论据，却遇到了一个难题，也就是说，在这种情况下他们就不是诗人了，因为他们使用的情节是荷马编造的。所以贺拉斯回答说，如果牢记三件事，荷马的史诗故事将成为他们自己的肃剧情节。第一，不要做空洞的解读，就像我们如今还能看到，有人在节日里向闲杂人等的"卑贱的大圈子"读《奥兰多－弗里奥斯》《英纳莫拉托》或其他一些有诗韵的传奇小说。在背过每一节后，再用更多文字向他们解释意思。第二，不要做忠实的译者。第三，也是最后一点，不要做奴颜婢膝的模仿者，而是秉承荷马赋予其英雄们的性格，从他们身上引出与之相符的新的情感、言语和

---

① 即安德列·达西尔（André Dacier），1651—1722。

行动；由此，在同样的主题上，他们将成为荷马风格的新诗人。因此，在同一部作品中，贺拉斯把"歌咏诗人"说成是琐细的市集诗人。这类作者通常被称为 kyklioi 和 enkyklioi［市集圈子中的诗人］，他们的集体作品被称为 kyklos epikos、kyklia epē、poiēma enkyklikon［市集圈子的叙事诗］，有时也被称为 kyklos［圈子］，没有限定条件，正如朗巴因（Gerard Langbaine）在他为朗吉弩斯所作的序言中指出的那样。（第 856 段）

**施特劳斯**：你们可以看到一位老学者在这本书边上抚摸着胡子。［笑声］请继续。

**兰肯**：［读文本］

赫西俄德有可能比荷马还早，因为他的作品包括了全部关于诸天神的神话故事。（第 856 段）

**施特劳斯**：在这个令人吃惊的段落中，你们看出什么了吗？段落结尾与开头之间有一个明显的矛盾，而且其间没有任何联系。我的意思是说……直接的论证没有以任何方式支持这个矛盾。非常特别。这是这个特别章节的中心段落，大约就在中间一卷的中间。现在有一件事非常奇怪，也就是维柯所说的，由贺拉斯所给出的建议。第二条：不要做忠实的译者！［施特劳斯和学生笑］。对于这条建议，维柯一直虔诚地遵循着，甚至在他自己的引文中也是如此，对吧？非常奇怪。是的，对于这条矛盾，［维柯］也没有提出什么准备。

但是，在这句非常特别的话当中可能意味着什么？维柯可能通过这句话表明什么？现在我总是会从这一点出发：既然圣经乃是维柯以最生硬的方式处理的主题，那么让我们看看，如果从圣经历史的角度来翻译这句话，维柯可以有什么寓意：荷马和赫西俄德的关系。很明显，赫西俄德的《神谱》比荷马的作品更专注于诸神；荷马讲述了诸神的故事，但他并没有以赫西俄德的方式讲述那个诸神本身的故事（the story）。维柯首先说了相反的、异端的观点，认为圣经神学是后来的事情——我的意思是那种精微的一神论更为晚出。到了最后，维柯才又回到了正统观点，认为这种崇高的一神论从一开始就存在于圣经当中。那么，维柯的意思是否在于，圣经神学是圣经最晚近的部分？是的，在这两者之间有一段很长的话，以证明——一段很长的离题话。离题话可以是高尚的，而不仅仅［325］像我们一眼看去会认为的那样，会很乏味［施特劳斯开始笑］，尤其是在这种有学问的书中。［高尚的离题话中］的例子取自阿里奥斯托（Ariosto），维柯在第 817 段中提到了他。哦，是在 817 段，维柯谈到但丁的部分。我不知道这有多大相关性。在中间的一卷，即在关于荷马的第三卷中，维柯写下了这些加上了编号的段落——我是说，编号不是由维柯本人加上的。编号段落共有 97 段，① 而关于但丁的这个问题（位于全书第 817 段）——是 97 个段落中的第 17 段。② 你们知道，如果你们数一数第三卷中的编号段落，那么，第 817 段就是第 17 段。③ 而在这里，本段也被编为了第 17 段④——至于其中是否存在任何巧合——。所以，维柯在那里提到了阿里奥斯托，而他也属于哲学家们的光照时代（illuminated times of the philosophers）；维柯使用了中世纪传奇小说的主题，但当然不再秉持中世纪传奇小说的精神，因为他不再属于野蛮时代。好，我认为如果有谁能解释第 817 和 856 段，他就能声称拥有了进入维柯的钥匙。我不能声称自己掌握了。

第 866 段：维柯在此提出了另一个大问题；我至少有一种猜测。请读一下。

兰肯：［读文本］

因为不应忽视荷马的两部史诗在风格上差别很大，朗吉弩斯就说，荷马在少年时代编出《伊利亚特》，而到晚年时代才编《奥德赛》，我们能得知这个细节，倒是一件怪事。因为关于此人的两项最重要的历史事实——他生活在何时、何地，我们还不知道呢。关

---

① 在《新科学》第三卷，维柯为总共 97 个段落分配了罗马数字，分为四组，分别有 10、28、33 和 26 段。正如施特劳斯在第十三次课指出的，维柯本人只是给带有罗马数字的段落编了号；其他段落编号都是由尼科里尼用阿拉伯编定的。

② 维柯在第 817 段提到了但丁，并标有罗马数字 VII，在《新科学》第三卷所有以罗马数字编号的段落中，这段为第 17 段。

③ 同样，这也是《新科学》第三卷中第 17 个被赋予罗马数字的段落，尽管其罗马数字是 VII，而不是 XVII。

④ 施特劳斯指的是，第 856 段所标注的是罗马数字 XVII。

于这两个历史事实,郎吉弩斯在叙述希腊的一颗最光辉的明星时,却把我们蒙在鼓里。(第866段)

施特劳斯:好的。现在,再说一次,如果我们想到圣经问题也存在着,那么,与《伊利亚特》和《奥德赛》这两首诗的问题相对应的是什么?我认为是旧约和新约。当然,这个——第880段——是的。我只是想知道,在多大程度上,马基雅维利和其他作家对旧约与新约关系的讨论,不会对我们这里的讨论有很大帮助。请讲,……先生?

学生:从上一段中,我们的结论究竟是,荷马在赫西俄德之前,还是赫西俄德在荷马之前?还是说,我们的结论是——

施特劳斯:谁?

学生:谁在先,从这个——

施特劳斯:哦,当然是《伊利亚特》在先,《伊利亚特》更属于野蛮时期。

兰肯:……在赫西俄德与荷马之间。

施特劳斯:[326][笑]又一次,你出的钱,你来选(you place your money and you take your choice)[所有人笑]。因为维柯两种说法都说过,说过两个。现在,如果你们要说,作者在长篇大论的结尾所说的一定是其最终观点,那么,你就得说,赫西俄德先于荷马。但是,维柯在这一章的开头却说了相反的话,而且,这一章的大部分内容之间的联系,也丝毫不能证明最后的结论。

学生:……做了一些暗示……他认为赫西俄德在先,那么"荷马是否写作……"的问题真的就成了重点所在,不是吗?从一开始……

施特劳斯:非常好。换句话说,支持赫西俄德在后的第三种说法有一些依据,因为赫西俄德写作,而荷马没有写作。后一种说法(the later statement)则没有依据。对这点我很可以想象。换句话说,异端的说法有支持的依据,正统说法则缺乏支持。这能说得通了。

学生:不过,早些时候,当维柯谈到卡德摩斯,以及将字母引入希腊时,他也提出了荷马是否写作的问题。至于维柯是否赞同荷马并未写作的观点,也并不清楚。我的意思是,在那一节也存在着问题。

学生:第901段。

施特劳斯：我明白了。好，我们等读到那段时再看。但你说得很对，……先生，很少有哪个章节没有包含着大量的困难，在每一种情况下，我们当然都需要从第二版［《新科学》］开始，完整地整理关于该主题的所有陈述。我的意思是，这是最起码的条件，因为即便这么做之后，我们还得判断：这些不同的表述有何价值？但我会不得不认为，这些段落，第856和817段，它们尤为黑暗，我猜这与圣经问题的在场有关，特别是旧约和新约的关系问题。请讲？

另一位学生：在第856段开头，维柯说，诗人保留了所有的……

施特劳斯：哪一段？800——

学生：856段。维柯说……

施特劳斯：我明白了。

学生：……这是我能看到的关于赫西俄德在先的唯一论据……

施特劳斯：我明白了，可以是因为其原始性，更为原始——

学生：……的故事。诸神的整个历史。

施特劳斯：我明白了，但至少这件事情比较古老，即便赫西俄德的诗更为晚出。有这种可能，有这种可能。但你肯定得承认，这是个相当大的笑话。［327］在这些问题上，尼科里尼就会对你完全没有帮助。我的意思是，尼科里尼只是给了你一些并无多大要紧的平行参考资料，这样那样的一些东西——比如16、17世纪的人怎么理解"市集圈子的诗"（cyclical poems）。这些东西并不十分要紧。但是，这个难题（我想尼科里尼甚至没有注意到这个问题），在同一章的开头和结尾公然出现了矛盾，而且，大约在这些内容的中间，在中间部分，出现了这条贺拉斯式的建议——据说是贺拉斯式的建议——一个人不可［施特劳斯笑］成为一位忠实的译者。这个建议……维柯本人。好。第873段，现在，我们来到"发现真正的荷马"的部分。

兰肯：［读文本］

> 关于荷马和他的诗篇，由我们凭推理得出的或是由旁人叙述过的以上一切事实，都不是我们事先就着意要达到这样结果的——说实在话，我们原先并没有想到：本书第一版（用的并不是和本版一样的方法研究出来的）的某些读者，都是些思想锐敏和学问高超的

学者们，就曾疑心到，前此人们一直在相信的那个荷马并不是真实的。这一切情况现在迫使我们要肯定：不仅是荷马，就连特洛伊战争的经过也不是真实的。现在，就连最审慎的批评家们也都认为：尽管特洛伊战争标志着历史上一个著名的时代，实际上它在世界上并不曾发生过。就特洛伊战争来说，假如荷马不曾在诗篇里留下一些重大的遗迹，有许多重大难题就应迫使我们下结论说：荷马纯粹是一位仅存于理想中的诗人，并不曾作为具体的个人在自然界存在过。

施特劳斯：也就是说，一个真实的人当然总是某个特定的人，好的。但［荷马］只是个理想中的人。请继续。

兰肯：［读文本］

> 但是一方面有许多重大难题，而另一方面又有留传下来的诗篇，都似应迫使我们采取一种中间立场：单就希腊人民在诗歌中叙述了他们的历史来说，荷马是希腊人民中的一个理想或英雄人物性格。（第873段）

施特劳斯：好的。关于《新科学》先前版本的评论非常值得注意。我的意思是说，这又是一个强调自身是最终版本的版本。第一版导向了对荷马的怀疑，认为荷马并不真实存在。只是导向了怀疑。现在，在第二版，维柯表示这种怀疑是正确的，也就是说，荷马不是一个真正的个体的人。所以，其间的关系似乎是，第一版制造了怀疑，第二版明确阐明了这些怀疑。现在，当然，［施特劳斯笑］第二版本身也引出了如此多的可疑之处。我只能得出结论说，早期版本必定是更加克制的版本，如果我可以称之为克制的话……现在时间已经很晚了，让我良心不安……但我们还积压了这么多内容，我们必须再读一点。请你们原谅。第八百——请讲，魏斯先生？

魏斯：……

施特劳斯：什么东西的结构？

魏斯：……

施特劳斯：［328］这是一回事——我认为，这与关于荷马的观点相同：他不是一位个体的作者，而是有很多作者。而我们所看到的，是后世编纂者的工作。当然，就旧约而言，这种解释已经被人们明确提出了——斯宾诺莎、霍布斯和 17 世纪的其他人。

兰肯：维柯可以采取这种办法来协调各部福音书，而且后来在 19 世纪，恰恰有人确实采取了这种办法。

施特劳斯：是的，当然。我相信这件事情的开端要早得多。但是，此外还有赖马鲁斯，① 他是 18 世纪的一个著名人物。但是，在 19 世纪——你指的是那位与我同名的人，还是其他人？是大卫·施特劳斯吗？② 或者鲍威尔？③

兰肯：我不确定是哪位……

施特劳斯：好的，当然；在 19 世纪——正如克罗齐所说，是在 19 世纪，又不完全是 19 世纪。我们来读一下第 879 段。

兰肯：[读文本]

希腊人民之所以如此争夺作为他的祖国的荣誉，而且几乎所有的人都声称他是公民，原因是希腊人——

施特劳斯：不——你读的是哪段，第 879 段吗？

兰肯：哦，我以为你说的是第 875 段。

[读文本]

由此可见，荷马作出《伊利亚特》是在少年时代，当时希腊还年轻，因而胸中沸腾着崇高的热情，例如骄傲、狂怒、报仇雪恨之心——

---

① 赖马鲁斯（Hermann Samuel Reimarus, 1694—1768），德国哲学家，推动、激发了对历史上的耶稣的批判性研究。

② 大卫·施特劳斯（David Friedrich Strauss, 1808—1874），德国新教哲学家和神学家。因为在《耶稣传：批判性检验》(*Das Leben Jesus: kritisch bearbeitet*, Stuttgart: P. Balz'sche Buchhandlung, 1836, 英译本：*The Life of Jesus, Critically Examined*, London: Chapman Brothers, 1946) 中否认了新约中的超自然主张而失去了学术教职。其人受到黑格尔的影响。

③ 鲍威尔（Bruno Bauer, 1809—1882），德国哲学家，史学家。作为黑格尔的学生，鲍威尔是圣经历史的批评者，认为基督教的产生在同等程度上既归功于廊下派，也归功于犹太教。

施特劳斯：现在想想旧约的传统形象：愤怒。愤怒的上帝。对吗？这点在前面的一段中，在第868段，已经提到了。我们继续。

兰肯：[读文本]

这类热情不容许弄虚作伪，而爱好弘大气派。因此，这样的希腊喜爱阿喀琉斯那样的狂暴的英雄。但是他写《奥德赛》是在暮年，当时希腊的血气仿佛已为反思所冷却，而反思是审慎之母，因此这样老成的希腊爱慕尤利西斯那样以智慧擅长的英雄。从此可见，在荷马的少年时期，希腊人崇尚粗鲁、邪恶、狂暴、野蛮和残酷。[329] 到了荷马的暮年时期，希腊人就喜欢阿尔基诺奥斯老国王的奢侈品，卡吕普索（Calypso）的那些欢乐，塞壬女妖们的歌声，求婚者们的那些吃喝玩乐和对佩涅罗珀王后贞操的围攻和侵犯。像以上这两类习俗和习性竟曾被人认为同时存在，而在我们看来，二者是互不相容的。这个难点曾足以使神圣的柏拉图——

施特劳斯：现在，维柯突然称他为"神圣的柏拉图"。这当然是柏拉图的传统称号。但我相信，至少在我的记忆中，维柯还从来没有这么称呼过柏拉图。请继续。

兰肯：[读文本]

[神圣的柏拉图] 宣称，荷马原是凭灵感预见到，这些令人作呕的、病态的、邪淫的习俗风尚终于会到来，他想借此来解决上述难点，可是他只是把荷马弄成希腊文明政体的一个愚笨的创建人（《理想国》606E）。因为尽管他谴责这种腐败颓废的习俗风尚，却也同时教导了这种习俗风尚终于要到来，这就会加速人类制度的自然进程，使希腊人更快地走向腐化。(第879段)

施特劳斯：好的。不用说，柏拉图从未说过这样的话。柏拉图从来没有费心思说过这些。维柯说，关于《伊利亚特》与《奥德赛》关系的难题，柏拉图的解决方案是说荷马预见到了奥德修斯的时代，对吧？换句话说，柏拉图试图说明，这些作品有一个共同的作者。我认为，维柯的意图是主张新约和旧约间的基本和谐——根据基督教的解释，旧约中的预言指向了耶稣。现在，维柯说，新约的道德观不如旧约的道德观，这会说明什么呢？当然，维柯在这里关于《奥德赛》所说的东西，不可能是字面上的意思。但是，很多人——我指的是反圣经的作家——所讲述的老故事是，新约的道德比旧约道德更少政治性，在这个意义上，也比旧约更柔和。这是一种可能的解释。如果我考虑到这一点，整个事情就会比别的可能性更加说得通了。此后，维柯在第881段讲到——这里也有一个类似荷马史诗的问题，让我想起了圣经中的相似之处。第881段。

兰肯：［读文本］

　　我们还说明了歌唱在他本国发生的特洛伊战争的那位荷马来自希腊的东北部，而歌唱尤利西斯的那位荷马却来自希腊的西南部，尤利西斯所统治的王国就坐落在希腊的西南部。（第881段）

施特劳斯：你们只需要考虑拿撒勒（Nazareth）在北边而旷野在南边，就会看到圣经中的平行说法。第886段，维柯谈到了两部叙事诗中不同的方言；那么，我们知道，摩西的语言是希伯来语，而耶稣的语言当然是亚兰语（Aramaic），不是希伯来语。

巴特沃斯：这是哪一段？

施特劳斯：第886段。这只是——

学生：一个词。

施特劳斯：[330]是的，它与方言有关，关系到不同的方言。第889和890段。当然，这些是从第882段开始的一个句子的全部内容。现在，请读一下第889和890段。

兰肯：［读文本］

　　他把神变成人，把人变成神。（第889段）
　　关于这最后提到的神话故事，朗吉弩斯本人并不置信，除非有些哲学性的神话故事可以佐证（《论崇高》），这就等于承认当时把这类神话歌唱给希腊人听时，听起来就不能使荷马获得希腊文明体制创建者的荣誉。这个不利于荷马的难点，也就是我们在上文提出过的不利于把俄尔甫斯当作希腊人道创建者的那个难点。但是上述

那些特征，特别是其中最后的一个，本来都是希腊各族人民所共有的。(890 段)

施特劳斯：“最后一个［特征］"指的是把神变成人，把人变成神。请继续。

兰肯：［读文本］

　　因为在创建时期，希腊人本身就是虔诚信宗教的，贞洁的，强壮的，正直的，宽弘大量的，他们就认为神也有这些品德，如我们在上文讨论自然神谱时所已证明的。后来，随着岁月的推移，上述神话故事就渐暗淡起来了，老习俗也衰败了，希腊人于是凭他们自己的性格来判定他们的神也和他们自己一样放辟邪侈了，如我们在上文《诗性智慧》部分已详论的。这是由于那条公理：人们自然地强使一些暧昧不明确的法律屈就人们自己的情欲和利益。因为人们害怕神在习俗上如果和人不同，神对人的愿望就会不利。(890 段)

施特劳斯：荷马没有把人变成神、把神变成人的罪过。因为在早期，当希腊人虔诚、公正的时候，他们把神变成了正义的，所以才有了加引号的"荷马"，作为早期的诗人。后来，当希腊人堕落以后，他们，即荷马，亦即《奥德赛》的作者，便让诸神堕落了。现在，换句话说，我们必须区分荷马史诗的原作者们——从而区分这两部史诗的各组成部分——以及这两部史诗被写成文字的最后阶段。后者又是一个不同的阶段。我认为，维柯并没有犯下克罗齐和其他人所说的错误，并未简单把诗和神话区分开来。神话的创造、神学诗人，要比诗人本身早得多，而荷马则同时意味着这两者。这里有一种模糊性，但并非由荷马创造。早期的神话制造者和最后的诗人——即便最后的诗人应该是一群诗人，这本身当然也不会对这个问题产生影响。有一点必须再次明确：第 889 段所提出的主要指控，即"荷马的神是被神化的人，反之亦然"，还没有表述完整，因此，在本段，这种指控仍然没有被驳倒。第 891 段只是重复了我们已经不止一次看到过的内容。请只读第一句。

兰肯：［读文本］

但是因此荷马就更有权利具有两个极大的优点（其实还是一个优点），即亚里士多德所称赞的诗性谎言，和贺拉斯所称赞的特长于创造英雄人物性格。（第 891 段）

**施特劳斯**：[331] 好的。又一次把诗性谎言和英雄人物等同了起来。此外还有其他内容——可是，我们没法读所有这些东西。让我看看，这里似乎又有一处提到赫西俄德。

**学生**：第 901 段。

**施特劳斯**：什么？第 901 段，是的。我们也许可以从第 897 段开始，一直读到第 901 段。

**兰肯**：[读文本]

因此，后来的一切哲学、诗学和批评学的知识都不能创造出一个可望荷马后尘的诗人。（897）

不仅如此，荷马配得以下三种对他的赞词：（898）

一、他是希腊政治体制或文化的创建人。（899）

二、他是一切其他诗人的祖宗。（900）

**施特劳斯**：好的。现在这点非常重要：一切其他诗人，不仅是希腊人，还有罗马人、中世纪人等等。请继续。

**兰肯**：[读文本]

三、他是一切流派的希腊哲学的源泉。这三种赞词中没有哪一种可以献给前此人们所置信的那个荷马。第一种赞词不相称，因为从丢卡利翁和庇拉时代算起，荷马出现在我们已在"诗性智慧"部分说明的正式婚姻制度奠定希腊文明社会的之后八百年。第二种赞词不相称，因为在那个荷马时代之前，神学诗人们就已很繁荣，例如俄尔甫斯、安菲翁、缪萨乌斯、李弩斯等人，编年纪事史家们把赫西俄德摆得比荷马还早三百年，西塞罗在他的《布鲁图传》[18.71] 里也肯定——（第 901 段）

**施特劳斯**：不，不是三百年，是三十年。

兰肯：哦，我读的是三百年吗？①

施特劳斯：是的，不过——[施特劳斯和学生们笑] 从某种程度上说，也并没有什么区别。请继续。

兰肯：[读文本]

> 西塞罗在他的《布鲁图传》[18.71] 里也肯定说，有些英雄诗人比荷马还早。优塞比乌斯在他的《为福音作准备》一书里还举过一些名字，例如菲拉蒙、塔茂理斯、德莫多库斯、厄庇蒙里狄斯、阿里斯特斯，等等。最后，第三种赞词也不相称，因为哲学家们并不是从荷马 [332] 神话故事里发现到他们的哲学，而是把他们的哲学硬塞进荷马神话故事里去的，如我们在《诗性智慧》部分已详谈过的。事实是诗性智慧本身用神话故事向哲学家们提供机缘去思索其中高明的真理，如我们在本书第二卷为实现卷首的诺言时就已说明过的。(第901段)

施特劳斯：好的。这一点也相当模糊，除了对荷马的第三个赞美——这一点相对比较清楚些，即荷马是所有希腊哲学的源泉，但也只是在结尾所说的非常有限的意义上。现在，维柯只谈到《伊利亚特》的作者。关于第一首诗的论证——婚姻制度仅仅是希腊文明的开端，也即圆眼巨人阶段。你们知道吗？但是，荷马却是希腊文明的创始人，也即希腊贵族制度的创始人。荷马是希腊贵族制度的见证。关于第二点的论证很关键：诗人们并非神学诗人——而我认为，从我们在第856段看到的情况来看，赫西俄德则属于诗人。其中也暗示，所有的诗本身都起源于希腊，或者从希腊获得灵感激发。想想维吉尔，再想想但丁与维吉尔的关系。我认为，这是维柯首先想到的一个事实。接着，维柯明确指出，只有《伊利亚特》才是一份希腊人的英雄自然法/正当的文献。第905段看起来非常重要。

兰肯：[读文本]

---

① 伯尔金和费什的译文是"比荷马早三百年"。然而意大利文版本作"三十年"(trent'anni prevenir ad Omero)。

上文已说明过，荷马以前已有三个诗人时代。首先是神学诗人们的时代。神学诗人们自己就是些英雄，歌唱着真实而严峻的神话故事；其次是英雄诗人们的时代，英雄诗人们把这些神话故事篡改和歪曲了。第三才是荷马时代，荷马接受了这样经过篡改和歪曲的神话故事。（第 905 段）

施特劳斯：好的。好吧，我认为，毫无疑问，诗人本身与神学诗人和英雄诗人根本不同，荷马在这里得到的是经过严重歪曲的版本。但是，在某种程度上，我们可以更好地解释这一点。诗人本身不是神学诗人，最初的诗人是神学诗人。神学诗人的堕落是诗歌本身的开始。早期宗教的腐败是诗歌本身的基础。现在，我们不可能去读关于戏剧性和抒情性诗歌的长篇讨论了。我想——我们可以只读结尾，尽管因此会错过很多东西。第 912 段。

兰肯：[读文本]

照这样看来，林神剧是用英雄诗律作的，像拉丁人后来保存下来的那种英雄诗律，因为最初的各民族都用英雄诗律来说话，所以肃剧用英雄诗律来写作，是很自然的。后来谐剧只是空洞地坚持用前人的诗律，当时希腊各族人民已在用散文方式说话了。抑扬格用在肃剧里确实很适合，因为这种诗律是由发泄忿怒产生的，它的运动是贺拉斯所称呼的"快音步"。按民间传说，这种快音步是由阿基罗库斯（Archilochus）创造出来，向不肯把女儿嫁给他的来侃伯斯（Lycambes）发泄忿怒的，据说这种辛辣激烈的诗律使听到的父女两人都在绝望中上吊自杀了。这个神话必然反映了英雄们和平民们在正式结婚权的斗争中的一段历史。在这场斗争中造反的平民们一定把贵族们连同他们的女儿一起吊死。（第 912 段）

施特劳斯：请继续读。
兰肯：[读文本]　[333]

诗艺中的奇异可怕性就是这样产生的，凭这种奇特性，上述那种暴烈激昂的快速的诗律就适合肃剧那种宏伟诗篇，柏拉图在《理想国》里把这种肃剧看得比史诗还更高。这种快速音步还适合于表现诙谐、游戏和多愁善感的爱情，这就形成谐剧的全部的秀美和魔力。(第913段)

施特劳斯：是的。肃剧与愤怒和苦闷同属一类。柏拉图会说"血气"(thumos, spiritedness)，我想，这指的是同一种现象。与之相对的是谐剧的"精致"。"精致"在这里指的是没有血气，没有愤怒和痛苦。完整的人性都是类似的——在英雄阶段以后充分发展的人性阶段，更类似谐剧，而不是肃剧。第905段在此与之有一些相关。在对立的地方，维柯以对立的方式评价了这种早期宗教：一方面，这种早期宗教受到高度赞扬，被赞扬为所有文明的基础。另一方面，维柯强调，这种充满恐惧的人类充满了野蛮、暴行和凶残。这是我要提示的一点。我们还可以看一下第934段。在这段末尾，维柯说："新谐剧的作家们"——

兰肯：[读文本]

到了希腊人道最昌盛的时期才出现的新谐剧的作家们——(第934段)

施特劳斯：是的，就是这些。"希腊人道最昌盛的时期"：不知何故，血气与野蛮，这些东西如此重要，并且构成了肃剧的背景——有些现代解释者们提到残酷的元素，以一种升华的方式，残酷是必需的，由此才能享受肃剧，而这种东西在更人道的品格中则消失了。我认为，这一点很能说明维柯的品味。是的，我们必须就此打住，下次课再讨论第四卷。现在已经很晚了，我是否应该道歉？如果有人觉得应该的话，我要向他道歉。

[录音结束]

# 第十五讲 《新科学》(916–964段)

### 1963年11月20日

施特劳斯：[335] 非常感谢你的论文。① 本季度的期末成绩会很不平衡，因为我必须判出很多的优秀成绩，于是，我作为评分员的声誉也会相应降低，但我也没办法。我非常高兴。

这是一篇思路清晰、充满理性的论文。我只想对几处做一些评论……有一点……特别是由于，它来自一个……你也是一样，把"数据"（data）用作单数，或者，就这个问题而言……"数据是"（data are，复数）。我的意思是，我们无知的社会科学家们把它用作单数，但他们还有一个借口——但你们没有。好。不过你们其实可以说，这只是迂腐的学究气。

顺便说一下君主制的问题。当我读到或听到第一部分时，我感到，你没有看到实行君主制的困难。……但是后来，我认为你看到了。你临时地遵循了这种说法；看起来，并没有处于巅峰期的真正的君主制。但是，即使这种认为君主制尤其罗马君主制是一个巅峰的观点——在维柯的世纪里，谁是这种观点最著名的表述者？你们都听说过他，我想也读过，他是18世纪最著名的罗马史学家。

学生：吉本。②

---

① 施特劳斯点评一位学生的论文，论文在课程开始时宣读，并未录音。
② 爱德华·吉本（1737—1794），著有《罗马帝国衰亡史》（6卷，出版于1776—1788年）。

**施特劳斯**：安敦尼时代（Age of the Antonines）。① 这当然是维柯的一部分——但也只是一个部分，正如它是马基雅维利《论李维》的一部分一样。我们决不能忘记这一点。

让我想想，我还想再提几点。有个地方，你犯了一个轻微的［错误］——我注意到了第3页，但我不能［确定］……——第5页；在第5页的开头部分。"对于他［的体系中］的君主制，无论是选举性的还是世袭性的，维柯都没有谈到其形式上的合法性的任何一种原则。"是的，但是，什么是……确切地说，恰恰是那种自然的王权法——你们还记得 lex regia［王权法］，据说，奥古斯都能够从元老院获得这种君主权力，依据的正是王权法。可维柯说，不，这个并不能引起人的兴趣（uninteresting）。有趣的法律（interesting law），有趣的王权法，lex regia，乃是那种自然的法……在这种情况下，绝对需要有一个人……至于是 x 还是 y，并非问题的关键。但是，君主制……合法性的原则，是由……给出的公共效用（public utility）。

**学生**：在这个意义上，就不会有……国家，而且——

**施特劳斯**：是的。还有无政府状态……等等。

在同一页中，你还引用了第986段。好，当我们读到这段时，你是否可以提醒我们一下。因为其中似乎有个我此前没有意识到的困难。它向我们展示了［336］如今状况最低微的人的渴望——也就是我们关于我们的人性所了解的东西——首先在争夺婚姻的斗争中追求贵族地位，此后又在争夺执政地位的斗争中追求荣誉。哦，我明白了——不，我的理解有误。传统的观点向我们展示了最卑微的人的状况。就是这样。这不是很清楚——但基本讲清楚了。

第7页。是的，我完全同意这一点。我认为我们都同意："因为，在严格的事实性教诲中隐含着某种规范性的教诲。"这一点毫无疑问。

在第8页，你又谈到了这个我们经常触及的话题：民政公道和自然公道之间的关系。但你表述的方式对我来说有点儿新鲜，也许我以前忽

---

① 安敦尼王朝始于安敦尼·庇护（Antoninus Pius，约138—161年），并被马可·奥勒留（Marcus Aurelius，161—169年）延续。他们部分代表了吉本笔下的罗马之巅峰，此后则开始了吉本所谓的"罗马的衰亡"。

略了什么。首先你引用了乌尔比安的定义,根据这个定义,民政公道当然是一个非常智慧的人的判断。我们可以说,在这个层面上的自然公道是众人都知道的公道,也就是说,这种公道不需要训练和应用的过程。那么问题便是——不知为何,你的说法在我看来非常精当,而且超出了我此前所说的内容。我们是否应该这样做:当我们读到第 951 段时,请你提醒我这一点,以免我略过去了。

现在我这里还有一份论文,是由……先生提交的。关于这篇论文,我只想提一点。他说,我们可以展示各种三分现象(triadic phenomena)间的关系,我们今天也听到了这些三分的现象。① 我们可以用程式过程(schematically)的方式来呈现它们,比如像这样:[首先是]自然(nature)、习俗(customs)、自然法、共同体(四项);[其次是]为了表达上述的事物的,即诸语言和诸文字(两项);[第三是]用来证明、批准上述事物的,即法学(jurisprudence)、权威、理性和判断(四项)。加起来共十项。第十一组三分体是时间的三部分(three sects of time)(无论这种奇怪的表述究竟是什么意思)。维柯是结合着与法学的关系说的。三种法学分别在三段时间中盛行。其中的依据是共时性。维柯是结合着与法学的关系说的。三种法学分别在三段时间中盛行。其中的依据是共时性。

然而,在第 975 段,同样的情况被扩大了很多。所有上述制度都是在时间的三段中得到实践的。是的,那么,你从中得出的结论是什么?每个——

学生:……

施特劳斯:换句话说,在某种程度上,每一个都参与了一切,都参与了其他的一切。

学生:在序言中,维柯说……另一个。前面的四条是……

施特劳斯:我以为你是以一种黑格尔的方式说的。

学生:哦,不是这样。

施特劳斯:现在我继续上课。直到本季度结束,由于我都必须定一

---

① 在第四卷的 12 个章节中,有 11 个章节的标题都是三分法形式,如"自然的三种性质"。

条铁律：五点半准时下课——医生的命令——我现在不能继续读你的表述，会回家再读，下次再讨论。

[337] 现在，我们翻到上次留下的段落，争取多读些。我是否猜错了——我们要开始读第四卷了吧？或者我们读到哪儿了？

**学生**：我们上次读到第四卷开头。

**施特劳斯**：我明白了。很好。你注意到在"诸民族所经历的历史过程"标题中，各民族不是 genti，并非必须使用 genti，而是可以有普遍含义，也就是犹太民族和基督教民族。

在第915段（我们不能读这一段），在段落中间部分靠前一些，维柯谈到，在所有这些不同、多样的习俗之前，始终有一种统一性。也就是说，维柯当然不否认巨大的多样性，但他说，尽管如此，还是存在某些统一性。我们已经看到，就像今天的论文所指出的，即使这些统一性也并非普遍有效的。例如，在希腊，我们就找不到与罗马帝国相当的东西，同样，在亚述和其他地方，也很难找到大众民主。维柯知道这一点。

现在，我们可以读一下第916段，给我们的研读开个头（just to begin somewhere）。

**兰肯**：[读文本]

> 由于想象具有一种强有力的欺诈力，在想象方面最强而在推理方面却最弱。它是一种诗性的或创造性的自然本性，我们可以称它为神性的，因为它把具体事物都显示为由诸神灌注生命的存在实体，按照每种事物的观念分配一些神给它们。这种本性就是神学诗人们的本性，在一切异教民族中神学诗人都是最早的哲人，当时一切异教民族都建立在"相信自己所特有的某些神"这种信仰上。

**施特劳斯**：你们看，重点在这里：异教民族在这里试图把其信仰讲得很清楚，并采取的预防措施也最少。请继续。

**兰肯**：[读文本]

> 此外，这种自然本性全是凶狠的、残酷的，但是由于上述想象的错误，他们对本来是由他们自己所创造出的那些天神怀有一种极

端的畏惧。

**施特劳斯**：不是由他们创造出来的。finti……佯装的。

**兰肯**：[读文本]

> 因此就留下两种永恒的特征：一，宗教是唯一的强有力的手段，足以箝制原始民族的凶狠性；二，各种宗教的繁荣是在掌管宗教的人们由内心里崇敬宗教的时候。（第916段）

**施特劳斯**：好的。后面这条是一个新的声明。一个新的声明。但如果读一下《利维坦》中关于宗教的那一章（第12章），你们会发现，这是一个重要观点，当然也是带有反教会的目的。你们知道，如果宗教失去了其形象（image）（就像人们如今所说的那样），这是由于……的行为。但更重要的是，从这句话中，完全……可以想到，维柯拒绝了简单、理性化的观点，认为宗教基于欺骗。并没有发生真正的欺诈，但的确有自身被骗了的欺骗者；他们自己的行为是真诚的。他们按照自己的野蛮形象创造了神灵。……总是需要宗教来约束人民——也就是人们认为与哲人对立的教宗制度（papacy）。但是，当宗教领袖不再真诚地虔敬时，宗教就会失去其［338］力量。后者当然对所有宗教都成立；我是说，对于……也可能发生这样的事。因此，这种暗示也有一种回溯的效果，……之前。

接下来两个简短的段落明确表明，只有在人的阶段，理性、良知和责任才有效，在英雄或神圣阶段则不然。而且在这里没有提到诸神——这就是其中的关联之处。在第——我们读一下第919至921段。

**兰肯**：[读文本]

> 第一种习俗都带有宗教虔诚的色彩，就像刚脱离世界大洪水的丢卡利翁和庇拉夫妇那批人的习俗。（第919段）
>
> 第二种习俗是暴躁的、拘泥细节的，像传说中阿喀琉斯那样人物的习俗。（第920段）
>
> 第三种习俗是有责任感的，把自己的民政责任感教给每个人。（第921段）

施特劳斯：好的。你们看这里，只有在第一种情况下提到了宗教和虔诚，是吗？这就再次提出了这个问题：在最后一个阶段，人们在什么程度上需要宗教？

第 923 – 924 段：我的意思是，关于这些不同的划分（有十一组三分体）有何含意的问题，当然会很有意思。我没有答案，我的意思是，没有根据的推测并不会有什么帮助。但是，这会是个很有趣的问题。你们看到，这里描述的这些阶段并不短……现在，我们来看一下第 923 – 924 段。

兰肯：[读文本]

第二种——

施特劳斯：当然，第一种是神法，第二种是英雄的法。

兰肯：[读文本]

第二种法是英雄的，即凭强力的法，但是由宗教支配的，只有宗教才能限制强力，只要那里还没有人道的法或够强的力量来约束强力。

施特劳斯：你看到这个重要的关键了吗？我的意思是，只要人类的法律足够强大。请继续。

兰肯：[读文本]

因此，天意就安排了使生性凶恶的原始人应受到他们的这种宗教的说服，去自然而然地默认这种强力；而且因为他们还不能推理，就安排了他们凭运气去衡量权利。为做到这一点，他们就得求神问卜，这种强力的法就是阿喀琉斯的法，他让他的矛尖去决定一切权利。（第 923 段）

第三种法就是人道的法，是受充分发达的人类理智来下判决的。（第 924 段）

施特劳斯：好的。所以换句话说，英雄阶段是一个介于神性和人性阶段之间的中间阶段，这加强了前一节所说的……我们知道，人类法律可能就足以约束武力了。此后,维柯谈到了政府——这里还没有对民主制和君主制进行区分。它们只是晚期的……第929段,各种语言。

兰肯:[读文本][339]

> 第一种是神圣的心灵语言,① 表现于无声的宗教动作或神圣礼仪,在罗马民法里还从这些动作或礼仪里保存下来所谓"法定手续"(actus legitimi),这是他们执行一切民政事务都要使用的手续。这种语言属于宗教,由于宗教的特性,人们敬重它比起就它进行推理还更重要。在最早的时期人们还没有发音的语言,这种神圣的心头语言就有必要。(第929段)

施特劳斯:是的,你们看,有某种——我非常怀疑维柯对早期人的这种沉默会有什么想法,他在多大程度上只是指字面上的意思。在某种程度上,我相信维柯的意思的确是字面上的,但他当然也有其他想法。言语、逻各斯是一件事,而另一种可能性[或者]是不能说话,但也可能是沉默。沉默,神秘(mystery)。宗教是对神秘的恐惧。换句话说,沉默(muteness)带有这种双重含义,它至少包含了这种双重含义。请继续读第930段。

兰肯:[读文本]

> 第二种语言是英雄们的徽纹,盾牌就用徽纹来说话,这种语言在军事训练中还保存住了。(第930段)

施特劳斯:好的。在别的地方都没有这种暗示含义了(nowhere else is the implication)。下一段?

兰肯:[读文本]

> 第三种就是发音的语言,这是今天一切民族都在使用的。(第931段)

施特劳斯:是的,现在所说的是一切民族,而不仅仅是异教民族。

---

① 伯尔金和费什的译文为:"这些[语言]中的第一种"(the first of these)。

那么问题就是：在犹太人和基督徒那里，有没有对应于英雄和神性阶段的阶段？

兰肯：在第929段的结尾处，维柯特别提到了异教的众人。我注意到，译本只是将之翻译为"人们"。

施特劳斯：在哪一段？

学生：第929段。

施特劳斯：Uomini gentili［异教的众人］，是的，非常清楚；你说得很对。而这应该是——但不是在第930段。

学生：不，当兰肯先生在读的时候，他说的是——

兰肯：但是"异教的"被译者删掉了，当然，教亚当学习这门语言的是——

施特劳斯：是的。我们后面会讨论这个问题。但人们还必须考虑以下这件事。当维柯说 genti［民族］或 gentili［异教人］时，这层意义是毫无疑问的。但是，在说 nazioni［民族］时，维柯并没有明确排除犹太人和基督徒，它指的就是一般的民族。

学生：……

施特劳斯：［340］"永恒的属性"这个说法一直都在出现。我的意思是说，你们知道，"永恒的属性"是那种在本质上属于事物的属性。它并不意味着这件事物本身可以永恒或永远存在。所以，我曾建议我们把"永恒的属性"理解为本质属性，或者，如果"本质属性"的含义太强了，就把它理解为"必要属性"。或者你当时遇到的困难是什么？

学生：是的，这解释了我的问题。维柯多次使用过这个说法。

施特劳斯：一直在用。那么，背景当然就是他的永恒理想历史的概念。你们在所有东西中都看到了神圣的、英雄的和人类的顺序：宗教、法律、武器，等等。而每一个都有其本质上的……这就是永恒的历史，它的每个部分是维柯所讨论的某个特定阶段的永恒属性。请讲，巴特沃斯先生？

巴特沃斯：在第930段，维柯谈到了关于武器的语言：这是否可以回溯到我们上面读到的那段话，阿喀琉斯……

施特劳斯：不，这点此前已经提到过了。但维柯在这里补充了而我们当时没有提到的是，这件特殊的事情仍然在军事纪律的范围内。而这引起我们注意到这个问题：在多大程度上，前一个阶段的特征必定会存留在后期阶段？其中最激动人心的子问题当然是宗教的地位问题。宗教起源于神圣的时代。在多大程度上，宗教必然还能在此后的阶段生存下去？这就是问题所在。

来看看第928、932和937段。问题只是在这里有所讨论。例如，如果把它与947段相比，你们会发现，仍然不太一样。这里有三种语言，等等。而在第927段，有三种法律——我的意思是，维柯在一节的开头重复整个章节的标题的情况，只出现在这里。我注意到，这是我们的作者所做的许多值得注意的事情之一。请讲？

学生：……

施特劳斯：……段——哪一段？

学生：第935段。

施特劳斯：我们［会］读到那里的，那时我们会讨论。我只是想表明，这三个后续的章节——第17、第6和第5节——都有一个独属的开头，我们在这本书的其他段落中，都找不到这样的开头。

我们必须对这些奇怪的事情反思一番，而这是一件很不愉快的事情，因为我们没有办法下定论。但是，如果我们想对维柯有一番全面了解的话，就必须注意这些事情。

我还想顺便提一点。在我无法做日常工作的时候，我又重读了《维柯自传》，它……就像《新科学》的结尾一样。现在，我比早先更同意兰肯先生的观点，因为我发现，有相当多的东西如此耀眼，我不明白我当时怎么会忽略了它们。好吧，我会在最后一次课讨论这个问题。所以，现在，我们应该继续读下去。第933段。

兰肯：［读文本］［341］

> 第一种是神的字母，正当的名称是"象形文字"（hieroglyphics），上文已说过，这是各民族在起源时都使用的。（第933段）

施特劳斯：这里说的是所有民族（nations），而不是异教民族（gentiles）。所以，在犹太民族的发展过程中，也一定有过这个阶段。

在下一段的结尾——嗯，请读下一段的后半部分。

兰肯：［读文本］

这些想象的种类，到人类心智后来学会了从主体中抽象出形状和属性来了，就变成可理解的种类了。这就替哲学家们铺平了道路。新谐剧的作家们，就是从哲学家那里……

施特劳斯：换句话说——是的，没问题，请继续读。

兰肯：[读文本]

到了希腊人道最昌盛的时期才出现的新谐剧的作家们，就从哲学家那里取得了人类习俗可以理解的总类，在他们的新谐剧作品中把它们描绘出来。(第934段)

施特劳斯：好的。你们知道这个故事：概念……首先，你们有了一般意义的形象，所以阿喀琉斯并不单指这位个体的人，而是指那种类型的个人。或者梭伦，你们也能明白。但是，概念——比如说，不是梭伦而是立法者——出现得要晚很多。而新谐剧实际上是指普劳图斯和特伦斯（我们从米南德那里得知他们），他们处于非常高的阶段，因为新谐剧是后哲学的诗，这种诗可以使用哲学的成就。非常有趣，完全不合乎浪漫主义（unromantic）。这种观点完全不合乎浪漫主义，并且也是对克罗齐等人所提倡的观点的重要纠正。

现在我们来到了……的那一段。如果这是你所指的那段的话。第935段，就是你所指的那一段。

学生：……

施特劳斯：第925段。

学生：……

施特劳斯：1和6。

兰肯：第925、926和927段中使用的be动词分别是were、were和are。

施特劳斯：是的。

学生：这是真的……

施特劳斯：但它们也属于英雄时代。

学生：[342]这对于……也是真实的。……

施特劳斯：非常好。只有当维柯说到人的时候，才会使用现在时态。是的，换句话说，他生活在人类时代：他，维柯本人，这是——无论如何我们可以肯定，但是，这也很好，可以看到——

学生：……

施特劳斯：是的，当然。维柯知道那些新——现在被称为新的民族的事物，当然。他们当时没有称之为新民族（new nations）[笑声]。当然，并非所有的新民族——这点不像欧洲。但是我相信，非洲人——他们会直接说野蛮人，或者红色的印第安人……他们属于历史上的一个前人类阶段。当然，维柯已经给出了这方面的例子，例如，他指出了北美印第安人与早期罗马人和希腊人的相似之处。是的，当然是这样。

的确如此，但你们不要忘记，维柯是一个拥有伟大常识的人，我逐渐看到了这一点；我花了很长时间才到达这点。当然，维柯最关心的是他的……欧洲，你们知道吗？欧洲——我很遗憾地说，他认为欧洲是世界上最先进的地方。我的意思是，毕竟，如果培根和牛顿像他想的那样是如此了不起的家伙，他们无疑又是欧洲人，那么维柯便会说，他们（欧洲人）更为优越。如今，这些话已经说不得了，但我认为在课堂上可以说[笑声]。我们不是在联合国。但是，哪个……

现在，读一下第935段。

兰肯：[读文本]

> 最后，土俗字母发明了，就和土俗语言齐头并进。土俗语言是由文字组成的，这些文字仿佛就是过去英雄的语言所使用的殊相（个别具体事物）的总类（genera）。再用上文已用过的一个例子来说明，从英雄的语组"血在我心中沸腾"他们就造成了"我发怒"这个字。例如中国人至今还用这种方式从十二万个象形文字中造出少数字母，都归结到这些少数字母，好像就归结到总类一样。这种发明确实不是凡人的心智所能做到的，因此波那·封·马林克罗特（Bernard von Mallinckrodt）和英格瓦尔德·厄林（Ingewald Eling）都认为字母是神的发明。不难理解，人类惊奇感导致各民族相信这些字母是由一些神学高明的人们替他们发明的，例如说由圣杰罗姆（St. Jerome）替伊里芮亚族人创造了字母，圣西里尔（St. Cyril）替斯拉夫族人创造了字母等等，如安杰罗·萝卡（Angelo Rocca）在

他的《梵蒂冈图书目录》里所说的,在这部目录里我们所称为土俗文字的作者们和他们的字母是同时插述的。

**施特劳斯**：你们看,维柯可以引用多少有学问的文献啊……请继续。

**兰肯**：[读文本]

但是这种看法显然错误,如果我们提出一个简单的疑问,这种看法马上就露出破绽:他们为什么不教人们学习他们本民族自己创造的字母呢?例如说［343］卡德茂斯把腓尼基人的字母输入希腊,但是希腊人后来用的字母和腓尼基人的字母却大不相同。(第935段)

**施特劳斯**：这里提到了第440段。字母的发现是一件超出人力之上的事情。想想看,有十二万个字母。谁能发明它们?这是超出了人的东西,但不是神圣的,毋宁说应归功于神学家。当然,这并非将其归功于上帝,而是对神学家应有的尊重。然而,即便这么说也是错误的,因为这些字母并不是由有关的神学家发明的,……而只是由他们带给了有关的人——正是这些人自己而非神学家,把他们接收到的字母变成了不同的字母。就圣西里尔而言,这么说是否正确,……先生?

**学生**：是的。

**施特劳斯**：是的。你们看,这是我能解释它的唯一方式。这个段落很奇怪。简言之,如果按照这个说法,那么,最后的发现就是,字母属于人。我的意思是,首先,发明字母看起来是比人更伟大的事情;它因此被归于神学家。但这些神学家并非字母真正的创造者,因为他们只是引入了字母,也就是说,他们并没有发明字母。后来被斯拉夫人和其他民族采用的字母,便是这些斯拉夫人以及其他民族的作品。这是一个很晦暗的段落,但我相信自己还是能理清其中的头绪。

在下一段,维柯再次明确指出,基本的大众主权能够在绝对君主制中存续。绝对君主制得到了人民的支持,反对强权。好。我们后面再来讨论这个问题。

下一节的开头讲到,字母的"属人的起源"其实来自民众。我们也许可以读一下第937和938段的开头。

兰肯：[读文本]

> 有三种法学，或[法的]智慧。(第937段)
> 第一种法学是一种神的智慧，叫做神秘的神学，就是关于——

施特劳斯：你们看，维柯自己说它是神秘的(mystic)。神秘的……但它最初的意思并不是神秘主义到了更高级阶段时的意思，它最初的意思是神学的科学。请继续读。

兰肯：[读文本]

> 就是关于神的语言的科学，或对占卜的神圣教仪的知识。这种求神问卜的学问是一种凡俗智慧，这方面的哲人就是神学诗人们，神学诗人们就是异教世界中最早的哲人。(第938段)

施特劳斯：我们可以先读到这儿。所以，这些字母有一个民众性的起源，是的。但还有个问题并没有在此出现。是吗？不，这里只是暗示了那个问题，其中的暗示是这样的：例如，在罗马的情况下，由于宗教显然是贵族的特权或者受其垄断，因此，这种更属于民众的智慧还在① 被用来对付平民、反对平民。我想，在后文中，这一点会变得更加清晰。

[344] 第900段——好的，在这里，第939段提请我们注意此前已经知道的事实，而且我们……此后很晚才……，也就是说，英雄的法学或智慧，自然是一种野蛮——当然，在中世纪即野蛮回归的时代，也是如此。

接下来，我们来读一下第940段以后的内容。

兰肯：[读文本]

> 第三种是人道的法学，它要审核事实本身真实与否，宽厚地使

---

① 施特劳斯此处似乎是指一种流行或俗众的智慧却被用来对付大众阶层，第938段将其界定为"占卜的科学"。

法律条文适应对两造公平处理的一切要求。这种法学是在自由民主政体之下，尤其在君主专政的体制之下才得到遵守的，这两种政府都是人的或人道的政府。（第940段）

从此可见，神的法学和英雄的法学在当时诸民族还是粗野的情况下都依据确定之事（the certain）。至于人的（或人道的）法学却重视真实之事（the true），当时人们已开化了。以上这一切所根据的都是对确定之事和真实之事两词的定义以及上文"要素"部分所提出的一些公理。（第941段）

**施特劳斯**：好的，维柯在那里是什么意思？理性的法学或智慧只有在属人的政府中才有，但见于君主制中多于民主制中。这种理性法学属于启蒙了的民族，那里没有神圣的法学或智慧。请读942段。

**兰肯**：[读文本]

有三种权威。第一种权威是神的，神的安排是不要辩护理由的。第二种权威是英雄的，完全要依据法律的正式条文。第三种权威是人的，所信赖的是有经验的人，这种人须在实践方面特别审慎，而在理智事务方面又有崇高的智慧。（第942段）

**施特劳斯**：好的。就神圣权威的情况而言，天意不受质疑，因为你不能质疑神圣权威。而英雄权威则通过诉诸庄严的法律证明自身的正当，就英雄权威的情形而言，你至少可以看到庄严的法律、英雄的……所说的是什么，只要你能接触到这些法律，只要这些法律是书面的或者经过了颁布刊行。就属人的权威而言，这种权威是由统治者的智慧——实践的和理论的——来证明的，而不是由君主制证明的。不是君主制。否则就不能说——当然，你可以说，维柯现在说的是许多国家，因此……但是，无论如何，统治的真正头衔，亦即那种古老的故事的讲法（the old story），乃是智慧。甚至维柯也在这里重复了这点。在第943段——

**兰肯**：[读文本]

在各民族经历过的过程中，法学运用的就是这三种权威，这三

种权威都属于元老院或立法机构,这些立法机构在这过程中也是一种接着一种的。(第943段)

施特劳斯:每个地方都有元老院。自然,如果需要智慧——特别是实践智慧,那么就必须有一个代表人民集体实践智慧的机构,这就会被赋予年长者们。元老院是 senes、老人们的团体,这点很清楚。但是,还存在着某些困难,因为……下一段。在自然状态下,当然没有元老院——因为并没有……但在贵族阶段[却存在]。让我们在接下来的一段读一下这个问题。

兰肯:[读文本][345]

第一种是财产所有权的权威,因此,授予财产所有权给我们的那些人就叫做 auctores[授权人或保护人]。在十二铜版法里这种财产所有权本身就经常叫做 auctoritas[权]。这种权从有宗族制度时就以神的统治机构为它的来源,在家族制度中,神的权威理应寄托在神身上。因为据认为一切事物都归神们所有。后来在英雄时代贵族体制中,元老院或立法机构就是权威所在地(在现在的贵族政体中仍然如此)——

施特劳斯:所以换句话说,世界上仍然有贵族制度。维柯指的是威尼斯和他所提到的其他一些地方。此外还有德国的纽伦堡。请继续。

兰肯:[读文本]

权威很恰当地授给这些当权的立法机构。因此,英雄的元老院批准人民先已设计好的办法,如李维所说的。不过这种办法并不是如历史所叙述的从罗慕路斯政权中断期开始,而是从贵族政体衰落时开始,当时公民权已推广到平民身上了,如前已说明过的。这项安排,如李维自己所说的,"往往导致叛乱";所以人民如果要他们的建议获得批准,举例来说,他们就得提名元老院所赞助的人们去当行政官,正如在君主专政体制下行政官们由人民提名一样。(第944段)

施特劳斯:下一段的开头部分。

兰肯：[读文本]

普布利乌斯—菲洛的法律宣布了罗马人民为最高统治权（或帝权）的自由和绝对的主宰，从此以后，元老院的权威就在于监护权。（第945段）

施特劳斯：你们看，换句话说，政府就是人民，但人民以其智慧认识到自己需要引导。而这种引导就是咨议。咨议，不是命令，这种咨议是由元老院提供的。稍后，维柯说，在那一段的中间……

兰肯：[读文本]

这一切做法都是为着避免人民在制定法律时由于欠考虑而使政权受害，同时也为着在制定法律中人民可以受到元老院的调节。（第945段）

施特劳斯：换句话说，罗马人民是明智的。下一段。

兰肯：[读文本]

最后，政体由民众自由转为君主专政，于是就出现第三种权威，即在智慧方面享受信任和名誉的权威。从此以后就是参谋顾问的权威，在这方面罗马皇帝下边的法学家们据说就是[346]权威（auctores）。专制君主下面的参议院的权威一定也是如此，专制君主有充分绝对自由，听从或不听从参议院的建议。（第946段）

施特劳斯：换句话说，元老院[的意见]在哪里有更大的机会被听取？在法律上情况也是同样的：主权国家的人民可以拒绝元老院的咨议，君主也可以。但是，根据维柯的这种描述，哪里的机会更大呢？我感觉，维柯判定给了民主制；而我们也还会遇到其他的段落。换句话说，君主制和民主制的问题还没有解决。而且我相信，你们自己也不相信这点。好的，请读第948段。

兰肯：[读文本]

第一种是神的理性，只有神才懂得，人只凭神的启示才懂得。神先启示给希伯来人，后来启示给基督教徒，启示用内在的语言，作为全灵上帝的表达方式启示给人们的心灵,但也用外在的语言,通过先知们和通过耶稣基督传给使徒们,由使徒们向教会宣告。对异教诸民族来说,神是通过各种预兆、神谕或其他被看作由神传来的信息的各种物体符号,异教人相信神们原是肉体的。所以在全然符合理性的神身上,理性和权威是一码事;因此,在正确的神学里,神的权威和理性占着同等地位。在这一点上神的预见应受到崇敬,因为在最早的时代,异教世界的人们还不懂得理性(在氏族体制下尤其如此),神的预见安排好,允许异教人民犯错误,不服从理性而服从预兆的权威来管理自己。他们相信预兆是传达神谕的。这是由于原始异教人民有一种永恒的特性,当他们看不出人类制度有什么理性,尤其是看出它们甚至是违反理性时,他们就逃到暗藏在神意那个深渊里的不可理解的告诫里去逃难。(第 948 段)

施特劳斯:……的结尾;在那一刻,我们会看到一种更清晰的表述。这里我只提一点。ratio divina[神的理性]一方面在犹太教和基督教中有效,另一方面则在异教中以不同的方式有效;但这是第二次,也是最后一次提到耶稣基督。间接提到[耶稣]的情况还有更多,但无论如何,从表面上看,这一节(第九节)以正统的方式开始。那么,让我们来读读这段话的续篇,也就是下一段。

兰肯:[读文本]

第二种是国家理由,罗马人把它叫做民政公道,乌尔比安对它下的定义是"不是一切人都自然懂得的,只有政府里那些能辨别什么才对保存人类生存为必要的少数专家才能懂得"。在这方面,英雄式的元老院自然是明哲的,罗马的元老院尤其是最明哲的,无论是在不准平民们就公众制度发表意见的贵族自由时代,还是在民众自由时代,只要是人民还受元老院领导的时期,这就是说,直到格拉古家族(Gracchi)时期,一直是如此。(第 949 段)

施特劳斯:[347]好的。如果这段表述不是像维柯这样的作家对民主制的支持,我不知道它还能是什么。对君主制绝对保持沉默,因为,相比之下,皇帝统治下的元老院又会是什么呢?

所以，我认为，我们在这里看到了一种迹象，由之可以了解维柯的程序是怎样的。这个非常简短的章节包括两段话。维柯首先做了一个在神学上还能容忍的、还算得上正统的声明。我的意思是，在这方面，维柯可以提出一种政治性的、非常背离正统的声明。我好奇的是，这是否正是其谋算的一部分（part of the game）：在神学上和政治上彻底的异端从来没有一起出现过。在这里，有一件非常奇怪的事情，维柯对君主们、对君主制下的元老院都保持了沉默。请讲？

学生：……

施特劳斯：是的。这是一种严重的夸大其词……在这里，可以说，维柯陈述了柏拉图式的概念，没有省略任何东西。这不可能是……请讲？

兰肯：维柯在第948段末尾暗示，提到神圣天意的各处地方意味着还没有充分说明国家理由。要是《新科学》可以有个改订版的话，那么事实上，这个改进版中会减少很多……

施特劳斯：是的。好吧，斯宾诺莎在《伦理学》卷一附录中有个很著名的说法，即把"以天意作为庇护"就是"对无知的庇护"（asylum ignorantiae，对无知的庇护，换句话说，当你无法解释某些东西时，[就诉诸神圣天意]）——顺便说一句，这个公式不是来自斯宾诺莎，我认为它来自西塞罗的某段话，也许是通过斯宾诺莎变得有名了。但我不能发誓说这段话一定来自西塞罗，我得去查一查，但我有一种直觉，这段话是一个更古老的说法。好，现在，请读第950段。

兰肯：[读文本]

> 这里就出现了一个像是很难解决的问题：罗马人在粗陋的时代怎么能在治理国政方面那样明智，而到了他们已开化的时代，乌尔比安却说"今天只有政府里少数专家才懂得治理国政"呢？答案是这样：凭产生各原始民族的英雄体制的那些同样自然的原因，古罗马人既然是世界的英雄——

施特劳斯：换句话说，他们绝不仅仅限于一个英雄的特例。请继续。

兰肯：[读文本]

  他们自然要谋求民政的公道,这种民政公道最爱斤斤计较法律所由表达的文字。凭这种斤斤计较地对明文的遵守,他们就在一切具体事实中用一刀切的办法去运用法律,纵使法律已显得严厉、生硬乃至残酷,正如今天国家理由就是这样运用的。因此——

施特劳斯:你们看,国家理由当然是事情的核心。这就是其含义所在。国家理由与迷信地尊敬法律条文是有区别的。请继续。

兰肯:[读文本][348]

  因此,民政公道在一切法律中就是一位皇后,要使一切法律都服从她。西塞罗曾以这个问题所要求的郑重态度来把这条法律界定为"人民的安全应是最高的法律"。(第950段)

施特劳斯:对,这个著名的公式。不过,这与我说的略有不同。但它确实是最高的法律,也就是民政公道。最高的法律是人民的安全和福祉。而这正是民政公道。同时,这有可能意味着——我想,这是我没有弄明白的一点——各种困难。你们知道,在创造……的情况下……而这种情况的确可能发生。

  但是,这种国家理由与英雄时代的法有区别,因为它不迷信。它不被那些既成的规则(formulae)所奴役。这些部分都很清楚。但就严酷性而言,也偶尔存在着严酷性,可以和英雄时代的法一样严酷。[请讲,]……先生。

学生:早些时候……您说过,民政公道无非就是国家理由,它相当于国家理由。

施特劳斯:是的。

学生:那么,您如何区分——

施特劳斯:哦,是的。他(维柯)是一个非常灵活的家伙,所以我们也必须灵活行事。如果他在一种……马基雅维利的意义上分析国家理由——我说清楚了吗?例如,旧的产权,既得利益造成了问题。你将其没收了;我的意思是,如果你态度好的话,可以给予象征性的补偿。你知道这类事情。你熟悉这类事情吗?

学生:是的。

施特劳斯：……你知道，在从前，受贬黜的反动派们（damned reactionaries）认为这是件绝对可怕的事，而且，时间不仅限于1900年左右。干扰古老的法律和习俗被认为是非常严重的事情。

学生：维柯区分了……国家理由与自然理性（natural reason），我不知道国家理由与民政公道之间的区别是否真的非常重要。我认为，国家理由与例如自然理性之间的区别，或者说民政公道与自然公道（natural equity）之间的区别毋宁说更为重要。它们多少是等同的。

施特劳斯：不，它们肯定不能等同。但我们知道的是：自然公道可以说是你可以索取的东西。为了拥有自然公道，你不需要先做某些事情。民政公道则是真正的律师、法官和元老所要成就（acquire）的东西。

学生：我指的是国家理由和民政公道。

施特劳斯：[349] 是的，现在我们来看看这个问题。现在，虽然民政公道被明确承认为人类状态下的最高法律……事实上，民政公道在英雄时代的国家中也是有效的，但它在那里不被承认为国家理由。他们说，如果我们把这种——做这件事、举行这种宗教仪式，那么，这件事会凌驾于所有对功用（utility）的考虑之上。他们没有充分认识到，特别来说，正是对那种政府（贵族政府）的共同利益的关注才创造了这种宗教仪式，就如同遗产税是由激进民主的共同利益所推动的一样。你知道，可以用一个公式来重新表述一下：只要有公民社会存在，国家理由就会一直存在和活跃下去。但它不一定总是被认为是国家理由。国家理由如果因为自身之故而被追求，这就会是人类阶段的政府的一个特点。我想这就是这段说法的意思。

现在，你们是否还看到了别的什么被我们忽略的复杂情况？还有吗？

学生：您刚才说，早期人没有意识到这是国家理由，然而，维柯在这里一开始就说："罗马人在粗陋的时代怎么能在治理国政方面那样明智，而到了他们已开化的时代，乌尔比安却说'今天只有政府里少数专家才懂得治理国政'呢？"那么，一方面，维柯所谓的"今天"就是国家理由的时代，而罗马共和国则是……

施特劳斯：不，我明白了。我认为，这里有某种反讽。古罗马人之所以非常有智慧，是因为他们赖以行事的那种智慧并不要求［高度的判断力］。例如，有一些关于正义战争、……法，以及其他东西的观念。每个人——至少每个祭司都会这么说——我们可以说，每位贵族。这并不需要特别的判断，而是需要真正的政治。我们是否应该发动战争，发动战争是否合适？而不是：发动战争是一种宗教责任吗？我认为，这就是个真正的政治问题。英雄时代的智慧必然是大众的智慧。当然是大众的；然而，它也是那群"人民"的一种专属物——你们还记得"人民"这个词的模糊性。在一个英雄的共同体中，人民当然仅指贵族；但每个贵族都有这种智慧，而乌尔比安所说的这种智慧在任何政权中都是一个小团体的专利。我认为，这不是一个很困难的问题，但讨论一下也很好。

我在此前阅读时没有看到，会存在——严酷，国家理由的严酷。我认为，这一点比……表现得更为清楚。

此外，还有一些问题。可以说，在最初的贵族制度中，民政公道就是国家的理由，其中，贵族的私人利益和由贵族组成的国家的共同利益之间，存在着重合。你们还记得，我们已经不止一次提出过这个问题。那么，我认为，我们必须逐渐面对的问题就是：在民主制下，个人的私人利益和共同利益之间，是否会有这样的重合？我想，这是一个我们……要在后文中处理的问题。现在，第951段……公道（equity）的问题。

兰肯：［读文本］

> 在人的时代，自由民主政体或君主独裁政体已发展出来了，情况就大不相同。在自由民主政体中，公民们掌握着公众［350］利益的大权，公众利益是由公民们分享的，掌握公众利益大权的人民有多少，所划分的小份数也就有多少。在君主独裁政体下，臣民们受指令各管自己的私人利益，让掌权的君主专管公众利益。此外，我们还应加上曾产生上述两种政体的一些自然的原因（这些原因和曾产生英雄体制的那些自然原因正相反），也就是我们前已提到的对安逸生活的爱好，对婴儿的温情，对妇女的爱情，对生命的愿望（贪生）。由于这一切原因，今天人们都被诱导到关注可以使自己和旁人在私人利益方面达到平等的最微细的项目。这就是这里要讨

论的第三种理性,即自然的理性所要考虑的利益平等(aequum bonum),即自然理性,法学家们把它称为自然平等(aequitas naturalis)。这是人民大众所能懂得的唯一理性,因为……

**施特劳斯:**换句话说,普遍存在着一种粗略的公平感和是非感……请继续。

**兰肯:**[读文本]

因为只要涉及他们本身,他们就会关注到法律方面的一些最微细的考虑,只要这种考虑是明摆着事实的案情所要求的。至于君主专政体制下,就要有少数擅长治理国政的专家在内阁中遇到紧急情况时,按照民政公道出谋划策,还要有许多擅长私法的司法人员按照自然公道去专为各族人民行使法律。(第951段)

**施特劳斯:**好的。我认为,这是我们迄今为止遇到的关于民政公道和自然公道最清晰的表述。你看到了吗?

**学生:**现在……,但是,如果自然公道所基于的假设是所有人都平等,而民政公道则基于并非人人平等的假设,那么就有可能澄清得更加明白。

**施特劳斯:**哦,不对,这么表述是非常大的错误。

**学生:**但是,民政公道难道不是英雄时代的共同体中的法吗?

**施特劳斯:**我明白了。实际上,有必要在形象艺术中再沉迷(indulge)一番。[笑声][施特劳斯写板书]首先,我们有三个时代:神的、英雄的、[人类的]。这很清楚。民政公道在某种意义上贯穿了全部三个时代,因为到处都有一种共同的利益——只有在这个阶段,我们可以……合起来是共同利益。[这里是]少数人的利益,我在这里写一个F来代表。而这里的共同利益则是所有人的利益,大致说来,……人们都是平等的……因为没有不同的种,你们知道,即仿佛一类人是神的后代,另一类则是非神的后代。

**学生:**那么,您如何区分自然公道和民政公道?

**施特劳斯:**这是——我们会讨论到这个问题的。在这三者中,都存在着某种程度上的民政公道,因为,在这三个阶段中,都有必要考虑共同利益。或者换句话说，都有［351］理由表明……在所有阶段，都同样存在着遵循自然公道的人，也就是说，他们以一种粗疏的方式对待……我的意思是，例如，一个贵族杀死他的奴隶——完全没有问题……这么做的时候。但是我确信，贵族们还是会从中作区分，看他究竟杀死的是一个非常听话的好奴隶，还是杀死了一个叛逆、讨厌的奴隶。你们看到了吗？不过，人们还可以这样说：只有在人类的阶段，才会出现同时具有这两种意义的公道，而亚里士多德在……方面的语言中，这两个阶段的公道在某种程度上是比喻性的……但是，公道的概念，或者说自然公道和民政公道的概念，与这种两分法并不相同。不同，是的。维柯有没有明确说过，民政公道或自然公道的真正原则（the principle）是所有人的平等？

学生：自然公道所基于的假设是人人平等。

施特劳斯：好吧，那么我的亚里士多德公式就是最好的：公道本身就是……更粗略意义上的公道则存在于所有的……所以，我们对它下的定义非常简单。一般而言的公道，换句话说，在……意味着国家理由，意味着对人民福祉的关注；但是，在前面的两个阶段，"人民"乃是少数人，但在人类阶段，"人民"则是所有人。

学生：好吧，不过，我虽然不想再特别提出这个问题，但我还是没有明白，在人类的阶段，您是如何区分自然公道和民政公道的。

施特劳斯：这是一种完全不同的区分：自然公道是未经训练的（untutored）；它是讲道理的路人在没有喝醉和没有……时的公道。而民政公道则是经过训练的公道——柯克爵士（Sir Edward Coke）对律师和法律的著名定义是什么？① 自然的东西即未经培育的东西（isn't cultivated），等等。民政公道是那些天生就有高智商的人所培养出的公道，因为否则他们就无法培养它，除非它成为——我的意思是说，你可以在我们遇到一段或者关于民政公道、或者关于自然公道——不，关于民政

---

① 柯克爵士（Sir Edward Coke, 1552—1634）是伊丽莎白和詹姆士一世时代最伟大的法学家，著有《英格兰法律体系》和其他作品。在《英格兰法律体系》中，柯克多次以多种方式表示，法律是理性的完善，或"法律是理性的全体"（Lex est summa ratio），这可能是施特劳斯所想到的那句格言。

的自然公道的段落时，提醒我，这是我……。但到目前为止，我相信，这么说是有意义的，它涵盖了我目前所知道的所有现象。请讲，巴特沃斯先生？

巴特沃斯：……。您认为，民政公道是公道的高级形式吗，即使在人类阶段也是如此？

施特劳斯：正是这样……

兰肯：我想细究一下第951段。不过，简单说来，就是这一点：正如维柯在第950段开头所指出的那样，卓越（par excellence）的民政公道属于英雄时代、英雄阶段。这些英雄的时代，乃是国家最适宜保护自身的时候。罗马人在治国方面是如此明智——每个人都是如此……其中乌尔比安的说法——今天只有少数政府专家懂得治国之道——本质上是在发出哀叹……在这个人道的时代，在国家为了满足民政公道及其防御的诸种需求，与多数民众只懂得这种自然公道的事实之间，存在着一种张力。自然公道是人道、温和、可欲的，而国家理由则苛刻而残酷。但是，[正是] 通过这种张力，开始出现了从高峰向下衰落的进程，[352] 而人们也从君主制走向了放荡和堕落，我们于是看到了野蛮的回归（关于它的公理见于第260段），即国家必须符合被统治者的本性，也就是说，因为人民已经来到了人道、自然的公道，而这是反政治的。而政治的——

施特劳斯：我明白了。换句话说，解体的状态（state of disintegration）——但这不是民主的本义。

兰肯：解体隐含在这一章中。

施特劳斯：是的，但是，那么我只能说，我相信 [它] 可以被表述为……所有这些东西都比开始时的圆眼巨人阶段和最为堕落的最后阶段要好，这点无须赘言。第二件事：如果这种说法在总体上证明了对英雄时代的贵族制的偏爱……我们有许多高度赞扬早期的、古老的诗性时代的说法，诸如此类。而你也记得，矛盾的是——

兰肯：的确，就是在这里：英雄时代是严酷的、残酷的——

施特劳斯：是的，而且你知道——

兰肯：——而且……是规范性的。

施特劳斯：什么？

兰肯：苛刻和残酷是不好的。

施特劳斯：是的，所以换句话说——我的意思是，如果你对这一段的解释正确，那么，我们在这里就有了另一个例子，维柯的一个很大的转变。那么，把所有的矛盾之处列一份完整的清单是很好的——我指的是主要的、最大的问题。其中一个问题就是对神性和英雄时代的赞美，另一个问题则是对神性和英雄时代的驳斥。我们会有一个相当迟的——我们已经很久没有遇到过这样一个维柯抬高神圣时代和英雄时代的段落了。我不知道维柯为什么在这里提出了这种说法。但这不是我不知道的……唯一的问题……。请讲，……先生？

学生：您是否能说，在维柯的头脑中，自然公道和……之间的这种紧张关系……。您是否认为，维柯觉得，没有它也能成立？

施特劳斯：不，所有条件下的民政公道。如果一个社会中只有具有简单公平感的人，完全无法处理复杂的案件，那么，这个社会将是什么样子呢？你需要一个元老院，需要律师，需要训练有素和正派的律师——也就是说，如果此处提出了某种信息，那就是这点。我会告诉你为什么。如果有一个难题我还没有认识到的话（很可能有这样的难题），那会是由于一个事实：在这一节，触动我的事情不是贵族阶段与人类阶段之间、英雄阶段与人类阶段之间的拉锯，而是民主制与君主制之间的拉锯。我非常想知道，维柯最终会站在哪一边，因为明确……的表述都是支持君主制的，但是，许多地方的迹象却非常有力地支持民主制，至于其中是否存在着一种矛盾，我则希望，[353]……先生，……。[施特劳斯写板书]我们有战争，或者君主制/民主制的问题。你们知道这一点；两者都属于人类阶段。我们还有英雄阶段与人类阶段之间的拉锯战；[君主制与民主制]两者都属于人类阶段。现在，我相信，这个问题在很久以前已经解决了，尽管其中也提出了一些对英雄时代的高度赞扬。最终的说法是，……希腊或罗马……中世纪，就像任何人都有过的……你们看到这点了吗？这是两个非常不同的问题。

学生：我不太确定，在罗马的情况下，维柯已经做决定站在了……的一边。

施特劳斯：是的，但是我们……很抱歉，我对段落编号的记忆力很差，但我们——在本次研讨课的前半学期，这个问题很是困扰过我们，直到我们遇到了一段绝对明确的声明,支持人类阶段而不是英雄阶段。[英雄阶段]残忍、愚蠢、迷信,等等。在这里,我只能提到……在这一点上,有没有谁可以帮助我?还记得吗,我们曾找到三个段落?

学生:我记得,实际上,我记得这些词是用来描述它的,但我不确定具体的……另一方面,维柯把人类时代描述为温柔、柔软的,没有能力担当起英雄主义——

施特劳斯:是的,我知道这一点,但问题是,另一方面,如果你看一下他所想到的事实,罗马当然在……之后,臻于伟大。那是在罗马成为民主国家之后很久(在维柯意义上的民主,不必说,当然不是一种现代民主制)。但是,无论如何,你是否看到……

学生:是的。

施特劳斯:但是还有很多其他的——不是,我的意思是说,没有多少同等重要的[段落];我相信,可能还有五六个同等重要的、人们必须牢记的地方。维柯为什么要提到这个?如果它是一个真正贵族时代的、真正英雄时代的声明,为什么会出现在这里?这很难讲。也许是为了在这个场合掺入马基雅维利式的暗示:人性中当然存在着良善、正派、温和,但是,不要抱极端的期望——国家理由也很严酷。在这方面,你知道,通过提起英雄主义,维柯将得到一个更好的……

兰肯:对英雄主义的赞美只能源于国家的必要性。

施特劳斯:是的。

兰肯:而且——

施特劳斯:但在人的阶段,同样这种国家的必要性也带来了困难,而且是巨大的困难。

兰肯:是的。

施特劳斯:[354]很好。换句话说,维柯比边沁更像马基雅维利,我一直料想的正是这样。

学生:在早期阶段,严酷是由于人们的无知。在人类的阶段,这种严酷之所以必要,是为了打击从……出发的无政府主义。

施特劳斯:人们甚至可以进一步说,引用他以前引用过的……的一句话，这是由于 res ipse：由于事情本身，由于事物的状态。① 请讲？

学生：……并且说，哦，在人类的阶段，它是完全合理的。

施特劳斯：是的。没错，当然。而不是由于任何——例如，没有荒谬地禁止一些人与另一些人通婚，你们知道，这将——当然，还有其他关于产权的问题。当然，我想我们的确曾经……

第 952 段——哦，这段很长。好吧，开始读吧。

兰肯：[读文本]

> 上文关于三种理性所已提出的原则可以作为一种基础来奠定罗马法的历史。因为统治的政府必须符合被统治者的自然本性，实际上政府正是由被统治者的自然本性产生出来的。同理，法律也须符合各种政府形式而去实施。因此，就须按照各种政府的形式而去解释。

施特劳斯：你有没有听说过，法律必须服从政府，而不是相反？亚里士多德：制定法律时所考虑的是政体，而不是相反。请继续。

兰肯：[读文本]

> 过去任何法学家或解释者好像都没有这样做过，他们都犯了叙述罗马事务的历史家们所已犯过的错误。这些历史家谈到罗马政体在不同的时期所颁布的法律，但是没有能指出这些法律和该政体所由表决的那种政府之间的关系。（第 952 段）

施特劳斯：关系——意大利语中的说法是 rapporti；法语是 les rapports。这让你们想到什么吗？les rapports——若要从整体上考虑法律，就必须考虑法律与政府形式、气候、人口特征的关系——

兰肯：孟德斯鸠。

施特劳斯：孟德斯鸠。这是个奇怪的词，rapporti。

兰肯：[读文本]

> 因此剥去了法律所由产生的自然必有的特殊的原因，只摆出了

---

① 见于《新科学》第 584 段。

一些赤裸裸的事实,以致像博丹那样作为法学家和作为政治家都很博学的人竟争辩说,[355]古罗马人在自由时期的典章制度被历史家们误认为由民众的政府创建的——

施特劳斯:也就是说,那个早期的罗马国家当然一点也不是民众的政府,我们现在知道这点,因为我们已经听过成千上万次了。请继续。

兰肯:[读文本]

而实际上却是一种贵族政体的后果。本书已证明了,这是事实。鉴于这个事实,就可以向美化罗马法律史者追问几个问题:早期老法学在实施十二铜版法时为什么那样严格?而以执政官的敕令为凭的中期法学,为什么却开始运用理性的宽厚温和,而同时仍尊重十二铜版法呢?毫不佯装重视十二铜版法的晚期法学为什么对自然平等观点却采取宽厚态度而加以宣扬呢?这些历史家们为着找出某种解释来作答,就提出对罗马人的宽弘态度颇失敬的看法,他们说,那些法律本身的严正,条文的隆重,对细节的拘泥,咬文嚼字以及法律本身的保密,都是由于贵族们的伪装,为着把法律掌握在自己手里,因为法律组成了民政权力的大部分。(第952段)

施特劳斯:所以在这里又一次对英雄时代、对古罗马贵族提出了辩护。维柯为古罗马贵族的法律管理提出了辩护,反对关于贵族们在欺骗的指控,对这种看法他是不同意的。接下来,维柯提出了正面的论证。

兰肯:[读文本]

可是这些办法远不是什么诈骗,而是由他们固有的本性所产生的习俗、他们有什么样的本性,就通行什么样的习俗,产生什么样的政权,而这种政权就自然决定采用这些办法,而不是其他。(第953段)

施特劳斯:换句话说,没有欺诈的问题。必然性(necessity):贵族们没有犯下欺诈的罪过,他们必须以其本有的方式行事。请继续。

兰肯:[读文本]

> 因为在原始人类极端野蛮的时代，宗教足以驯化他们的野蛮性，神圣天意就规定了人类须生活在神的政府下面，到处流行的法律须是神的法律，也就是深奥的、藏起来不让人民大众知道的法律。

施特劳斯：换句话说，一种神圣的法律，顾名思义，就是一个奥秘（arcano）——一个秘密，就像 mute（哑巴）的双重含义——哑巴、神秘。

兰肯：[读文本]

> 氏族体制的法律自然就属于这一种，所以受到用隆重礼仪来表达的无声语言的保护。这种礼仪后来还保存在"法定手续"（actus legitimi）里，那些心思简单的人认为，这种礼仪有必要，可以让一个人在利益交换中稳知另一个人的有效意愿，而在今天，凭我们心中自然的智力，我们每个人都可以凭说出来的文字，甚至凭简单的姿势而稳知另一个人的有效意愿。

施特劳斯：[356] 同样，在某种程度上，这些古老的人太愚蠢了，无法欺骗他们。他们太笨了——[若要被骗]，就需要已经具有高度的聪明才智。请继续。

兰肯：[读文本]

> 接着就出现了贵族体制的人道政府，自然仍旧实行宗教的习俗，贵族们怀着宗教的虔诚仍旧保持法律的神秘和秘密（这种秘密就是贵族政体的精髓所在），宗教保证了严格遵守主要涉及贵族保证生存的那种民政公道的法律。

施特劳斯：——是的，"属于民政公道的[法律]"。我们几乎可以说……"属于那种民政公道"。请继续。

兰肯：[读文本]

> 后来出现了民众政体时代。这种政体是自然而然地公开的、宽厚而且宽大的。因为由人民大众掌权，人民大众自然地懂得自然平

等。所谓凡俗的语言和文字（人民大众在这方面是些大师），就以同样的速度发展起来了，他们自然就用这种凡俗的语言和文字陆续制定和书写法律，因此，曾经是秘密的东西自然就被公开发表了。这就是庞波尼乌斯所叙述的罗马平民保密法律（ius latem）的历史。从此他们就坚持法律都要镌刻在碑版上，因为凡俗字母已从希腊输入罗马了。依人类民政制度的发展次第，最后就为君主专政制度作好了准备，在这种政权中独裁的君主们想要按照自然平等因而符合人民大众的理解来施行法律，这样就可使强者和弱者在法律面前一律平等，这只有君主专政才能做到。至于民政公道，或国家理由，则只有少数擅长公众理性的人才懂得，而且凭它的永恒的特性，是放在内阁文件库里面保密的。（第953段）

施特劳斯：好的。我现在远比此前更清楚地明白了……先生的困难。因为这里显然还有一个关于自然和民政公道的复杂问题，对于这个问题，我还没有回应……不过，让我先来看看，我在这里记下了什么。维柯为古罗马贵族的法律管理辩护，反对指控他们是在欺诈。没有欺诈；这些东西是自然产生的。当然，这并不意味着它们是好的，这不可能。但贵族们的做法也不可能有所不同。民主政体是开放、慷慨、宽宏大量的——维柯没有将这种评价用于君主制及其内阁。现在，这种建议、这种对民主的高度赞扬，由于维柯此处对君主制的如下赞扬而受到削弱：只有君主制才能让强者和弱者在法律上平等。这当然是一个我们必须考虑的问题，例如，我们要考虑，在罗马共和国的昌明时代，这个目标是否可能达成。当然，关于在人类阶段非常必要的宗教，维柯也完全没有提到什么……但是，我们现在要回到问题。在贵族共同体中有严格的民政公道，民政公道维护了贵族制度；在民主制度中，我们看到的是自然公道；那么，我们有什么——自然公道和——但是，在君主制中，维柯又提出了民政公道或者国家理由。对吧，不是吗？这些难道不是——

学生：……

施特劳斯：[357] 换句话说，你会说——然后我们再看看巴特沃斯先生会怎么说——你会说，民主制度中没有民政公道的位置。

学生：啊，不是的。在我看来，这就是维柯认为君主制优于民主制的地方，君主制……管理着那些遵循民政公道的人（those of civil equity）。

施特劳斯：是的，但是，在民主国家，你难道不需要明智的顾问和法官吗？而在更早的民政公道的定义（我相信是在第320段）中，并没有这个含义。那个定义会认为，这（明智的顾问和法官）是在民主国家不可能或者不需要的东西。所以我认为，在这里，维柯是通过这种特殊的用法来追求某些东西。现在，这点在此处得到了明确的体现：民主制不是秘密性质的，而贵族制则是秘密的，它不公布其法律。君主制则以另一种方式保密：它公布法律，没错，但它还有一个内阁系统（cabinet system）。民主制度中则没有当今意义上的内阁系统。但是，在民主国家，国家理由、也即政策，当然也是必要的。……先生，你的问题是什么？此后再请……

学生：我没有完全听清您的重述，但君主们似乎同时有自然公道和民政公道，这难道不是一个问题吗？

施特劳斯：你知道，维柯正是这么说的，不是吗——？

学生：是的。

施特劳斯：君主们希望法律按照自然公道来执行。我现在明白了；这又是一个含混的地方。我相信我现在可以写下来了……[施特劳斯写板书] 自然公道，民政公道。自然公道可以指未经训练的是非感。民政公道则是一种经过培养的是非观念，它……所以，民政的，我的意思是……民政公道可以等同于国家理由。而这就需要……那么，自然公道和民政公道可以用在不同的意义上，而这个做了……的人……。自然公道也可以理解为根据自然的公道，也就是说，它承认所有人的平等。与此相反，民政公道则是指基于不平等前提下的公道，统治者是神的后代，而其他人则是……这么讲能说得通吗？我相信这里的……

学生：不过，我觉得很难同意第一种关于自然公道的说法。我想，回忆一下维柯对自然和……的区分也许会有帮助，对他自己来说，我们只能理解由人所制作的东西——那些正是公民性质的东西。

施特劳斯：是的。

学生：是的。自然的事物则是由上帝创造的，我们无法理解它们。

我认为，维柯的意思是，自然公道在对自然事物的研究中找到了它的起源，在对自然事物的研究中看到了人的自然平等；但是，根据对公民性的事物的研究，在起源处也发现了人的自然不平等，也就是平民和英雄之间的差异。那么我认为，这也许就是维柯区分自然公道与民政公道的意思。

施特劳斯：[358]是的，这可能就是维柯的意思；有可能。但我想说……就其本身而言，民政公道——我是指传统意义上的自然法和民法：自然法不是……，而民法……因此，我认为古罗马人对自然法和民法的区分……使用；但是，维柯也以一种不同的含义来使用它——亦即对自然法和民法的区分，这也是……但是我很感谢你……如果这还不够，我希望会有另外的机会。

现在我必须非常野蛮直接了。第956段清楚表明，如果有人提出疑问的话，本段将回答说，维柯并不是一个简单的优希迈若斯主义者（Euhemerist）。我这句话肯定是对米勒先生说的，对吧？对不起我没听清？第957段。在这一段，维柯谈到了在圣经和基督教中与异教徒的神罚相对应的东西。在英雄时代，所有战争都是……，……"逐出教会"，等等。我们没法读这一段了。我们来读一下第962段——不，第961段。维柯在那里引用了库雅斯的内容。是的，我们先读读维柯在这一段引用的库雅斯那句著名的话……

兰肯：[读文本]

[库雅斯]在《论决斗》(De feudis)里说："基督教徒们曾长期用这种洗罪办法，无论是在民法还是在刑法的案件里，一切争执都用决斗来解决。"（第961段）

施特劳斯：换句话说，决斗——维柯声称，在早期罗马和早期希腊也有同样的事情——单人决斗作为一种制度，是那个时期亦即前人类时期的特点。而当到了如下时期，当是非问题不是由单打独斗来解决，而是由一位胜任的法官来解决时……这里非常引人注目的是这段来自库雅斯的引文——其中，在根本上属于异教的种种洁净仪式被明确地归于基督徒。更重要的是第962段。

兰肯：[读文本]

过去，没有人相信原始的野蛮体制下就已运用决斗，因为没有留下决斗的纪录。但是我们不理解荷马史诗中的巨人们，即被柏拉图认出就是在自然状态中的最早的氏族父主们，何以竟能忍受冤屈，还不消说何以竟显示出人道。亚里士多德确实告诉过我们，在最早的一些政体里，还不消说更早的氏族体制下，并没有法律来平反公民私人所受的冤屈或惩罚施害者。正如我们刚证明过，古罗马政体下的情况确实如此，所以亚里士多德还告诉过我们说，这是各野蛮民族的习俗，因为野蛮人在开始的时候还不曾受到法律的驯化。（第962段）

施特劳斯：好的。在这里，我们可以看到，这也许是我们能找到的关于维柯与柏拉图和亚里士多德之间一致性的最有力的声明。但是，亚里士多德当然没有说到决斗。维柯似乎从根本上把决斗理解为诉诸武力的规则。我的意思是，在武力或能力上占优势的人会获胜，但这与正义或不义没有任何关系。好的，让我看看；第963段。我们来读一下这一段的开头。

兰肯：[读文本][359]

不过这种决斗毕竟留下了两个重大的遗迹，一个在希腊史里，另一个在罗马史里，都说明了古代各民族的战争一定是从受委曲的两方个人的私斗开始（拉丁人把这种战争就叫做 duella，决斗），尽管双方都是国王，双方在自己的民族面前，都想公开地辩护自己的罪行或报复对方。特洛伊战争确实就是以这种方式开始的，即先由墨涅拉俄斯和帕里斯两人决斗（前者是被侮辱的丈夫，后者是他的妻子海伦的诱骗者）；等到决斗不分胜负时，希腊人和特洛伊人就互相战争。我们在上文已见到，在拉丁区域里，罗马人和阿尔巴人之间的战争也按照同样的习俗。这场战争以三个霍拉提族人（Horatii）和三个库里阿提族人（Curiatii）的决斗有效地达到了解决，因为库里阿提族的一个代表一定骗走了霍拉提族的一个未婚妻。在这种凭武力的裁判中，权利是凭胜败的运气来衡量的。这是一种天意安排，其目的在于在各野蛮民族之中人们还不大会运用理性、不理解什么是正义的情况下，避免让战祸绵延，并让他们通过神的保佑与否,来产生某些关于正义和不正义的观念,正如异教人民看到圣徒约伯受到神的反对时也就鄙视约伯那样。在复归的野蛮时期,同样的原则酿成一种习俗,被打败的人就要被砍去手,尽管他原来的动机本是正当的。(第963段)

施特劳斯:决斗的基础是如下野蛮观念,即苦难是由于使上帝不悦而引起的。或者反过来说,兴盛则是使上帝高兴的后果。维柯在这里引用了约伯的话……至于那些认可约伯的人是不是异教徒,这是一个留在暗处的问题,因为,《约伯记》中的那些人物是谁?他们是犹太人还是异教徒?没有人知道。好的。这对维柯的神圣天命观有一些启发。第964段,这也会是我们在本节课读的最后一段。

兰肯:[读文本]

从人民在私人事务方面所遵守的这种习俗中,就涌现出伦理神学家们所称呼的战争的外在的公道,凭这种外在的公道,各民族可以有把握地确守在自己的疆界内。就是按照这种方式,在氏族政体中预兆占卜就创建了父主们的父权,而且替他们准备了和保存住他们在英雄城市中的贵族统治,等到这些城市由贵族们和平民们分享时,就产生出自由的民众政体(如罗马史所公开叙述的)。最后,凭武力胜负的运气,幸运的战胜者所获得的胜利成果就得到合法化了。这一切只有一个唯一的根源,那就是一切民族生来就有的天意安排的概念——

施特劳斯:普遍的。现在,这里没有排除任何一个民族。请继续。

朗读者:[读文本]

当他们看到善人遭殃而恶人得势时,还必须俯首听从这种天意安排。正如我们之前在全书的总体观念部分说的那样。(第964段)

施特劳斯:内在的(innate)天意概念把胜利者们(不管他们是怎样的罪犯)变成了事实上的(ipso facto)正义的胜利者。这导致了很大的好处,因为问题已经解决,边界已经划定,将来也不会再有责难,但是——这是一个很好的便利规则,但当然不是[360]一条正义的规则。设想一下……你们知道一个很简单的当代例子。从古代的最早期直到当今的道德神学家们这里，这个概念都没有发生根本改变。如果你们把这个概念与上段提到的约伯放在一起，我认为，维柯的意思就是，圣经不仅并不反对异教徒的观念，反而在某种程度上延续了它。在迈蒙尼德那里，也有一个奇怪的平行对应之处。维柯当然不了解迈蒙尼德——我这样说，当然是因为维柯的书中没有任何证据表明他了解迈蒙尼德。我从维柯的《自传》中读到，他认识一位非常有学问的……迈蒙尼德只是简略提到过这一点。旧约中曾经许诺，敬拜上帝会被回报以农业和其他方面的繁荣，拜偶像则会导致农业上的困境。旧约中的这种许诺被迈蒙尼德解释为对异教信仰做出的让步。换句话说，这是为了逐步引导犹太人脱离那种简单的观念，即在繁荣与神的恩惠之间、困境与神圣惩罚之间都明确存在着一一对应的关系。但是，有一件事在这里变得很清楚了：神圣天意……但是，公正和不公正完全取决于胜利还是失败，这本身并不是公正的充分标准……维柯将在后文中讨论这个神圣天意的问题——已经在下一段了——但是我必须停在这里了。很抱歉。我想我们还有时间，还有两次课，我相信，而……如果你们有时间的话，也不妨重新读一遍《维柯自传》，可以看看，在……之后再读的话，你们会有何观感。……

［课程结束］

# 第十六讲

(缺失)

# 第十七讲 《新科学》(1039–1110段)及《维柯自传》

### 1963年12月4日

施特劳斯：但是我想，艾默特先生对这个话题上瘾了［施特劳斯笑］……

今天是我们最后一次课，我们有相当多的材料要讨论，因为我还要和你们简单讨论《自传》中的一些段落。对于这些段落，我们最初……并没有思考过。

我们上次读到了一章的中间，读到第1039段，我想我们应该读一下这段。

兰肯：［读文本］

> 罗马法的解释者们的全部法的形而上学声誉都取决于，在 de dividuis et individuis［可分割者和不可分割者］那个著名论题上他们如何考虑"法权之不可分割性"的问题。（第1039段）

施特劳斯：好的。这里又回溯到了前面的一段，在那段中，维柯谈到了法权的不可分割性，因为法权作为法权，不是身体性的存在……但是，在人类的早期阶段，当人除了身体性的东西外无法掌握其他东西时，你至少要有一些符号：对非身体事物的身体性的代表。但是，非身体的东西从来不曾被理解为非身体性的。好的。请继续。

兰肯：［读文本］

> 但是他们还不曾考虑到另一个同样重要的问题，即对待永恒的

第十七讲 《新科学》(1039－1110 段)及《维柯自传》 495

态度问题。可是他们理应在下列两条法律中看到这种永恒性。头一条规定了 cessante fine legis, cessat lex［法律的目的终结了，法律也就终结］，原条文不是说 cessante ratione［理性终结了］，因为法律的目的是各方利益的平等，这个目的也可能得不到实现，但是法律的 ratio（理性）是法律符合披戴着某种具体情境的事实。只要有披戴着具体情境的事实，法律的理性就还是活着的，对事实起统治作用的。另一条规定了"时间不是法权所由成立或毁坏的一种方式"、因为时间并不能使永恒的东西有一个起点或终点。而在——①

施特劳斯：法权作为法权，是永恒的。意思是：因为它不是身体，因为它不能被分割……被腐蚀的。请继续。

兰肯：［读文本］

　　在凭时效取得的占领权或长期使用而获得的权利这种法律里，时间并不产生或终止这种权利；如果已不再行使这种权利，也只证明占领这种权利的人愿意放弃它。例如 usufruct 用益权这个条款可以说终止，但不能从此得出结论说这种法权本身就因此终止了，只能说这项法权不再使用，变成和以往一样自由而已。从此得出两条很重要的系定理。第一条是法权在对法权的理解或法权的理念中是永恒的，运用法权的具体的人却在时间中存在。法权只有上帝才能授给人。第二条系定理是：在世界中过去存在过、现仍存在或永远会存在的那些不可胜数的多种多样的法权，都来自最初的那个人，这个人是人类的主宰，对这整个世界持有所有权。（第 1039 段）

施特劳斯：［364］好的。当然，后者让人想起圣经中关于开始创造人时一段话。因此，所有的法权都源于上帝，这就是结论，它源于赋予亚当的法权。而从整体上看，这当然是指严格意义上的圣经记载。非常简单地说：经常谈到的法律形而上学是……因为……是神圣的教导。

---

① 在这段话中，引号表示拉丁文短语，显然是由兰肯先生翻译的。在正文中，这些短语以斜体字出现。

但是，你们在这里也看到了其他的含义。维柯在这里谈到两条法律规则，此后，这两条法律规则导致了两个最重要的推论。第一条推论是区别于原因的目的。那么，维柯是什么意思呢？人是为了人的缘故而被创造的，也就是说，他要统治整个地球。第二个原则是关于永恒的，其结论乃是，所有的法权都来自绝对永恒的存在，即来自上帝。

因此，我们在这里发现了一些关于某种法律形而上学（a legal metaphysics）的建议。我不知道在维柯之前，是否有人使用过"法律形而上学"这个词。我们来看看，维柯使用这个词的目的是什么。请读一下随后的一段。

兰肯：[读文本]

> 因为法律比哲学确实出现较早，苏格拉底一定是观察到雅典公民们在制定法律时都要赞同接受这样一种观念，即有一种平等利益对全体公民中每一个人都是共同的，他才开始用归纳法总结出一些可理解的类（种）或抽象的共相（普遍性），这就是说，通过搜集一些彼此一致的特殊事例来造成一个类（种），其中那些特殊事例在同属这个类（种）上是彼此一致的。（第1040段）

施特劳斯：因此，哲学直接源于立法，但源于雅典民主的立法。所以我的意思是，第1039段所提出的总体论题，当然就是维柯始终在提出的论题。维柯接受圣经的启示和某种形式的……神学，包括道德神学，将是总括性的教导，而哲学只能在这个领域占据一个有限的位置。维柯在第1040段中所说的内容，在形式上与此并不矛盾。哲学在所有法律之后产生，而所有法律都指向作为立法者的上帝，正如维柯在……段中所说的那样。但是，哲学从中产生于民主立法的那种特殊的法律和立法，究竟是从哪里出现的呢……请读下一段。

兰肯：[读文本]

> 柏拉图想到，每一个别特殊的人的心思本来都满怀激情地追求他的私人利益，等到把他们聚集在公众议会里，他们心里就只有共同利益这样一种冷漠无情的理想了（按照一句谚语来说，人们个别地都唯自己的私利是图，但是集体的人们就追求公道），柏拉图于

是把自己提高到去默想被创造的心灵（人）所能达到的最高理想，而这种最高理想和这些被创造的心灵（人）本来是两码事。（最高理想）只能寄托在神之中，柏拉图就以这种方式构想出了能随意驾驭情欲的哲学英雄。（第 1041 段）

施特劳斯：……引向了柏拉图，引出了柏拉图的如下观念，即诸理念必然驻留在上帝那里。维柯在本段开头所说的内容，似乎预示着一种在维柯之后变得非常著名的［365］思想。维柯在本段开头所说的话，是否让你们想起了某个人？关于摆脱对共同功利的激情的那种观念——而共同利益的激情，则产生于热切追逐个人私利的观念。请讲，巴特沃斯先生？

巴特沃斯：关于普遍意志（general will）的观念……

施特劳斯：是的，它惊人地接近。卢梭的……，在人民的集会中，凭借……当然，关键的一点是……根据如下事实：一个人必须为自己的私人激情或欲望赋予法律的形式……非常简单的案例：我不想交税。这是我的私人愿望，……建议：应该有一项法律规定任何人都不必缴税，然后我可能就会清醒起来，认识到如果没有人缴税我自己将大受其害，于是我便会放弃这个计划。而在其他情况下……否则，就会非常接近。意志与权利，亦即与激情的各种利益脱离了。于是你便有了一种纯粹的理性的意志。但这——在理性的意志中，初始的意志也会以某种方式存活下来。公共的利益就是每个人的私人利益。你们可以考虑第 341 段，维柯在这一段提到了这个问题。

现在，我们来看看这种发展的下一个阶段。因为在这里，在第四卷末尾的这一段，维柯真正涉及了整个新科学与哲学的关系。

兰肯：［读文本］

柏拉图这样就为亚里士多德铺平了道路，使他后来替好的法律下了一个神性的定义［《政治学》，卷三第 16 章，1287b32］，他说，好的法律是一种不受情欲干扰的意志，也就是说，一个英雄的意志。他把公道理解为掌管各种德行的王后，寄托在英雄的精神里，来指挥所有的其他德行（《尼各马可伦理学》1129b1 2ff）。因为他有——（第 1042 段）

**施特劳斯**：好的。你们看到维柯在这里描述的亚里士多德和柏拉图之间的区别了吗？正义存在于英雄的头脑中，对吧？而柏拉图的理念则存在于神的头脑中。请继续。

**兰肯**：[读文本]

因为他看到法的公道寄托在最高民政主权上面，还指令（dictate）元老院坚持谨慎，军队坚持英勇，庆祝宴会坚持节制。此外他还要求遵行两种特殊的公道：在公众财库里要有分配的公道，在广场（或议会）大部分场合要遵行交换的公道（礼尚往来）；后者应用数学的比例，前者应用几何学的比例（《尼各马可伦理学》1131b12，29）。他一定从户籍制里看到了分配的公道，看到户籍制里民众政体的基本制度，这种制度根据公民们的祖遗财产按几何的比例来分配荣誉和负担，因为前此人们只知有数学的比例；因此，阿斯特里亚这位英雄时代的公道女神是被描绘为持天秤的，而在十二铜版法里一切惩罚——现在写书讨论这些惩罚的人们都说惩罚必须依分配的公道，按几何学的比例来分配。我们在这类著作里看到，这类惩罚有两类：如果涉及金钱方面的，惩罚就要加倍；如果是身体方面的，就要同等。因为报复的法律是由拉达曼徒斯（Rhadamanthus）创建的，他就被任命为下界（阴间）法官——

**施特劳斯**：在冥府……

**兰肯**：[读文本][366]

在下界也确实分配惩罚。在亚里士多德的《伦理学》（1132b21ff）里，报复就叫做毕达哥拉斯的公道，是由在大希腊创建一个民族的毕达哥拉斯所发明的，大希腊的贵族们就叫做毕达哥拉斯派。这种发明对后来变成一位高明的哲学家和数学家的那位毕达哥拉斯就会是一种耻辱。（第1042段）

**施特劳斯**：换句话说，iusta……涉及《尼各马可伦理学》的历史事实，亚里士多德的讨论，在这里是正确的。让我们看看他是怎么说的。亚里士多德也始于一种民主的……因此，他能够看到分配正义和交换正义的必要性，这与古代法律不同，在古代法律中，……以牙还牙。在冥府获得的权利，这是哲学家们的……

在这里，就维柯对民主和君主制的整个判断来说，民主的背景具有一定的重要性。亚里士多德觉得，真正的正义存在于英雄——即哲人英雄或类似的人——的头脑中。你们看，在这里，维柯对亚里士多德的神学和形而上学完全保持沉默，而他在某种程度上谈到了柏拉图式的神学。那么现在，这一切的结论是什么？请读下一段。

兰肯：[读文本]

> 根据上述一切，我们下了这个结论：这些玄学、逻辑和伦理学各方面的原则都是从雅典广场上产生出来的。从梭伦对雅典人说"认识你自己"那句告诫时（在前文"诗性逻辑"章节的一条推论中也表明了这点）就产生了民众政体，从民众政体就产生了法律，哲学就是从法律中涌现出来的。（第1043段）

施特劳斯：因此，毫无疑问，哲学有一种民主的起源。我的意思是，如果我们现在使用"民主"这个词，……人民共和制。请继续。

兰肯：[读文本]

> 梭伦本来在村俗智慧方面是哲人，后来才被认为在隐微（esoteric）智慧方面也是哲人。

施特劳斯：换句话说，那是一个错误。但真实的情况是，梭伦代表着民主——民主是哲学由之得到发展的基体（matrix）。请继续。

兰肯：[读文本]

> 这番话可以作为以哲学方式来叙述哲学史的一个样板，也是本书提出的对珀律比俄斯的许多谴责中的最后一个。这位希腊史学家竟说过，如果世界上有了哲学家，就不需要各种宗教了。事实却是：如果世界上不曾有宗教，也就不会有各种政体，也就不会有哲学家；如果人类各种制度不曾受过天意的安排，也就不会有科学知识和品德的观念了。（第1043段）

施特劳斯：好的，好，关于珀律比俄斯的这个论点，我们已经听到并且考虑过了。是的，我想，我们将会……在这里……

[367] 关于维柯的写作方式，我有一个当然还不够充分的说明，但你们应该考虑一下。在下一段开头，维柯使用了 ritornando al proposito 的表述，意思是回到本题……这句话也出现在其他地方，出现在第 1020 和 1021 段。我曾在以前的场合提到过，马基雅维利在《论李维》中曾经用过一次这个表述。我也在其他地方，从其他……讨论过这一问题……Altro proposito［另一个主题］：这个说法在第 1021 段出现过一次；我在别处没有见到过。现在无论如何，从一些——当维柯在这里说"回到本题"，这意味着我们已经离开了本题。换句话说，之前的内容是离题话。但我认为，如果跟进理解一下，你们会看到，第 1031 段至第 1043 段——即本章的大部分内容，是一段离题的内容。非常有趣的是，我们在这里发现的关于法律形而上学的讨论，以及哲学源于法律特别是民主法律的事实，都属于这段离题话。至于如何解释这点，则是一个完全不同的问题了。

因此，现在让我们转向第五卷，即最后一卷。我们从第 1047 段开始。

兰肯：[读文本]

> 当天神以超人的方式通过使殉道者们的德行与罗马的权力对立，以及使教父们的教义和奇迹与希腊学者们的虚浮智慧对立，并等到武装的民族到处蜂起，来攻击创建者真正的神圣性（divinity）时，天神就让一种新人道秩序在各民族中产生出来，以便真宗教可以适应人类各种制度本身的自然过程而巩固地奠定下来。（第 1047 段）

施特劳斯：这是一句非常复杂的话。我想知道，在原文中有没有明确提到"真神"（the true God）——从字面意思来看，这段话是不是说基督应该是这位"作者"① 的真神。这被当时的阿里乌斯派（Arians）质疑，他有没有把基督……殉道者让基督宗教变得坚定。但基督的神性

---

① 施特劳斯这里所说的"作者"（author），指的是意大利文中的 Autore，在英译文中被译为"创建者"（founder）。

则要通过新民族的自然发展来牢固确立。通过自然的发展——难道维柯不是这样说的吗——也就是说,根据同样这些人类的事物的自然进程,基督教应该得以牢固地确立起来。开始时有……但基督教的建立则要通过自然的方式来进行。《新科学》最后一卷的主题是重述,重述古代之后所发生的事情,也就是现代的各民族、各基督教民族[的发展过程]。因此,最后一卷的首要主题就是基督教,这个主题在最后一卷中,比在任何其他一卷中都更加明显。

是的,但是,基督教的这种自然建立的过程是怎样的呢?现在,在下一段,维柯说到——我们只读最后一句。"最初的基督教国王们——"

兰肯:[读文本]

> 这样,最初的基督教的国王们就在他们的天主教国度里创建了军事兼宗教的制度,来对抗雅利安族人(据圣杰罗姆说,几乎整个基督教世界都遭到雅利安族人的腐化),对抗萨拉森伊斯兰教徒以及许多其他异教民族。(第1048段)

施特劳斯:现在,这个"武装宗教"的说法,是否让你想起了什么?米勒先生?

米勒:[368]……

施特劳斯:我相信不是第15章,但肯定……①我认为是在7、8章左右。但是的确,所以这些是武装的宗教,是的。而在这里,他使用了一个更谨慎的短语:重建(reestablishment)天主教,而不是原初的创建。好。

在第1050段的开头,很明显,这种人类的文明事物的复演历程(recourse)是一种人类历史,这种人类历史中包含着现代和古代的自然公道。同时,奇迹性的开端并没有被否认,但是,在某种程度上,没有用它来解释历史,因为完全可以从自然角度来理解历史。请讲?

---

① 米勒先生大概提到马基雅维利谈到了"武装的先知",但他所引的是《君主论》的第15章,施特劳斯纠正了米勒的说法,"武装的先知"和"非武装的先知"之间的区别出现在《君主论》第6章。

学生：维柯在几个地方提到……

施特劳斯：是的，维柯一直在谈论神圣天意。问题是：他的意思是什么？维柯所指的是否只可能是一种自然的过程，这种过程导向的是某种行动者意图之外的东西，并且也超出了行动者的任何意图？这就是问题所在。换句话说，问题在于，维柯所说的神圣天意是否比亚当·斯密所说的"看不见的手"含义更多？……这就是一直以来的问题。

在第1055段，维柯再次谈到了中世纪及此后宗教战争的野蛮性。我们来读一下第1056段……

兰肯：［读文本］

但是，在这方面最令人惊奇的是，在复归的各种人类制度之中，古代世界的最初的收容所在这些新的神的时代里也回来了，从李维的历史著作里我们知道，凡是最初的城市都以收容所为基础。

施特劳斯：要记住，那种由罗慕路斯……的收容所（asylum），除了它在这个故事中的含义之外，没有其他别的含义。你们知道，收容所是这些野蛮人——不虔诚的——维柯是怎么称呼他们的？不虔诚的部族（impious tribes）。不虔诚的部族。他们后来变成罗马的众多家族。请继续。

兰肯：［读文本］

因为在这些最野蛮的时期，人们极端残酷和野蛮；暴行、抢劫和凶杀之风猖獗。

施特劳斯：最野蛮的。维柯当然是指中世纪。请继续。

兰肯：［读文本］

当时除宗教所规定的神的法律之外，没有什么有效的办法来约束那些已摈弃一切人道法律的人们，所以，怕受到压迫和毁灭的人们自然投奔到主教们和牧师们那里（这些人在那些狂暴野蛮的时代还是比较有点人道的）去逃难——

施特劳斯：［369］好的，译文字面上不完全对应，但维柯就是这个意思。字面上的翻译应该是"在这样的野蛮状态下，[这些人]更温和"。是的，但这当然就是维柯的意思。请继续。

兰肯：[读文本]

把他们自己家族和祖遗财产都托庇于主教和牧师们，进了他们的收容所。这种归依和保护是东佃制（或封建制）的主要因素。（第1056段）

施特劳斯：好吧，如果我们除了这些以外，什么都不知道的话——我的意思是说，从维柯或他的普遍历史中——那么，根据维柯此前的一般论述，结论会是什么？在中世纪，唯一的统治者亦即贵族构成了等级制度（hierarchy），他们是特殊的等级制度。我不知道维柯是否利用了这一点。马基雅维利以一种微妙的方式利用了这点。有时，当马基雅维利谈到 padri 时，我们不知道——显然，马基雅维利在表面上是指罗马元老院，patres conscripti。但是，padri 也可能带有神职人员（clergy）的意涵。当然，维柯也知道有世俗政府等等，但他强调的是这一点……我们来继续；我们接着会读到更多内容。

兰肯：[读文本]

因此，在当时欧洲各国中必然仍是最野蛮的日耳曼之中，宗教的首脑（主教或修道院长）几乎比世俗的首脑还更多，而在法兰西，我们已说过，凡是拥有最高权的君主都同时有伯爵或侯爵兼修道院院长的头衔。

施特劳斯：好的。所以，换句话说，确实没有世俗政府……但维柯有一些关于……公爵们自称……的说法。请继续。

兰肯：[读文本]

所以当时欧洲有无数城市、城镇或堡寨都用些圣徒的名称，就因为在高山或隐藏的地方，为着举行基督教所要求的望弥撒或举行其他宗教典礼——

施特劳斯："我们的"宗教。我们应该看到，维柯多么频繁地谈到

"我们的"宗教……在马基雅维利的作品中，我数过；我现在忘记数出来是多少了。在《君主论》中，他从未用过"我们的"宗教这个词。在《论李维》中，他至少用过一次；也许更多，但总之很少用。现在，我不记得了——但我没在维柯的书中数过，我是在看到这段话时才想到了这个问题。请讲？

学生：……不同于说——

施特劳斯：基督教（Christianity）或基督宗教（the Christian religion）——

学生：……

施特劳斯：不，不，"基督宗教"的说法会更中立。请继续。

兰肯：[读文本]

> 就修了一些小教堂，这些小教堂就是当时基督教徒们的天然的庇护所或收容所。在附近他们就盖起他们的住房。因此，我们到处看到的第二野蛮时代的最古老的遗迹就是上文描绘的那些地方的小教堂，大半都已倒塌了。一个著名的例子就是我们意大利的 [370] 阿维尔萨（Aversa）圣洛伦佐修道院，这是和加普亚（Capua）的圣洛伦佐修道院合并在一起的，这所修道院直接地统辖着坎帕尼亚（Campania）各地区的一百一十所教堂，都由它下面的一些修道院长或僧侣去管理，上述各地圣洛伦佐修道院院长几乎都是所管地区的男爵。（第1056段）

施特劳斯：好的。那么其中所建议的是：严格来说，在中世纪，有一种旧秩序的回归。不同的只是，现在是基督教[治下]，但从根本上说，这与人们在最初的野蛮时代开始时必须拥有的东西一样：一种宗教秩序。就像最早的统治者……同时既是统治者也是祭司一样，第二段野蛮状态也是如此。

学生：我只是好奇这个问题：在第1048段的开头，维柯说："上帝让真正神圣的时代回来了。"人们会认为，基督教的时代当然是最神圣的时代。

施特劳斯：我明白了……你说得很对。换句话说，这和起源时的情况完全一样，只是现在的宗教有所不同而已，而维柯至少在这儿也没有说到这种不同。让我们看看第 1061 段,这段也非常重要。

兰肯:[读文本]

——等到地主们的权力——

施特劳斯:顺便说一下,第 1057 段的开头也是第二章的开头。"在这些时代之后,又出现了某些英雄的时代",这与你在第一种……一样,神圣的秩序、英雄的秩序。所以,封建主义本身,比如说在中世纪的鼎盛期,已经属于英雄阶段了,不再是神圣的早期阶段。请读第 1061 段。

兰肯:[读文本]

——等到地主们的权力在内战中分散和消耗在人民中间了——因为在内战中掌权者须依靠人民,此后权力就容易再集中到独裁的君主们身上,被解放的家奴的服役效忠就转化为所谓 obsequium principis [对君主的效忠],据塔西佗说,这里包含了臣民们对他们君主的全部义务(职责)。另一方面,由于对英雄的本性和人的本性之间的假想的差别,佃户们的主子就叫做男爵(或领主),其意义与我们在上文已见到的希腊诗人们把世族父主称为英雄们,而古代拉丁人们则称他们为男人(viri),道理是相同的。这种遗痕还保存在西班牙文中,西班牙文的 varon 指一个人;至于佃户们(vassals),则由于孱弱而被看作妇人,所带有的是上文已解释过的英雄时代的意义。(第 1061 段)

施特劳斯:……在这个故事中,你们是否读到了一些非常奇怪的东西?……神父……

学生:"假想的差别"这个词,介于——

施特劳斯:是的。这点非常重要。它再次反驳了……先生,他断言,父主们和佃户们之间确实存在着自然的差异,而且,这并非自然的差异,而是一种被相信或假定的差异。这一点毫无疑问。

[371] 但是此外还有一点。既然这是对第二次发展的总览,我们有神圣的时代,也有英雄的时代,那么,在英雄时代之后是什么?

兰肯:民主的时代。

**施特劳斯**：什么？

**兰肯**：应该有一个民主时代。它……在内战中。

**施特劳斯**：不过它并非发生在［内战］中。要记住，而且我想，如果你看一下中世纪西方的历史，你就不能说，那是一个民主时代……除了在一些更……当然不是全部。我想，这点当然是非常重要的。并没有民主，并没有现代发展形态的民主。也许维柯相信民主制在未来（由他的时代出发所展望的未来）可能会出现；但当时还没有。现代的发展［并非］与亚述的发展相矛盾，而是与古希腊和罗马发展相矛盾。我们现在已经知道，这个模式并非普遍有效的。你们知道，这个模式是：神的阶段、英雄阶段、民主阶段、君主制阶段。这种进程并非普遍为真。维柯甚至没有试图证明在亚述或埃及曾有一个民主时代。但在希腊和罗马，维柯可以断言它存在。现代的发展中，则并没有——我指的当然是基督教的发展——没有这样一个民主时代。这种类型的现代发展不利于自由和平等。我认为，这就是对此的一则说明。第1076段似乎多少确认了这点。对于这个问题，我们没法——

**学生**：施特劳斯先生？

**施特劳斯**：请讲？

**学生**：……。

**施特劳斯**：是的，但是，在英雄时代已经有这个了——你知道，例如那个时代的伊索——你知道伊索……。但是，这还不是建立民众的统治。请讲，艾默特先生？

**艾默特**：是的，"两种本性之间假想的差别"这种说法是什么意思……所有时代都同样地自然……。

**施特劳斯**：是的，那么……在一种意义上，"英雄性的"可以和"真理"一样自然（heroic can be as natural as truth），对吗？如果英雄自然而然地产生，真理也变得为人所知，那么很自然，在这种程度上，两者是同样自然的。不过，由于在一个阶段自然产生的是错误，在另一个阶段自然产生的是真理，所以，第二个阶段要更高……我来做一个当今很流行的区分：起源（genesis）和有效性（validity）。在起源方面，两者都是同样自然的。但如果我们只考虑有效性，并且说，只有既真实且有效的东西才是自然的，那么，当然，只有在民族时代，或者说在人的时代……阶段，才是自然的。

好吧，我只能说——我们没有时间来读所有这些内容了。第 1076 和 1077 段证实了这个论断，即在现时代，民主的发展是注意不到的。我们也可以读一读第 1063 段。

兰肯：[372] 维柯难道没有注意到，在意大利北部的教皇派（Guelphs，归尔甫派）和皇帝派（Ghibellines，吉贝利派）对立的时代，民众共和国和土地贵族屈从于……而那些没有进入共和制度的人则逐渐消失了。

施特劳斯：是的，但问题是，维柯会怎么认为。例如，当谈到当代威尼斯时——我想还有热那亚，当然还有德国的纽伦堡——他称它们为贵族制度。维柯不认为它们是大众自由政体，尽管如果我们看一下……我们当然可以说……在某种程度上——像很多希腊城邦一样，拥有相当多的民众自由……雅典就是民众自由政体，罗马在后来的阶段当然也有，在后期……当然，维柯在这里说的不是意大利的或其他一些城市，就像——虽然我们不能忘记，这些城市肯定受制于罗马皇帝的；它们并非真正的自由城市。我的意思是，即使是那些……帝国治下的自由城市，仍然受制于皇帝和帝国。这仍然会是……

请读一下第 1063 段。

兰肯：[读文本]

佃户们就是以这种方式又回来了——

施特劳斯：根据维柯的解释，古代早期当然也有佃户。我们已经看到了。请继续。

兰肯：[读文本]

佃户们就是以这种方式又回来了，起源于在公理部分已替他们定下的那种永恒的来源，在那些公理里，我们曾指出他们所能希望得到的民政方面的福利，因此渊博的封建制研究者们把佃户们称为 benefida［受惠者］。霍特曼——

施特劳斯：这也是很善意的拉丁式的优雅；至于是否合理——至于

"受惠者"（beneficia）的称号是否准确……

兰肯：[读文本]

> 霍特曼确曾说过：战胜者在已征服的地方把已垦殖的土地留给自己，只把未垦殖的土地留给那些不幸的被征服者作为生活资源。可惜霍特曼没有能利用他的论点，并未提到本书第二卷所描绘的那种原始世界的佃户们又回来了。不过他们的新起点还是我们曾见到过的罗慕路斯的"受庇护者"，他们本来已是，而且按他们的本性也必然是受庇护者，即我们已指出的那种随身的乡村佃户。我们在公理部分也说过，这种佃户遍布于原始世界各民族中。这种英雄时代的佃户，在罗马民众自由昌盛的时代，过渡成为平民，遵守这样一种习俗：他们穿起宽袍在早晨去朝见大领主们，用古代英雄们用的头衔向他们欢呼"国王，祝您万福"，然后跟随他们走到罗马广场，到晚间跟他们一起回家，领主们就请他们吃晚餐，这是遵行着让英雄拥有"人民的牧人"的称号那种古代的老办法。（第1063段）

施特劳斯：[373] 这引起了一些疑问，按照维柯的说法，是否可以有无条件的平等和自由；即使在罗马……以及在罗马民众自由政体的光辉中……。所以——

在这整个序列中，从第1068段开始，我们不断看到[这样的]开头。"……复归了"，"……复归了"，"……复归了"，对吧？第1072段，……总共出现了几次？并非所有的段落都是这样开头的……现在，读一下第1071段的开头。

兰肯：[读文本]

> 因为野蛮制度及其暴行毁去了贸易所必有的信任——（第1071段）

施特劳斯：我们只需要读这么多。野蛮制度和商业不相容。在以前的一个场合，我们已经读到过稳定的民众政府和商业之间的联系。我们读一下第1072段。

第十七讲 《新科学》(1039—1110段)及《维柯自传》

兰肯:[读文本]

做转手买卖的办法(mancipation)也复归了,佃户或封臣把他的双手放在他的主子的两手中间,来表示效忠和服从。按照塞维斯·图利阿所颁布的户籍法,乡村的佃户们就成了罗马人中间第一批做转手买卖的人(mancipes)。和转手买卖一起,可转手买卖物(res mancipi)和不可转手买卖物(res nec mancipi)的分别也复归了,因为封建的财产对佃户(或臣僚)来说是不可转手买卖或出让的,但是对地主或贵族来说却是可转手买卖的,正如罗马各行省的土地对该行省内部臣民是不可转手买卖的,而对罗马人来说却是可转手买卖的。与转手买卖这种行为同时,采取授封(infestucations)或授权(investitures)(上文已说过,这两事其实是一事)的规约也复归了。(第1072段)

施特劳斯:诸如此类。"复归"(ritonare)这个术语在本段出现过五次,这点也必须考虑。我们来读一下第1074段。

兰肯:[读文本]

对于这种主权(所有权),就像对于复归的野蛮时代的许多制度一样,我们在本书中根据第一次野蛮时代的一些古代文物才把它弄得明白一点,我们发现第二次野蛮时代比起第一次野蛮时代还远较暧昧不明。

施特劳斯:这不是很有趣吗?为什么第一次野蛮时代不像第二种野蛮那样暧昧不明?这就需要一些奇怪的……从这一段的末尾开始,在引用了布德(Budé)的话之后;维柯说到了习俗,指的是这种封建习俗。请继续。

兰肯:[读文本]

决斗这种习俗在那不勒斯一直传到我们的时代——(第1074段)

施特劳斯:诸如此类。换句话说,在欧洲的某些地方,虽然第二次野蛮时代缺乏英雄，比如直到维柯时代的那不勒斯王国，但尽管如此，或者说正因为如此，第二次野蛮时代的开端就比第一次野蛮时代的开始要黑暗得多。在维柯之前提出的基础上，这一点该如何解释？维柯如何发现了与流传下来的寓言不同的、古代早期的真实情况？请讲？

学生：[374] 在现代的、第二个野蛮时代，没有一位真正的荷马来推断事情的真相——

施特劳斯：……

学生：……

施特劳斯：是的，当然，这也会是一个问题。

学生：这里也有……和真正的宗教，而那当然是——

施特劳斯：是的，但是，在某种程度上，是谁为维柯敞开了古代的深度和渊源？

学生：……

施特劳斯：是的，但是，对维柯来说，谁是古代最重要的思想家？他们开启了……古代，早期的古代？

学生：有很多……

施特劳斯：是的，但尤其是修昔底德和亚里士多德；你记得，从一开始，我们就部分基于《维柯自传》、更多基于《新科学》的第一部分，收集了……的人物……。修昔底德和亚里士多德也发挥了……作用。而欧洲古代没有这样的探究者，尽管有……的资料，仍然没有批判性的历史学家。我想这就是维柯的意思。请讲？

学生：但是……怎么样呢？

施特劳斯：是的，好吧，这些都是非常有学问的古典学家，维柯也可以引用，而且他确实引用了编年史家们。但是，他们是批判性的史家吗？我们决不能忘记新科学的原则。维柯所说的语文学，只是在公理、哲学公理之后才出现的。而这些古典学家和学者仅仅是有学问的人，他们并没有以公理为基础来研究这个问题，接近这些材料。根据维柯，只有哲学和语文学的结合，才能回想起过去。所以，以惊人的任意性，维柯从这些来源和这些学者那里选择出了适合自己的事实。而这种看似……的原因……步骤，才是过去的真相。这些——我的意思是，换句话说，这些早期人、第一批人，必然曾以这种方式生活和思考。因此，所有符合这种思维方式的制度，便都可以被认为是当时的制度。而以另外的思维方式为前提的制度，则不可能属于过去。这就是……的方式……

兰肯：我想起来，在较早的地方，维柯曾提请注意，他在这部作品中讨论的是第一个而不是第二个时代，是第一次而非第二次。在第1017段的后半部分，维柯谈到了"这则最光辉的真理在这整部作品中得到了明确的证明，特别是在罗马历史方面"……这［375］则"光辉的真理"就是，在所有民族中，人民当中的平民总是会把国家从贵族性国家变为民众性的国家，又从民众政体变为君主制。

施特劳斯：是的。非常正确。现在，在这里……我想，提到罗马、罗马法等的地方，比提到其他任何民族的地方都要多，但是，你一定不要低估维柯对希腊的提及……

兰肯：但是，我想要做的是从中推断出对维柯的民主理论的进一步贡献：他喜欢［罗马］的真正原因是——他谈论罗马，因为他由此可以谈论平民的影响……对欧洲历史的批判——

施特劳斯：……在李维的基础上……，现在我们来看看第1075段。

兰肯：［读文本］

> 现在是一个很明显的时机来说明这一点：诸民族在复归的野蛮时期中，晚期罗马法学家们的遭遇，也正是野蛮时代晚期法学家们所经历过的那种遭遇，这些法学家们在当时已看不见早期罗马法了（我们在上文已举过无数证据了），晚期野蛮时代的法学家们在最晚的时期也已看不见早期封建法律了。（第1075段）

施特劳斯：……请读第1079段。

兰肯：［读文本］

> 这是因为据那种英雄时代的严酷习俗，凡是杀害一个公民（当时城市都只由英雄们组成）都要当作对祖国的一种敌对行为，这就恰恰指"叛国"（perduellio），凡是这种杀害都叫做一种弑父罪（parricidium），因为受害者就是一位 father，也就是贵族（a noble），当时罗马已分为贵族和平民（fathers and plebs）两个阶层。

从罗慕路斯建国时起一直到图路斯·霍斯提略时代都不曾有过一次关于杀害一位贵族的审判,其理由一定是因为贵族们都当心不要犯这种罪,既然他们中间已有决斗的办法。但是在霍拉提乌斯案件中没有人能以私自决斗的方式来替被杀的霍拉提娅报仇,所以塞维斯·图利阿第一次下令要举行这种案件的审判。对平民们的杀害却不如此,杀害者或是平民们自己的主子,对主子们不能提出控诉;如杀害者是旁人,他们就可向被杀害者的主子要求赔偿损失,这就是把被杀害者当作一个奴隶看待。这种习俗现在还在波兰、立陶宛、瑞典、丹麦和挪威等国流行。但是过去解释罗马法的渊博学者们却看不出这个难点,因为他们依靠自己对于黄金时代的纯洁无瑕所持的讹见,正如一些政治理论家们为着同样的理由,依靠亚里士多德所说的古代各种政体中不曾有涉及私人冤屈的那句话;因此塔西佗(《编年史》3.26),萨卢斯特(《喀提林阴谋》2.1)以及其他一些著作家们本来都很审慎,可是谈到各种政体和法律的起源时,却把城市以前的原始状态中的人们都描述为一些像亚当一样在纯洁无瑕的状态中生活着。(第1079段)

**施特劳斯**:我们先读到这里。维柯并不经常提到亚当,对吧?这与他在上文所说的内容有关……在这里,当他说到 padre [父亲] 时,我们必须记住这一点——一个父亲(padre)[376] 即一个贵族——我们必须牢记维柯之前关于神职人员的权力所说的话。所有这些解释者的错误都在于,他们相信一开始有一个纯真的黄金时代。当然,圣经也通过提及亚当来讲述这种……而那确实是维柯由之出发的那些公理的关键后果。起点是兽性(bestiality),而非完美的人性,维柯自己对历史材料的重新解释,乃是由他的前提所决定的。由此可以推出,起初,人的思想是次理性的(subrational);热烈的想象力控制着他们,好听一点儿的说法是,早期的人们是诗人。但是,我们不要自我欺骗,这种诗的含义非常苛刻。但你们也看到了,浪漫主义怎样恢复了另一种观点,即维柯所反对的观点,然后,浪漫主义说,这种观点听起来非常好。早期人类最初的语言是诗,而散文是后来才出现的,可以说……是的。现在,读一下第1080段。这个段落很短。

**兰肯**：[读文本]

在这类议会里所审议的案件，涉及封地由于严重罪行或没有继承人的情况之下继承或转移之类的封建性的案件，这类案件经过这类判决的多次证实，就形成封建时代的习俗，这类习俗就是欧洲的最古老的习俗。它们向我们证明了部落自然法就是由人类这些封建采邑（fiefs）习俗产生出来的。（第1080段）

**施特劳斯**：欧洲最古老的法权，英雄的法，是一种人类的法，对吧？是这种人类的采邑习俗。关于基督教遗产的含义……读一下第1083段。

**兰肯**：[读文本]

鉴于上文所罗列的一切制度，我们应得出的结论是：当时的国家到处都是贵族制，我们指的并不是宪法结构而是治理国家的方式。例如在寒冷的北方，波兰现在仍然如此。在瑞典和挪威两国，一个半世纪以前还是如此。将来如果没有特殊原因来阻碍自然的发展过程，波兰将会达到完善的（即绝对的但是开明的）君主独裁政体。（第1083段）

**施特劳斯**：好的。你们又看到了气候的重要性：在"寒冷的北方"。这些都是北方国家。我们在第1079段读到了关于波兰、立陶宛、瑞典、丹麦和挪威的一些普遍的野蛮行为的说法。好。因此，绝不是像尼科里尼所说的那样，维柯只有那么一两次提到了气候；我们已经讨论过这个问题了。维柯是通过指示——当然是……但是，你们在这里看到，在150年前，瑞典和丹麦的情况改变了。尼科里尼否认了这一事实（在这些问题上，我更相信尼科里尼，而不是维柯），但是，150年前，在这些斯堪的纳维亚国家发生了什么？宗教改革。我的意思是，对维柯来说……

因此，从贵族制到君主制的过渡，被维柯关联到了历史的正确或不正确的问题上来了；现在我并不关心宗教改革的问题。但是，非常规的原因可能会阻止这种发展。非常规的原因，非自然的原因。请读第1084段。

**兰肯**：［读文本］

这话真实可靠，乃至——

**施特劳斯**：我们不能读这里，只读最后一部分吧。

**兰肯**：［读文本］［377］

所以，博丹以及所有和他一样曾就公法写过论著的其他政法权威们都应承认这一条永恒的最高的自然法；凭这种自然法，一个政权的自然权力，正因为它是真实的，就必然要实现，这就是说，掌权势者愈是丧失了他们的力量，人民的力量也就愈是按比例地增长，直到他们变成自由的，而且随着各族自由的人民愈发放松他们的掌握，国王们的力量也就愈发成比例地增强，直到他们变成了君主。因此，正如哲学家们（或伦理的神学家们）所理解的自然法来自理性，本书所说的这种部落自然法也是来自利益和权力的自然法。正如法学家们所说的，这种自然法随着时机需要和人类需要的要求而得到各民族的遵守。（第1084段）

**施特劳斯**：好的。在这一段，维柯首先谈到法国的君主制如何产生。他的意思是：在法国从未处于民众自由的状态。哲学家和道德神学家们的自然法，总是与各民族（genti）① 的自然法截然不同，他们的自然法不是理性的自然法，而是功用和力量的自然法。这当然并不是要否认各民族的自然法中有一些理性，但这种理性并不是纯粹的……也就是说，并不是一些个人——哲学家……能在其生活中实现的理性；而是更粗糙得多（much cruder）……国家理由将是各民族的自然法的基础。现在请读一下第1086段的结尾部分。

**兰肯**：［读文本］

但是到了最后，意大利各大学开设了一些学院，对查士丁尼大帝的法典之类著作中所包括的罗马法的教义进行教学，其中各种法律都以人类各民族的自然法为依据——

---

① 施特劳斯此话依据的是维柯著作的意大利语原文，而非英文译文。

施特劳斯：“人类各民族的”，你们还记得这是什么意思。请继续。

兰肯：[读文本]

> 于是人类心智更加发展，变成更富于理解的。这种心智更倾心于培养基于自然平等的法律，这种法律使普通人民和贵族们在民权方面都是平等的，正如他们在人的本性上是平等的一样。

施特劳斯：是的，我认为到现在为止，这个问题应该已经获得清楚的解决了。自然的平等是一个事实，而且一直是一个事实，但并非总是被看到、被付诸行动。请继续读。

兰肯：[读文本]

> 正如从提比略（Tiberius Conmcanius）开始在罗马公开讲授法律之时起，法律的秘密就开始脱离欧洲各国贵族们的掌握，这些王国原先是由贵族政府统治的，然后才经过自由政体转变到完善的君主独裁制。（第1086段）

施特劳斯：因此，在欧洲的某个地方，有一些……。我相信，最明显的例子是荷兰，在某种程度上，他们有……请继续。

兰肯：[读文本]

> 这后两种政体（民众政体和君主独裁政体）由于都涉及人道的行政管理，就很容易由甲变成乙，或由乙变成甲，但是按照民政本性，上述两种政体都几乎不可能变成贵族政体。所以叙拉古斯岛的狄翁（Dion of Syracuse）尽管是王室的一个成员，而且曾放逐[378]君主中的一个怪物，暴君狄奥尼修斯，尽管他在民政品德方面配得上做神明的柏拉图的朋友，可是他后来企图恢复贵族统治，就被人用野蛮的方式屠杀掉了。还有毕达哥拉斯的门徒们（即大希腊地区的贵族们）企图恢复贵族政体，就被人民击溃了，只有少数人跑到堡垒里逃难，也被大众活活地烧死了。因为平民们一旦明白了自己与贵族们理应平等，就自然而然地不愿在民政权利方面甘处贵族们之下，他们只有在自由民主政体中或在君主独裁政体下面才能获得平等，因此在现在各民族的人道风气之下，少数幸存的

贵族政体要费大力和采取谨慎的办法，才能使人民大众既各尽职守，而又心满意足。(第1087段)

**施特劳斯**：在阅读这段关于……的文字时。在我看来，维柯是站在那一边的。下一段说的是——我们来看下一段的开头。

**兰肯**：[读文本]

迦太基、加普亚和纽曼细阿这三个城邦尽管都曾使罗马恐惧，怕不能长久对世界施行帝国统治，但这三个民族却终不能完成人道的民政的制度（上述三个阶段）的进程。迦太基人之所以不能，是由于他们亚非利加人的生而就有且在海上贸易中又磨炼得更锐敏的机灵性；加普亚人之所以不能，是由于这坎帕尼亚地区气候温和，物产富饶；最后，纽曼细阿人在他们的英雄时期初度繁荣时，就已被罗马的权力所征服，是斯基皮奥·阿非利加努斯在世界各地武力协助之下把纽曼细亚人镇压下去了。但是罗马人却没有碰到这些障碍，可以按部就班地前进，凭村俗的智慧，听从天意的统治，按照本书用许多例证来证实的所有三种民事政体的自然程序，自然而然地一种政体接着另一种政体前进。罗马人先保留住贵族统治，直到巴布利阿斯和培提略所颁布的土地法；接着他们把民众自由政体保持到奥古斯都大帝时代；以后他们就坚持用君主独裁制，只要他们还能以人道方式抵抗住会毁灭君主独裁制的内忧外患。(第1088段)

今天一种完全的人道好像遍布在全世界各民族中，因为有少数几位伟大的独裁君主在统治这个各民族的世界，如果还有一些野蛮民族还留存着，那就是由于他们的君主独裁政体还在坚持一些想象的残酷的宗教下的村俗智慧，在某些情况中还有他们臣属民族的不大平衡的本性作为一种补充的因素。(第1089段)

**施特劳斯**：好的。在这里，维柯又提到了气候问题。是的。所以罗马人摧毁了（这是第1088段的暗示）许多世纪以来民众政府的可能性。而马基雅维利在《论李维》第二卷的开头教导了另一点：古代世界中有相当多的自由共同体。罗马人摧毁了这种可能性，所以，可以说，马基雅维利就必须为了未来的缘故，重新开启这种可能性。现在，你们在这里看到了关于气候的另一则说法，而就在下一段的开头，也有一处。现在我们已经——是的，但他已经提出，中世纪［379］纯粹就是野蛮的，纯粹是野蛮的，只字未提……基督教的教诲。对这点的第一次讨论是在第1091段，我们现在应该读一下。

兰肯：［读文本］

  在中部温和地带的人民天性却较平稳——

施特劳斯：这当然是老生常谈了——你们从亚里士多德那里就读到了这点。诸如此类，这不是新的东西：温带比［气候］极端地区——极地或赤道地区——更有利于人类的完善。请继续。

兰肯：［读文本］

  从远东算起，日本的天皇所实行的一种人道类似罗马人在迦太基战争时代所实行的那种人道。他摹仿罗马人在军事方面的凶狠。据有学问的旅游者们说，日本的语言带有拉丁语的声调。

施特劳斯：是的。有些……的耶稣会士，有些耶稣会士带来了改革，有些耶稣会士。我在尼科里尼那里读到过这一点。请继续。

兰肯：

  可是天皇曾信奉过一种凶恶可怕的宗教，其中一些凶恶可怕的神带着全副致命的武装，他还保留着不少的野蛮英雄时代的本性。到过那里传教的神父们报告说，他们在劝日本人民信基督教时所碰到的极大困难，就在于无法说服贵族们相信贵族和平民在人性上是平等的。（第1091段）

施特劳斯：换句话说，这似乎意味着，基督教确实承认所有本性的平等，它当然承认。对吧？于是问题就来了：为什么这没有导致在中世纪的世俗法律中承认一种法律上的平等？现在，我们来看看随后的内容。

兰肯：［读文本］

中国皇帝在一种温和的宗教下统治着，崇尚文艺，是最人道的。东印度群岛的皇帝——（第1091段）

**施特劳斯**：所以……这个。所以，基督教的确教导人人平等，因而更加人性化，但儒家也是如此。是的。现在是下一段，第1092段。

**兰肯**：[读文本]

但在欧洲，基督教是到处都被信仰的，它教导一种无限纯洁完善的上帝的理想，命令对全人类都要慈善。那里有些伟大的君主独裁政体，它们的习俗是最人道的。尽管坐落在寒冷的北方地带的一些国家，例如瑞典和丹麦，直到一百五十年以前——

**施特劳斯**：你们又看到了这个说法。请继续。

**兰肯**：[读文本]

波兰甚至英格兰直到今天，在宪法结构上虽仍是君主独裁，在行政管理方式上却似仍采取贵族专政，但是如果按人类民政制度的自然进程不受到什么特殊原因的阻碍，它们都会终于达到完善的君主独裁制。只有在欧洲这一部分世界，培育各种科学而且还有[380]许多民众政体，这在其余三部分世界是简直找不到的。由于同样的各种公众利益和需要的复归过程，在欧洲已有古代埃托利亚式（Aetolian）和阿该亚式（Achaean）的联盟在复兴。（第1092段）

**施特劳斯**：好的。维柯这里是什么意思？"联盟"：他在哪里找到了联盟？……是的，你们看到了阻碍所在——我的意思是说，气候是一个很大的负面事实，但气候的阻碍可以通过培养诸种科学来克服……而诸科学的发展在某种程度上支持了民主制，当然也支持了君主制，如果说得温和一点的话……顺便说一下，这是孟德斯鸠的一个很大的主题——如何通过培养科学和艺术来抵消气候的力量。因此，在孟德斯鸠那里，这不是一个简单的……。而这便说到了一个非常大的问题，他（孟德斯鸠）没有意识到，但我们却意识到了：当人们成了自然的主人时，因而当我们可以像在……生活那样,同等舒适地生活在北极和赤道,……那么会有什么后果?当然,这在维柯那里仍然有讨论。在下一段,维柯讲到,联邦国家是政治发展的一个高峰。……先生,我想这个问题已经讨论过了,上次是谁宣读的论文?你……是的。第1094段的第二部分,当维柯说到——第二部分,是的。

兰肯:[读文本]

凭借着基督教,它所教导的真理是这样的——

施特劳斯:我们真的应该读读整个段落,因为这是一段非常有力的支持基督教的声明;我们决不能忽视这一点。是的,请把整段话都读一下。

兰肯:[读文本]

现在回到我们的本题。今天在欧洲只有五个贵族专政的政体,即意大利的威尼斯、热那亚和路卡,达马提亚的拉顾萨(Ragusa),以及日耳曼的纽伦堡。这五处几乎全是疆域很小的。但是基督教的欧洲却到处都闪耀着人道的光辉,构成人类生活幸福的物品丰富,既带来身体方面的舒适,又带来心灵方面的乐趣,而这一切都来自基督教。基督教教导着一些崇高的真理,所以接受异教世界的一些最渊博的哲学家们为它服务,它还把三种语言作为自己的语言来学习:希伯来语——世界上最古的语言,希腊语——世界上最精美的语言,拉丁语——世界上最宏伟的语言。(1094)

施特劳斯:好的。现在有趣的是,在对基督教的这种高度赞扬的背景下,希伯来语受到的赞扬却最少;显然,精美和宏伟是比单纯古老更高的赞扬。请继续。

兰肯:[读文本]

因此,即使……

施特劳斯:这里我们不需要读了。现在,我们转向这一卷的结论,这一卷更短一些,但其中有几段话我们应该考虑。我们从头开始读起。

兰肯：［读文本］

让我们现在以柏拉图来结束本书。柏拉图构思出一个第四种政体，其中善良诚实的人们都应成为最高的主宰。这种政体就会是真正的自然的贵族政体。（第1097段）

施特劳斯：［381］是的。换句话说，这三种政体，就是柏拉图没有考虑或没有谈到的三种：神圣的、英雄的和人类的，正如［维柯］所描述的那样；这很清楚。而维柯在结论中想讨论的是，他的政治哲学与柏拉图的关系。是的。让我们读一读——但是，这个柏拉图的——让我们来读一下。读随后的内容。

兰肯：［读文本］

由柏拉图构思出的这种政体是从诸民族的最初起源时就由神圣天意安排出来的。因为神圣天意安排了有一些身材巨大、比其他人们都更强壮的人，像一些本性较强烈的野兽在山峰上浪游，在世界大洪水之后，第一次碰上雷电的吼声，就会逃到山上一些岩洞里，尽管都是些骄横残酷的大汉子，却满怀震惊疑惧，俯首听命于一种更高的权力，即他们所想象的天帝约夫——（第1097段）

施特劳斯：是的，但我们已经知道这种想法了。那么，维柯想做的，就是把柏拉图的完美共同体与他的整体发展观念联系起来。我们转到下一段的开头。

兰肯：［读文本］

这样形成的政权可以说是一种僧院式的政体，或是一些孤零零的君主在一位最伟大最善良的主宰治理之下的最高的政体，这位最高主宰是由他们自己从雷鸣电闪中所得到的信仰才创造出来的，其中闪耀着天神统治着人类这一真理的光辉。（第1098段）

施特劳斯：诸如此类。所以，首先维柯讲到了神权，此后有独眼巨人们的贵族制，然后，在第1099段，维柯谈到了贵族相对于平民在道德上的优越性，对吧？仿佛贵族们在天性上更好，自然地在德行上更好。再读一下第1099段的结尾。

兰肯：[读文本]

这就是赫库勒斯式的英雄政体的自然本性。在这类政体中，虔敬的、明智的、贞洁的、强有力的、宽宏大量的人们能打倒狂暴者，保卫弱小者，这就标志出他们的民政政府的优点。（第1099段）

施特劳斯：那么，换句话说，这三个阶段都是完美的：到处都是美德的统治，只是方式不同而已。对吗？请读下一段。

兰肯：[读文本]

但是氏族父主们既已凭宗教和祖先的品德，和通过受庇护者的劳动而变得强大之后，终于滥用庇护的法律来对受庇护者进行残酷统治。等到父主们既已背离公道这种自然秩序，他们的受庇护者就起来向他们造反了。（第1100段）

施特劳斯：好的。所以你们看，自然秩序、正义秩序一直被遵守着，尽管不同阶段在内容上有所不同，对吧？再读一下第1100段的结尾。

兰肯：[读文本]

在这些父主之中，天意又安排使那些最活跃强壮的起来作为国王，其职责就在领导和约束其他父主们，以便抵抗和威胁那些起来向父主们造反的受庇护者。（第1100段）

施特劳斯：[382] 好的。由于其年龄，他们自然是最有资格的人。接下来，请读下一段。

兰肯：[读文本]

但是随着岁月的推移和人类心智的远较巨大的进展，各族人民中的平民们终于对这种英雄体制的各种权利要求发生了怀疑，认识到自己和贵族们具有平等的人性，于是就坚持自己也应参加到城市中各种民政机关里去，到了适当的时机，各族人民自己都要当家作主了，天意就让先有一段长时期的平民对贵族的英勇斗争；斗争的目的是要把原由贵族们独占的宗教方面的占卜权推广到平民方面去，以便达到把原来被认为都依靠占卜权的一切公私机构都推广到平民们，这样一来，正是对虔敬的关心和对宗教的依附就把民政最高权移交给人民了。在这方面——

**施特劳斯**：换句话说，其中始终是同一个观念，即虔敬，它始终存在于这个发展过程中，并且在每个阶段都占主导地位。请继续。

**兰肯**：[读文本]

在这方面，罗马人民在全世界中比其他各族人民都先走了一大步。因此，罗马人就变成当时世界各族人民的主子。这样一来，随着原来自然秩序日渐合并到各种民政秩序里去，民众政体就产生出来了。在这类民众政体里一切须归结为抽签或平衡，就难免偶然或命运的统治。天意为着避免这种毛病，于是就安排了凭户籍法来权衡一个人是否适宜于当官。因此，是勤奋者而不是懒惰者，是宽宏大量者而不是心胸软弱者，总之，不是具有某些品德或貌似具有品德的富人，也不是有许多丑行的穷人，才被认为最适宜于当官执政。（第1101段）

**施特劳斯**：这很有趣，不是吗？所以，富人统治的事实，虽然维柯用了一个漂亮的表达，富人……美德，但也……那么，维柯所使用的公式是否让你想起了一些什么？是否让你们想起维柯所知道的另一位作家的东西？——洛克：理性和勤奋的人，并且……他们对我们所拥有的一切负责；这当然是作为洛克的学说展现给……的国家组织……但是，洛克与……的国家组织……有关系。[笑声]。即使在这里，我们也看到了一些说明，你们知道，荷兰是一个了不起的……对今天的一些人来说，可能英国和斯堪的纳维亚国家从经验上证明了福利国家的可行性。我相信，在更大的程度上，荷兰既证明了自由的可能性，同时也保持了足够的力量来对抗欧洲强大的军事君主国，首先是西班牙，然后是法国，我们决不能低估这一点。当然，荷兰也是一个商业共和国；这点非常重要。威廉·配第爵士①的论点就基于荷兰,你们知道,威廉·配第是霍布斯的一位年轻朋友,在某种程度上,他是现在被称为经济学的那门科学之父。在当时,经济学被称为政治算术(political arithmetic)。[383] 但是……是的。我们继续。我们现在已读到了……又一次……民主的品质,我们来继续读。

兰肯:[读文本]

> 在这类民众政体里,同有公道愿望的各族人民全体就会制定出公正的法律,其所以公正,正因为这种法律对一切人都好,亚里士多德很神明地替这种法律下定义说,它表现出不带情欲的意志。这种意志就会是能控制自己情欲的那种英雄的意志。上述这些政体就产生了哲学。

施特劳斯:我想,现在我们有了百分之百的……如果对我们此前讨论的离题内容还有疑问的话。请继续。

兰肯:[读文本]

> 就凭这些政体形态本身,来启发哲学去形成上述那种英雄。为此,哲学就要关心真理。这一切都是天意安排的,其目的在于显出品德的行为既然不再像从前那样由宗教情绪来推动,哲学就应使人从理念上认识各种品德,凭对品德理念的反思,使就连没有品德的人们也会对他们的丑行感到羞耻。只有这样,倾向于做坏事的人们才被迫去尽他们于理应尽的义务。天意还让各派哲学产生出雄辩术,而且凭推行这类好法律的民众政体本身的形态就足以使人热心寻求公道,而且凭品德的这些理念来鼓舞人民去制定良好的法律。
> (第 1101 段)

施特劳斯:你们看,这一点是非常清楚的。从这段话中,可以看出很多东西,当然这段话似乎更支持民众自由政体而不是君主

---

① 威廉·配第爵士(William Petty, 1623—1657)曾为克伦威尔、詹姆斯二世和查理二世的政府服务,也是霍布斯的秘书。他的主要作品包括《赋税论》(*A Treatise of Taxes and Contributions*)和《政治算术》(*Political Arithmetic*)。

制。请讲？

**巴特沃斯**：当维柯在这里说到雄辩术时，他指的是"学问"吗？

**施特劳斯**：是的。你知道，维柯本人是那不勒斯的修辞学教授，而不是法学教授。

**巴特沃斯**：那就是说，维柯只把它限制在某些社会条件下……

**施特劳斯**：以确保它可以有效，或者将会——或有可能会有效……

**巴特沃斯**：我假设你可以提出相反的论点，也就是说，特别谄谀的修辞将会……

**施特劳斯**：是的，但维柯在这里所说的，是一种能激起人们正义追求的修辞术，而那种朝臣的修辞，那种对——那种一无可取的赞美就不会有这种效果。换句话说，有一种好的修辞和一种坏的修辞［施特劳斯笑］，因为我们有——必须用这种或那种方式做出这个区分。此外还有很多东西，即使在这短短的一段中也有。让我看看，在1107段，维柯似乎说——读一下第1107段接近结尾的部分。

**兰肯**：[读文本]

> 我们不应该说，这是由一种超人的智慧所计划好的吗？因为这种智慧运用的不是法律的力量（据狄奥说，法律的力量就像一个暴君的力量），而是利用人们的习俗本身（遵行习俗时，人们表现他们自己的本性，有不受制于［384］任何力量的自由，因此这位狄奥又说，习俗就像国王，这些国王凭快乐来统治），这种智慧以神明的方式在（对上述全世界各民族的大城邦）施行统治和领导。（第1107段）

**施特劳斯**：是的，但是，这种力量维柯之前就曾提出过：天意通过人性来统治，因而通过取悦他们的事物来统治。这不像是一位僭主在使用武力。不过，这很容易被理解为，天意只通过、只凭借人的本性来统治，于是，天意就没有独立的规则。请读第1108段的开头。

**兰肯**：[读文本]

> 这个包括所有各民族的人类世界确实是由人类自造出来的。（我们已把这一点定为本科学的第一条无可争辩的大原则。因为我

们已经绝望了，不再指望能从哲学家们和语言学家们那里找出这样的原则）。（第1108段）

**施特劳斯：** 好的。所以，这就是我们先前问过的问题：一方面，根据新科学的原则，我们可以——我们只能理解我们所制作的东西，那么诸民族的世界就必然完全是人的作品。现在，从某种意义上说，这肯定是不对的，因为人不曾有过这种打算，所以，这是神圣天意的工作。而问题恰恰在于，如果这是真的，那么诸民政的世界就无法被完全了解，不应该——而这一点……我们之前已经讨论过。我们来只读一下最后几段中的一段。第1110段.

**兰肯：** ［读文本］

> 那么请培尔考虑一下：事实上世界上是否有任何民族没有任何对天神的认识！请珀律比俄斯衡量一下他所说的"世界上如果有了哲学家们，就无需再有宗教"那句话是否确实。因为——

**施特劳斯：** 这一点已经贯穿了全书。我的意思是，相对于——甚至这个版本中的索引也会表明，维柯是如何——索引中也收录了他对珀律比俄斯和培尔的批评性的引用。请继续。

**兰肯：** ［读文本］

> 因为只有宗教才能打动各族人民的情感，去做各种德行方面的事，也只有情感才能驱遣他们这样做，而哲学家们关于德行的得自推理的格言，只有在由高明的修辞术把实行德行的职责的情感煽动起来时才有用处。（第1110段）

**施特劳斯：** 好的；你们在这里读到了什么吗？我们在维柯这里多次看到，哲学道德本身是无效的；但现在我们又有了一个补充。

**兰肯：** 修辞术。

**施特劳斯：** 修辞术，是的。所以，哲学道德不再无效，只要它被一种强大、正确的修辞所补充。请继续。

**兰肯：** ［读文本］

不过，我们的基督教和一切其他宗教之间有一种本质区别，基督教才是真实的，而其他宗教却全是虚假的。在我们的基督教里，神的恩惠推动合乎道德的行为来达到一种永恒无限的善。这种善不能来自各种感官，所以只有心灵为着达到这种善，才推动感官去采取各种合乎道德的行为。各种虚假的宗教则与此相反，[385] 只要求各种有限的暂时的善，无论是在现世还是在来世（在来世他们期待的也只是感官快感的福泽），因此，要凭各种感官来驱遣心灵去做各种合乎德行的工作。（第 1110 段）

**施特劳斯**：好的。但是，至于这意味着什么，必须根据整体来考虑，我们无法只根据这段话来解决这个问题。如果我没有弄错的话，维柯只是在作品的最后才谈到了修辞术；至少他从未强调过修辞术。这一点相当……所以让我们看看；我还有一些……我希望你们也带了《维柯自传》。请讲，巴特沃斯先生？

**巴特沃斯**：我只有一个简短的问题……关于"维柯要以柏拉图作为结尾"的说法。但在中间的某个地方，柏拉图似乎被弃置一旁，我不清楚柏拉图究竟是在哪里被弃置一旁的，或者说，我不清楚这意味着什么。

**施特劳斯**：是的，我的意思是，维柯似乎是这样说的：我所说的东西正是柏拉图说的；柏拉图谈到了最好、最有德行者的统治，我则表明最好、最有德行的人总是在统治。不过，当然，很清楚的是，柏拉图的意思和维柯的意思是两件非常不同的事情，关于其间的区别，维柯没有留下任何疑问。但是，他以一种和平的（irenic）口吻作了总结。

**巴特沃斯**：……当维柯开始尽可能多地使用柏拉图时，他又把我们带回了神圣天意的想法上。

**施特劳斯**：我相信，人们可以说，维柯没有哪条重要的声明是他没有又在某个地方反驳过的——

**巴特沃斯**：他没有吗？

**施特劳斯**：在某些地方又提出了相矛盾的说法……现在，我想再次提醒你们回想兰肯先生此前的一段说法，这段说法比我当时的理解要先进得多。但这并不是唯一的一次。我记得几年前，当我开设修昔底德研讨课时，其中一位学生——戈姆利先生（Gormley），你们认识他——他第一个看到修昔底德对阿尔喀比德的能力的尊重，要比我所看到的程度高得多，这在文献中也得到了普遍承认。另一个例子是我去年参加的修昔底德研讨班——当时，莫里森先生把……你们记得吗？然后他——换句话说，他也远先于我看到了一些东西。我想利用这个机会感谢你们，以及我现在和过去所有的学生，感谢我从你们这里所学到的东西，尽管我们还要仔细讨论其他这些例子。此外，我记得还有其他一些引人注意的案例，但我目前想不起来了。现在，我们先翻到第141页底部和142页的开头。请直接读吧，兰肯先生。

兰肯：［读文本］［386］

　　1701年发表的第三篇演讲是前面两篇演说的一种实践方面的附录，论点是："文艺界应消除一切欺骗，如果你要凭学习来使自己出色的那种学问是真实的而不是伪装的，是坚实的而不是空洞的。"这一讲指出，在文艺的共和国里，人应过公道的生活，并且谴责了任性的批评家们以不正当的方式从文艺界公库里勒索贡金，以及顽固的宗派主义者迫使文艺公库不能增长财富，骗子们私造伪币来纳贡。（《维柯自传》，页141-142，中译本页672）

施特劳斯：你们知道，如果把这段话与维柯前面的两次演讲联系起来读——这段背景在《维柯自传》第140-141页有描述——你们便会得出如下明显很多的结论：如果诸门科学要繁荣，就必须有自由，而不仅是没有欺骗——在这里，维柯则把重点放在了"没有欺骗"上面。现在什么是——请读一下《维柯自传》，页147第2段的开头部分。

兰肯：［读文本］

　　等到上述论文出版时，内容还加上在大主教兼总督面前不便详说的话，否则就会滥用对他来说非常宝贵的时间。［笑声］

施特劳斯：我想维柯认为——我的意思是，这是一个很好的方式，来解释他为什么在大主教兼总督面前不便说。在第155页，维柯谈到了格劳秀斯，你们看到了吗？——维柯对他的评价非常高。

兰肯：[读文本]

> 维柯有机会更深入地研究了格劳秀斯的这部著作。他写的注释，很少是为改正格劳秀斯，而更多的是改正旧版中格若罗维斯的旧注。这本旧注本来是写出来讨好一些自由政府的，并没有主持公道。维柯只注了第一卷和第二卷的一半就不再注下去了，因为想到自己以一个天主教徒来用加注去粉饰一位异教作家的作品是不合适的。
>
> 凭这一切研究以及所得到的知识，并凭他最为敬仰的四位作家，维柯已准备好，他想用他的知识来为天主教服务——（《维柯自传》，页155，中译本页683）。

施特劳斯：以及其他。现在，这四位作者是谁？他们是柏拉图——

兰肯：塔西佗。

施特劳斯：培根——

兰肯：和格劳秀斯。

施特劳斯：[387] 不，不；格劳秀斯是一位天主教作家。① 而这极其——你们知道，维柯认为，一个有天主教信仰的人用注释来粉饰这类作家的作品并不合适——但维柯最崇拜的人就是他。我认为这几乎是……请讲？

学生：我认为他做得甚至更多……他们的立场相对于他的天主教立场。甚至柏拉图——

施特劳斯：是的，不过让我先讲完。我现在只是非常浅表地读了一遍，现在比以前更警觉了……而这是最明显的陈述。我们再读一些，读一下第167页的第二段，维柯说"他发现了哲学方面的一些新的历史原则"。

兰肯：[读文本]

> 他发现了哲学方面的一些新的历史原则，首先是一种人类的形

---

① 施特劳斯在这里可能有口误。见本课程第三讲中关于《维柯自传》的这几页的讨论。[译按] 施特劳斯可能本想说"维柯是一位天主教作家"。

而上学。这就是一切民族的自然神学，凭这种自然神学，各族人民凭人对神的一种自然本能，自然而然地由自己创造出一些自己的神。(《维柯自传》，页167，中译本页690－691)

施特劳斯：自然神学的含义发生了惊人的变化。自然神学是关于上帝的理性教导，而在这里，"神学是自然的"这句话的含义已经完全不同了，因为它的起源在于法律。艾默特先生，你还记得这个区别吧——它只是由于其起源才是自然的，这种自然性与它的真理无关。自然神学的普通含义当然是指它是一种真实的教导。好的，请读172页。

兰肯：[读文本]

各异教民族却不然，他们单凭神圣天意的指导，以永远一致的方式，经历过三种法律的连续变化，与埃及人的三个时期和三种语言相适应。第一种法律是神的，在希伯来人中间由真神（上帝）治理，在诸异教民族中由各种不同的伪神治理。第二种法律是英雄的，英雄们站在神和人的中间地位。第三种法律是人类的，即特属于完全发展，被认为尽人皆平等的那种人性。只有到了这第三种法已得势流行的时期，哲学家们才有可能在各民族中兴起来，凭一种永恒真理①的箴规进行推理，来使法律日趋完善。

施特劳斯：是的，这是一段关于我们经常读到的某些东西的非常简短的陈述……但是，当你你读到维柯此处的简单陈述时，它的含义是，在犹太人和基督徒中没有英雄的和人类的法律，因为总是有……而且不需说，哲学在那里也没有位置；法律产生于人类的阶段，异教民族或外邦人的人类［阶段］。根据我在维柯身上看到的东西来看，这个小故事——似乎是由于维柯非常关心严格意义上属于自己的私人事务，因此，当他开始因为与一个犹太人阿提亚斯结成了友谊而受到谴责时（见下一页），我想，这个故事的意义要比寻常看来更大一些。第196页。我不知道我那么说是什么意思。不，我只标记了第二段的开头。这是一封信——是的，维柯感谢了斯宾内里（Don Francesco Spinelli），感谢他

————————

① 伯尔金和费什的译文"永恒的正义"。

在［388］下文的信中展现的善意，在这封信中，他公正地邀请其他有学识的人也这样做，因为……现在，我们来读一下第 196 页这段话的开头。

兰肯：［读文本］

> 第一处是在第 313 页第 19 行。在我的版本中，布里塞伊斯属于阿伽门农，克律塞伊丝则属于阿喀琉斯。阿伽门农要求把克律塞伊丝还给她的父亲、阿波罗的祭司克律塞斯。由于她的缘故，阿波罗一直在让瘟疫肆虐于希腊人，而阿喀琉斯则拒绝服从他的要求。现在，荷马以完全不同的方式讲述了这一情节。但我所陷入的这个错误，实际在最重要的道德问题上无意间修正了荷马。（《维柯自传》，196 页）

施特劳斯：好的。这很有趣，你们知道，因为维柯的许多事实确实是错误的。现在，在某些情况下，维柯当然可能无意识地修正了——嗯，也可以是一种无意识的歪曲，但是，在许多情况下，当然也可以是有意识的改进，因为那些故事和报告都不可靠。换句话说，我不会把这些事情简单归结为记忆错误；我的意思是，这么解释并不充分，当然……在第 197 页第二段的开头，还有一些内容应该读一下。

兰肯：［读文本］

> 第二个错误是在第 314 页第 38 行至第 315 页——

施特劳斯：他可以说得很精确［施特劳斯笑］。

兰肯：［读文本］

> 在这里，你让我注意到这样一个事实：在高卢人面前保卫卡皮托利堡垒的曼利乌斯被称为卡皮托利努斯，在他之后又有另一位曼利乌斯，他的名字是托卡图斯，他的儿子被砍了头。正是前者而不是后者，通过努力推行有利于深陷债务的平民的一种新式计算方法，让贵族们怀疑他试图通过民众支持，让自己成为罗马僭主。因此，他受到指控，并被从塔尔皮尤悬崖上扔了下去。这种记忆的缺失对我们是有害的，因为它剥夺了我们对古罗马和斯巴达贵族国家

第十七讲 《新科学》（1039–1110 段）及《维柯自传》 531

统一性的有力证明：在斯巴达，情况也是如此，英勇而伟大的阿吉斯国王相当于一位斯巴达的卡皮托利努斯。阿吉斯因为类似的一种取消债务法（而不是因为农业法）和另一部遗嘱法，被监察官们（ephors）处决了。（《维柯自传》，第 197 页）

施特劳斯：好的。那么我认为，最引人注目的是维柯的……在第 155 页，我认为，当我们——是的，但维柯是什么意思？我以前不止一次读过这段话，但没有留下任何印象，而现在，当我又读到这段话时，我必须说，这段话很不寻常。不过，我想，我们总是会有简单的办法——在许多情况下，这可能是正确的——，简单来说，这种办法就是……。首先打动我的……是他非凡的……以及他对每一点的感激之情……[笑声]。任何偶像崇拜与维柯这样的人都不相称，但后来，兰肯看到，其中还有另外一面。我的意思是，一种孩子般的感激当然是……但对一位成年人来说，它也是……

[389] 现在，还有几分钟，你们还有没有其他想讨论的观点？

对我来说，这确实是一次神奇的经历。我将告诉你们，我最初为什么会想到这个问题……我对荷马有一些观念，一时还说不出来，而且……是柏拉图和色诺芬的一些段落向我提出了这个问题。然后，我在一位 18 世纪的作家——德国人莱辛那里看到了一些关于……的评论。当我注意到维柯曾在书中写下一个叫做"发现真实的荷马"的部分之后，我因而期待在维柯那里发现某种这类的东西。这就是我起初对维柯感兴趣的原因，当然这完全是狗冲着认错了的树吠叫（笑声），因为维柯与这类事情没有任何关系。不过另一方面，当我开始读维柯时，却非常惊讶。真的，印象非常深刻。

而且我想说——是的，我独立地学到了一件事，在这件事情上，所有复杂、主流的解释（最大的例子当然是克罗齐）肯定是错误的：维柯不是一位浪漫主义者。我想，这一点非常清楚。他的品味更偏向于古典主义，正如你们从他关于《新谐剧》和这类问题上的声明中所看到的那样，而且……。在维柯那里，也没有对早期时代之美的憧憬。他对这些野蛮人的相对态度是，他们就算没有那种特殊的野蛮行为，也不可能做出更好的事情来。但是，这并不是浪漫主义；其中并没有任何憧憬。还有，我在维柯身上注意到的，还有他对民主制的整个看法……你们有什么想说的吗？

学生：刚才您提到……

施特劳斯：是的，还有孟德斯鸠。顺便说，这一点众所周知，而且，他对维柯有一些影响也并非不可能。孟德斯鸠曾去过意大利，卢梭也去过意大利。但是，在孟德斯鸠和卢梭身上，所有这些东西的表现都非常不同。是的，你提到的那个准确的观点是什么？

学生：……让我觉得有很强的对应之处，我只是想知道……

施特劳斯：不，不；的确有一些东西。但是，我的意思是……在卢梭那里，第一眼看去，当然有这种"浪漫主义的东西"，有对前文明状态下的人的憧憬。

学生：我不是这个意思……关于普遍意志（general will）的发展问题。甚至我也觉得，在维柯的最后一章……他对……野蛮时代的评论与卢梭《社会契约论》的最后一章有一些相似之处。

施特劳斯：你是说在最后一章。是的，我的意思是，如果我理解它……卢梭那里的现实。人们必须特别考虑到他。

学生：……

施特劳斯：但是，这是一个古老的故事，柏拉图在《王制》中提到，要由哲学家们来统治。然后，在《王制》的续篇《蒂迈欧》中，在描述埃及的秩序时，……对话者［390］克里提阿承认，这与《王制》中的秩序是一样的。而在埃及秩序中，哲学家的位置被祭司所取代。现在我认为，柏拉图这样做的目的，是表明哲学家们的统治不是祭司们的统治，而这在某种程度上是一种替代选项。所以，我认为，这是一个古老的故事。

学生：……他说，英国国王……实际上是被教会所支配。

施特劳斯：哦，我明白了，是的。但是，这在维柯那里并没有那么明显，后来则出现在卢梭那里——

学生：我同意……。

施特劳斯：是的，当然。我认为那是……但是，有一点初看上去很引人注目，那就是卢梭的表述的历史性，尤其是在《论人类不平等的起源和基础》中，你们知道，这篇论文基于卢克莱修。但是，其间有这样的区别：卢梭描述的是一个单一的过程，从最早的、野兽般的野蛮人时代，直到他那个时代的绝对君主制的过程。但是，在维柯这里，你有……。但是，粗略、笼统地说来，在维柯、孟德斯鸠和卢梭这样的作家那里，初看起来，历史已经变得比以前……更重要，这是事实。我的意思是，卢梭在他的《论人类不平等的起源》中谈到了一种"人的历史"，而在这里，我们读到了一种由自然法转化为历史的理想历史。而在孟德斯鸠的最后四卷，这个过程也以另一种方式显得非常清楚……当然，那是对的。请讲，巴特沃斯先生？

巴特沃斯：……我们是否有办法来欣赏……维柯的论证……，由于他所提出的关于神圣天意指导人类事务的论证，那么，现在或过去存在的任何东西都可以说是由神圣天意造成的。

施特劳斯：好吧，我认为可以这么说，非常好，[可以]很虔诚地这么说。问题只在于，维柯的意思究竟是什么。我的意思是……根据正统的观点，……神圣天意的允许。但是，在维柯那里，情况当然是不同的：它不仅仅是，可以说，"勉强地允许"，以便人们能够自由，而是积极地……不带有……人们就永远不会走出那个原始的泥潭，你知道吗？所以换句话说，从宗教的角度来看，凡是好的东西都可以说成是一种意义上是好的。但是，在维柯那里，可以说，它是以一种毫不含糊的方式表述出来的——

巴特沃斯：是的，但我的理解是否正确？——如果我们能让维柯到我们中间，在此讨论这个问题，那么，无论你提出什么论据说这肯定不是神圣意旨，维柯都会回来说，是的，没错，它就是神圣意旨。这么说对吗？

施特劳斯：是的，当然，因为整个章节都非常复杂。但是，维柯所做的是一种巨大的简化——不仅维柯，17、18世纪相当多的作家也都是如此。所以，偶像崇拜的问题和……的问题并没有出现。它是一种纯粹的祝福（a sheer blessing），而不是一种伪装的祝福。与另外的那种情况相比，它是一种纯粹的祝福。你们知道吗？这就是问题所在。因为，不，人是——当然，维柯是用……沦为野兽状态……的人。由于——我的意思是，他们怎么可能以一种自然的方式摆脱野兽的状态？而自然的方式就是维柯所展示的。从形式上看，这不是对圣经教义的否定，而是承认圣经教义……但是，奇怪的是，如果你投入这么多注意力——我的意思是，毕竟，如果……不过这也是一个不能完全忽视的问题。请讲，米勒先生？

米勒：[391]……的确，上帝可能在人堕落之后不久就来到世界上——

施特劳斯：是的，但这个问题很简单：正如那位先知所说，他的道路并不是我们的道路。而只有当一个人声称自己知道上帝的道路时，他才会——

[录音结束]

Leo Strauss's 1963 Seminar on Giambattista Vico
Copyright © Jenny Strauss Clay
Published by arrangement with Jenny Strauss Clay
Simplified Chinese Translation Copyright © 2024 by Huaxia Publishing House Co., Ltd.
All rights reserved

**版权所有　翻印必究**
北京市版权局著作权合同登记号：图字 01-2022-3840 号

## 图书在版编目（CIP）数据

维柯讲疏 /（美）施特劳斯（Leo Strauss）讲疏；（美）阿姆布勒（Wayne Ambler）整理；戴晓光译. 北京：华夏出版社有限公司，2025. -- （西方传统：经典与解释）. -- ISBN 978-7-5222-0745-2

Ⅰ.B546

中国国家版本馆 CIP 数据核字第 20247YM235 号

## 维柯讲疏

| 讲　　疏 | ［美］施特劳斯 |
| --- | --- |
| 整　　理 | ［美］阿姆布勒 |
| 译　　者 | 戴晓光 |
| 责任编辑 | 李安琴 |
| 责任印制 | 刘　洋 |
| 出版发行 | 华夏出版社有限公司 |
| 经　　销 | 新华书店 |
| 印　　装 | 北京汇林印务有限公司 |
| 版　　次 | 2025 年 1 月北京第 1 版<br>2025 年 1 月北京第 1 次印刷 |
| 开　　本 | 710×1000　1/16 |
| 印　　张 | 34.25 |
| 字　　数 | 520 千字 |
| 定　　价 | 119.00 元 |

**华夏出版社有限公司**　地址：北京市东直门外香河园北里 4 号　邮编：100028
网址：www.hxph.com.cn　电话：(010) 64663331（转）
若发现本版图书有印装质量问题，请与我社营销中心联系调换。

# 施特劳斯讲学录

**已出书目**

追求高贵的修辞术：柏拉图《高尔吉亚》讲疏（1957年）

论柏拉图的《会饮》（1959年）

西塞罗的政治哲学（1959年）

斯宾诺莎的政治哲学：《神学－政治论》与《政治论》讲疏（1959年）

尼采如何克服历史主义：尼采《扎拉图斯特拉如是说》讲疏（1959年）

卢梭导读（1962年）

修辞、政治与哲学：柏拉图《高尔吉亚》讲疏（1963年）

苏格拉底与居鲁士：色诺芬导读（1963年）

维柯讲疏（1963年）

修辞术与城邦：亚里士多德《修辞术》讲疏（1964年）

古典政治哲学引论：亚里士多德《政治学》讲疏（1965年）

从德性到自由：孟德斯鸠《论法的精神》讲疏（1965/1966年）

女人、阉奴与政制：孟德斯鸠《波斯人信札》讲疏（1966年）

尼采的沉重之思（1967年）

哲人的自然与道德：尼采《善恶的彼岸》讲疏（1971/1972年）

**即将出版**

从形而上学到历史哲学：康德讲疏（1958年）

马克思的政治哲学（1960年）

自然正当与历史（1962年）

政治哲学：回应实证主义和历史主义的挑战（1965年）